STRAFRECHTLICHE ARBEITSMETHODE DE LEGE FERENDA

VON

DR. LEOPOLD ZIMMERL
PRIVATDOZENT, ASSISTENT AM UNIVERSITÄTS-INSTITUT FÜR DIE GESAMTE STRAFRECHTSWISSENSCHAFT UND KRIMINALISTIK IN WIEN

BERLIN UND LEIPZIG 1931

WALTER DE GRUYTER & CO.

VORMALS G. J. GÖSCHEN'SCHE VERLAGSHANDLUNG — J. GUTTENTAG, VERLAGSBUCHHANDLUNG — GEORG REIMER — KARL J. TRÜBNER — VEIT & COMP.

Archiv-Nr. 241431.

W. Hamburger, Wien, VI.

Vorwort.

Als ich meinen „Aufbau des Strafrechtssystems" vollendet hatte, glaubte ich am Ziele zu sein. Heute sehe ich, daß es erst ein Anfang war. Diese Erkenntnis zwang mich, die Gedankengänge, welche schon dort das Leitmotiv abgaben, fortzuführen. Aber auch das in diesem Buche Gesagte betrachte ich noch als Anfang; als Anfang einer rechtlichen Arbeitsmethode, die ich für fähig halte, den gegenwärtigen Zustand der Krise, in welcher sich die Rechtswissenschaft befindet, zu überwinden. Das im I. und im II. Teil Gesagte beansprucht analoge Gültigkeit für sämtliche übrige Rechtsgebiete. Wenn ich meine Gedankengänge trotzdem nur auf dem Gebiet des Strafrechts durchgeführt habe, so liegt der Grund dafür darin, daß ich mich nicht auf ein Gebiet einlassen wollte, das ich nicht in gleicher Weise beherrsche wie mein engeres Arbeitsgebiet. Ich fürchtete, ich könnte auf diese Weise der guten Sache eher schaden als nützen. Die Anwendung meiner Methode auf die übrigen Rechtsgebiete muß daher denjenigen überlassen bleiben, welche diese Fächer vollständig, das heißt bis ins kleinste Detail beherrschen. Auch der IV. und V. Teil kann ohne Schwierigkeit in andere Rechtsgebiete „übersetzt" werden.

Im II. Teil hätte manches wiederholt werden müssen, was ich schon in meinem „Aufbau des Strafrechtssystems" des näheren dargelegt habe. Ich wollte solche Wiederholungen vermeiden und begnügte mich daher damit, die grundsätzlichen Gedanken darzulegen, verwies aber in bezug auf deren nähere Begründung oder Ableitung auf meinen „Aufbau". Ich hoffe, daß der II. Teil dadurch auch für denjenigen nicht unverständlich geworden ist, der meinen „Aufbau" nicht kennt. Wer sich freilich mit einem dieser Gedanken, welche hier nur niedergelegt, in meinem „Aufbau“ aber ausführlich begründet sind, kritisch beschäftigen will, dem darf ich wohl zumuten, die stets angegebenen Stellen meines „Aufbaus“ nachzulesen.

Die Arbeit wurde im Februar 1931 abgeschlossen. Bis zu diesem Zeitpunkt sind mir noch keinerlei Besprechungen meines „Aufbaus des Strafrechtssystems“ zugekommen. Ich bin daher gezwungen, die Auseinandersetzung mit der Kritik einstweilen zu verschieben. Manche Einwände, die zu erwarten sind, glaube ich allerdings bereits in diesem Buch vorweggenommen zu haben.

Wien, den 1. März 1931.

Leopold Zimmerl.

Inhaltsverzeichnis.

I. Grundsätzliches.

1. Die Unfruchtbarkeit der üblichen Methode.

Wer die Entwicklung der Strafrechtswissenschaft während der letzten Zeit aufmerksam verfolgt hat, der kann sich des Eindrucks nicht erwehren, daß es nirgends recht vorwärts geht. De lege ferenda streitet man sich noch immer um die gleichen Prinzipien herum, über welche man schon vor zwanzig Jahren gestritten hat, ohne daß irgendwelche grundsätzliche neue Gedanken für oder wider die eine oder die andere Auffassung vorgebracht werden könnten; de lege lata aber sind die zahlreichen Streitfragen, zu welchen die geltenden Gesetze Anlaß gegeben haben, heute noch genau so ungelöst und umstritten wie zur Zeit, da sie zum erstenmal auftauchten. Dementsprechend sieht auch ein großer Teil der strafrechtlichen Literatur der letzten Jahre aus. Meist handelt es sich um die Behandlung von Streitfragen, welche schon von hundert anderen auch behandelt wurden, und die neue Lösung, die der Verfasser findet, ist meist nicht besser und nicht schlechter als eine der Lösungen seiner Vorgänger. Wundert oder beklagt man sich über diese Tatsache, dann heißt es meist, die Strafrechtswissenschaft sei eben schon eine alte Wissenschaft, alles Grundsätzliche sei schon gesagt. Prinzipiell neue Gedanken oder grundlegende Erkenntnisse könnten daher gar nicht mehr auftauchen. Die Folge davon ist eine gewisse Resignation, die gar nicht erst nach Schätzen gräbt, sondern von vornherein nur den Regenwürmern ihr Augenmerk zukehrt. Alles in allem ein Zustand, für welchen der Ausdruck „Krise“ eigentlich schon zu milde ist. Geht es so weiter, so wird es bald keine Strafrechtswissenschaft, sondern nur eine Geschichte dieser ehemaligen Wissenschaft geben.

Es ist daher wohl an der Zeit, einmal über die Gründe dieses bedauerlichen Zustandes nachzudenken. Denn der Ausspruch, es sei eben ohnehin schon alles Nötige erforscht worden, kann doch wohl nicht gut ernst genommen werden. Oder stellen vielleicht die Entwürfe, welche auf Grund des bisher durch die Wissenschaft zutage geförderten Materials abgefaßt wurden, wahre Ideale eines Gesetzes dar? Wird es künftig nicht mehr möglich sein, daß Unschuldige ins Zuchthaus wandern und sozial schädliche Menschen frei herumlaufen? Werden all die tausend kleinen und mühseligen Probleme, womit man sich de lege lata plagen muß, verschwinden, wenn die Entwürfe Gesetz werden? Niemand wird dies ernstlich behaupten wollen. Die Tatsache allein, daß keiner dieser vielen Entwürfe die Zustimmung auch nur des weitaus überwiegenden Teiles der Theorie gefunden hat, daß jedem einzelnen eine ganze Fülle von Unrichtigkeiten nachgewiesen wurde, beweist wohl das Gegenteil. Der Grund der Krise der Strafrechtswissenschaft liegt also doch wohl nicht darin, daß es nichts mehr zu erforschen gibt, sondern darin, daß man nichts mehr herauskriegen kann. Da somit die zu erforschende Materie keineswegs erschöpft ist, so kann der Grund dafür, daß man ihr nicht beizukommen vermag, nur in der verfehlten Methode liegen, mit welcher man es versucht.

Betrachten wir einmal die heute übliche Methode strafrechtswissenschaftlicher Forschung sine ira et studio. Weitaus die meiste strafrechtliche Literatur beschäftigt sich von vornherein nur mit Fragen de lege lata. Das Ziel ist dabei die Gesetzesauslegung. Diese soll dadurch erreicht werden, daß der Sinn jeder einzelnen Vorschrift erforscht wird, sämtliche Einzelvorschriften dann in ein System gebracht werden, welches den Sinn des Gesetzes enthält. Ein sehr löbliches und sehr notwendiges Beginnen, da ja nur auf diese Weise der das Strafrecht anwendenden Praxis der Weg zur richtigen Anwendung gewiesen werden kann. Nur schade, daß ein solches Unternehmen von vornherein zur Unfruchtbarkeit verdammt ist, daß es das gesteckte Ziel gar nicht erreichen k a n n. Einen Sinn kann man nämlich nur aus dem herausbekommen, was einen Sinn hat, in ein System kann man nur das bringen, was innerlich einheitlich und ohne inneren Widerspruch ist. Woher wissen wir aber, daß das geltende Gesetz eine solche harmonische Einheit darstellt, woher wissen wir, daß jede seiner Vorschriften einen Sinn hat und daß sich der Sinngehalt der einen Vorschrift mit demjenigen jeder beliebigen anderen zu einem einheitlichen Ganzen zusammenfügen läßt? Denn nur wenn dem so wäre, könnten wir von vornherein sagen, daß es möglich ist, den Sinn jeder einzelnen Vorschrift herauszubekommen, und daß es möglich ist, aus der Gesamtheit aller Einzelvorschriften ein geschlossenes System zu bilden, welches die richtige, das heißt dem Sinngehalt des Systems entsprechende Entscheidung in jedem einzelnen Falle ermöglicht. Tatsächlich aber berechtigt uns nichts, rein gar nichts, dazu, von einer solchen Voraussetzung auszugehen. Im Gegenteil! Es läßt sich ohne Schwierigkeit nachweisen, daß die geltenden Gesetze einer solchen Voraussetzung gar nicht entsprechen können. Denn ein Gesetz kann nur dann eine innere Einheit, ein in sich geschlossenes harmonisches Ganzes darstellen, wenn bei seiner Redaktion von einem einheitlichen Grundprinzip oder von mehreren Grundprinzipien, welche einander nicht widersprechen und in ihrer gegenseitigen Bedeutung genau abgegrenzt sind, ausgegangen wird. Mit einem Wort: Voraussetzung dafür, daß die Gesetzesauslegung zu ihrem Ziel gelangen kann, ist, daß bereits bei der Abfassung des Gesetzes auf dieses Ziel seiner Auslegung Rücksicht genommen wurde.

Wie sieht aber nun tatsächlich die Arbeitsmethode de lege ferenda aus? In den letzten dreißig Jahren sind ununterbrochen Strafgesetzentwürfe geschaffen worden, so daß es nicht schwierig ist, einen Blick in die Werkstatt des Gesetzgebers zu werfen. Hat nun der Gesetzgeber wirklich zunächst geprüft, auf welchen Grundlagen er aufbauen will, und dann den Aufbau des Gesetzes selbst in logisch konsequenter Weise auf diesen Grundlagen vollzogen? Das genaue Gegenteil ist der Fall. Statt Grundlagen zu wählen, hielt man sich auch de lege ferenda an das geltende Gesetz. Dieses bildete den Ausgangspunkt für die Reform. Das wäre selbst dann eine unrichtige Methode, wenn man etwa die Grundideen des geltenden Gesetzes untersucht hätte, um diese durch neue Grundlagen zu ersetzen; denn nichts berechtigte zu der Annahme, daß das geltende Gesetz überhaupt eine einheitliche Grundidee aufweise. Man ging aber gar nicht so vor, sondern machte es weit schlimmer. Man nahm ganz einfach jeden einzelnen Paragraphen des geltenden Gesetzes vor, fragte sich, was daran schlecht sei und wie man es besser machen könnte; was schlecht sei, das zeigte dabei entweder die bisherige Erfahrung in der Praxis, die auf Grund der gegenwärtigen Fassung etwa zu schlimmen Streitfragen geführt hatte, oder auch bloß das Rechtsgefühl, das die Entscheidung, welche auf Grund der gegenwärtigen Fassung zustande kommen mußte, nicht billigte. Und wie es besser zu machen sei, das lehrte, so meinte man, die Kriminalpolitik, das heißt Zweckmäßigkeitserwägungen de lege ferenda. Dabei unterläuft nun meist noch eine Verwechslung des Rechtsgefühls mit der Kriminalpolitik: Zweckmäßigkeitserwägungen werden einfach durch gefühlsmäßige Einstellung ersetzt. Auf Grund solcher Methoden erhielt nun jeder einzelne alte Paragraph eine neue Fassung. War man besonders gewissenhaft, so prüfte man nun noch, ob nicht etwa auf Grund der neuen Fassung neue Probleme entstehen könnten, welche sich auf Grund der alten Fassung nicht ergaben. Wurde diese Frage bejaht, dann wurde schnell ein weiterer Paragraph geschaffen, der die alleinige Aufgabe hatte, diese neu entstehende Streitfrage wieder aus der Welt zu schaffen. Ich habe die Konsequenzen dieser Methode an Hand des Entwurfs 1927 in meinem „Aufbau des Strafrechtssystems" erörtert und darf hier wohl darauf verweisen, um Wiederholungen hintanzuhalten[1]).

Erkennt man nun, daß schon das geltende Gesetz häufig mit sich selbst in Widerspruch steht, daß häufig der eine Paragraph so ziemlich das Gegenteil dessen sagt, was ein anderer vorschreibt, dann ist es klar, daß auf Grund dieser Methode, welche ich die kasuistisch-gefühlsmäßige nennen möchte, das künftige Gesetz nicht besser sein kann, als das bisherige. Denn alle inneren Widersprüche, alle Fehler, an welchen das geltende Gesetz krankt, werden auf diese Weise automatisch in das künftige Gesetz übernommen. Für eine solche Reformarbeit gilt wahrlich Goethes Wort: „Es erben sich Gesetz und Rechte wie eine ew'ge Krankheit fort!" Und das Ergebnis eines solchen Gesetzgebungswerkes kann wieder mit einem Wort Goethes charakterisiert werden: „Dann hat man die Teile in seiner Hand, fehlt — leider! — nur das geistige Band." Denn da jeder einzelne Paragraph für sich allein, isoliert, geschaffen wurde, da bei seiner Redaktion dem Rechtsgefühl freier Lauf gelassen wurde, das vielleicht bei anderen Paragraphen anders entscheidet, so sind die vielen Einzelbestimmungen unmöglich zu einer inneren Einheit zu verschmelzen. Selbst wenn jeder einzelne dieser Paragraphen musterhaft geraten wäre, so würde doch die Summe dieser Musterparagraphen ein sehr schlechtes Gesetz ergeben. Der eine Paragraph geht etwa davon aus, daß nur der Wille des Täters Bedeutung habe; ein durchaus möglicher Standpunkt. Der nächste Paragraph aber geht davon aus, daß der böse Wille nur insofern strafrechtlich bedeutsam sein soll, als ihm objektiv sozialschädliches Geschehen entspricht; ein gleichfalls durchaus möglicher Standpunkt. Wenn aber nun beide Paragraphen in demselben Gesetz vorkommen, ist ein innerer Widerspruch in das Gesetz hineingetragen; und wenn sich nun zufällig ein praktischer Fall ereignet, auf welchen beide Paragraphen Anwendung finden müßten, entsteht ein unlösbares Problem. Und fast alle Probleme, die uns das geltende Gesetz aufgibt und die bis heute noch nicht einheitlich gelöst sind, sind es eben deshalb nicht, weil sie nicht gelöst werden können, da sie auf inneren Widersprüchen des Gesetzes beruhen.

---

[1]) „Aufbau des Strafrechtssystems", Tübingen 1930; S. 114 ff., 292 ff., 333 ff.

Damit sind aber gleichzeitig der Gesetzesauslegung ihre Grenzen gezogen. Ist ein Gesetz auf Grund der oben geschilderten kasuistisch-gefühlsmäßigen Methode zustande gekommen, und alle unsere geltenden Gesetze und in noch viel höherem Ausmaß der Entwurf 1927 sind auf Grund dieser Methode entstanden, dann kann als Ziel der Gesetzesauslegung weder die Systematisierung noch auch nur die Lösung jedes einzelnen Problems angesehen werden. Die Gesetzesauslegung kann dann stets nur v e r s u c h e n, jedes neu auftauchende Problem zu lösen. Sie muß sich aber dabei stets dessen bewußt sein, daß dieses Problem möglicherweise nicht gelöst werden kann. Und zeigt sich, daß es tatsächlich nicht gelöst werden kann, dann kann die Aufgabe nur mehr darin bestehen, den Grund nachzuweisen, warum es nicht gelöst werden kann, das heißt zu zeigen, wo der innere Widerspruch im Gesetz liegt, der bewirkt, daß die eine Lösung genau so richtig und unrichtig ist wie die gegenteilige. Würde sich die Erkenntnis durchsetzen, daß es de lege lata tatsächlich unlösbare Probleme gibt, dann würde die ganze gewaltige Energie erspart werden, welche man heute auf eine von vornherein zum Scheitern verurteilte Bemühung verschwendet. Die Frage etwa, ob das geltende österreichische Strafgesetzbuch auf dem Standpunkt der objektiven oder der subjektiven Versuchstheorie steht, ob die versuchte Beihilfe nach österreichischem Recht strafbar ist oder nicht, ob das Wort „boshaft" dort, wo es im Strafgesetzbuch vorkommt, mehr als bloßen Vorsatz bedeutet, ob nach dem Entwurf 1927 der vermindert zurechnungsfähige Gewohnheitsverbrecher strenger oder milder bestraft werden muß, alle diese Fragen sind eben ganz einfach unlösbar; denn die Gründe, die für die eine Lösung sprechen, sind genau so gut wie diejenigen, welche für die gegenteilige Lösung sprechen, und alle auf diese Probleme aufgewendete Arbeit ist nutzlos vergeudet.

Ich höre schon den Einwand: Das ist eine praktisch ganz unmögliche Ansicht eines weltfremden Theoretikers; der Richter m u ß doch im konkreten Falle eine Entscheidung treffen, er kann doch nicht einfach erklären: „In diesem Falle entscheide ich nicht, denn das Gesetz läßt eine klare Stellungnahme vermissen"; und der Richter kann doch nicht etwa einen Angeklagten, der nach der objektiven Versuchstheorie freizusprechen, nach der subjektiven Versuchstheorie aber zu langjährigem Zuchthaus zu verurteilen wäre, gleichzeitig freisprechen und verurteilen, weil die Auslegung des Gesetzes im Sinne der einen Theorie genau so möglich oder unmöglich ist wie im Sinne der anderen.

Dieser Einwand führt uns aber gleichzeitig auf den tieferen Grund der ungeheuerlichen Fiktion, von welcher die heutige Strafgesetzesauslegung ihr kümmerliches Dasein fristet. Denn dieser Einwand bedeutet doch nicht mehr als: das Gesetz kann nicht in sich selbst widerspruchsvoll sein, weil es nicht in sich selbst widerspruchsvoll sein darf. Ist das nicht der gleiche unglaubliche Trugschluß, welchen Christian Morgenstern seinem Palmström zuschreibt: „Weil, so schließt er messerscharf, nicht sein kann, was nicht sein darf?" Gewiß wird jeder Vertreter der herrschenden Lehre über diesen Schluß lachen, wenn er ihn in den Gedichten Morgensterns liest; aber macht er sich nicht des gleichen Fehlers schuldig, wenn er in das Gesetz gewaltsam einen Sinn hineinlegen will, den es nicht hat, nur deshalb, weil es ihn haben soll? Gewiß, es ist ein unerträgliches Bewußtsein, daß es Fälle gibt, zahllose Fälle, in welchen die Frage, ob ein Mensch frei herumgehen oder auf viele Jahre ins Zuchthaus wandern soll, auf Grund des Gesetzes nicht eindeutig und richtig entschieden werden kann; daß das Schicksal dieses Menschen dann eigentlich vom Zufall abhängt, ob sich der Richter für die eine oder für die andere gleich unrichtige Ansicht entscheidet. Aber diesem unerträglichen Zustand kann man nicht dadurch ein Ende bereiten, daß man das unrichtig aufgebaute Gesetz in dem einen oder dem andern Sinne vergewaltigt, sondern nur dadurch, daß man es ändert, von Grund auf ändert und nunmehr richtig aufbaut. Gewiß, der Richter muß auch heute jede unlösbare Frage irgendwie entscheiden; da er sie aber nicht richtig entscheiden kann, muß er sie eben unrichtig entscheiden. Und ob er sie in dem einen oder in dem anderen Sinn unrichtig entscheidet, ist vom wissenschaftlichen Standpunkt aus vollkommen gleichgültig. Vom rein menschlichen Standpunkt aus freilich würde ich, schon mit Rücksicht auf die große Zahl dieser Fälle auf Grund der geltenden Gesetze und der Entwürfe, den Vorschlag machen, auch hier den Grundsatz „in dubio pro reo" anzuerkennen und überall dort, wo die eine Entscheidung genau so möglich und so unmöglich ist wie die andere, die für den Angeklagten günstigere zu fällen.

Der innere Widerspruch, an welchem ein Gesetz leidet, kann nun entweder so groß sein, daß sich mehrere, einander widersprechende Grundprinzipien in buntem Durcheinander nachweisen lassen, oder nur so, daß zwar ein Grundsatz erkennbar ist, dieser jedoch durch „Ausnahmen" durchbrochen wird. Man glaube nun ja nicht, daß der letztere Fall der harmlosere, einfacher zu lösende sei. Denn abgesehen davon, daß auch hier ein konkreter Fall, auf welchen einerseits eine Regelbestimmung, anderseits aber auch eine Ausnahmebestimmung Anwendung finden soll, unlösbar wird, so hat die Ausnahme noch weitere äußerst unangenehme Folgen. Jeder Fall nämlich, der dem Ausnahmefall ähnlich ist und nicht ausdrücklich unter einen Regelfall subsumiert werden kann, läßt dann wieder eine zweifache, entgegengesetzte Lösung zu: entweder nach Analogieschluß oder nach Umkehrschluß. Jeder, der sich, sei es auch nur als Praktiker, mit Gesetzesauslegung jemals beschäftigt hat, wird mir bestätigen, daß in der weitaus größten Zahl solcher zweifelhaften Fälle der Analogieschluß genau so angebracht und mit guten Gründen vertretbar erscheint wie der Umkehrschluß. Und jeder wird, wenn er diese Frage in dem einen oder in dem andern Sinn entscheidet, das beunruhigende Gefühl nicht los werden können, daß eigentlich auch die gegenteilige Entscheidung genau so richtig wäre. Jede Ausnahme, mag sie noch so unscheinbar und unbedeutend sein, bringt notwendig eine derartige Alternative mit sich. Ein richtig aufgebautes Gesetz darf daher überhaupt keine Ausnahme kennen. Dann kann die Frage, ob der Umkehrschluß angebracht sei, überhaupt nicht auftauchen und es steht von vornherein fest, daß nur der Analogieschluß in Betracht kommen kann. Damit ist aber gleichzeitig auch ein weiteres gesagt: Daß es nämlich in einem richtig aufgebauten Gesetz überhaupt nicht das geben kann, was man heute als „Lücken“[1]) bezeichnet, sondern höchstens nicht ausdrücklich geregelte Materien. Ist das Gesetz auf einheitlichen Grundgedanken aufgebaut, dann ist es ganz selbstverständlich, daß jede nicht ausdrücklich im Gesetz entschiedene Frage aus dessen Grundgedanken heraus entschieden werden muß; die Rechtsanalogie wird für ein solches Gesetz zur Selbstverständlichkeit. Zwar arbeitet auch die herrschende Lehre auf Grund der geltenden Gesetze mit diesem Begriff. Aber wie ist es möglich, eine Frage nach dem „Sinngehalt der gesamten Rechtsordnung“ zu entscheiden, wenn diese Rechtsordnung aus einem Konglomerat einander widersprechender Vorschriften besteht? Die Rechtsanalogie auf Grund der geltenden Gesetze ist eine falsche Flagge, unter der die gefühlsmäßige Entscheidung im Einzelfall segelt.

Wenn also die heutige Strafrechtswissenschaft faktisch keinen Schritt weiterkommt, so ist daran die verfehlte Methode schuldtragend, die von der Fiktion, das geltende Gesetz sei eine innere Einheit, ausgeht, unlösbare Probleme zu lösen trachtet,

---

[1]) Bei Anerkennung des Satzes „Nullum crimen sine lege“ entsteht im Strafrecht allerdings trotz allem die Möglichkeit von Lücken. Aber auch diese Gefahr kann bei systematischem Aufbau (s. II. Teil) leicht beseitigt werden.

und auch de lege ferenda rein gefühlsmäßig kasuistisch entscheidet. Es entsteht somit die Frage, welches die richtige Methode ist, mit deren Hilfe ein wirklicher Fortschritt in der Strafrechtswissenschaft erzielt werden kann.

2. Die systematische Methode.

Die bisherigen Untersuchungen haben gezeigt, daß die Gesetzesauslegung nur dann imstande sein kann, jeden ihr unterkommenden Fall dem Sinne des Gesetzes gemäß zu entscheiden, wenn das Gesetz nicht in sich selbst widerspruchsvoll ist, wenn es ein einheitliches Ganzes bildet. Damit wird die Arbeit de lege ferenda zur Voraussetzung einer erfolgsicheren Arbeit de lege lata gemacht. Das bedeutet, daß das Schwergewicht der strafrechtswissenschaftlichen Forschung nicht auf die zum großen Teil von vornherein aussichtslose Gesetzesauslegung, sondern vielmehr auf die Gesetzesredaktion verlegt werden muß, daß der Aufbau des Gesetzes de lege ferenda das wichtigste ist. Das allein schon würde eine völlige Umwälzung des heute herrschenden Zustandes bedeuten. Denn heute wird ja, wie schon oben erwähnt, auch jedes Problem de lege ferenda im Anschluß an das geltende Gesetz behandelt. Die Verlegung des Schwergewichts auf die Arbeit de lege ferenda bedeutet aber zugleich eine grundsätzliche Änderung der Methode der Arbeit. Da das Ziel ein einheitliches, in sich geschlossenes, widerspruchsloses Gesetz ist, so folgt daraus, daß dieses Gesetz auch aus einheitlichen, einander nicht widersprechenden Grundlagen heraus logisch konsequent aufgebaut werden muß. Es kann also von vornherein nur in bezug auf diese Grundlagen freie Wahl nach Zweckmäßigkeitsgesichtspunkten bestehen; der weitere Aufbau ist durch logische Gesetze bedingt, für Zweckmäßigkeitserwägungen ist hier im allgemeinen kein Raum mehr. Nur insoweit es sich um Fragen handelt, welche noch nicht systematisch-logisch vorentschieden sind, kann abermals Zweckmäßigkeitserwägungen Raum gegeben werden. Aus dieser Erkenntnis ergibt sich bereits zwingend, daß es vollkommen verfehlt ist, wenn man jedes Problem de lege ferenda für ein kriminalpolitisches Problem hält. Kriminalpolitischer Natur kann höchstens die Auswahl der Grundlagen sein, der weitere Aufbau aber vollzieht sich nach logischen Gesetzen, streng systematisch. Die Methode, welche auf diese Weise das Gesetz aufbaut, kann daher als die systematische bezeichnet werden. Die logische Schlußfolgerung aus den gewählten Grundlagen, der systematische Aufbau des Gesetzes, ist eine durchaus juristische Angelegenheit. Daraus ergibt sich, wie verfehlt die heute weitverbreitete Meinung ist, Rechtswissenschaft im engeren Sinne sei überhaupt nur de lege lata möglich; de lege ferenda könne es sich niemals um eigentliche Wissenschaft handeln, sondern nur um Rechtspolitik, bei welcher letzten Endes die subjektive Überzeugung von der Zweckmäßigkeit, nicht aber der objektive Wahrheitsgehalt einer Ansicht den Ausschlag gebe. Gerade das Gegenteil ist der Fall. Der größere und wichtigere Teil der de lege ferenda zu leistenden Arbeit ist durchaus juristischer Natur und besteht in der Wahrheitsfindung. Soweit de lege lata eine gleiche Arbeit geleistet werden soll, ist ihr Gelingen davon abhängig, daß sie de lege ferenda mit Erfolg geleistet wurde: Denn nur wenn man das Gesetz einheitlich gestaltet, wird es eine Einheit sein, und nur wenn man es vermeidet, bei der Gesetzesredaktion Widersprüche hineinzulegen, werden sich im fertigen Gesetz keine solchen Widersprüche finden.

Die systematische Methode ist eine vorurteilsfreie Methode. Das heißt wer sie anwendet, darf sich an nichts gebunden erachten als an eben die Grundlagen, aus denen heraus die logischen Konsequenzen entwickelt werden sollen. Wer sich von vornherein vornimmt, er müsse auf Grund systematischer Arbeit zu den herkömmlichen „Grundbegriffen" des Strafrechts gelangen, der ist durchaus unfähig, diese Methode anzuwenden; er wird sie wiederholt vergewaltigen müssen. Denn mancher altehrwürdige Begriff wird der systematischen Prüfung nicht standzuhalten vermögen. Und es gibt keinen Begriff, den Alter oder Gewohnheit davor bewahren könnten, ausgemerzt zu werden, wenn er nicht seine systematische Rassenreinheit nachweisen kann, wenn sich nicht ergibt, daß er aus den angenommenen einheitlichen Grundlagen heraus gerechtfertigt werden kann. Die Tatsache, daß es zwei Jahrtausende hindurch den Begriff des Versuches gegeben hat, macht diesen Begriff nicht immun gegen systematische Untersuchungen und schützt ihn nicht vor Eliminierung, wenn er sich, was tatsächlich der Fall ist, als unhaltbar erweist. So wie dem Versuch wird es manchen anderen „Grundbegriffen" ergehen müssen: der mittelbaren Täterschaft, obwohl sie schon von den Postglossatoren „entdeckt" wurde, dem dolus eventualis, obwohl eine Fülle von Arbeit auf seine Abgrenzung von der Fahrlässigkeit verschwendet wurde, dem Notstand, obwohl sich die herrschende Lehre ohne ihn nicht behelfen zu können glaubt, und vielen anderen[1]).

[1]) Versuch, mittelbare Täterschaft und dolus eventualis wurden bereits in meinem „Aufbau des Strafrechtssystems" einer eingehenden Kritik unterzogen und als unhaltbar nachgewiesen; vgl. S. 128 ff., 143 ff., 181 ff.

So lange man sich sklavisch an derlei Begriffe gebunden fühlt, wird ein systematisch richtiges, in sich einheitliches Gesetz niemals entstehen können. Man komme nicht mit dem Einwand, daß eine derartige Ausmerzung altehrwürdiger Begriffe gegen das im Volk lebende Rechtsbewußtsein oder gegen die Kulturanschauungen unserer Zeit verstoße. Solche Scheinargumente vermögen einen Fortschritt niemals aufzuhalten, sondern höchstens zu verzögern. Ich möchte denjenigen Laien kennen, dem der Begriff des dolus eventualis so sehr ans Herz gewachsen ist, daß er es als Eingriff in das Gemütsleben oder als Verunehrung des Gedächtnisses seiner Ahnen empfindet, wenn er ausgemerzt wird. Und ich möchte diejenige Kulturanschauung des deutschen Volkes kennen, welche die Aufrechterhaltung des Begriffes der mittelbaren Täterschaft als notwendig erscheinen läßt. Alle diese Begriffe sind nur den zünftigen Juristen heilig und sie sind es ihnen auch nur deshalb, weil ihnen ihre überragende Bedeutung vom ersten Semester angefangen in jeder Vorlesung und Übung eingeschärft wird. Aber was nützen ihnen tatsächlich diese Begriffe? Helfen sie wirklich dazu, das Strafrecht als einheitliches Ganzes erfassen, das heißt verstehen zu können? Gewiß nicht. Diese sogenannten Grundbegriffe, denen die Aufgabe zugeschrieben wird, die Lösung konkreter Fälle zu erleichtern, erschweren oder verhindern tatsächlich in vielen Fällen die Lösung kraft des ihnen eigenen inneren Widerspruches. Die meisten strafrechtlichen Übungsfälle führen nur deshalb zu Problemen, weil derartige Begriffe existieren, und sie wären sehr einfach und unproblematisch, wenn diese Begriffe wegfielen und das Gesetz streng systematisch aufgebaut wäre.

Die systematische Methode ist nur an die Grundlagen gebunden; diese Grundlagen selbst müssen durch Zweckmäßigkeitserwägungen gefunden werden. Betrachtet man dabei das Strafrecht zunächst isoliert, als eine von nichts abhängige Einheit, dann scheint es, als ob die Wahl dieser Grundlagen stets kriminalpolitische Erwägungen voraussetze. Erkennt man aber, daß das Strafrecht nur ein Teil des Rechtsganzen ist, daß es sich in dieses Ganze als harmonischer Teil einzufügen hat, dann zeigt sich alsbald, daß nur die Wahl der formellen Grundlagen kriminalpolitischer Natur ist. Ob ich das Gesetz auf einem objektiven oder auf einem subjektiven System aufbauen will, ob ich den Vergeltungsgedanken oder die Idee der Spezialprävention zugrunde legen will, das sind kriminalpolitische Erwägungen. Die Frage jedoch, was überhaupt als strafbar in Betracht kommen kann, was überhaupt Unrecht sein kann, diese Frage zu entscheiden, steht dem Strafgesetzgeber tatsächlich nicht mehr frei, will er sich nicht der Gefahr aussetzen, einen inneren Widerspruch zwar nicht in das Strafrecht, wohl aber in das gesamte Rechtssystem hineinzutragen. In dieser Richtung ist der Gesetzgeber bereits systematisch gebunden durch die Vorschriften anderer Teilordnungen der Rechtsordnung. Insoweit diese Teilordnungen aber selbst wieder auf der Grundlage einer Verfassung ruhen, steht auch ihnen nicht ohne weiteres frei, dieses oder jenes als Unrecht aufzufassen oder nicht; die Frage, was Unrecht sein soll, wird auch für sie bereits zum Teil systematisch vorentschieden sein durch die Verfassung; und so ergibt sich, daß diese Frage rein rechtspolitischer Natur eigentlich nur im Augenblick der Redaktion der Verfassung selbst ist. Für den Strafgesetzgeber jedenfalls ist sie bereits systematisch vorentschieden.

Damit ist die künftige strafrechtliche Arbeitsmethode de lege ferenda skizziert. Es liegt nun der Einwand nahe, diese Methode bedeute einen Rückfall in die längst überwundenen Zeiten der Begriffsjurisprudenz. Nichts wäre verfehlter als eine solche Meinung. Zwar hat die systematische Methode mit derjenigen der Begriffsjurisprudenz manches gemeinsam: so vor allem das deduktive Verfahren, die logische Ableitung der Konsequenzen aus bestimmten Grundbegriffen. Der gewaltige Unterschied aber liegt darin, daß die Strafrechtssystematik de lege ferenda nicht wie die Begriffsjurisprudenz diese Begriffe aus philosophischen Spekulationen oder metaphysischen Ideen ableitet, sondern aus Grundlagen, welche nach Zweckmäßigkeitserwägungen gewählt sind, für deren Auswahl der Schutz der Interessen eben derjenigen sozialen Gemeinschaft ausschlaggebend ist, um deren Strafrecht es sich handelt. Durch diese rein teleologische Orientierung der Grundlagen berührt sich die hier vertretene Ansicht mit der sogenannten Interessenjurisprudenz. Wenn man überhaupt den Unterschied zwischen Begriffs- und Interessenjurisprudenz in der üblichen Form aufrecht erhalten will, dann stellt die hier vertretene Methode die harmonische Verbindung der richtigen Gedanken beider dar. Aber selbst wenn der Zusammenhang mit der Begriffsjurisprudenz ein innigerer wäre, so wäre dies meines Erachtens kein so fürchterlicher Mangel. Auf die Gefahr hin, als wissenschaftlicher Erzreaktionär zu gelten, wage ich die Behauptung, daß die echte Begriffsjurisprudenz mit all ihren Mängeln den Wissenschaftler immer noch weit sympathischer berührt als die heutige Methode strafrechtswissenschaftlicher Arbeit. Die Vertreter der Begriffsjurisprudenz waren wenigstens wirkliche Wissenschaftler, sie vermochten logisch-abstrakt zu denken und ihre Begriffe scharf zu umreißen. Die gefühlsmäßig-kasuistische Methode aber führt letzten Endes dazu, daß man das abstrakte Denken allmählich verlernt, daß man überhaupt nicht mehr mit Begriffen, sondern nur mehr mit Vorstellungen arbeitet, daß man den konkreten Fall, welchen man dem abstrakten Typus unterschiebt[1]), letzten Endes immer nach der momentanen gefühlsmäßigen Einstellung entscheidet, was jeder gebildete Laie genau so gut zustandebrächte, und daß man diese Entscheidung mit den Kulturanschauungen des Volkes begründet, wobei dann die Richtigkeit der Ansicht naturgemäß genau so schwer nachgewiesen werden kann wie ihre Unrichtigkeit.

Mit dem Nachweis, daß das Hauptgewicht der strafrechtlichen Arbeit auf das Gebiet de lege ferenda zu verlegen sei, sowie mit der Darlegung der dabei einzuhaltenden Methode, ist eigentlich auch schon gesagt, worauf sich diese Arbeit zu erstrecken hat. Da das Strafrecht nur ein Teil der gesamten Rechtsordnung ist und somit keine freie Wahl mehr hat in der Auswahl dessen, was es als Unrecht auffassen will, so besteht eine grundlegende Arbeit zunächst darin, auf Grund des Sinngehaltes der übrigen rechtlichen Vorschriften zu erkennen, was der Strafgesetzgeber überhaupt als Unrecht auffassen kann, wo die zu schützenden Interessen liegen, welcher Natur sie sind und inwieweit die Allgemeinheit an der Erhaltung der einzelnen „Güter" interessiert ist. Die in dieser Richtung bereits geleistete Arbeit hat unter der verfehlten Methode gelitten, so daß man diese Fragen als kriminalpolitische auffaßte und vielfach auf den Zusammenhang der strafrechtlichen Vorschriften mit den übrigen, insbesondere mit der Verfassung, zu wenig Rücksicht genommen hat. Tatsächlich erstreckten sich bisher die Untersuchungen über den Zusammenhang des Strafrechts mit anderen rechtlichen Gebieten auf Einzeluntersuchungen über Notwehr und Notstand im Zivil- und im Strafrecht, eventuell noch auf den Schuldbegriff in beiden Disziplinen; von einer grundsätzlichen Erfassung des Zusammenhanges ist man aber noch weit entfernt. Die Herausarbeitung derjenigen Güter, welche als Rechtsgüter gelten sollen, aus der übrigen Rechtsordnung steht eigentlich noch bevor. Neben dieser grundlegenden rechtssystematischen Arbeit kann schon jetzt eine andere ebenso wichtige in Angriff genommen werden: Die Untersuchung, ob und inwieweit die heute üblichen Grund-

[1]) Vgl. V. Teil dieser Arbeit.

begriffe sich aus einheitlichen Grundlagen heraus erklären lassen, ob und inwieweit sie in sich selbst widerspruchsvoll sind und daher verschwinden müssen und was an ihre Stelle zu treten hat. Diese Arbeit wird viel Mühe und Energie verbrauchen; aber diese Energie wird ja dadurch frei, daß man sich künftig nicht mehr mit nutzlosen Lösungsversuchen von Scheinproblemen abgeben braucht, die uns die geltenden Gesetze aufgeben. Neben dieser rein systematisch-logischen Arbeit wird aber auch dasjenige Gebiet, welches der Kriminalpolitik bleibt, nicht vernachlässigt werden dürfen. Ich verspreche mir gerade von der Einengung des Arbeitsgebietes der Kriminalpolitik eine gewisse Intensivierung. Freilich wird man auch hier gegenüber dem heutigen Zustand einige Änderungen eintreten lassen müssen: Heute glaubt jeder, der sich etwas de lege ferenda denkt, er sei bereits Kriminalpolitiker; man gibt sein Rechtsgefühl zum besten und hält es für eine kriminalpolitische Ansicht. Demgegenüber muß daran festgehalten werden, daß die bloße Behauptung, man halte dies oder jenes für richtig, noch lange nicht darauf Anspruch erheben kann, als kriminalpolitische Ansicht gewertet zu werden. Auch Kriminalpolitik kann nicht rein gefühlsmäßig betrieben werden. Ursachenforschung und Kriminalstatistik[1]) haben grundsätzlich den Weg zu weisen, den die Kriminalpolitik zu gehen hat, nicht aber das Gefühl oder die durch nichts begründete Überzeugung eines Menschen.

II. Bestimmungen der Strafvoraussetzungen nach der systematischen Methode.

Schon in meinem „Aufbau des Strafrechtssystems" habe ich den Nachweis zu führen versucht, daß zur Bestimmung der Strafvoraussetzungen de lege ferenda nicht nur Erwägungen kriminalpolitischer Natur Platz greifen dürfen, daß vielmehr die Kriminalpolitik ihre Grenzen findet in den Erfordernissen

---

[1]) Daß freilich die Kriminalstatistik in der heutigen Form nur ein sehr schlechtes Hilfsmittel darstellt, da sie gleichfalls am geltenden Gesetz klebt, dessen oft verfehlte Systematik mitmacht (z. B. Bigamie als Sexualdelikt) und obendrein nur die Verurteilungen zählt, nicht aber die begangenen oder auch nur erwiesenen Verbrechen (man denke an die Freisprüche der Geschworenen in Österreich), ist ein Kapitel für sich, dessen Behandlung nicht hieher gehört.

der Strafrechtssystematik, falls das Strafrecht wirklich eine Ordnung und nicht eine Unordnung, ein Kosmos und kein Chaos sein soll. Daraus ergibt sich de lege ferenda eine Zweiteilung des Arbeitsgebiets: Auf der einen Seite steht die Kriminalpolitik im herkömmlichen Sinn; sie ist keine „Wissenschaft“ im eigentlichen und engeren Sinn, sie ist vielmehr das Gebiet der Zweckmäßigkeitserwägungen; hier gibt es nichts objektiv Wahres oder Unwahres, vielmehr kommt es letzten Endes doch immer auf die subjektive Überzeugung von der Zweckmäßigkeit bestimmter Maßnahmen an. Daher gibt es hier auch keinen Nachweis der logischen Unrichtigkeit irgendeiner Ansicht, sondern höchstens den Nachweis der Zweckwidrigkeit. Anders die Strafrechtssystematik de lege ferenda. Sie ist eine Wissenschaft im eigentlichen Sinn; sie ist das Gebiet der rein logischen Schlußfolgerungen; hier gibt es keine subjektiven Überzeugungen, es entscheidet vielmehr allein der objektive Wahrheitsgehalt.

Das Verhältnis beider Arbeitsgebiete zueinander glaubte ich am besten dahin charakterisieren zu können, daß die Wahl der Grundlagen, auf welchen das Strafrechtsgebäude zu errichten sei, nach kriminalpolitischen Gesichtspunkten erfolgen müsse, während man im weiteren Aufbau stets zu untersuchen habe, ob die in Betracht kommende Frage nicht bereits durch die Wahl einer bestimmten Grundlage „systematisch vorentschieden“ sei; nur insoweit dies nicht der Fall sei, dürften dann weiterhin kriminalpolitische Erwägungen Platz greifen.

Jeder Verstoß gegen die Erfordernisse der Systematik stellt entweder eine Systemwidrigkeit dar oder eine bloße Abweichung vom System. Eine Systemwidrigkeit liegt dann vor, wenn entweder ein bestimmtes System an höherer Stelle von Gedanken durchbrochen wird, welche einem anderen System angehören (Systemwidrigkeit im engeren Sinn), oder wenn an Stelle eines systematischen Aufbaues und einer systematischen Bewertung die Willkür tritt (Systemlosigkeit). So liegt eine Systemwidrigkeit im engeren Sinn etwa dann vor, wenn ein grundsätzlich objektives System plötzlich durch eine Vorschrift durchbrochen wird, die einem subjektiven System angehört, wenn die Schuldhaftung plötzlich durch Erfolgshaftung oder durch Gefährlichkeitshaftung durchbrochen wird; eine Systemlosigkeit aber liegt z. B. dann vor, wenn bei der Bewertung der einzelnen Schuldstufen willkürlich vorgegangen wird, so daß entweder eine schwerere Stufe weniger schwer bewertet oder ein und dieselbe Stufe an verschiedenen Stellen verschieden bewertet wird. Solche Systemwidrigkeiten (Systemwidrigkeiten im engeren Sinn sowohl als Systemlosigkeiten) müssen auf jeden Fall vermieden werden, denn sie stellen stets einen Verstoß gegen die Logik dar und machen das Gesetz unrichtig und in sich selbst widerspruchsvoll. Eine Abweichung vom System dagegen liegt immer dann vor, wenn aus einem systematischen Gedanken nicht die letzten Konsequenzen gezogen werden, sondern man sozusagen auf halbem Wege stehen bleibt, ohne aber Gedanken aus einem anderen System einzuführen oder innerhalb des eigenen Systems die richtige Anordnung und Bewertung außer acht zu lassen. So würde sich etwa aus der Idee des Schuldprinzips ergeben, daß jede, auch die geringste Schuld, mit einer entsprechenden Strafe gesühnt werden müsse; läßt man die geringeren Grade der Schuld jedoch straflos, so liegt eine Abweichung vom System vor. Solche Abweichungen vom System sind dann statthaft, wenn wichtige Zweckmäßigkeitserwägungen dafür sprechen; denn das Gesetz wird durch eine Abweichung vom System niemals unrichtig. Jede Abweichung vom System bewirkt aber, daß eine Frage, welche zunächst systematischer Natur war, nunmehr auf kriminalpolitisches Gebiet verschoben wird: Hat man sich etwa dazu entschlossen, die geringeren Grade der Schuld straflos zu lassen, dann kann die Frage, wo die untere Strafbarkeitsgrenze gezogen werden soll, nicht mehr nach logischen, sondern nur mehr nach Zweckmäßigkeitsgesichtspunkten entschieden werden.

Kriminalpolitik und Strafrechtssystematik zusammen liefern also das Material für das künftige Strafgesetzbuch; die Frage der Verarbeitung dieses Materials im Gesetz selbst hielt ich jedoch für eine Frage der Gesetzestechnik.

Von der grundsätzlichen Richtigkeit meiner Auffassung bin ich nach wie vor überzeugt; wohl aber scheint mir manches, was in dieser Richtung in meinem „Aufbau des Strafrechtssystems" gesagt wurde, noch ergänzungsbedürftig. Dies gilt zunächst für den Einfluß, den systematische Erwägungen bei der Auswahl der Grundlagen selbst ausüben müssen; es wird sich nämlich zeigen, daß die erste, vor allem zu lösende Frage, die sich für den Strafgesetzgeber aufwirft, keineswegs eine kriminalpolitische, sondern vielmehr bereits eine systematische ist. Weiters schiebt sich zwischen das Gebiet der Kriminalpolitik und der Strafrechtssystematik einerseits, der Gesetzestechnik anderseits ein weiteres Arbeitsgebiet ein, das am besten durch die Bezeichnung „Strafrechtstechnik" charakterisiert werden kann. Deren Aufgabe besteht darin, aus dem durch Kriminalpolitik und Strafrechtssystematik gelieferten Material diejenigen

Begriffe zu formulieren, welche für den Gesetzgeber brauchbar sind. Erst die Einordnung dieser Begriffe in das Strafgesetz selbst ist dann die Aufgabe der Gesetzestechnik.

Weiters schien es mir notwendig, die wichtigsten Verstöße gegen die Systematik, die Systemwidrigkeiten, selbst wieder in ein System zu bringen. Die vollständige Gleichbehandlung und Gleichstellung sämtlicher Systemwidrigkeiten, so wie sie sich in meinem „Aufbau des Strafrechtssystems" findet, scheint mir deren verschiedenartigem Wesen und der damit verbundenen verschiedenen Bedeutung nicht völlig gerecht zu werden.

Im folgenden soll nun versucht werden, die systematische Methode in großen Zügen darzustellen. Da das Arbeitsgebiet, wie oben angedeutet, in drei zeitlich hintereinander liegende Teile zerfällt, nämlich zunächst Schaffung des nötigen Materials durch Rechtssystematik und Rechtspolitik, sodann Formulierung der Begriffe durch die Rechtstechnik und schließlich Einordnung dieser Begriffe in das Gesetz durch die Gesetzestechnik, so ergab sich daraus von selbst die Dreiteilung des Stoffes. Da nun auch die wichtigsten Verstöße gegen die systematische Methode, die Systemwidrigkeiten, entweder schon auf dem Gebiet der Grundlagen (durch Außerachtlassung der Grenze zwischen Rechtspolitik und Rechtssystematik), oder auf dem Gebiet der Rechtstechnik (durch Außerachtlassung der Grenze, welche die Systematik der Rechtstechnik setzt) oder schließlich auf dem Gebiet der Gesetzestechnik (durch Außerachtlassung der Grenzen, welche die Systematik der Gesetzestechnik setzt) liegen können, so erwies es sich als zweckmäßig, die Erörterung der Systemwidrigkeiten im Anschluß an die drei Hauptarbeitsgebiete durchzuführen.

Die Aufgabe der folgenden Untersuchungen besteht, wie gesagt, in der Darlegung der Methode; da aber diese nur an Hand der Bearbeitung eines bestimmten Materials nach dieser Methode verständlich gemacht werden kann, da insbesondere die Erörterung methodologischer Fragen, soweit sie für die Entscheidung von Problemen, die an höherer Stelle des Systems stehen, von Bedeutung sind, nicht ohne Annahme einer bestimmten Grundlage durchgeführt werden konnte, so mußten, ähnlich wie in meinem „Aufbau des Strafrechtssystems" gelegentlich auch rechtspolitische Grundfragen mitentschieden werden. Mit Rücksicht auf den Zweck dieser Untersuchung glaubte ich aber, von einer näheren Begründung meiner Entscheidungen in bezug auf diese rechtspolitischen Fragen (z. B. Vergeltungsprinzip oder Spezialpräventionsprinzip) um so mehr absehen zu dürfen, als sich eingehende Begründungen hiefür bereits im ersten Teil meines „Aufbaus des Strafrechtssystems“ finden, worauf hier ein für alle Mal verwiesen werden soll.

1. Rechtssystematik und Rechtspolitik.

Aufgabe des Strafrechts ist es, menschliches Verhalten, welches als für die soziale Gemeinschaft unerträglich erscheint, zu bekämpfen und womöglich hintanzuhalten, jedoch unter möglichster Schonung der Freiheit des Einzelnen.

Die erste Frage, welche jeder Strafgesetzgeber zunächst entscheiden muß, ist diejenige nach den Grundlagen des Strafrechts. Diese Frage zerfällt sofort wieder in diejenige nach den materiellen und diejenige nach den formellen Grundlagen. Nach den materiellen Grundlagen, das bedeutet die Frage, was überhaupt so rechtsunerträglich ist, daß dagegen mit Strafe eingeschritten werden kann; nach den formellen Grundlagen, das bedeutet die Frage, wie beschaffen die Grundsätze sein sollen, nach welchen das durch die Entscheidung der Frage nach den materiellen Grundlagen als rechtsunerträglich Erkannte zu bekämpfen ist. Da somit die Lösung der Frage nach den materiellen Grundlagen die Voraussetzung für die Möglichkeit einer Lösung der Frage nach den formellen Grundlagen darstellt, so werden zunächst jene zu behandeln sein.

a) Die materiellen Grundlagen. Hat der Strafgesetzgeber in bezug auf diese freie Wahl nach rechtspolitischen Erwägungen? In der Regel geht man so vor, als ob diese Frage zu bejahen wäre. Nichts ist unrichtiger als dies. Was in einer bestimmten sozialen Gemeinschaft als unerträglich erscheint, ist offenbar alles das, was die Interessen, die Güter gerade dieser Gemeinschaft beeinträchtigt. Was aber in einer bestimmten sozialen Gemeinschaft als Gut erscheint, das hängt von der Ordnung dieser Gemeinschaft selbst ab. Geordnet aber wird die Gemeinschaft gerade durch die Rechtsnormen. Das Strafrecht als jener Teil der Rechtsordnung, welcher den erhöhten Güterschutz durchzuführen hat, setzt somit die rechtliche Ordnung der Gemeinschaft bereits voraus: Es ist der Oberbau, der auf dem Unterbau der gesamten bereits fertigen Rechtsordnung zu errichten ist. Der Strafgesetzgeber hat also Güter und Interessen nicht erst zu schaffen, sondern die bereits vorhandenen zu schützen. Die Frage also, was überhaupt strafrechtlich bekämpft werden kann, ist für den Strafgesetzgeber eine rein rechtssystematische Frage; rechtspolitische Erwägungen können hier überhaupt nicht mehr maßgebend sein. Die rechtspolitischen Erwägungen liegen vielmehr auf einer früheren, vorstrafrechtlichen Stufe. Genau genommen, hat der

Gesetzgeber vollständig freie Wahl nach rechtspolitischen Erwägungen überhaupt nur bei der Formulierung der Verfassung oder desjenigen Grundgesetzes, welches den Aufbau der sozialen Gemeinschaft bereits in großen Zügen bestimmt. Schon bei der Abfassung aller übrigen Gesetze, welche selbst wieder auf der Verfassung fußen, also z. B. des ganzen Zivilrechts, Handels- und Wechselrechts usw., ist der Gesetzgeber zum Teil systematisch gebunden; nur insofern eine Frage durch die Verfassung weder ausdrücklich noch stillschweigend (Analogie) entschieden ist, können neuerdings rechtspolitische Erwägungen angestellt werden. Beachtet man, daß es nicht nur auf den Wortlaut, sondern eben auf den gesamten Sinn der Verfassung ankommt, dann ist die Zahl derjenigen Fragen, welche durch die Verfassung noch nicht vorentschieden sind, viel geringer als man gemeiniglich annimmt. Der Strafgesetzgeber aber hat tatsächlich überhaupt keine freie Wahl mehr; er ist vollständig an die Regelungen der übrigen Gesetze gebunden. Dies ergibt sich eben aus der Funktion des Strafrechts, die im Schutze der Güter und nicht in der Schaffung von Gütern besteht. So wie für den Strafgesetzgeber bereits feststeht, was im Sinne dieser bestimmten sozialen Gemeinschaft überhaupt ein Gut ist, so steht für ihn auch fest, was als Verletzung eines Gutes sozialschädlich ist.

Aus dem Gesagten ergibt sich bereits, daß man überhaupt erst dann an die Aufstellung eines Strafgesetzbuches schreiten kann, wenn die übrige Rechtsordnung bereits vollendet dasteht. Es ist einfach logisch unmöglich, die Gesetzgebung mit dem Strafrecht zu beginnen und die Regelung des Privatrechts oder gar die Formulierung der Verfassung erst nachfolgen zu lassen. Wollte etwa ein neugebildeter Staat, der noch über keinerlei Gesetze verfügt, tatsächlich in dieser sinnlosen Weise ans Werk gehen, so bliebe dem Strafgesetzgeber nichts anderes übrig, als eine ganz bestimmte Regelung aller übrigen Rechtssphären bereits hypothetisch vorauszusetzen; würde dann nur eine einzige dieser Rechtssphären anders geregelt als es der Strafgesetzgeber angenommen hat, so müßte auch das Strafgesetzbuch dementsprechend geändert werden.

Diese Abhängigkeit des Strafrechts von der Regelung aller übrigen Rechtssphären zeigt sich besonders deutlich bei denjenigen Delikten, welche direkt gegen verfassungsrechtliche Einrichtungen gerichtet sind. In der Monarchie etwa ist die Person des Monarchen und deren Unversehrtheit ein besonders wichtiges Gut; in der parlamentarischen Republik tritt an ihre Stelle das Parlament usw. Aber auch auf anderen Gebieten kann man schon de lege lata unschwer die Abhängigkeit des Strafrechts von der Regelung z. B. des Privatrechts erkennen. Die meisten Vermögensdelikte würden in ihrer heutigen Form sinnlos, wenn das Privatrecht nicht den Begriff des Eigentums, des Besitzes usw. kennen würde. Die Regelung der Entführung in allen ihren Abarten wieder ist abhängig von der Gestaltung der Familienrechte und der Ehe im Privatrecht usw. In allen diesen Fällen gilt heute die Abhängigkeit des Strafrechts vom Staatsrecht, Privatrecht usw. als selbstverständlich, ohne daß man stets aus diesen Einzelfällen den allgemein gültigen Grundsatz abgeleitet hätte.

Es zeigt sich also, daß die Frage nach den materiellen Grundlagen eine rein systematische Frage ist, bei welcher rechtspolitische Erwägungen überhaupt nicht mehr angestellt werden dürfen.

b) Die formellen Grundlagen. Haben die materiellen Grundlagen gezeigt, was überhaupt als strafrechtlich bekämpfbar in Betracht kommen kann, so ist es Aufgabe der formellen Grundlagen, darzutun, nach welchen Grundsätzen diese Bekämpfung am besten durchgeführt werden kann. In dieser Richtung hat der Strafgesetzgeber allerdings vollständig freie Hand. Hier liegt das unbestreitbare Arbeitsgebiet der Kriminalpolitik. Zwar ist der Endzweck des Strafrechts die Bekämpfung sozialschädlichen Verhaltens durch Strafe, das heißt durch Auferlegung eines Übels, schon durch dessen Wesen vorgezeichnet. Es bleibt jedoch noch zu entscheiden, auf welche näheren Strafzwecke am besten abzustellen ist, damit dieser Endzweck so sehr als überhaupt möglich erreicht werden kann. Als solche nähere Zwecke kommen, ganz im Einklang mit der herrschenden Lehre und der historischen Entwicklung, drei in Betracht: Die Vergeltung, die Generalprävention und die Spezialprävention. Die nächstliegende Möglichkeit besteht nun offenbar darin, das Strafrecht auf einer dieser Grundlagen allein, unter vollständigem Ausschluß aller übrigen aufzubauen. In einem solchen Falle wäre der vollständig einheitliche Aufbau des Strafrechts von vornherein garantiert und die Arbeit sehr vereinfacht, da die Systematik lediglich alle Konsequenzen aus der Grundlage zu ziehen hätte. Aufgabe der Kriminalpolitik wäre es dann bloß, darzutun, welche von diesen drei möglichen Grundlagen die zweckmäßigste zur Erreichung des letzten Endzweckes des Strafrechts ist. Es braucht wohl kaum erwähnt zu werden, daß es tatsächlich Strafrechte gab, welche bewußt oder unbewußt nur auf einem dieser Grundsätze unter Ausschluß aller übrigen aufbauten. Man denke nur an die zahlreichen Vergeltungsstrafrechte alter Zeiten, an das Generalpräventionsstrafrecht Feuerbachs, an das Spezialpräventionsrecht des Enrico Ferri. Aber alle Versuche in dieser Richtung haben eigentlich enttäuscht. Es zeigte sich, daß die bloße Berücksichtigung eines dieser näheren Strafzwecke stets mehr Nachteile als Vorteile für die Erreichung des Endzweckes des Strafrechts mit sich bringt. So mußte man notwendig zu „Vereinigungstheorien" gelangen, welche von den Anhängern „reiner" Theorien meist etwas geringschätzig als „Kompromisse" bezeichnet werden. Es waren offenbar systematische Bedenken, aus denen heraus das „Kompromiß" abgelehnt wurde. Seltsam genug in einer Zeit, in welcher die kasuistisch-gefühlsmäßige Methode fast zur alleinigen Herrschaft gelangt ist.

Es wird also untersucht werden müssen, ob eine Vereinigung mehrerer oder auch aller näheren Strafzwecke tatsächlich systematisch verfehlt wäre und notwendigerweise innere Widersprüche in das Gesetz hineintragen müßte. Nun bestünde zunächst die Möglichkeit, daß jede einzelne dieser Grundlagen stets zu dem gleichen Resultat führen muß; in diesem Falle bestünde natürlich keinerlei systematisches Bedenken dagegen, sie alle drei gleichzeitig dem Gesetz zugrunde zu legen. Wäre aber wirklich eine so einfache Lösung möglich, dann wäre wohl niemals ein Streit um die Strafrechtstheorien entbrannt; der Grund dieses Streites liegt ja eben gerade darin, daß jede dieser Theorien zu einem anderen Ergebnis in bezug auf das „ob" und das „wie" der Strafbarkeit führen muß. Dies zeigt sich schon bei einer Gegenüberstellung der Vergeltung und der Generalprävention, von denen gelegentlich behauptet wurde, daß sie nicht miteinander in Widerspruch stünden, sondern zu dem gleichen Ergebnis führten. Wie groß die Strafe für einen bestimmten konkreten Fall im Sinne der Vergeltung sein muß, das läßt sich unter der Annahme bestimmter zur Verfügung stehender Strafmittel von vornherein allgemein gültig beantworten. Wie groß dagegen die Strafe für den gleichen Fall im Sinne der Generalprävention sein muß, das läßt sich nicht im vorhinein bestimmen, denn die zur Abschreckung anderer nötige Strafhöhe bestimmt sich unter anderem auch danach, wie häufig gerade solche Fälle zur Zeit, da das betreffende Urteil gefällt wird, vorkommen. Je häufiger sie sind, desto größer muß die Strafe im Sinne der Generalprävention ausfallen. Daß vollends die vom Gesichtspunkt der Spezialprävention aus geforderte Strafe mit der der Schuld entsprechenden oder der von der Generalprävention geforderten nicht oder doch nicht immer übereinstimmen kann, wurde im Streite der Strafrechtstheorien und der Strafrechtsschulen so häufig nachgewiesen, daß es unnötig erscheint, darauf des näheren einzugehen.

Die Vertreter der Vereinigungstheorien glaubten nun dadurch alle Einwände entkräften zu können, daß sie darauf hinwiesen, der Gedanke der Vergeltung fordere ja keineswegs eine der Höhe nach ganz bestimmte Strafe; die der Vergeltung entsprechende Strafe könne stets nur annähernd bestimmt werden und innerhalb des so ganz von selbst entstehenden Strafrahmens ließen sich ganz gut auch noch die übrigen Strafzwecke, General- und Spezialprävention, berücksichtigen. Aber diese Beweisführung geht fehl. Rein theoretisch läßt sich nämlich die im Sinne der Vergeltung gelegene Strafe mit mathematischer Genauigkeit bestimmen. Es ist doch ganz klar, daß der schwerste Fall, das heißt derjenige mit dem größten „Vergeltungswert", mit der schwersten überhaupt zur Verfügung stehenden Strafe geahndet werden muß, die geringste, überhaupt noch strafbare Tat mit der geringsten zur Verfügung stehenden Strafe, und daß durch diese beiden Endpunkte die jeder Tatschwere entsprechende Strafe ganz genau bestimmt werden kann. Jedes Abweichen von dieser so bestimmten Strafe stellt dann gleichzeitig eine Abweichung von dem Grundsatz der Vergeltung dar.

Es muß auch den Vertretern der „reinen" Theorien ohne weiteres zugestanden werden, daß die Kompromisse in der Form, wie sie heute von den Vertretern der Vereinigungstheorien verlangt werden, unhaltbare Systemwidrigkeiten darstellen. Wenn man etwa das Gesetz grundsätzlich auf dem Gedanken der Vergeltung aufbaut, aber einmal hier der Generalprävention, dann wieder dort der Spezialprävention auf Kosten des Vergeltungsgedankens zum Durchbruch verhilft, je nachdem, ob das Rechtsgefühl oder unangebrachte kriminalpolitische Erwägungen es als richtig erscheinen lassen, dann wird in der Tat ein in sich widerspruchsvolles, von Ausnahmen durchsetztes, kurz ein kasuistisch-gefühlsmäßiges Gesetz geschaffen, das die richtige, das heißt dem Sinn des Gesetzes entsprechende Entscheidung des Einzelfalles häufig unmöglich macht. Daran wird auch nichts gebessert, wenn etwa das Gesetz selbst nur auf einer Grundlage, z. B. derjenigen der Vergeltung, aufbaut, jedoch den Richter anweist, bei der Strafzumessung neben dem Vergeltungswert der Tat oder gar statt dessen auf General- und Spezialprävention Rücksicht zu nehmen. Denn damit wird zwar in den Typen selbst der Widerspruch vermieden, dafür aber in die Strafzumessung hineingetragen, wodurch der Richter vor eine unlösbare Aufgabe gestellt wird.

Damit ist aber keineswegs noch jedes sogenannte Kompromiß als systemwidrig erkannt und abgelehnt. Ein Strafgesetz kann tatsächlich auch auf mehreren miteinander nicht in Einklang stehenden und, wenn rein vorkommend, zu verschiedenen Ergebnissen führenden Grundlagen aufgebaut sein, ohne gegen die Systematik zu verstoßen. Voraussetzung hiefür ist jedoch, daß diese Grundlagen selbst in ein bestimmtes ständiges Verhältnis zueinander gesetzt werden, daß ihre gegenseitige Bedeutung ein für alle Mal festgelegt und dann bei der Entscheidung jeder Einzelfrage innerhalb des Strafrechtssystems beibehalten wird. Es kann also sehr wohl ein Gesetz so aufgebaut sein, daß für die Bestimmung der konkreten Strafhöhe sowohl die Vergeltung als auch die Generalprävention als auch die Spezialprävention berücksichtigt wird: Wenn nur von vornherein und allgemeingültig feststeht, in welchem Ausmaß die eine und die andere Kategorie auf die Strafhöhe einwirkt. Denn dann ist das Strafrecht zwar kein „reines", auf einer einzigen Grundlage aufgebautes, aber es ist trotzdem nicht in sich selbst widerspruchsvoll, eben weil die einzelnen für die Strafhöhe bedeutsamen Kategorien zueinander in ein bestimmtes Verhältnis gebracht worden sind. Daraus ergibt sich also: Zeigt die kriminalpolitische Forschung, wie dies auf Grund des heutigen Standes wohl angenommen werden kann, daß der Aufbau auf einer einzigen Grundlage, die Berücksichtigung nur einer einzigen Kategorie, unzweckmäßig ist, dann ist es ein Erfordernis der Systematik, das Verhältnis der von der Kriminalpolitik für die Strafhöhe als bedeutsam erkannten Kategorien zueinander festzulegen. Das Ausmaß der Bedeutung freilich, das jede einzelne Kategorie zu beanspruchen hat, kann nicht durch systematische Erwägungen, sondern wieder nur durch solche kriminalpolitischer Natur gefunden werden.

Daraus ergibt sich als die nächste Aufgabe für den Strafgesetzgeber, die durch kriminalpolitische Erwägungen zu erzielende Festsetzung der Kategorien, welche überhaupt für die Strafhöhe Bedeutung beanspruchen sollen. Als solche kommt zunächst die Kategorie der Vergeltung in Betracht. Die Strafhöhe, welche sich auf Grund dieser Kategorie ergibt, möge als „Vergeltungswert" des Falles bezeichnet werden.

Als nächste käme die Kategorie der Generalprävention in Betracht. Da die Strafhöhe nach dieser von der Häufigkeit derartiger Fälle bestimmt wird, so mag hier von dem „Häufigkeitswert" des Falles gesprochen werden.

Es folgt nun die Kategorie der Spezialprävention. Hier handelt es sich darum, inwieweit nach der Besonderheit des Falles die Spezialprävention eine mehr oder minder hohe Strafe erfordern würde; je größere Einwirkung die Spezialprävention erfordern würde, desto größer ist der „Einwirkungswert" des Falles. Das Ziel der Spezialprävention kann aber in zweifacher Weise erreicht werden: durch Besserung oder durch Sicherung. Die primäre Aufgabe besteht nun zweifellos in der Besserung; nur insoweit eine solche überhaupt nicht erreicht werden kann, muß der Täter gesichert werden. Denn es ist klar, daß der sozialen Gemeinschaft mehr gedient ist, wenn ein sozialschädlicher Mensch zu einem harmlosen oder sogar nützlichen gemacht wird als wenn er eliminiert wird. Daher wird auch der Einwirkungswert primär an dem Gedanken der Besserung orientiert sein; je längere Zeit zum Zweck der Besserung nötig ist, desto größer wird er sein. Ist aber aller Voraussicht nach Besserung überhaupt nicht möglich, so sinkt damit nicht etwa der Einwirkungswert auf Null, sondern er steigt im Gegenteil auf das höchste denkbare Maß; denn sekundär, das heißt wenn Besserung nicht möglich ist, orientiert sich der Einwirkungswert nach dem Sicherungsbedürfnis, und er wird um so größer, je länger der Täter gesichert werden muß. Der Einwirkungswert sinkt nur dann auf Null, wenn eine Einwirkung, sei es zum Zwecke der Besserung oder der Sicherung, nicht notwendig ist, niemals aber dann, wenn durch die Einwirkung Besserung nicht erzielt werden kann.

Aber mit diesen drei Kategorien, welche nur deshalb stets in den Vordergrund gestellt oder auch allein berücksichtigt werden, weil sich an sie der Streit der Strafrechtsschulen anknüpft und weil tatsächlich nur sie für sich allein imstande wären, eine tragfähige Grundlage für das Strafrechtsgebäude abzugeben, sind die für die Strafhöhe bedeutsamen Kategorien noch nicht erschöpft. Es darf nämlich auch nicht übersehen werden, daß sich die Anordnung strafrechtlicher Bekämpfung eines Falles nur dann empfehlen wird, wenn dieser Fall tatsächlich strafrechtlich erfaßt werden kann, wenn also die Möglichkeit besteht, wenigstens in einer großen Zahl der tatsächlich vorkommenden Fälle gegen den Täter wirklich einzuschreiten. Denn jeder strafbare Fall, der nicht bestraft werden kann, weil man die Tat nicht entdeckt oder den Täter nicht erwischt, beeinträchtigt das Ansehen der Rechtsordnung; und diese Beeinträchtigung wird um so größer sein, je schwerer die Strafe ist, um welche der Staat sozusagen geprellt wurde. Es empfiehlt sich daher durchaus, bei der Bestimmung der Strafhöhe auch darauf

Rücksicht zu nehmen, wie groß die Wahrscheinlichkeit ist, den Fall wirklich erfassen zu können, und die Strafe desto geringer ausfallen zu lassen, je geringer der „Erfassungswert" des Falles ist. Innerhalb dieser Kategorie wird man zweckmäßig auch mitberücksichtigen, ob nicht die Möglichkeit der Erfassung vielleicht in einer großen Zahl der Fälle zu teuer erkauft würde, ob nicht etwa durch die Strafbarkeitserklärung eines solchen Falles das Angebertum und das Erpressertum zu sehr begünstigt würde.

Neben dieser Kategorie der Erfassung wird schließlich noch eine allgemeine Kotegorie zu berücksichtigen sein, die man nach der Mehrzahl der Fälle, welche hier bedeutsam werden, als „politische" Kategorie bezeichnen könnte. Es kommt häufig vor, daß sich aus allgemeinen Gründen, insbesondere aus solchen politischer Natur, die Bestrafung von bestimmten Fällen in höherem oder geringerem Ausmaße empfiehlt. Es können dies inner- oder außenpolitische Gründe sein (man denke an die internationalen Beziehungen einerseits, an die Immunität des Abgeordneten anderseits), welche eine Bestrafung mehr oder minder zweckmäßig erscheinen lassen. Ich spreche in dieser Richtung von einem „Opportunitätswert" des Falles.

Es sind somit im ganzen fünf Kategorien, welche für die Strafhöhe von Bedeutung sind. Die nächste Arbeit des Gesetzgebers besteht nun darin, diese Kategorien in ein bestimmtes Verhältnis zueinander zu setzen, ihre gegenseitige Bedeutung abzuwägen. Dies ist eine rein kriminalpolitische Aufgabe; vom systematischen Standpunkt aus ist jede Lösung gleich möglich, also z. B. auch diejenige, welche jeder dieser fünf Kategorien genau die gleiche Bedeutung beilegt. Lediglich im Interesse größerer Klarheit des Gesetzes wird es sich von vornherein empfehlen, eine Kategorie zur vorherrschenden zu machen, ihr die größte Bedeutung beizulegen und die übrigen nur sekundär zu berücksichtigen. Doch hat hier, wie gesagt, die Kriminalpolitik das letzte Wort zu sprechen. Ich habe bereits in meinem „Aufbau des Strafrechtssystems"[1]) den Nachweis zu liefern versucht, daß es am zweckmäßigsten erscheint, die Kategorie der Vergeltung zur vorherrschenden zu machen, die übrigen Kategorien entsprechend ihrer verschiedenen Bedeutung mehr oder minder gegenüber dieser herrschenden Kategorie zurückzudrängen. Die Reihenfolge der Bedeutung der einzelnen Kategorien nach meiner Ansicht ließe sich dann ungefähr so darlegen: Nehmen wir an, die Kategorie der Vergeltung erhielte den Wert „10"; so

---

[1]) a. a. O., S. 9 ff.

müßten etwa die Kategorien der General- und der Spezialprävention den Wert „5" erhalten, die Kategorie der Erfassung den Wert „3" und die politische Kategorie den Wert „2"[1]).

Innerhalb jeder einzelnen Kategorie sind dann wieder so viel Abstufungen als möglich zu machen, denn je mehr ihrer sind, desto größer ist die Genauigkeit. Soll nun der endgültige „strafrechtliche Bekämpfungswert" eines Falles bestimmt werden, so ist der Wert, den der Fall innerhalb jeder Kategorie erhält, zunächst mit dem Wertindex der Kategorie zu multiplizieren und dann das Produkt aus sämtlichen so gewonnenen Werten zu bilden. Es habe etwa ein Fall innerhalb der Kategorie der Vergeltung den Wertindex „3". Diese Kategorie selbst hat den Wertindex „10". Somit ergibt sich als Vergeltungswert des Falles „30". In der gleichen Weise ist nun der Häufigkeitswert usw. zu suchen und die so gefundenen Werte sind dann abermals zu multiplizieren, wodurch man zu dem endgültigen „strafrechtlichen Bekämpfungswert" gelangt. Daraus ergibt sich bereits, daß der strafrechtliche Bekämpfungswert Null sein muß, wenn der Wert auch nur innerhalb einer der in Betracht kommenden Kategorien auf „0" sinkt. Ist etwa der Häufigkeitswert eines Falles gleich „0", das heißt kommt dieser Fall überhaupt niemals vor, dann ist auch das gesamte Produkt notwendigerweise gleich „0", von einem strafrechtlichen Bekämpfungswert kann keine Rede sein.

Der strafrechtliche Bekämpfungswert bestimmt die Höhe der Strafe. Der Fall mit dem höchsten strafrechtlichen Bekämpfungswert hat mit der schwersten zur Verfügung stehenden Strafe geahndet zu werden, der Fall mit dem geringsten strafrechtlichen Bekämpfungswert mit der geringsten Strafe. Bei strengem Festhalten an der Systematik müßte jeder Fall, der überhaupt einen wenn auch noch so geringen strafrechtlichen Bekämpfungswert aufweist, noch bestraft werden. Die untere Strafbarkeitsgrenze würde also mit der unteren Grenze des Bekämpfungswertes zusammenfallen. Läßt man Fälle mit sehr geringem Bekämpfungswert bereits straflos, so bedeutet das eine „Abweichung vom System": Ein Gedanke, der sich aus der Systematik ergibt, wird nicht bis zu seinen äußersten Konsequenzen durchgeführt, son-

---

[1]) Selbstverständlich ist die mathematische Genauigkeit nur theoretisch zu erreichen; in der Praxis wird auch der Gesetzgeber stets nur mit annähernder Genauigkeit arbeiten können. Aber es handelt sich hier um die scharfe Herausarbeitung der leitenden Gesichtspunkte. Hält man diese fest, dann sind schwere Verstöße gegen die Systematik, wie sie sowohl in den geltenden Gesetzen als auch in den neueren Entwürfen nur allzu häufig vorkommen, eben nicht mehr möglich.

dern früher abgebrochen. Eine solche Abweichung vom System steht, wie oben dargetan wurde, keineswegs einer Systemwidrigkeit gleich. Jede solche Abweichung vom System bewirkt nun aber, daß eine Frage, welche zunächst systematischer Natur war, nunmehr auf kriminalpolitisches Gebiet verschoben wird. Ziehe ich die untere Strafbarkeitsgrenze mitten durch den strafrechtlichen Bekämpfungswert, so ist bereits die Abweichung vom System gegeben, und die Frage, w o ich diese Grenze nun tatsächlich ziehen soll, ist systematisch nicht mehr zu entscheiden; sie wird zu einer Zweckmäßigkeitsfrage, zu einem kriminalpolitischen Problem. Jede Abweichung vom System bedarf aber wichtiger Gründe, die selbst wieder auf Zweckmäßigkeitserwägungen ruhen müssen, soll sie nicht bloß eine Eigenwilligkeit des Gesetzgebers sein. Solche Gründe lassen sich aber im gegebenen Falle tatsächlich vorbringen. Werden schon Fälle mit ganz geringem strafrechtlichem Bekämpfungswert bestraft, dann kann es häufig vorkommen, daß der Strafvollzug dem Staat mehr kostet als die Bekämpfung dieses Falles überhaupt wert ist. Schon die Römer anerkannten daher mit Recht den Satz „minima non curat praetor". Es muß bei jeder staatlichen Maßnahme der Gedanke der Verhältnismäßigkeit gewahrt werden, es muß überlegt werden, ob die Maßnahme nicht mehr Kosten verursacht als sie Nutzen schafft. Dazu kommt noch die Überlegung, daß bei Bestrafung auch schon der geringsten Fälle die Strafen für die schwersten Fälle besonders hart sein müßten, falls nicht die nötige Abstufung verlorengehen soll. Es scheint mir daher durchaus zweckmäßig zu sein, hier eine Abweichung vom System vorzunehmen und die untere Strafbarkeitsgrenze höher anzusetzen als sie sich bei strenger Durchführung der Systematik ergäbe.

Der strafrechtliche Bekämpfungswert bestimmt, wie oben gesagt, die Höhe der Strafe. Daraus darf jedoch nicht voreilig der Schluß gezogen werden, daß jede Steigerung des strafrechtlichen Bekämpfungswertes eine ganz genau proportionale Steigerung der Strafe nach sich ziehe; daß etwa ein Fall, der den doppelten strafrechtlichen Bekämpfungswert aufweist, auch mit doppelt so schwerer Strafe belegt werden müßte. Dies stimmt nämlich weder bei den Geldstrafen noch gar bei den Freiheitsstrafen, und zwar deshalb nicht, weil die Wirkung der Strafe nicht proportional mit ihrer Höhe oder Dauer, sondern in viel größerem Ausmaß wächst. Ein Jahr Freiheitsverlust bedeutet tatsächlich weder in bezug auf Vergeltung noch auch in bezug auf General- oder Spezialprävention genau das doppelte Maß wie sechs Monate, sondern bedeutend mehr. Aber auch für Geldstrafen gilt dies. Je mehr sich die Höhe der Geldstrafe der Vermögensgrenze des Betroffenen nähert, desto schwerer wird sie empfunden werden. Daraus ergibt sich, daß die Strafhöhe nicht vollständig proportional mit dem strafrechtlichen Bekämpfungswert steigen kann, sondern entsprechend weniger. Wie groß freilich der Unterschied ist, das läßt sich nicht mit absoluter Genauigkeit feststellen. Systematisch wichtig ist auch nur, daß bei der Anpassung der Strafen an den jeweiligen strafrechtlichen Bekämpfungswert stets in gleicher Weise auf diesen Umstand Rücksicht genommen wird, nicht etwa in dem einen Falle mehr, in dem anderen weniger.

Es wurde betont, daß das Verhältnis der einzelnen für den strafrechtlichen Bekämpfungswert bedeutsamen Kategorien allgemeingültig bestimmt werden muß, daß daher in jedem einzelnen Fall dieses Verhältnis genau das gleiche bleiben muß. Das ist ein zwingendes systematisches Erfordernis. Doch wird dadurch nicht verhindert, daß etwa aus dem gesamten Gebiet des Strafrechts Teilgebiete ausgeschieden werden können, für welche dann das Verhältnis dieser Kategorien zueinander in anderer Weise bestimmt werden kann. Man muß aber dann daran festhalten, daß eben zwei verschiedene Systeme vorliegen, die miteinander im ganzen Aufbau nichts zu tun haben. Genau genommen bestehen dann zwei verschiedene Strafrechte nebeneinander, die selbstverständlich in ihrem Geltungsbereich sei es räumlich oder persönlich abgegrenzt werden müssen. Der Fall ist dann analog demjenigen, der sich im internationalen Strafrecht ergibt, wo ja auch der Geltungsbereich der verschiedenen staatlichen Strafrechte gegeneinander abgegrenzt werden muß. Daß diese Abgrenzung heute hauptsächlich nach räumlichen Gesichtspunkten erfolgt, darf nicht übersehen lassen, daß sie ebenso nach persönlichen Gesichtspunkten möglich wäre: Man denke nur an die Abgrenzung der verschiedenen „Statuten" im Mittelalter. Selbstverständlich wird man nicht ohne wichtige Gründe eine solche Zweiheit des Strafrechts innerhalb desselben Staates gut heißen können. Müssen sich doch schon mit Rücksicht auf die nötige Abgrenzung wieder eine Reihe von neuen Problemen daraus ergeben. Solche wichtige Gründe können aber gerade darin gefunden werden, daß sich für bestimmte Gruppen von Fällen ein Aufbau nach anderen Gesichtspunkten als kriminalpolitisch richtig erweist. So wird es etwa auf Grund des heutigen Standes der Kriminalpolitik zweckmäßig erscheinen, das Jugendstrafrecht auszusondern und auf anderen formellen Grundlagen zu errichten. Läßt sich für das allgemeine Strafrecht die Voranstellung der Kategorie der Vergeltung leicht rechtfertigen, so wird man umgekehrt auf dem Gebiet des Jugendstrafrechts der Kategorie der Spezialprävention aus mancherlei Gründen den Vorrang einräumen müssen[1]). Eine Verschiebung im Wertverhältnis der einzelnen Kategorien zueinander bedingt aber notwendig auch eine Verschiebung des strafrechtlichen Bekämpfungswertes zahlreicher einzelner Fälle. Wichtig ist jedoch, daß innerhalb des gleichen Staates selbstverständlich die materiellen Grundlagen unbedingt die gleichen bleiben müssen. Die Frage also, was sozialschädlich ist, muß bei Ausscheidung des Jugendstrafrechts aus dem allgemeinen Strafrecht notwendigerweise für beide Teile in gleicher Weise entschieden werden.

Sind nun die Kategorien in ihrem gegenseitigen Wertverhältnis bestimmt, so ergibt sich als nächste Frage, ob der Strafgesetzgeber unmittelbar an die sozialschädlichen Taten anknüpfen soll oder vielmehr besser an die Persönlichkeiten, von welchen diese ausgehen. Auch diese Frage ist kriminalpolitischer Natur. Man könnte nun zunächst meinen, daß diese Frage doch bereits systematisch vorentschieden sei, und zwar dadurch, daß die übrigen Gesetze (Verfassung, Privatrecht) sich in der einen oder der anderen Weise entschieden haben. Diese Meinung wäre jedoch irrig: Vorentschieden ist nur der Inhalt, nicht aber die Form; was sozial schädlich ist, das steht allerdings bereits fest; ob aber diese Sozialschädlichkeit durch Abzielen auf einzelne Taten oder auf den sozialschädlichen Menschen, aus welchem sie entspringen, strafrechtlich erfaßt werden soll, das ist eine rein strafrechtliche Frage, welche nach Zweckmäßigkeitsgesichtspunkten entschieden werden muß. Wenn also oben festgestellt wurde, der Strafgesetzgeber habe nicht mehr freie Hand in bezug auf die Frage, was sozialschädlich sei, so war dies nur in dem Sinne gemeint, daß eben *inhaltlich* die Sozialschädlichkeit bestimmt sei, nicht aber auch in dem Sinn, daß auch bereits vorbestimmt sei, an welchen Teil der Sozialschädlichkeit der Strafgesetzgeber primär anknüpfen müsse. Feststeht etwa, daß die Wegnahme einer Sache aus dem Besitz eines anderen sozialschädlich ist; daran kann der Strafgesetzgeber nichts mehr ändern. Ob er aber nunmehr an diese Tat selbst oder an die menschliche Neigung, aus der sie entsteht, seinen rechtlichen Wertmaßstab anlegt, das steht dem Strafgesetzgeber vollständig frei; er kann diese Frage auch anders entscheiden als der Privatgesetzgeber. Dadurch wird keineswegs ein innerer Widerspruch in die Rechtsordnung hineingetragen. Es kann also durchaus für

---

[1]) Vgl. „Aufbau des Strafrechtssystems", S. 265 ff.

das Strafrecht als Unrecht nur die Person als solche, für das Zivilrecht aber die Tat als solche in Betracht kommen. Ich glaube dies sogar als herrschende Lehre bezeichnen zu dürfen. Andernfalls müßten alle Vertreter eines Persönlichkeitsstrafrechts einer unsinnigen (unlogischen) Lehre anhängen. Meines Wissens ist aber der Einwand, es sei logisch unmöglich, im Strafrecht an Persönlichkeiten und nicht an Taten anzuknüpfen, noch nicht erhoben worden. Die Frage ist also kriminalpolitischer Natur. Und auch die Tatsache, daß sie stets zugunsten der Einzeltat gelöst wurde, läßt sich nur aus Zweckmäßigkeitserwägungen heraus erklären.

Knüpft der Strafgesetzgeber also primär an Einzeltaten an, dann bedeutet dies, daß für ihn Unrecht primär die Einzeltat ist. Daß es nur die sozialschädliche Einzeltat sein kann, daß eine Tat immer nur dann und nur insoweit Unrecht sein kann, als sie sozialschädlich ist, das ergibt sich aus den materiellen Grundlagen. Hätte sich etwa der Strafgesetzgeber zugunsten der Persönlichkeit als primärer Grundlage entschieden, dann würde sich ebenso aus den materiellen Grundlagen ergeben, daß es nur die sozialschädliche Persönlichkeit sein kann, auf welche es ankommt.

Ist die Einzeltat zur primären Grundlage genommen, so bedeutet dies keinesfalls, daß nunmehr nur sie allein berücksichtigt werden könne; es bedeutet zunächst bloß, daß sie den Ausgangspunkt zu bilden hat, daß bei ihrem Mangel von Unrecht von vornherein keine Rede sein kann. Die Berücksichtigung der Persönlichkeit wird dadurch nicht ausgeschlossen, sondern lediglich eingeschränkt. Nicht die gesamte Persönlichkeit kommt nach der Richtung ihrer sozialen Bedeutung hin in Betracht, sondern bloß die Persönlichkeit, soweit sie mit der Einzeltat in Beziehung steht. Insoweit aber ist die Berücksichtigung der Persönlichkeit auch in einem auf Einzeltaten aufgebauten Strafrecht nicht nur möglich, sondern sogar erforderlich. Die Strafe wird ja nicht über die Tat verhängt, sondern über den Täter wegen seiner Tat. Daraus schon ergibt sich die Notwendigkeit, daß neben der Sozialschädlichkeit der Tat diejenige des Täters berücksichtigt werden muß.

Nun besteht jede Einzeltat aus zwei Teilen: einem objektiven, der sich in der Außenwelt, das heißt außerhalb der Psyche des Täters, abspielt, und einem subjektiven, dessen Schauplatz die Psyche des Täters ist. Beide brauchen keineswegs übereinzustimmen. Das, was in der Außenwelt tatsächlich vor sich geht, kann verschieden sein von den Vorstellungen, die sich der Täter hierüber gemacht hat. Dadurch entsteht sofort eine weitere Frage: Soll die objektive oder erst die subjektive Seite der Tat zur Grundlage genommen werden, soll der Strafgesetzgeber sein Unwerturteil primär an die objektive oder erst an die subjektive Seite der Tat legen? Auch diese Frage ist kriminalpolitischer Natur. Wieder wäre es unrichtig, sie für systematisch vorentschieden zu halten, durch die Stellungnahme etwa des Zivilrechts. Denn wieder ist nur der Inhalt, nicht aber die Form vorentschieden, welche für den Strafgesetzgeber maßgebend sein soll. Daß die Tötung sozialschädlich ist, das steht für den Strafgesetzgeber bereits fest; ob er aber sein Unwerturteil primär an das äußere Geschehen, die Tötungshandlung und deren Erfolg, oder an die subjektive Vorstellung dieser Tat, also an die subjektive Seite der Sozialschädlichkeit legen will, das steht ihm frei. Ein Widerspruch mit dem Zivilrecht kann dadurch nicht entstehen. Man darf ja nicht übersehen, daß das Zivilrecht ganz andere Funktionen zu erfüllen hat als das Strafrecht und sich daher auch anderer Formen bedienen kann. Es ist daher auch nicht richtig, aus der Stellungnahme des Zivilrechts zu dieser Frage irgendwelche Schlüsse auf die notwendige Stellungnahme des Strafrechts zu ziehen. Übrigens scheint mir diese Ansicht mit vielem, was die herrschende Lehre anerkennt, übereinzustimmen. Wenn man etwa die subjektive Versuchstheorie anerkennt und den Versuch bei allen Delikten für strafbar, womöglich noch für ebenso strafbar wie die Vollendung erklärt, so tut man ja nichts anderes als ein rein subjektives Strafrechtssystem aufbauen; und ich habe noch niemals den Einwand gegen die subjektive Versuchstheorie gehört, sie stehe in Widerspruch mit der Regelung des Zivilrechts.

Wird nun die objektive Seite der Tat zur primären Grundlage genommen, was sich schon aus Gründen der Rechtssicherheit empfiehlt, so bedeutet dies, daß diese objektive Seite zur unentbehrlichen Grundlage des strafrechtlichen Einschreitens gemacht wird, daß bei ihrem Mangel von Unrecht im Sinne des Strafrechts keine Rede sein kann. Wieder aber wird sie damit nicht etwa als allein berücksichtigungswert dargestellt, sondern bei ihrem Vorliegen ist dann weiter zu untersuchen, wie es mit der subjektiven Widerspiegelung in der Psyche des Täters steht.

Auf dieser Grundlage entsteht das von mir sogenannte „objektive System“[1]), das den meisten Gesetzen und Entwürfen grundsätzlich vorschwebt. Wird dagegen die subjektive Seite der Tat zur Grundlage genommen, so bedeutet dies, daß für den Strafgesetzgeber das tatsächlich in die Außenwelt tretende Ge-

[1]) „Aufbau des Strafrechtssystems“, S. 25 ff.

schehen überhaupt irrelevant ist, daß es lediglich auf die subjektive Seite, auf die Vorstellung des Täters ankommt. Auf dieser Grundlage entwicklen sich dann die subjektiven Systeme[1]).

Hat man nun die objektive Seite zur primären Grundlage genommen, sich also zu einem objektiven System bekannt, dann ergibt sich sofort eine weitere Frage: Soll von dieser objektiven Seite nur die Handlung oder auch der tatsächlich eingetretene Erfolg Bedeutung erlangen? Auch das ist eine kriminalpolitische Frage. Stellt man nur auf die Handlung ab, so darf man nicht übersehen, daß deren Bedeutung stets eine sekundäre ist, abgeleitet aus der Bedeutung des Erfolgs, auf welchen sie abzielt. Daher ist auch ein reines Handlungsstrafrecht am Erfolg orientiert; der Unterschied liegt nur darin, daß es bei einem Handlungsstrafrecht auf den Erfolg ankommt, welchen die Handlung zur Zeit ihrer Vornahme unter Zugrundelegung menschlichen Wissens erwarten ließ, ohne daß dem tatsächlich eingetretenen Erfolg Eigenbedeutung zukäme, während ein Erfolgsstrafrecht auch dem tatsächlich eingetretenen Erfolg gesonderte Bedeutung neben der Handlung zuerkennt. Freilich wird auch ein Erfolgsstrafrecht den tatsächlich eingetretenen Erfolg nur dann berücksichtigen dürfen, wenn dieser nicht nur mit der Handlung in Kausalzusammenhang steht, sondern wenn die Handlung gleichzeitig eine solche war, welche zur Zeit ihrer Vornahme nach menschlichem Ermessen gerade diesen Erfolg, sei es auch mit noch so geringer Wahrscheinlichkeit, erwarten ließ[2]), Andernfalls wird der tatsächlich eingetretene Erfolg so bewertet werden müssen, als ob er nicht durch menschliche Handlung zustandegekommen wäre, das heißt er ist strafrechtlich bedeutungslos. Die Zweckmäßigkeitserwägungen, welche für ein Erfolgsstrafrecht sprechen, habe ich in meinem „Aufbau des Strafrechtssystems" erörtert und darf hier wohl darauf verweisen[3]).

c) Die Bestimmung des Vergeltungswertes. Mit den obigen Ausführungen sind die Grundlagen für den Aufbau des Systems skizziert. Die materiellen Grundlagen zeigten uns, was dem Inhalt nach als sozialschädlich und somit als Unrecht in Betracht kommen kann, die formellen Grundlagen zeigten uns, nach welchen Gesichtspunkten die Bekämpfung des Unrechts am besten vorzunehmen ist und an welche Teile des sozialschädlichen Falles anzuknüpfen wäre. Es bleibt nun für die Strafrechtssystema-

---

1) a. a. O., S. 27 ff.
2) a. a. O., S. 46 ff.
3) a. a. O., S. 51 ff.

tik nur noch eine wichtige Arbeit übrig: Sie hat noch zu zeigen, nach welchen Gesichtspunkten sich die Stellung jedes einzelnen Falles innerhalb der einzelnen Kategorien fixieren läßt.

Faßt man nun die einzelnen oben für die Höhe der Strafbarkeit als bedeutsam erklärten Kategorien ins Auge, so ist unschwer zu erkennen, daß die Bewertung des einzelnen Falles, wie immer er auch geartet sein mag, vornehmlich in der Kategorie der Vergeltung Schwierigkeiten bereiten kann. Wird nun gerade diese Kategorie, wie es oben als zweckmäßig angenommen wurde, in den Vordergrund gestellt und als die bedeutsamste erklärt, dann ergibt sich schon hieraus die Notwendigkeit, mit dieser Kategorie zu beginnen.

Soll das Strafrecht ein Einzeltat-Strafrecht sein, welches nach dem objektiven System unter Berücksichtigung des Erfolges aufgebaut ist, dann ergibt sich für die Bestimmung des Vergeltungswertes ganz von selbst eine Zweiteilung: Es wird zunächst der Vergeltungswert der objektiven Tat, des äußeren Geschehens festzustellen sein, da dieser ja nach dem objektiven System die Grundlage bildet, bei deren Mangel überhaupt nicht eingeschritten werden kann; sodann aber der subjektive Vergeltungswert des Täters. Der objektive Vergeltungswert ergibt die Schwere des Unrechts (i. e. S.), der subjektive die Schwere des Vorwurfs, welcher den Täter wegen Verübung dieses Unrechts treffen kann, die Schuld.

α) Der objektive Vergeltungswert. Eine Handlung ist nur dann und nur insoweit sozialschädlich, als sie auf einen sozialschädlichen Erfolg hinzielt. Daraus ergibt sich zweierlei: Der Unwert der Handlung hängt ab von dem Unwert des Erfolges, auf welchen sie hinzielt; je größer der Unwert des Erfolges, desto größer auch derjenige der Handlung. Weiters: Der Unwert der Handlung hängt auch ab von der Wahrscheinlichkeit, mit welcher der betreffende Erfolg zu erwarten steht. Je geringer diese Wahrscheinlichkeit, desto geringer der Unwert der Handlung. Ist die Wahrscheinlichkeit des Erfolgseintritts gleich „0“, dann ist auch der Unwert der Handlung gleich „0“; und tritt der Erfolg dann entgegen allem menschlichen Wissen dennoch ein, so steht er einem nicht durch menschliches Handeln herbeigeführten Erfolg gleich. Er ist dann ein strafrechtlich nicht in Betracht kommender Erfolg.

Aus der Abhängigkeit des Unwertes der Handlung von dem Unwert des Erfolges ergibt sich aber sekundär, daß der richtige Wert oder Unwert einer Handlung, welche auf mehrere Erfolge hinzielt, nur dann bestimmt werden kann, wenn man alle Erfolge ins Auge faßt, welche aus der Handlung erwartet werden können; es ist dann in bezug auf jeden einzelnen dieser Erfolge zu untersuchen, welchen Wert oder Unwert er aufweist, und weiters, mit welcher Wahrscheinlichkeit er zu erwarten ist. Dabei ist es gleichgültig, ob die mehreren in Betracht kommenden Erfolge alternativ oder kumulativ zu erwarten sind. Handelt es sich um alternativ zu erwartende Erfolge, dann ist nur zu beachten, daß die Summe der Wahrscheinlichkeiten, mit welcher der eine und der andere eintreten kann, 100% niemals übersteigen kann[1]). Bei kumulativen Erfolgen ist es aber selbstverständlich möglich, daß sowohl der eine wie der andere mit Sicherheit zu erwarten ist. Ist einer der in Betracht kommenden Erfolge sozial positiver Natur, so kann es geschehen, daß er den Unwert der Handlung entweder mindert oder vollständig aufhebt oder geradezu in das Gegenteil verkehrt. Die Bedeutung der Kategorie des Wertes des Erfolges ist dabei genau die gleiche wie diejenige der Kategorie der Wahrscheinlichkeit des Erfolges. Daher ist eine Handlung immer dann sozial und somit rechtlich indifferent, wenn das Produkt aus dem Wert und der Wahrscheinlichkeit des Erfolges in bezug auf den positiven Erfolg das gleiche ist wie in bezug auf den negativen. Verhält sich also der Unwert des negativen zu dem Wert des positiven Erfolges wie 5 : 3, so ist die Handlung indifferent, wenn sich die Wahrscheinlichkeit, mit welcher der negative Erfolg zu erwarten ist, zu derjenigen, mit welcher der positive Erfolg zu erwarten ist, wie 3 : 5 verhält.

Wird dem Erfolg Eigenbedeutung zuerkannt, so bedeutet dies, daß der Unwert der Tat steigt, wenn aus der Handlung der Erfolg, auf welchen sie abzielte, tatsächlich eingetreten ist. Um wieviel freilich der Unwert der Tat durch das tatsächliche Eintreten des Erfolges steigt, das hängt davon ab, welche Bedeutung man dem tatsächlichen Eintritt des Erfolges zubilligt, und diese Frage ist, ebenso wie diejenige, ob dem Erfolg überhaupt Eigenbedeutung zukommen soll, wieder kriminalpolitischer Natur.

---

[1]) Es ist bekannt, welche Schwierigkeiten der Fall des alternativen Erfolges der Dogmatik bereitet. Für die Unklarheit der Problemstellung ist es bezeichnend, daß die Frage als eine solche der Vorsatzlehre (dolus alternativus) gilt, obwohl unschwer zu erkennen ist, daß es sich primär um ein Problem der objektiven Tatseite handelt. Denn jede Frage, die sich nicht auf die Form, sondern auf den Inhalt des Vorsatzes bezieht, ist primär eine Frage des Unrechts und der Tatbestandsmäßigkeit. Es wäre zu wünschen, daß das Problem des dolus alternativus ebenso wie dasjenige des dolus determinatus und indeterminatus endlich aus der Vorsatzlehre verschwinde und seinen Platz in der Lehre vom Unrecht fände.

Damit sind die Richtlinien für die Bestimmung des objektiven Vergeltungswertes eindeutig festgelegt.

β) Der subjektive Vergeltungswert. Stellt der objektive Vergeltungswert die objektive Sozialschädlichkeit dar, so wird der subjektive Vergeltungswert durch die subjektive Sozialwidrigkeit des Täters bestimmt. Insofern wir diese dem Täter zum Vorwurf machen können, sprechen wir von der Schuld des Täters. Es ist ein folgenschwerer Irrtum der herrschenden Lehre, daß sie glaubt, die Frage, w a s zum Vorwurf gemacht werden könne, sei eine kriminalpolitische Frage, welche der Gesetzgeber nach Belieben lösen könne. Auf diese Weise kam man zu Fehlbegriffen, die das Wesen der Schuld in einem individualethischen Unwerturteil sehen, und erleichterte so den Gegnern des Schuldbegriffs jeden Angriff. Die Systematik zeigt aber, daß das Wesen der Schuld nur in dem Vorwurf subjektiver Sozialwidrigkeit liegen k a n n, weil eben die Verübung einer objektiven Sozialschädlichkeit die Grundlage des Schuldvorwurfes bildet. Für die Frage der Schuld kommt daher ganz allein die Sozialwidrigkeit des Täters, nicht aber sein größerer oder geringerer Wert im individualethischen Sinne in Betracht.

Legt man ein objektives System zugrunde, dann ergibt sich weiter, daß die Schuld nur auf der Grundlage objektiven Unrechts erwachsen kann; das bedeutet nicht nur, daß objektiv überhaupt irgend etwas Unrechtmäßiges geschehen sein müsse, sondern bedeutend mehr, nämlich, daß die subjektive Sozialwidrigkeit von der objektiven weder qualitativ verschieden sein darf, noch auch quantitativ über sie hinausreichen darf, falls sie strafrechtlich in Betracht kommen soll. Hat also der Täter eine Tötung unternommen, während er eine Sachbeschädigung zu verüben glaubte, so kommt seine subjektive Sozialwidrigkeit nicht in Betracht, weil sie der entsprechenden objektiven Grundlage entbehrt; fehlt es auf der objektiven Seite an dem Erfolg, so kann auch die subjektive Einstellung des Täters zu diesem Erfolg nicht in Betracht gezogen werden, sondern lediglich seine Einstellung zur Handlung selbst und zu der in ihr liegenden mehr oder minder großen Gefährdung.

Ist man sich nun darüber klar, was zum Vorwurf gemacht werden kann, so entsteht als nächste Frage, welches die einzelnen Voraussetzungen eines solchen Vorwurfs sind. Auch diese Frage ist strafrechtlich-systematischer Natur. Diese Voraussetzungen sind einerseits durch das Wesen der Strafrechtsschuld, die in dem Vorwurf subjektiver Sozialwidrigkeit besteht, anderseits durch die primären Grundlagen bestimmt.

Zunächst wird ein Vorwurf wegen subjektiver Sozialwidrigkeit nur dann und nur insoweit erhoben werden können, als der Betreffende, gegen den sich der Vorwurf richtet, als sozialnützliches Mitglied der Gemeinschaft gedacht werden kann. Dies trifft aber insoweit zu, als jemand sich seiner ganzen psychischen und physischen Beschaffenheit nach von der Masse der übrigen Mitglieder der Gemeinschaft nicht wesentlich unterscheidet. Als wesentlich wird der Unterschied aber dann zu betrachten sein, wenn wir sein Denken und Sinnen, sein Tun und Lassen, mit normalem Maßstab gemessen, als unbegreiflich bezeichnen müssen. Wo diese Grenze im einzelnen zu ziehen ist, das bestimmt die Psychiatrie, die sich dabei freilich wieder an irgendeinen Maßstab des „normalen" Durchschnittsmenschen halten muß, der sich denkbarer Weise gleichfalls im Laufe der Zeiten verändern kann. So wäre es durchaus denkbar, daß mancher, der heute noch als normal angesehen wird, in früheren Zeiten bereits als geisteskrank betrachtet worden wäre, weil sich eben im Laufe der Zeit auch der Normaltypus des Menschen in der Richtung nach dem Exzentrischen, um nicht zu sagen Hysterischen, hin verschoben hat. Zwischen dieser Grenze, von welcher angefangen von einem Vorwurf überhaupt nicht mehr die Rede sein kann, weil es sich eben um einen nach unserer Auffassung vollständig zurechnungsunfähigen Menschen handelt, und dem Normalfall des völlig Zurechnungsfähigen ist aber eine ununterbrochene Reihe von Zwischenstufen denkbar. Es gibt Menschen, die, ohne geradezu in ihrem gesamten Wesen unbegreiflich zu sein, dennoch an verschiedenen Seltsamkeiten leiden, die sie notwendig zu einem mindertauglichen Mitglied der sozialen Gemeinschaft machen. Demgemäß kann auch der Vorwurf, der wegen subjektiver Sozialwidrigkeit gegen diese Gruppen von Menschen erhoben wird, kein gleich schwerer sein wie im Falle des Normalen. Das Maß der Zurechnungsfähigkeit bestimmt also die mögliche Schwere des Vorwurfs und damit die mögliche Höchstgrenze der strafrechtlichen Schuld. Wie groß innerhalb des durch diese so bestimmte Höchstgrenze und dem Nullpunkt liegenden Raumes die Schuld im konkreten Fall wirklich ist, ist damit noch nicht gesagt. Um dieses Maß zu bestimmen, muß vielmehr untersucht werden, in welchem subjektiven Zusammenhang die Person des Täters mit dem von ihm tatsächlich verübten Unrecht steht, wie sehr seine Persönlichkeit daran Anteil hat.

Ein solcher Zusammenhang der Persönlichkeit des Täters mit der von ihm verübten Tat kann nun im allgemeinen nur dann als gegeben erachtet werden, wenn von der Tat zur

Persönlichkeit eine subjektive Verbindungslinie führt, wenn sich also die Tat in der Psyche des Täters widerspiegelt, der Täter psychisch dazu Stellung nimmt. Und zwar muß sich diese Widerspiegelung sowohl auf die Tat in allen ihren rechtlich bedeutsamen Merkmalen als auch auf die Bewertung der Tat selbst beziehen. Fragt man sich nun, welcher Art diese subjektive Widerspiegelung sein muß, so gelangt man zunächst zu dem Erfordernis einer rein verstandesmäßigen Stellungnahme zu dieser Tat. Diese „intellektuelle Kategorie" von Beziehungen des Täters zur Tat ist deshalb unerläßlich, weil nur auf diese Weise die Verbindungslinie zwischen objektiver Verursachung und Verursacher hergestellt werden kann. Würde man sich etwa bloß mit einer gefühlsmäßigen Einstellung zur Tat begnügen, so wäre die Verbindung zwischen Tat und Täter tatsächlich nicht hergestellt. Erwünscht, lustbetont können auch Taten anderer Menschen, können auch Naturereignisse sein. Auf Grund der Feststellung, daß einem Menschen der Tod eines anderen in hohem Maße erwünscht ist, und daß dieser Tod nunmehr tatsächlich durch diesen Menschen verursacht wurde, kann ich noch immer keinen Vorwurf gegen den Täter erheben, denn es ist damit noch nicht gesagt, daß er überhaupt die Möglichkeit hatte, diesen Erfolg als sein Werk zu erkennen. Durch den Wegfall dieser Möglichkeit fällt aber auch die Verbindungslinie zwischen Tat und Täter weg[1]). Ist somit die intellektuelle Kategorie unerläßlich, so ist damit noch nicht gesagt, daß sie die einzig maßgebende sein muß. Vielmehr wird, falls sie gegeben ist, auch noch eine emotionale Kategorie heranzuziehen und die Frage zu erörtern sein, ob dem Täter die Verwirklichung der Tat, die er als die seine erkannte oder erkennen konnte, lustbetont, gleichgültig oder unlustbetont war. Es darf ja nicht übersehen werden, daß unter sonst gleichen Umständen die Verbindung der Tat mit der Persönlichkeit eine innigere ist, wenn diese Tat erwünscht ist.

Innerhalb der intellektuellen Kategorie stellt nun die höchste und intensivste Stufe subjektiver Widerspiegelung das Wissen dar, das heißt die sichere Voraussicht der Verursachung einer bestimmten unrechtmäßigen Tat. Von dieser höchsten Stufe des Wissens führt nun eine ununterbrochene Reihe von

---

[1]) Es ist also keineswegs, wie Engisch, „Untersuchungen über Vorsatz und Fahrlässigkeit", annimmt, durch das Rechtsgefühl und die Kulturanschauungen allein begründet, daß die intellektuelle Kategorie als unerläßlich angesehen wird. Vielmehr würde ein Gesetzgeber, der sich mit der bloßen gefühlsmäßigen Einstellung des Täters zu seiner Tat begnügen würde, arg daneben greifen.

Zwischenstufen bis herab zur Untergrenze, die einerseits in der Überzeugung von der Unmöglichkeit besteht, eine unrechtmäßige Tat zu verwirklichen, anderseits in dem Nichtwissen, das heißt überhaupt nicht daran denken. In beiden diesen Grenzfällen liegt eine wirkliche subjektive Widerspiegelung der Tat nicht vor. Dies ist ohne weiteres klar für den Fall des Nicht-daran-denkens, es gilt jedoch ebenso für den Fall des Für-unmöglich-haltens. Auch in diesem Falle erkennt der Täter die Tat nicht als die seine, die Verbindung zwischen objektivem Geschehen und Täter scheint tatsächlich genau so unterbrochen zu sein, wie wenn der Täter überhaupt nicht an die Verwirklichung der Tat denkt. Damit ist jedoch noch nicht gesagt, daß in diesen beiden Fällen von Schuld überhaupt nicht die Rede sein könne. Vielmehr kann der wirklichen subjektiven Widerspiegelung deren Mangel in bezug auf die Frage der Sozialwidrigkeit dann gleichgesetzt werden, wenn das Vorhandensein einer solchen subjektiven Widerspiegelung vom sozialen und somit vom rechtlichen Standpunkt aus erwartet werden kann[1]). Demgemäß gehören auch diese beiden Fälle systematisch in die intellektuelle Kategorie. Mangel an Schuld kann in beiden Fällen nur dann angenommen werden, wenn ein Daran-denken oder die Kenntnis der Möglichkeit der Verursachung nach der konkreten Sachlage vom sozialen (und somit rechtlichen) Standpunkt aus gar nicht erwartet werden konnte.

Was nun die emotionale Kategorie anbelangt, so stellt deren höchste denkbare Stufe das intensivste Lustbetontsein dar. Von dieser Obergrenze führt nun wieder eine ununterbrochene Reihe von Abstufungen über die Indifferenz zum Unlustbetontsein. Dabei darf jedoch nicht übersehen werden, daß der Grad des Unlustbetontseins in all denjenigen Fällen, in welchen diese Frage tatsächlich für die Schuldhöhe zur Erörterung steht, naturgemäß eine bestimmte Grenze gar nicht übersteigen kann: Denn ist einmal die Grenze erreicht, von welcher angefangen dem Täter die Verwirklichung der Tat so unlustbetont ist, daß er sie unter keinen Umständen unternimmt, dann verübt er sie eben tatsächlich nicht und es kann schon mangels verübten

---

[1]) Das hat die Literatur über die sogenannte unbewußte Fahrlässigkeit zur Genüge dargetan. Der tiefere Grund hiefür wie auch für die Anerkennung der sogenannten Unterlassungsdelikte liegt darin, daß die soziale Gemeinschaft nicht nur durch positives Tun, sondern auch durch dessen Unterlassung beeinträchtigt werden kann, wenn die Umstände ein Tun erwarten ließen. Näheres hierüber findet sich in meinem „Aufbau des Strafrechtssystems", S. 186 ff. und 197 ff.

Unrechts überhaupt gar nicht zur Untersuchung der Schuld kommen. Die Grenze dieser Kategorie nach unten zieht sich demgemäß ganz von selbst.

Die für die psychische Relation zur Tat maßgebenden Kategorien lassen sich nach dem Gesagten durch das folgende Schema anschaulich machen:

Intellektuelle K.	Emotionale K.
1. Wissen.	a) Lustbetontsein.
2. Für-möglich-halten.	b) Indifferenz.
3. Für-unmöglich-halten.	c) Unlustbetontsein.
3 a. Nicht-daran-denken.	

In diesem Schema stellen die Fälle 2. und b) lediglich Übergangsfälle einerseits zwischen 1. und 3., anderseits zwischen a) und c) dar, dienen daher nur dazu, die Tatsache des Überganges zu bezeichnen und könnten ebensogut weggelassen werden. Die Fälle 1. und 2. können mit sämtlichen Fällen der emotionalen Kategorie in Kombination treten; in den Fällen 3. und 3 a aber ist eine gefühlsmäßige Einstellung, selbst wenn sie vorhanden sein sollte[1]), nicht von Bedeutung, da der Täter die Tat nicht als die seine erkennt, eine Verbindung zwischen der intellektuellen und der emotionalen Kategorie daher nicht besteht.

Soll nun sowohl die intellektuelle Einstellung des Täters zu seiner Tat als auch, im Falle diese tatsächlich vorliegt (1. und 2., nicht aber 3. und 3a), die emotionale Einstellung für die Schuldhöhe berücksichtigt werden, so ist es wieder notwendig, diese beiden Kategorien in ein Wertverhältnis zueinander zu setzen. Da die intellektuelle Kategorie die primäre und unentbehrlichste ist, so wird es sich empfehlen, dieser Kategorie auch die größere und entscheidende Bedeutung beizumessen, während die emotionale Kategorie nur sozusagen ergänzend heranzuziehen wäre.

Genau so wie auf der objektiven Seite die Beziehung der Handlung zu allen in Betracht kommenden Erfolgen geprüft werden muß, um zu ihrer richtigen Bewertung zu gelangen, genau so muß auch bei der subjektiven Widerspiegelung der Tat in der Psyche des Täters die subjektive Einstellung zur Handlung in bezug auf jeden der in Betracht kommenden Er-

---

[1]) In der großen Regel der Fälle wird sie überhaupt nicht vorhanden sein. Doch wären gegenteilige Fälle denkbar: Der Täter wünscht etwa den Tod eines Menschen, denkt jedoch nicht daran, daß gerade eine von ihm vorgenommene Handlung die Erfüllung dieses Wunsches herbeiführen wird, obwohl er daran hätte denken können.

folge und die subjektive Einstellung zu allen tatsächlich eingetretenen Erfolgen berücksichtigt werden, um zur richtigen Bewertung der Tatkomponente zu gelangen.

Mit der subjektiven Widerspiegelung der Tat selbst und deren Bewertung in der Psyche des Täters ist aber nur ein Teil der subjektiven Sozialwidrigkeit erfaßt[1]). Wollte man daher keine weiteren Voraussetzungen für die Zurechenbarkeit zur Schuld aufstellen, so hätte man tatsächlich die Konsequenzen aus dem Wesen der Strafrechtsschuld nicht vollständig gezogen, man wäre auf halbem Wege stehen geblieben. Es läge dann eine Abweichung vom System vor. Nun sind, wie oben hervorgehoben wurde, solche Abweichungen vom System grundsätzlich durchaus möglich und keineswegs von vornherein zu verwerfen. Jede solche Abweichung bedarf jedoch einer Begründung und auf die Stichhältigkeit der Gründe kommt es an, ob sie als gerechtfertigt angesehen werden kann oder nicht. Solche stichhältige Gründe sind nun in unserem Fall nicht anzuführen. Das einzige überhaupt in Betracht kommende Argument wäre nämlich, daß sich zwar die Relation zur Einzeltat selbst in scharfe Typen pressen ließe, nicht aber die weitere Verankerung dieser psychischen Einzelrelation in der Persönlichkeit des Täters. Dieses Argument halte ich aber für nicht durchschlagend. Ich habe bereits in meinem „Aufbau des Strafrechtssystems" den Weg gewiesen, der auch die strafrechtliche und strafgesetzliche Erfassung der Persönlichkeit des Täters, soweit sie mit der Einzeltat in Zusammenhang steht, ermöglicht. Allerdings nur soweit sie mit der Einzeltat in Zusammenhang steht. Eine Erfassung der gesamten Persönlichkeit, auch soweit sie mit der Einzeltat nicht das mindeste zu tun hat, zur Bestimmung der Schuldschwere ist ja vom Standpunkt eines Strafrechts aus, das zur primären Grundlage die Einzeltat nimmt, überhaupt nicht zulässig. Kann somit dasjenige, was die Systematik auf der Grundlage eines Einzeltatstrafrechts für den Schuldbegriff erfordert, restlos durchgeführt werden, dann besteht nicht der mindeste Grund für eine Abweichung vom System und eine solche wäre durchaus verwerflich. In der Tat kommt hier die Strafrechtssystematik mit logischer Konsequenz zu den gleichen Ergebnissen, zu welchen die „moderne Richtung", von ganz anderen Gesichtspunkten ausgehend, schon längst gekommen ist: zu dem Erfordernis einer Mitberücksichtigung der Täterpersönlichkeit für die Strafhöhe. Sowohl die

---

[1]) Vgl. zu dem folgenden meinen „Aufbau des Strafrechtssystems", S. 216 ff., wo das hier nur kurz Angedeutete des näheren ausgeführt und begründet wurde.

Tatsache, daß die sozialschädliche Einzeltat den Ausgangspunkt zu bilden hat und die Persönlichkeit nur soweit berücksichtigt werden darf, als sie eben mit der Einzeltat in Zusammenhang steht, als auch das Wesen der Strafrechtsschuld als des Vorwurfs subjektiver Sozialwidrigkeit, zeigen dabei deutlich die Richtung an, nach welcher hin die Täterpersönlichkeit zu prüfen ist: Stets kann es nur auf die soziale oder antisoziale Einstellung, und zwar gerade in der Richtung, in welcher die Tat liegt, ankommen, niemals etwa auf die moralische oder antimoralische Veranlagung der Persönlichkeit. Der sogenannte Überzeugungsverbrecher steht daher auch in dieser Richtung dem gemeinen Verbrecher vollständig gleich. Jede Berücksichtigung des Überzeugungsverbrechers bedeutet entweder eine Berücksichtigung individualethischer Wertungen oder solcher sozialethischer Wertungen, welche in Widerspruch mit denjenigen des Staates, das heißt derjenigen sozialen Gemeinschaft stehen, deren Schutz die Aufgabe des Strafrechts ist[1]). Es läge somit in der Berücksichtigung des Überzeugungsverbrechers eine Systemwidrigkeit und eine solche kann durch keinerlei Zweckmäßigkeitserwägungen gerechtfertigt werden. Es ist daher gar nicht nötig, zu prüfen, ob solche Zweckmäßigkeitserwägungen tatsächlich angestellt werden könnten und welche Bedeutung ihnen zukäme.

Soll demnach die Persönlichkeit des Täters, soweit sie mit der Tat in Zusammenhang steht, in der Richtung des Sozialen und Antisozialen geprüft werden, so muß man sich zunächst darüber klar sein, daß ein unmittelbarer Zusammenhang zwischen Tat und Täter überhaupt nicht herzustellen ist, daß ein solcher lediglich über die Verbindungslinie der oben geprüften psychischen Widerspiegelung der Tat in der Psyche des Täters möglich ist. Es wird also genau genommen nicht die Verankerung der Tat selbst, sondern vielmehr die der psychischen Widerspiegelung der Tat in der Persönlichkeit zu prüfen sein. Es wird sich also darum handeln, diese psychische Widerspiegelung sozusagen in die Persönlichkeit des Täters zurückzuverfolgen. Tut man dies, dann gelangt man zuerst zu derjenigen psychischen Lage, aus der heraus der endgültige Entschluß zu handeln entspringt und die ich in Ermangelung eines besseren Ausdrucks als „Motiv" bezeichnet habe. Innerhalb dieser Motive lassen sich dann unter Berücksichtigung ihrer Intensität und ihrer Wirkungsrichtung (der Art und Weise, wie sie ihrer Verwirklichung zustreben) sozialpositive, indifferente

---

[1]) Vgl. Erik Wolf, „Verbrecher aus Überzeugung".

und sozialnegative unterscheiden. Ist das Motiv ein positives, so ist notwendig die ganze Persönlichkeitskomponente der Schuld, wie wir den Anteil der Persönlichkeit an der Schuld nennen wollen, positiv, ist das Motiv negativ, so ist es auch die Persönlichkeitskomponente. Der Wert der Motive im Verhältnis zueinander ist bereits systematisch bestimmt durch das Wertverhältnis der einzelnen Erfolge zueinander. Um dies klar zu machen, führt man am besten den Hilfsbegriff des „adäquaten Motivs" ein. Das einer bestimmten Tat adäquate Motiv ist dasjenige, welches seine Befriedigung nur in Taten dieser Art finden kann. Da die Tat ihren Wert oder Unwert stets aus dem Erfolg ableitet, so ergibt sich daraus, daß sich die einzelnen Motive zueinander ebenso verhalten müssen wie die einzelnen Erfolge zueinander. Dies ergibt zunächst den verhältnismäßigen Wert aller negativen Motive, welchen ein bestimmter Erfolg adäquat ist, während die übrigen negativen Motive ihren Standort innerhalb der Wertskala dann leicht je nach dem Verhältnis zu den adäquaten Motiven erhalten können. Den Wert der positiven Motive wieder kann man unschwer durch Umkehrung des Wertindexes aus den negativen gewinnen.

Mit dem Motiv im obigen Sinn ist aber nur ein Teil der Persönlichkeitskomponente der Schuld erfaßt. Ein Motiv in dem angeführten Sinn kommt nun durch zwei Gruppen von Bedingungsmassen zustande: Äußeren, in der Außenwelt liegenden (Außenkomponente des Motivs) und inneren, in der Psyche des Täters liegenden, den dauernden Neigungen und Charaktereigenschaften (Innenkomponente des Motivs). Ist das Motiv ein negatives, dann ist die Schuld um so größer, je stärker die Innenkomponente, je geringer die Außenkomponente ist und umgekehrt. Ist das Motiv ein positives, dann gilt das genaue Gegenteil. Bei Prüfung der Innenkomponente darf nicht übersehen werden, daß es sich immer nur um die Berücksichtigung derjenigen Neigungen handeln kann, welche im konkreten Fall durch Hinzutreten der Außenkomponente zum Motiv wurden und die Handlung auslösten; denn nur insoweit liegt ein Zusammenhang mit der Einzeltat vor. Der soziale Wert der einzelnen Neigungen zueinander verhält sich naturgemäß genau so wie der Wert der einzelnen Motive, als deren Innenkomponente sie sich darstellen.

Aber selbst mit der Prüfung des Zusammenhanges des Motivs mit der relativ konstanten Persönlichkeit des Täters ist das Maß dessen, was zur Persönlichkeitskomponente der Schuld gehört, nicht erschöpft. Es ist vielmehr nötig, noch einen Schritt weiter zu gehen und zu untersuchen, auf welche Weise die

Innenkomponente des Motivs, die Neigung, zustande kam, ob
der Täter sich selbst diese Neigung erworben oder ob sie ihm
gleichsam anerzogen wurde, sei es durch andere Personen, sei
es durch das Milieu. Will man wirklich die letzten Konsequen⸗
zen aus dem Begriff der Schuld als dem Vorwurf subjektiver
Sozialwidrigkeit ziehen, dann muß man auch die Frage, wie der
Täter zu seinen Neigungen gekommen ist, mitberücksichtigen,
denn es kann nicht geleugnet werden, daß die subjektive Sozial⸗
widrigkeit größer ist, wenn der Täter sich diese Neigung selbst
erworben hat, als wenn er ohne sein Zutun dazu gekommen ist.
Wenn die „moderne Richtung" im Strafrecht diesen letzten
Schritt nicht mitmachen will, so handelt es sich wieder um eine
Abweichung vom System. Es muß daher die Frage aufgeworfen
werden, ob sich wichtige Gründe hiefür anführen lassen. Diese
Frage wird jedoch zu verneinen sein. Sowohl der wirkliche als
auch der vorgeschützte Grund dieser Abweichung sind in keiner
Weise berücksichtigungswert. Der wirkliche Grund ist darin zu
finden, daß die moderne Richtung fürchtet, auf diese Weise die
deterministische Grundlage ihrer Schuldlehre zu verlieren.
Dieses Argument ist aber deshalb nicht stichhältig, weil das
Strafrecht einer deterministischen oder indeterministischen
Grundlage überhaupt nicht bedarf, vielmehr die Einstellung zu
dieser philosophischen Frage für den Aufbau des Strafrechts⸗
systems von keinerlei Bedeutung sein kann. Der vorgeschützte
Grund besteht darin, daß es für das Maß der durch Strafe zu
erzielenden Gegenwirkung ganz gleichgültig sei, wie der Täter
zu dem Charakter gekommen, vielmehr lediglich darauf an⸗
kommen könne, wie dieser Charakter beschaffen sei. Die Fülle
der Fehler, die dieser Gedanke enthält, ist gar nicht leicht zu
entwirren. Zunächst geht derjenige, der sich zu dieser Begrün⸗
dung bekennt, von vornherein nicht von einem Schuldstrafrecht,
sondern von einem Gefährlichkeits⸗Spezialpräventionsrecht aus,
wobei der alleinige Zweck der Sanktionen in der Spezial⸗
prävention besteht. Dies ist aber gerade bei den modernen Ent⸗
würfen, die obiges Argument mit Vorliebe verwenden, nicht der
Fall, da sie alle den Schuldgedanken anerkennen und ein Schuld⸗
strafrecht schaffen wollen. Wäre das Argument aber nicht schon
aus diesem Grunde abwegig, so müßte man mit dem gleichen
Recht fordern, daß nicht der Charakter zur Zeit der Tat, son⸗
dern derjenige zur Zeit der Aburteilung maßgebend sein müsse,
denn nur dieser kann für das Maß der zu erzielenden Gegen⸗
wirkung von Bedeutung sein. Zieht man die weiteren Konse⸗
quenzen, so käme man dazu, auch die Zurechnungsfähigkeit
nicht zur Zeit der Tat, sondern zur Zeit der Aburteilung zu

verlangen, kurz, man käme zu all den Erfordernissen, welche für ein reines Sicherungsrecht ebenso richtig, wie für ein Schuldstrafrecht unrichtig wären. Eine Abweichung vom System erscheint daher in keiner Weise durch Zweckmäßigkeitserwägungen zu rechtfertigen und darf daher auch nicht Platz greifen.

Zur Bestimmung der Schuldhöhe tragen nach dem Gesagten drei Komponenten bei: die Zurechnungsfähigkeits-, die Tat- und die Persönlichkeitskomponente. Das Wertverhältnis, in welchem diese drei Komponenten zueinander stehen, ist gleichfalls bereits systematisch vorgezeichnet. Sowohl der verhältnismäßige Wert der Tatkomponente wie auch der verhältnismäßige Wert der Persönlichkeitskomponente sind durch das Wertverhältnis der einzelnen Erfolge zueinander bestimmt, bei der Tatkomponente dadurch, daß diese sich als subjektive Widerspiegelung einer auf einen Erfolg hinzielenden Handlung darstellt, bei der Persönlichkeitskomponente auf dem Umweg über das Motiv, da das Wertverhältnis der Motive zueinander sich ebenso verhält wie das der Erfolge. Ist nun die Persönlichkeitskomponente in demselben Maße positiv wie die Tatkomponente negativ, so ist offenbar die Schuld gleich „0“, ist die Persönlichkeitskomponente nicht so sehr, aber immerhin positiv, so vermindert sich die Schuld entsprechend usw. Rein theoretisch ließe sich also wieder mit mathematischer Genauigkeit in jedem einzelnen Falle die Schuld unter Berücksichtigung der Tat und der Persönlichkeit präzisieren. Die Einordnung der Zurechnungsfähigkeit erfolgt nun in der Weise, daß der „Normalfall“ der vollen Zurechnungsfähigkeit als Grundlage genommen wird, während in allen anderen Fällen eine entsprechende Verminderung der für den Normalfall platzgreifenden Schuldschwere stattzufinden hätte. Da die Untergrenze, bei welcher vollständiger Schuldmangel vorliegt, in der Zurechnungsunfähigkeit gefunden werden muß, so lassen sich die Zwischenstufen wieder theoretisch mit mathematischer Genauigkeit einordnen. In der Praxis wird es sich stets darum handeln, sich die Grundgedanken vor Augen zu halten, um auf diese Weise wenigstens eine annähernde Genauigkeit zu erreichen.

Damit wären auch die für den subjektiven Vergeltungswert bedeutsamen Umstände dargetan. Wichtig ist nun, daß der objektive Vergeltungswert der Tat für die Strafhöhe nur insoweit in Betracht gezogen werden darf, als er sich mit dem subjektiven deckt. Das heißt, ein Umstand, welcher zwar objektiv vorhanden ist und das Unrecht erhöht, dagegen subjektiv nicht widergespiegelt wird, kommt für den Vergeltungswert der Tat, soweit dieser den strafrechtlichen Bekämpfungswert mitbestimmt, nicht in Betracht. Dies ergibt sich daraus, daß die Strafe über den Täter verhängt wird wegen seines Anteils an der von ihm verübten objektiven Sozialschädlichkeit. Damit ist aber nicht gesagt, daß der objektive Vergeltungswert ohne Rücksicht auf seine subjektive Widerspiegelung überhaupt keine Rolle spielen kann. Nur eine direkte Beeinflussung der Höhe der Strafe findet nicht statt, wenn ein Merkmal, das für das Unrecht Bedeutung hat, von der Schuld nicht umfaßt wird. Indirekt können sich aber mancherlei Konsequenzen daraus ergeben, daß der objektive Vergeltungswert größer ist als der subjektive. Es sei hier nur auf die Strafbarkeit anderer an der gleichen Tat Beteiligter verwiesen[1]).

Der strafrechtliche Vergeltungswert eines Falles bleibt notwendig der gleiche, solange die Gesetze die gleichen bleiben. Es braucht nach dem über die materiellen Grundlagen Ausgeführten kaum mehr betont werden, daß auch jede Änderung eines anderen, nicht strafrechtlichen Gesetzes eine Veränderung des strafrechtlichen Vergeltungswertes bewirken kann, etwa dadurch, daß nunmehr infolge Änderung des Zivilrechts etwas als sozialschädlich erscheint, was früher indifferent war oder auch umgekehrt. Mit Rücksicht darauf jedoch, daß bei völligem Gleichbleiben der Gesetze auch der Vergeltungswert der gleiche bleibt, will ich diesen einen „konstanten" Wert nennen.

d) Bestimmung des Häufigkeitswertes. Weit einfacher als die Bestimmung des Vergeltungswertes eines Falles ist diejenige des Häufigkeitswertes. Hier bedarf es keiner Auseinandersetzung der in Betracht kommenden Merkmale. Es kommt einfach darauf an, wie häufig der betreffende Fall durchschnittlich innerhalb des Geltungsbereiches des Gesetzes, das man schaffen will, vorkommt. Da das Strafgesetz für das gesamte Staatsgebiet gelten soll, wird es nötig sein, die durchschnittliche Häufigkeit zugrunde zu legen. Selbstverständlich können dadurch Ungenauigkeiten aller Art entstehen. Schon in unserem kleinen Österreich zeigt die Kriminalstatistik, daß die einzelnen Arten der Kriminalität in den Bundesländern verschieden stark vertreten sind. Solche Ungenauigkeiten werden aber zum Teil bei der Strafzumessung wieder gutgemacht werden können, wie noch gezeigt werden wird. Ebenso wie in örtlicher Beziehung der Durchschnittswert der Häufigkeit zugrunde gelegt werden muß, ebenso auch in zeitlicher Beziehung. Da das Strafgesetzbuch für längere Dauer bestimmt ist, so wird man die durchschnittliche Häufigkeit des Falles unter normalen Umständen zugrunde legen

---

[1]) Vgl. „Aufbau des Strafrechtssystems", S. 91 ff.

müssen, also nicht etwa die durch eine allgemeine Wirtschaftskrise abnormal gesteigerte Häufigkeit. Nun kann es natürlich vorkommen, daß bei Schaffung des Gesetzes tatsächlich normale Verhältnisse angenommen wurden, sich der betreffende Staat jedoch fast immer in abnormalem Zustand befindet; dann stimmt der angenommene Häufigkeitswert grundsätzlich nicht und es trifft daher auch der mit seiner Hilfe zustande gekommene strafrechtliche Bekämpfungswert nicht zu. Die Tatsache dieser Möglichkeit führt zu der Erkenntnis, daß der Häufigkeitswert eines Falles im Gegensatz zum Vergeltungswert niemals mit absoluter Genauigkeit von vornherein bestimmt werden kann. Wenn es also auch richtig erscheint, den durchschnittlichen Häufigkeitswert bei der Formulierung des Gesetzes zugrunde zu legen, so wird man doch stets darauf Bedacht nehmen müssen, daß es sich hier um ein „variables" Moment handelt, das sich auch während der Gültigkeitsdauer des Gesetzes und bei Gleichbleiben aller übrigen Gesetze ändern kann. Die Konsequenzen hieraus werden bei der Typenbildung gezogen werden müssen.

e) Bestimmung des Einwirkungswertes. Auch hierüber ist grundsätzlich nicht viel zu sagen. Er richtet sich nach der Größe der strafrechtlichen Einwirkung, welche der Fall erfordert, um eine Wiederholung durch denselben Täter hintanzuhalten. Damit ist schon gesagt, daß für diese Größe im wesentlichen die subjektive Seite des Falles bedeutsam werden wird, daß es weit mehr auf die Eigenart des Täters als auf die Eigenart der Tat ankommt. Ich kann mir wenigstens nur ganz wenige Fälle denken, in welchen die Eigenart der Tat selbst eine mehr oder minder große Einwirkung angezeigt erscheinen lassen würde, wenn man von der selbstverständlichen Binsenwahrheit absieht, daß unter sonst gleichen Verhältnissen die schwerere Tat auch eine größere Einwirkung als notwendig erscheinen lassen wird, ein Umstand übrigens, der genau genommen gleichfalls innerhalb der subjektiven Tatseite berücksichtigt werden muß, da ja die objektive Schwere, wie oben dargetan wurde, nur insoweit für die Strafhöhe in Betracht kommt, als sie subjektiv widergespiegelt ist. Abgesehen davon wird sich in ganz wenigen Fällen infolge der Eigenart der Tat eine Einwirkung mit strafrechtlichen Mitteln überhaupt nicht oder nur unter bestimmten Voraussetzungen empfehlen, so beim Ehebruch nur unter der Voraussetzung, daß die Ehe deswegen geschieden oder getrennt wurde, bei der Entführung nur unter der Voraussetzung, daß der Täter die Entführte nicht geheiratet hat. Im wesentlichen aber wird es auf die Eigenart des Täters ankommen und in dieser Richtung besitzen wir bereits wertvolle Vorarbeiten von Franz v. Liszt und seiner Schule. Die Einteilung in Augenblicks-, Gelegenheits-, Zustands-, Gewohnheits- und Berufsverbrecher wird hier eine wertvolle Handhabe bieten. Die ganzen Konsequenzen werden sich freilich erst bei der Vertypung selbst zeigen.

Außer der Eigenart des Täters ist aber für die Bestimmung des Einwirkungswertes auch noch die Tauglichkeit der zur Verfügung stehenden Strafmittel, also insbesondere bei den Freiheitsstrafen die Tauglichkeit des Vollzugsapparats von Bedeutung. Je besser dieser funktioniert, desto geringere Zeit wird die Einwirkung zu dauern brauchen, um im Sinne der Spezialprävention den angestrebten Erfolg herbeizuführen. Nun ist es klar, daß diese Tüchtigkeit des Strafvollzugsapparats auch bei gleichbleibendem Gesetze, insbesondere auch bei gleichbleibenden Strafvollzugsbestimmungen sich ändern kann. Es brauchen nur etwa fähigere Strafanstaltsbeamte ernannt werden als bisher und der gesamte Vollzugsapparat ist entsprechend gebessert. Daher wird auch der Einwirkungswert ein „variabler" sein, wenn auch seine Veränderlichkeit nicht eine so große ist, wie diejenige des Häufigkeitswertes.

f) Bestimmung des Erfassungswertes. Er ist um so größer, je leichter der Fall tatsächlich erfaßt werden kann. Der für seine Größe wichtigste Umstand wird die Tüchtigkeit des Strafverfolgungsapparats, insbesondere der Polizei und der Gendarmerie sein. Daraus ergibt sich sogleich wieder, daß es sich um einen „variablen" Wert handeln muß, da ja die Tüchtigkeit des Verfolgungsapparats auch bei Gleichbleiben der Gesetze eine sehr verschiedene sein kann. Daneben spielt freilich auch die Regelung des Strafverfahrens mit, ob sie es mehr oder minder leicht macht, den Schuldigen der Strafe zuzuführen, ob sie die Durchführung der nötigen Beweise mehr oder minder erleichtert.

Außerdem kommt auch die Beschaffenheit der Tat selbst in Betracht. Es gibt viele Taten, die ihrer Natur nach fast immer sozusagen hinter verschlossenen Türen stattfinden, wie etwa die Befriedigung sexueller (auch pervers sexueller) Gelüste. In solchen Fällen kann der Erfassungswert ganz bedeutend herabgesetzt werden.

g) Bestimmung des Opportunitätswertes. Es wurde schon hervorgehoben, daß seine Größe im wesentlichen von politischen Erwägungen aller Art abhängt. Soweit es sich um außenpolitische Erwägungen handelt, werden die internationalen Beziehungen eine entscheidende Rolle zu spielen haben. Der

Natur der Sache entspricht es, daß sich diese vor allem bei solchen Taten auswirken müssen, welche gegen einen fremden Staat oder gegen Funktionäre eines fremden Staates gerichtet sind. Da sich diese Beziehungen gleichfalls bei gleichbleibendem Gesetz bedeutend verändern können, ist auch der Opportunitätswert nach dieser Richtung hin wenigstens grundsätzlich ein variabler. Allerdings wird diese Veränderlichkeit häufig durch Staatsverträge über gegenseitige Hilfeleistung oder durch Bestimmungen, welche von vornherein bestimmte politische Beziehungen voraussetzen (z. B. Verbürgung der Gegenseitigkeit), abgeschwächt werden. Soweit es sich um innerpolitische Erwägungen handelt, wird es zunächst auf die Person des Handlungssubjekts oder des Deliktsobjekts und deren politische Bedeutung ankommen. Diese ist nun selbst freilich wieder zum größten Teil durch die Gesetzgebung vorgezeichnet, so etwa die politische Bedeutung des Abgeordneten in einem parlamentarischen Staat; insoweit wäre also der Opportunitätswert ein konstanter. Neben der gesetzlichen Regelung der politischen Bedeutung spielt aber oft die tatsächliche politische Konstellation eine bedeutende Rolle. Diese ändert sich aber auch unabhängig von der Änderung der Gesetze und insofern ist der Opportunitätswert wieder ein durchaus variabler, der sich im vorhinein stets nur annähernd festlegen läßt.

Neben der Person des Subjekts und Objekts kann auch die Eigenart der Tat selbst von Bedeutung werden. Insbesondere bei politischen Delikten und solchen mit politischem Einschlag kann der Opportunitätswert bedeutend steigen oder fallen. So wird es sich z. B. nicht empfehlen, gegen derartige Delikte mit ganz besonderer Schärfe vorzugehen, wenn sie von einer im Staate immerhin sehr mächtigen Partei ausgehen, da dadurch die politischen Gegensätze nur noch bedeutend gesteigert werden. Es ist klar, daß in dieser Richtung der Opportunitätswert ein so sehr variabler ist, daß ihm bei der Gesetzgebung selbst nur in ganz geringem Ausmaß Rechnung getragen werden kann.

Die bisherigen Ausführungen haben gezeigt, auf welchem Wege der Gesetzgeber das Material zu gewinnen hat, aus welchem er das Gesetz aufbaut. Rechtssystematik und Rechtspolitik können zunächst tatsächlich nicht mehr als dieses Material herbeischaffen. Seine Verarbeitung des Materials kann aber naturgemäß nur dann zu richtigen Ergebnissen führen, wenn das Material selbst fehlerlos ist. Jeder Fehler, jeder innere Widerspruch, welcher sich in dem Material findet, pflanzt sich automatisch durch alle übrigen Arbeitsgebiete fort und endet schließlich mit einer unrichtigen, das heißt mit einer mit dem übrigen Gesetz in Widerspruch stehenden Ausnahmebestimmung. Die Fehler aber, welche bei der Materialbeschaffung selbst vorkommen können, sollen „primäre Systemwidrigkeiten" genannt werden.

2. Primäre Systemwidrigkeiten.

Sämtliche primären Systemwidrigkeiten gehen letzten Endes darauf zurück, daß das Gebiet der Rechtspolitik oder dessen, was man dafür hält, auf Kosten des Gebietes der Systematik zu weit ausgedehnt wurde, daß man Probleme für rechtspolitische hält, die tatsächlich bereits systematisch vorentschieden sind. Da nun die Auswahl der materiellen Grundlagen, wie oben gezeigt wurde, eine rein systematische Tätigkeit ist, so ergibt sich zunächst hier die Möglichkeit von Systemwidrigkeiten, wenn der Strafgesetzgeber die systematische Bindung nicht beachtet und so vorgeht, als hätten sich alle übrigen Gesetze nach dem Strafgesetz zu richten statt umgekehrt. Die Auswahl der formellen Grundlagen dagegen ist, wie gezeigt wurde, eine rechtspolitische Tätigkeit. Es können daher bei dieser Auswahl insoweit keinerlei Systemwidrigkeiten unterlaufen, als es sich darum handelt, ob auf dieser oder jener Grundlage aufzubauen ist, und in welches Wertverhältnis die einzelnen Kategorien zueinander zu setzen sind, da diese Fragen eben stets mit Recht als rechtspolitische angesehen werden. Auf dem Gebiet der formellen Grundlagen können sich jedoch Systemwidrigkeiten (insbesondere Systemlosigkeiten) dann einschleichen, wenn man überhaupt nicht bewußt auf bestimmten Grundlagen aufbaut, sondern rein gefühlsmäßig einmal so vorgeht, als nähme man die eine Grundlage an, dann wieder so, als ginge man von einer anderen Grundlage aus. Es ist klar, daß die kasuistisch-gefühlsmäßige Methode dieser Gefahr in besonders hohem Maße ausgesetzt sein wird. Aber selbst wenn man bewußt an die Auswahl bestimmter Grundlagen schreitet, können sich Systemwidrigkeiten ergeben. Will man etwa, wie es wohl dem heutigen Stand der Kriminalpolitik entspricht, nicht nur auf einer, sondern auf mehreren Grundlagen aufbauen, dann sind sofort Systemwidrigkeiten unvermeidlich, falls man das systematische Erfordernis nach Festsetzung der gegenseitigen Bedeutung der in Betracht kommenden Kategorien übersieht oder, falls man dieses gegenseitige Wertverhältnis nicht allgemeingültig regelt, sondern etwa in dem einen Fall dieser, in den andern wieder jener Kategorie den Vorzug gibt. In gleicher Weise können auch bei allen übrigen

Fragen, die sich über die formellen Grundlagen ergeben, Systemwidrigkeiten (Systemlosigkeiten) unterlaufen, so etwa bei der Frage „Einzeltat oder Persönlichkeit", bei der Frage „objektives oder subjektives System", bei der Frage „Handlungsstrafrecht oder Erfolgsstrafrecht". In all diesen Fällen kann die Systemwidrigkeit schon dadurch geradezu notwendig werden, daß man überhaupt die betreffende grundlegende Frage unentschieden läßt, weil man sich nicht darüber im klaren ist, daß sie entschieden werden muß, oder sie kann erst dadurch zustande kommen, daß man die Frage nach der Grundlage in dem einen Fall so, in dem anderen wieder entgegengesetzt entscheidet.

Es sollen nun im folgenden einige besonders häufige Systemwidrigkeiten, welche zweifellos primärer Natur sind und sich in den geltenden Gesetzen und Entwürfen finden, aufgezeigt werden. Die folgende Darstellung kann keineswegs den Anspruch auf Vollständigkeit erheben; die Systemwidrigkeiten sind meist zahlreicher als man auf dem ersten Blick sagen kann, und oft stößt man erst dann auf eine neue, wenn sich irgendwie ein praktischer Fall ergibt, der nicht gelöst werden kann und man nun der Ursache dieser Schwierigkeit nachforscht. Weiters sei schon hier darauf aufmerksam gemacht, daß sich im fertigen Gesetz zahllose Systemwidrigkeiten finden, von denen man nicht mit Sicherheit sagen kann, ob sie primäre oder sekundäre sind, ob sie auf die Mangelhaftigkeit der Grundlagen oder auf eine Durchbrechung der Grundlagen bei der strafrechtstechnischen Tätigkeit zurückgehen. Diese sollen erst unter den sekundären Systemwidrigkeiten Erwähnung finden.

a) Systemwidrigkeiten bei der Auswahl der materiellen Grundlagen. Es wurde oben gezeigt, daß man bei der Erforschung der materiellen Grundlagen letzten Endes bis auf die Verfassung zurückgehen muß. Nur insoweit diese eine Frage weder ausdrücklich noch stillschweigend entscheidet, bleibt bei der Abfassung der übrigen Gesetze noch freie Wahl nach rechtspolitischen Grundsätzen. Der Strafgesetzgeber selbst kann aber überhaupt erst nach Vollendung aller andern Gesetze in Aktion treten, weil er erst dann weiß, was im Sinne dieser bestimmten, so und nicht anders geordneten sozialen Gemeinschaft sozialschädlich und somit Unrecht ist. Es kann sich nun der Fall ergeben, daß die Verfassung bereits eine bestimmte Frage ausdrücklich oder dem Sinne nach entscheidet, der Zivilgesetzgeber aber sich nicht an diese Vorentscheidung der Verfassung hält, sondern die Frage in einem Sinne entscheidet, welcher den Gedankengängen der Verfassung widerspricht. Knüpft nun der Strafgesetzgeber an die zivilrechtliche Entscheidung der Frage an, so liegt bereits eine Systemwidrigkeit vor, allerdings keine primär strafrechtliche; denn ihre Wurzeln liegen eben auf dem Gebiete des Zivilrechts; dort wurde der Fehler begangen, die strafrechtliche Fehlregelung (Fehlregelung, gemessen an der Verfassung!) ist nur eine Konsequenz der zivilrechtlichen. Will der Strafgesetzgeber in einem derartigen Fall richtig vorgehen, so muß er sich an die Gedankengänge der Verfassung halten, und die zivilrechtliche Fehlregelung ignorieren. Allerdings mag zugegeben werden, daß diese richtige Lösung nicht sehr praktisch ist; denn was in der Verfassung steht, hat meist keine direkten praktischen Konsequenzen, was im Zivilgesetz steht dagegen fast immer. Aber der so entstehende Widerspruch zwischen zivilrechtlicher und strafrechtlicher Regelung hat eben durch eine Korrektur des Zivilrechts seine Lösung zu finden. Denn der systematische Fehler muß dadurch beseitigt werden, daß er dort korrigiert wird, wo er steckt, nicht dadurch, daß man in Verfolgung seiner Konsequenzen weitere Fehler begeht. Tatsächlich wählt man aber leider meist den letzteren Weg, was vielleicht zum Teil damit zusammenhängen mag, daß man der Verfassung praktisch überhaupt nicht diejenige Bedeutung beimißt, die ihr theoretisch zukommt, und viele ihrer inhaltlichen Bestimmungen zu bloßen programmatischen Erklärungen umdeutet. Da findet sich z. B. in der Verfassung (Art. 153) der Satz: „Eigentum verpflichtet". Die unleugbaren Konsequenzen aus diesem Gedanken wären nun, daß die Befugnisse des Eigentümers in bedeutendem Maße eingeschränkt werden: Es dürfte ihm nicht erlaubt sein, von seinem Eigentum einen Gebrauch zu machen, welcher der sozialen Gemeinschaft schadet. Hat nun aber das Privatrecht, das diesen Gedanken durchzuführen hätte, wirklich derartige Konsequenzen gezogen? Keineswegs. Zunächst wird dem Eigentümer eine Reihe von Spekulationsgeschäften erlaubt, welche für die Gesamtheit der Bevölkerung mehr Schaden als Nutzen stiften. Könnte man aber über diese Frage noch verschiedener Meinung sein, sicher ist, daß der Eigentümer nicht das Recht haben dürfte, seine eigene Sache nach Belieben zu zerstören. Denn selbst wenn diese Sache keinen besonderen Wert darstellt, wird dadurch nicht nur der Eigentümer als Privatmann, sondern auch die gesamte soziale Gemeinschaft ärmer. Handelt es sich vollends um Sachen von besonders hohem künstlerischen oder wissenschaftlichen Wert, so kann ihre Zerstörung tatsächlich für den ganzen Staat sehr fühlbar werden. Man denke etwa daran, daß jemand eine für historische Forschungen unentbehrliche alte Handschrift oder ein Bild eines berühmten Meisters besitzt und diese Sache aus purer Bosheit vernichtet. Nach dem bürgerlichen Gesetz darf er dies aber tun. Und nun baut das Strafrecht, nicht nur das geltende, sondern auch die Entwürfe, auf diesen zivilrechtlichen Systemwidrigkeiten, die mit den Gedankengängen der Verfassung in Widerspruch stehen, auf: Wer seine eigene Sache vernichtet, wer die Sache eines anderen mit dessen Einwilligung vernichtet, der ist auf jeden Fall straflos, mag diese Sache von noch so großer Bedeutung für die Allgemeinheit sein. Ja die herrschende Lehre im Strafrecht betont diesen systemwidrigen Gedanken noch dadurch, daß sie in diesen Fällen sogar die Rechtswidrigkeit für ausgeschlossen hält[1]). Das stimmt zwar mit dem Zivilrecht, nicht aber mit dem Sinn der Verfassung überein.

Es ist aber auch möglich, daß die übrigen Gesetze, z. B. das Privatrecht, eine Frage konform mit der Verfassung entscheiden oder in einer auch durch den Sinn der Verfassung noch nicht vorentschiedenen Frage eine bestimmte Entscheidung treffen und der Strafgesetzgeber eine Vorschrift erläßt, welche mit dieser privatrechtlichen Regelung nicht vereinbar ist. In solchen Fällen ist die Systemwidrigkeit eine primär strafrechtliche. Unser altes österreichisches Strafgesetzbuch ist eine wahre Fundgrube für solche Systemwidrigkeiten, die zum Teil ihre Entstehung dem Umstand verdanken, daß das Strafgesetzbuch die Veränderungen, welche inzwischen Verfassung und Privatrecht erlitten haben, nicht mitgemacht hat. Da findet sich z. B. in unserem Strafgesetzbuch eine Bestimmung, wonach sich derjenige des Verbrechens der Entführung schuldig macht, der eine Ehefrau mit ihrem Willen ihrem Ehegatten entführt. Dieser Paragraph steht in klarem Widerspruch zu der verfassungsmäßig festgelegten grundsätzlichen Gleichberechtigung der Geschlechter, die auch im heutigen Privatrecht zum größten Teile durchgeführt worden ist. Dieser Fall der Entführung würde eine Art Muntgewalt des Mannes über die Frau voraussetzen, von der auf Grund des heutigen Standes der Gesetz-

---

[1]) Die Straflosigkeit ließe sich vom systematischen Standpunkt aus auch durch den mangelnden Häufigkeitswert erklären, da ja Vernichtungen eigener Sachen im allgemeinen selten vorkommen dürften, weil sich selten jemand selbst am Vermögen schädigen wird. Überall aber heißt es, daß durch die Einwilligung des Verletzten die Rechtswidrigkeit der Sachbeschädigung ausgeschlossen werde, und sie deshalb ebenso wie die Vernichtung eigener Sachen straflos sei.

gebung natürlich keine Rede mehr sein kann. Aber auch abgesehen davon, stünde die Vorschrift in Widerspruch mit der Gleichberechtigung der Geschlechter, da die Frau, welche einen Ehemann mit dessen Willen seiner Ehegattin entführt, straflos ist. Das Strafrecht hat also hier eine schwere Güterverletzung vorausgesetzt, wo es tatsächlich auf Grund aller übrigen gesetzlichen Vorschriften an einem Gut (nämlich der Gewalt des Mannes über die Frau; der mit der Entführung eventuell verbundene Ehebruch ist ja als solcher strafbar) fehlt; ein klares Beispiel einer Systemwidrigkeit bei Auswahl der materiellen Grundlagen.

Es gibt in unserem alten österreichischen Strafgesetzbuch aber auch einen Paragraphen, der die Überschreitung des Züchtigungsrechtes unter Ehegatten als privilegierten Fall einer leichten Körperverletzung mit einer entsprechend milderen Strafe bedroht. Sowohl auf Grund der Verfassung wie auch auf Grund der in diesem Punkt vollkommen systemgemäßen zivilrechtlichen Regelungen kann aber von einem Züchtigungsrecht eines Ehegatten gegenüber dem andern keine Rede sein; da es also kein solches Züchtigungsrecht gibt, kann es auch nicht überschritten werden und richtigerweise müßte diese Gesetzesstelle als nicht zu Recht bestehend aufgefaßt werden. Nichtsdestoweniger findet sie in der Praxis stets Anwendung, nicht nur wenn der Mann die Frau mißhandelt, sondern auch im umgekehrten Fall. Mag sich nun der Gedanke des Züchtigungsrechts des Mannes gegenüber der Frau auch als erratischer Block, der aus längst vergangenen Zeiten stehen geblieben ist, erklären, das Züchtigungsrecht der Frau gegenüber dem Mann war wohl von Anfang an eine ganz unglaubliche Systemwidrigkeit; denn ein derartiges Züchtigungsrecht hat es in historischer Zeit wohl in keinem Staate gegeben. Diese Beispiele von primären Systemwidrigkeiten auf Grund des österreichischen Strafgesetzbuches ließen sich noch um manchen Fall vermehren.

So wie die primären Systemwidrigkeiten auf verschiedenen Gebieten liegen können, bald primär zivilrechtliche, bald primär strafrechtliche sind, so können sie auch ihrem Inhalt nach sehr verschiedener Natur sein. Gemeinsam ist ihnen stets, daß durch sie etwas für Unrecht (im weiteren Sinne) erklärt wird, was es nicht sein kann. In dieser Richtung kommt nun ein bestimmter Fehler besonders häufig vor, derjenige nämlich, durch welchen an Stelle antisozialen Tuns Unmoralisches als Unrecht erklärt wird. Selbstverständlich k a n n Unmoralisches, Unehrenhaftes, kurz vom individualethischen Standpunkt aus Verwerfliches gleichzeitig antisozial sein; aber in diesem Falle kommt es rechtlich eben mit Rücksicht auf seinen antisozialen, nicht aber mit Rücksicht auf seinen antimoralischen Gehalt in Betracht. Es kann aber auch sein, daß Antimoralisches indifferent ist; in diesem Falle hat die soziale Gemeinschaft als solche keinen Grund es zu bekämpfen. Diese Systemwidrigkeit, welche also letzten Endes darin besteht, daß sie sozialethische Wertungen durch individualethische ersetzt, wirkt sich nun in zweifacher Weise aus: einerseits bei der Bestimmung des Unrechts, anderseits ganz allgemein bei der Bestimmung der Schuld. In ersterer Richtung bewirkt sie, daß eine Reihe von unmoralischen aber nicht oder nur in geringem Ausmaß sozialschädlichen Taten unter hohe Strafe gesetzt wird; man denke nur etwa an die verschiedenen Unzuchtsdelikte, deren gewaltiger Unwert auf Grund der geltenden Gesetze wirklich nur durch rein moralische Erwägungen erklärt werden kann. Soweit es sich aber um Fehlbegriffe dieser Art auf dem Gebiete des Unrechts handelt, können solche Systemwidrigkeiten nach der Natur der Sache nicht allzu überhandnehmen; schließlich erzwingt hier die praktische Erfahrung bis zu einem gewissen Grad das richtige, da eben antisoziale Taten als unerträglich empfunden werden, und daher doch hauptsächlich diese mit Unrechtsfolgen ausgestattet und strafrechtlich bekämpft werden. Soweit sich aber auf dem Gebiete des Unrechts eine derartige Systemwidrigkeit einschleicht, wirkt sie sich automatisch auch auf der subjektiven Seite aus: Ist das, was dem Täter zum Vorwurf gemacht wird, nicht eine sozialschädliche, sondern eine unmoralische Handlung, dann kann auch die Schuld nicht mehr den Vorwurf subjektiver Sozialwidrigkeit, sondern nur den Vorwurf subjektiver Unmoral darstellen. Da nunmehr schon die subjektive Widerspiegelung der objektiven Tat, die Tatkomponente der Schuld, ihrem Inhalt nach auf Moralwidrigkeit und nicht auf Sozialschädlichkeit gerichtet ist, so kann folgerichtig auch die Zurückführung auf die Persönlichkeit des Täters wieder nur zu einer Untersuchung der mehr oder minder moralischen, nicht aber der mehr oder minder sozialen Veranlagung des Täters führen. Die Konsequenzen sind nun nach verschiedener Richtung hin verderblich. So zunächst in der Irrtumslehre. Gibt es auch nur ein einziges Delikt, dessen Unrecht nicht auf Sozialschädlichkeit, sondern auf Unmoral beruht, so geht es bereits nicht mehr an, das Bewußtsein des Antisozialen der Tat zum Vorsatz, die Möglichkeit dieses Bewußtseins zur Fahrlässigkeit zu fordern, denn diese Regel kann dann eben bei jenen Ausnahmedelikten nicht mehr zutreffen[1]). So gelangte man dazu, irgendeine vage Formel, welche alle denkbaren Fälle, auch diejenigen, in welchen bloß das Bewußtsein der Moralwidrigkeit gefordert werden kann, erfassen kann, zu verlangen, etwa das Bewußtsein des Unerlaubten. Da nun überall dort, wo das Unrecht auf einer Moralwidrigkeit beruht, auch die Zurückführung auf eine sozialschädliche Persönlichkeit unmöglich ist, so zwingen uns solche Ausnahmefälle auch dazu, irgendeine allgemein gefaßte Formel für die Bewertung der Persönlichkeitskomponente zu finden, eine Formel, welche nicht geradezu auf die Sozialschädlichkeit zugeschnitten ist. Die Folge davon ist dann eine grenzenlose Verwirrung, wie sie in allen Entwürfen so deutlich zum Ausdruck kommt: Niemand kann mehr mit Sicherheit sagen, ob die „verwerfliche" Gesinnung oder Willensrichtung im Sinne einer sozialschädlichen oder auch bloß im Sinne einer unmoralischen, individualethisch mangelhaften aufzufassen sei. Es ist dann nicht mehr zu verwundern, wenn sich in den einzelnen Strafgesetzen Vorschriften finden, welche individualethisch wertvolle Motive oder Neigungen ohne Rücksicht auf deren soziale Bedeutung besonders privilegieren.

Noch schlimmer aber steht es mit der analogen Systemwidrigkeit auf dem Gebiet der Schuld. Es wurde ja oben dargetan, daß die Schuld weiter nichts ist als die subjektive Seite des Unrechts plus dem Vorwurf, der dem Täter daraus gemacht wird. Die herrschende Lehre ist aber leider oft weit davon entfernt, dies zu erkennen. Sie deutet daher gelegentlich die ganze Schuld im individualethischen Sinne um. Nicht die Sozialschädlichkeit wird dann dem Täter zum Vorwurf gemacht, sondern die „Gemeinheit", die individualethische Verwerflichkeit[2]). Dies ist einer der Wege, auf welchem man zur geringeren Schuld desjenigen gelangt, der sich zu seiner Tat verpflichtet glaubt, des Überzeugungsverbrechers. Auf diese Weise wird der ganze Schuldbegriff, zu einer Systemwidrigkeit gemacht. Mit dieser Verkennung des wahren Wesens des strafrechtlichen Schuldbegriffs sind dann die verschiedensten Mißverständnisse verbunden; so etwa die Ansicht, daß wegen desselben Faktums der Schuldvorwurf zu allen Zeiten und bei allen

---

[1]) Engisch, „Untersuchungen über Vorsatz und Fahrlässigkeit", erkennt ganz richtig, daß es Delikte gibt, bei denen man sich mit dem Bewußtsein des Sittenwidrigen begnügen muß; leider erkennt Engisch nicht, daß der Grund für diese Ausnahme eben in der Systemwidrigkeit des Unrechtstypus gelegen ist, der auf Unmoral statt auf Antisozialem aufbaut.

[2]) Besonders deutlich Freudenthal, „Schuld und Vorwurf", der klar auf die individualethische Bewertung abstellt.

Völkern der gleiche sein müsse (Verabsolutierung des Schuldbegriffs, naturrechtlicher Schuldbegriff); während sich doch eben aus dem richtigen Schuldbegriff die Veränderlichkeit dessen, was zum Vorwurf gemacht werden kann, nach Zeit und Raum mit Notwendigkeit ergibt. Denn je nach der verschiedenen Struktur der sozialen Gemeinschaft, um welche es sich handelt, kann in der einen etwas Unrecht sein, was in der anderen das Gegenteil ist, was notwendig zur Folge hat, daß die Verübung einer solchen Tat in dem einen Staat Schuld begründen kann, in dem andern dagegen nicht.

So wie Fehlgriffe in der Art, daß an Stelle des Sozialschädlichen das individualethisch Verwerfliche zur Grundlage des Unrechts und noch mehr der Schuld genommen wird, vorkommen, so ereignet es sich auch gelegentlich, daß zwar tatsächlich sozialethische Bewertungen zugrunde gelegt werden, diese aber nicht an dem einzig richtigen Maßstab derjenigen bestimmten sozialen Gemeinschaft, um deren Recht es sich handelt, sondern an dem Maßstab irgendeiner anderen sozialen Gemeinschaft vorgenommen werden. Dabei wird dann wieder entweder irgendeine „ideale" soziale Gemeinschaft zum Maßstab genommen oder, was praktisch noch häufiger geschieht, es wird auf die Wertungssysteme irgendeiner sozialen Gruppe innerhalb des Staates, die sozusagen einen Staat im Staate bildet, Rücksicht genommen und derjenige etwa als weniger schuldhaft handelnd betrachtet, welcher den Wertungen dieser Untergruppe gegen die soziale Gemeinschaft „Staat" zum Durchbruch verhilft. Hier liegt die zweite Quelle für die Begünstigung der Überzeugungsverbrecher: Weitaus die größte Zahl der Überzeugungsverbrecher bringt ja nicht die eigenen individualethischen Wertungen zum Durchbruch, sondern die Wertungen irgendeiner politischen, religiösen usw. Minderheit, der sie angehören. Wenn nun der Staat selbst gesetzlich solche Überzeugungsverbrecher begünstigt, so mißt er Tat und Täter in einem solchen Fall faktisch weniger nach seinem eigenen Maßstab als nach demjenigen jener kleinen sozialen Gemeinschaft. Eine solche Systemwidrigkeit bedeutet in Wahrheit die Kapitulation des Staates vor einer anderen sozialen Gemeinschaft. Daß sie, konsequent zu Ende gedacht, tatsächlich zu einer Auflösung des Staates führen muß, sieht man am besten, wenn man sich etwa die Strafmilderung bis zu einer Straflosigkeit ausgedehnt denkt und sich in amerikanische Verhältnisse versetzt; in Amerika soll es ja häufig vorkommen, daß Verbrecherbanden gegeneinander förmlich Krieg führen; was wäre nun das Ergebnis davon, wenn man jeden solchen Verbrecher straflos ließe, der einen Angehörigen einer feindlichen Bande tötet, weil er dazu nach den Grundsätzen seiner Verbrechergemeinschaft ebenso verpflichtet ist wie der Soldat im Kriege zur Tötung des feindlichen Soldaten. Man braucht ja aus jeder Systemwidrigkeit nur die letzten Konsequenzen zu ziehen um ihre Unhaltbarkeit einzusehen. Die kasuistisch-gefühlsmäßige Methode ist aber eine eifrige Gegnerin alles Konsequenzenziehens. Sie hat eben das Denken durch das Rechtsgefühl ersetzt und so kann man ihr mit logischen Gründen nicht beikommen.

b) Systemwidrigkeiten bei der Auswahl der formellen Grundlagen. Bei den formellen Grundlagen können sich Systemwidrigkeiten insoferne einschleichen, als es der Gesetzgeber unterläßt, bestimmte Grundlagen zu wählen, sondern in dem einen Fall auf dieser, in dem anderen Fall auf jener Grundlage aufbaut, so daß sich entweder durch häufige Ausnahmen durchbrochene Regeln bilden lassen oder selbst eine solche Regelbildung unmöglich wird, da man niemals mit Sicherheit sagen kann, was Regel, was Ausnahme ist.

Während man die primären Systemwidrigkeiten, welche bei der Auswahl der materiellen Grundlagen unterlaufen, aus dem fertigen Gesetz ohne Schwierigkeiten als solche erkennen kann, ist dies bei den Systemwidrigkeiten, welche auf der Außerachtlassung systematischer Erwägungen bei der Formulierung und gegenseitigen Abgrenzung der formellen Grundlagen entstehen, nicht ebenso der Fall. Denn jede solche primäre Systemwidrigkeit bewirkt notwendig eine analoge sekundäre bei der Typenbildung. Liegt aber bereits der fertige Typus vor, so kann man, wenn man nicht den ganzen Vorgang bei seiner Bildung verfolgt hat, nicht mit Sicherheit feststellen, ob der Fehler, der sich im Typus findet, schon darauf zurückgeht, daß die Grundlage fehlerhaft ist, oder erst darauf, daß zwar auf richtiger Grundlage aufgebaut, aber bei der Typenbildung selbst ein Fehler begangen wurde. Man hat da etwa den fertigen Typus der Abtreibung und wundert sich über die Höhe der Strafe, da doch der Erfassungswert dieses Falles notwendigerweise äußerst gering ist. Ob aber nun der Fehler darin liegt, daß bei der Auswahl und der gegenseitigen Bewertung der einzelnen Kategorien diejenige der Erfassung zu kurz kam, oder aber darin, daß bei der Typenbildung die Bedeutung dieser Kategorie gerade für den konkreten Typus unterschätzt wurde, läßt sich nicht feststellen. Oder man findet den Typus der Tötung mit einer ganz besonders schweren Strafe bedroht, obwohl die Größe des Vergeltungswertes durch die verhältnismäßige Kleinheit des Häufigkeitswertes zum Teil wettgemacht wird, so daß zum mindesten die allerschwerste Strafe ohne Rücksicht auf die Besonderheit des einzelnen Falles als zu hoch erscheinen muß; wieder aber läßt sich nicht sagen, ob man es überhaupt unterlassen hat, die beiden Kategorien der Vergeltung und der Häufigkeit zueinander in ein bestimmtes Wertverhältnis zu setzen oder ob bloß die Bedeutung, welche dem Typus der Tötung innerhalb der einen und der anderen Kategorie zukommt, unrichtig festgesetzt wurde. Nur ganz ausnahmsweise läßt sich, insbesondere wenn man die herrschende Lehre kennt, mit einiger Sicherheit sagen, daß es sich um eine primäre Systemwidrigkeit handelt. So ist es etwa nicht schwer zu erkennen, daß bei der Redaktion der Entwürfe, insbesondere des deutsch-österreichischen 1927, überhaupt kein gegenseitiges Wertverhältnis zwischen den einzelnen für die Strafhöhe bedeutsamen Kategorien festgelegt wurde. Am deutlichsten zeigt sich dies im Verhältnis zwischen den Kategorien der Vergeltung und der Spezialprävention. Denn von einer gleichmäßigen Berücksichtigung beider Kategorien in irgendeinem auch nur annähernd bestimmten Verhältnis kann nicht die Rede sein. Vielmehr ist die Mehrzahl der Bestimmungen so abgefaßt, als ob überhaupt nur die Kategorie der Vergeltung in Betracht käme; so die Schuldlehre und die Typen des besonderen Teiles; dann gibt es aber plötzlich wieder Bestimmungen, bei welchen offenbar die Kategorie der Spezialprävention ausschlaggebende, wenn nicht alleinige Bedeutung erlangt, allerdings abgeschwächt durch die Abstellung auf die Gefährlichkeit, welche für die Höhe der nötigen Einwirkung zwar mitbestimmend, nicht aber allein bestimmend ist. Dies ist z. B. im § 78, beim gefährlichen Gewohnheitsverbrecher, der Fall, bei welchem die Kategorie der Vergeltung für die Strafhöhe ganz in den Hintergrund tritt. Hier handelt es sich also offenbar um eine durch Grundsatzlosigkeit bewirkte Systemwidrigkeit, die freilich in das kasuistisch-gefühlsmäßige Gesetz recht gut hineinpaßt.

Ähnlich wie bei den Systemwidrigkeiten, welche auf eine Trübung des gegenseitigen Verhältnisses der für die Strafhöhe bedeutsamen Kategorien zurückgehen, kann man auch sonst innerhalb der bei Auswahl der formellen Grundlagen möglicherweise zustande kommenden Systemwidrigkeiten meist nicht mit Sicherheit sagen, ob sie solche primärer oder sekundärer Natur sind. Da kann es zunächst vorkommen, daß das Gesetz eine einheitliche Entscheidung der Frage „Einzeltat oder Persönlichkeit" vermissen läßt; es finden sich z. B. Vorschriften, welche ohne Rücksicht auf die Einzeltat nur an die Persönlichkeit anknüpfen. In der Regel wird man nicht fehlgehen, wenn man den Grund solcher Systemwidrigkeiten darin sieht, daß sich der Gesetzgeber die grundlegende Frage überhaupt nicht vorgelegt hat. Möglich ist es aber immerhin, daß er grundsätzlich nach der einen oder der anderen Richtung hin entschieden hat, im konkreten Fall aber durch Ungeschicklichkeit bei der Typenbildung eine Ausnahme geschaffen hat. Ebenso wird es auf Grund der geltenden Gesetze und der Entwürfe schwer sein, zu entscheiden, ob sich der Gesetzgeber überhaupt die Frage „objektives oder subjektives System" vorgelegt, und wenn ja, wie er sich grundsätzlich entschieden hat; tatsächlich stellen nämlich diese Gesetze und Entwürfe eine bunte Mischung beider Systeme dar, so daß man die Regel von der Ausnahme kaum mehr zu unterscheiden vermag. Es wird wohl auch hier anzunehmen sein, daß der Fehler in einem Übersehen der grundsätzlichen Fragestellung und nicht in der Außerachtlassung der gewählten Grundlage im Einzelfall zu finden ist. Ebenso steht es wohl auch mit der Frage „Erfolgsstrafrecht oder Handlungsstrafrecht". Wer versucht, in das gegenseitige Verhältnis von Verletzungs- und Gefährdungsdelikten und Versuchshandlungen auf Grund irgendeines Gesetzes oder Entwurfs Ordnung zu bringen, wird bald die Nutzlosigkeit seines Beginnens erkennen. Von Regeln und Ausnahmen kann hier nicht mehr gesprochen werden; alles ist ein buntes Chaos, und je nachdem es gerade das Rechtsgefühl des Redaktors erforderte, geht man einmal so vor, als ob es sich um ein Erfolgsstrafrecht, dann wieder so, als ob es sich um ein reines Handlungsstrafrecht handelte.

Kein Wunder, daß in Gesetzen, bei deren Redaktion schon über die Grundlagen keinerlei Klarheit herrschte, auch die Bestimmung des Wertes jedes Falles innerhalb der einzelnen Kategorien nicht nach systematischen Gesichtspunkten, sondern rein gefühlsmäßig erfolgt. Die Folgen davon sind bedauerlich: Man kann oft beim besten Willen nicht feststellen, nach welchen Gesichtspunkten man in Fällen, die vom Gesetz nicht ausdrücklich entschieden sind, den Wert oder Unwert bestimmen soll, woraus sich z. B. die völlige Ratlosigkeit bei der Bestimmung und Abgrenzung „ungenannter" Rechtfertigungsgründe erklärt. Und wenn, wie im Entwurf, einmal die subjektive Seite ohne Rücksicht auf die objektive alleinige Bedeutung für den Vergeltungswert erlangt (subjektive Versuchstheorie, § 26), dann wieder die objektive Seite ohne Rücksicht auf die subjektive (Straflosigkeit des Versuchs bei zahlreichen Vergehen), so zeigt sich hier wieder die völlige Grundsatzlosigkeit, welche bei Anwendung der kasuistisch-gefühlsmäßigen Methode an Stelle systematischer Erwägungen tritt. Verwunderlich ist nur, daß derlei chaotisches Durcheinander das Rechtsgefühl irgendeines Menschen zu befriedigen vermag.

3. Strafrechtstechnik.

a) Ihr Wesen und ihre Aufgabe. Es wäre ohne weiteres denkbar, ein Gesetz zu schaffen, ohne vorher das durch Rechtspolitik und Systematik gelieferte Material weiter zu verarbeiten. Ein solches Gesetz würde dann in einer Reihe von Leitsätzen für den Richter bestehen. Es müßte dem Richter sagen, nach welchen Grundsätzen er den strafrechtlichen Bekämpfungswert jedes einzelnen Falles zu bemessen habe. Das Gesetz müßte demgemäß im wesentlichen die Ergebnisse der kriminalpolitischen und rechtssystematischen Betrachtungen des Gesetzgebers in der Form von Anweisungen an den Richter enthalten. Es hieße dann etwa in einem derartigen Gesetz: „Maßgebend für die Strafhöhe ist vor allem der Vergeltungswert der Tat; dieser bestimmt sich nach der Schwere des Unrechts und der Schwere der Schuld; die Schwere des Unrechts wird nach dem Unrechtsgehalt der Handlung bestimmt; dieser wieder hängt davon ab, ob sie auf einen mehr oder minder sozialschädlichen Erfolg hinzielt und mit welcher Wahrscheinlichkeit dieser Erfolg zu erwarten steht usw.“ Mehr als solche allgemeine Leitsätze könnte ein derartiges Gesetz nicht enthalten. Nun wäre ein solches Gesetz zwar vom systematischen Standpunkt aus vollständig „richtig“, das heißt ohne inneren Widerspruch; ja es könnte auch vom kriminalpolitischen Gesichtspunkt aus zweckmäßig sein, insofern es etwa gerade diejenigen näheren Strafzwecke in den Vordergrund stellt, welche sich auf Grund kriminalpolitischer Forschungen als die wertvollsten erweisen. Trotz seiner systematischen Richtigkeit und seiner kriminalpolitischen Zweckmäßigkeit wäre aber ein solches Gesetz von sehr zweifelhaftem Wert. Zunächst würde es an den Richter ganz ungeheure Anforderungen stellen. Der Richter hätte nämlich auf Grund eines solchen Gesetzes genau genommen keine geringere Aufgabe, als den Aufbau des gesamten Strafrechts auf den gegebenen Grundlagen und nach den vorgeschriebenen Leitsätzen durchzuführen. Er müßte also einen großen Teil derjenigen Arbeit leisten, welche heute in der Regel der Gesetzgeber auf sich zu nehmen pflegt. Um etwa den Unrechtsgehalt eines Falles richtig feststellen können, müßte sich der Richter im Geiste alle denkbaren Unrechtsstufen von der schwersten bis herab zur leichtesten vor Augen führen und nun sorgsam erwägen, auf welcher der theoretisch denkbaren Stufen sich gerade der in Betracht kommende Fall befindet. Das gleiche müßte dann mit der Schuld geschehen; und schließlich müßte sich der Richter alle zur Verfügung stehenden Strafmittel vor Augen halten und genau überlegen, welche Strafhöhe gerade diesem Maß von Unrecht und Schuld entspreche. Würde aber dem Richter eine so ungeheure Aufgabe gestellt, so wäre damit eine mehrfache Gefahr verbunden. Zunächst wird der Richter zur Entscheidung jedes einzelnen Falles sehr viel Zeit und Arbeit nötig haben; ist er aber mit Arbeit überhäuft, dann wird er es oft an der nötigen Sorgfalt fehlen lassen und seine Entscheidungen mehr nach dem Rechtsgefühl als nach dem Gesetz fällen, ohne daß eine genaue Kontrolle durch ein übergeordnetes Gericht möglich wäre, weil eben das Gesetz nicht mehr als bloße Richtlinien enthält. Weiters wird es oft genug vorkommen, daß sich der Richter bei Abwägung und Feststellung des strafrechtlichen Bekämpfungswertes irrt, daß er diesen oder jenen Umstand zu sehr oder zu wenig berücksichtigt. Obwohl theoretisch die Bedeutung jedes Umstandes ganz genau feststeht, können sich, insbesondere wenn das Gesetz *nur* Richtlinien enthält, leicht in der Praxis Meinungsverschiedenheiten einstellen. Es kann sich also auch eine sehr verschiedene Rechtsprechung ergeben, je nach der persönlichen Ansicht des Richters, je nach der Genauigkeit und der Exaktheit seines Vorgehens. Damit innig verbunden ist nun ein weiterer sehr wichtiger Nachteil: Die Rechtssicherheit wäre durch ein derartiges Gesetz nur in ganz unzulänglicher Weise gewährleistet. Niemand könnte vorauswissen, was ihn im Falle einer strafbaren Handlung erwartet, um so weniger als es ja dem Laien ganz unmöglich sein wird, diejenigen schwierigen Erwägungen anzustellen, welche den Richter zur Festlegung der richtigen Strafhöhe führen. Gerade dieser Gedanke der Rechtssicherheit aber ist es, der die Kodifizierung des Strafrechts seit jeher als wünschenswert erscheinen ließ; so würde ein Strafgesetz, das dieser Idee in keiner Weise gerecht würde, von vornherein einen wichtigen Zweck seines Daseins verfehlen. Es sei jedoch mit allem Nachdruck festgestellt: Der *Idee* nach gewährleistet auch ein Gesetz, das nur die oben angedeuteten Leitsätze enthält, die Rechtssicherheit in hohem Maße; denn gedanklich läßt sich ja das Maß der Strafe auch auf Grund eines solchen Gesetzes mit mathematischer Genauigkeit feststellen. Aber *praktisch* kann und wird dies nicht der Fall sein mit Rücksicht auf die Unvollkommenheit des menschlichen Denkens, von der auch der gründlich gebildete und fähige Richter nicht verschont bleibt. Es sind also durchwegs Erwägungen rein praktischer Natur, Zweckmäßigkeitserwägungen, welche zu der Forderung führen, das Gesetz möge mehr als bloße Richtlinien enthalten.

Worin aber kann dieses „mehr" bestehen? Die Antwort ergibt sich eigentlich ganz von selbst, wenn man an die oben aufgezeigten Mängel eines „vagen" Gesetzes anknüpft: Das Gesetz soll einerseits feste Anhaltspunkte für den Richter schaffen, welche sozusagen die Rolle von Marksteinen auf dem Wege zur Findung der richtigen Strafhöhe spielen, welche dem Richter die Bestimmung des strafrechtlichen Bekämpfungswertes jedes konkreten Falles erleichtern sollen; anderseits soll es aber auch Mindestgarantien für die Rechtssicherheit schaffen; es soll Grenzen bestimmen, über die hinaus in jedem einzelnen Fall die Strafe keineswegs erhöht werden darf; Untergrenzen sind durch die Idee der Rechtssicherheit nicht gefordert: Denn niemand hat ein Interesse daran, zu wissen, daß er unter keinen Umständen milder davon kommen kann. Der Weg aber, auf welchem diese beiden Ziele erreicht werden können, ist derjenige der Typenbildung. Der Gesetzgeber bildet aus der Fülle der möglichen Fälle im Wege der Abstraktion Typen heraus, bewertet diese und bestimmt, daß bei Vorliegen eines solchen Typus die Strafe keineswegs ein gewisses Höchstmaß überschreiten dürfe. Die der strafrechtlichen Typenbildung dienende Arbeit wird am besten als Strafrechtstechnik zu bezeichnen sein.

Die Notwendigkeit der Strafrechtstechnik entspringt rein praktischen Erwägungen; daher werden bei der Typenbildung auch eben diese praktischen Erwägungen den Weg weisen müssen. Dadurch, daß auch bei der Strafrechtstechnik Zweckmäßigkeitserwägungen maßgebend sind, nähert sich diese ihrem Wesen nach der Kriminalpolitik. Sie unterscheidet sich jedoch grundlegend von dieser dadurch, daß sie nicht Material schafft, sondern das schon vorhandene Material nach Zweckmäßigkeitsgesichtspunkten verarbeitet. Das Ausmaß der Typenbildung, die Frage, wie viele Typen gebildet werden sollen, ist somit gleichfalls keine logische, sondern eine Zweckmäßigkeitsfrage. Die geringste Zahl von Typen läge vor, wenn man etwa überhaupt nur einen Obertypus und einen Untertypus schüfe; jenen, der den größten strafrechtlichen Bekämpfungswert aufwiese, diesen, der den geringsten, noch mit Strafe zu bekämpfenden enthielte. Das gegenteilige Extrem bestünde darin, überhaupt alle nur denkbaren Fälle zu einem Typus zu gestalten; in diesem Grenzfalle würden dann allerdings die Typen bereits diese ihre

Eigenschaft verlieren und mit den konkreten möglichen Fällen übereinstimmen. Es läge dann eben ein Gesetz vor, das alle überhaupt in Betracht kommenden Fälle bereits im vorhinein genau regelt, dem Richter also sozusagen jede Arbeit abnimmt. Ein solches Gesetz wäre theoretisch denkbar, wenn auch geradezu unendlich umfangreich. Aber selbst, wenn man nicht so weit geht, wenn man etwa noch hart vor dem Grenzfall Halt macht, kann die Zahl der Typen, die gerade noch Typen sind, schon sehr groß sein. Es könnte nun zunächst scheinen, daß dem Ziele der Strafrechtstechnik, der möglichsten Erleichterung der richterlichen Arbeit und der möglichsten Gewährleistung der Rechtssicherheit am besten gedient sei, wenn so viele Typen als nur irgend möglich geschaffen würden. Bei näherer Betrachtung der zu vertypenden Materie erkennt man aber sogleich, daß in vielen Fällen die Bildung besonderer Typen praktisch wertlos wäre, und zwar deshalb, weil nach der Natur der zu verarbeitenden Materie in solchen Fällen eine Herausarbeitung von „festen" Anhaltspunkten unmöglich ist und die Bildung eines Typus daher praktisch genau die gleiche Bedeutung hätte wie der Mangel eines Typus. Man denke etwa an den verschiedenen Unrechtsgehalt der Handlung je nach der Wahrscheinlichkeit, mit welcher der Erfolg aus ihr zu erwarten steht. Es ist nun durchaus möglich, innerhalb der Fülle denkbarer Übergänge und Mittelfälle, die zwischen dem obersten Extrem, Abzielen der Handlung auf den Erfolg mit 100% Wahrscheinlichkeit, und dem untersten Extrem, Abzielen der Handlung auf den Erfolg mit 0% Wahrscheinlichkeit, liegen, beliebig viele Typen zu bilden: etwa einen Typus mit 100% Wahrscheinlichkeit, einen weiteren mit 90%, dann mit 80% usw. Es zeigt sich aber auch sofort, daß solche Typen praktisch wertlos wären, weil mit ihrer Hilfe nicht mehr erreicht werden könnte als durch die bloße Strafzumessungsregel: das konkrete Ausmaß der Wahrscheinlichkeit sei für die Schwere des Unrechts zu berücksichtigen. Den einzigen festen Anhaltspunkt vermag der Oberfall zu gewähren, daher wird sich nur seine Vertypung empfehlen. Ebenso steht es etwa bei der emotionalen Kategorie innerhalb der Tatschuldformen: Man kann zwischen höchstem Lustbetontsein und größtem Unlustbetontsein beliebig viele Typen bilden, ohne daß diesen irgendwelcher Wert zukäme. Aus der Natur der zu vertypenden Materie ergibt sich also die Wertlosigkeit von zahlreichen Typen, gemessen an dem Endziel der Vertypung, Vereinfachung der Arbeit des Richters und Gewährleistung der denkbar größten Rechtssicherheit. Damit ist von vornherein der Bildung einer allzugroßen Anzahl von

Typen ein Riegel vorgeschoben. Aber auch abgesehen von dieser aus der Materie selbst fließenden Beschränkung, wird man sich mit um so weniger Typen begnügen können, je wertvoller der Richterstand ist, der das Gesetz handhaben soll; es darf nämlich nicht übersehen werden, daß eine allzu große Anzahl von Typen den Überblick eher erschwert als erleichtert und auch dem Gesetz einen so großen Umfang geben würde, daß sein Studium und seine Handhabung recht kompliziert wären. Immerhin muß aber die Anzahl der Typen groß genug sein, um den Richter vor allzu schweren Aufgaben zu bewahren und die Rechtssicherheit möglichst zu gewährleisten.

Die Strafrechtstechnik hat nicht Material zu schaffen, sondern es bloß zu verarbeiten, zu vertypen. Daraus ergibt sich, daß durch die Rechtstechnik niemals der Inhalt des Rechts bestimmt werden kann, sondern lediglich seine Form. Hält sich also die Rechtstechnik innerhalb derjenigen Grenzen, die sich aus ihrer Natur und aus ihrer Aufgabe ergeben, dann vermag eine verschiedenartige Lösung rechtstechnischer Fragen niemals das R e c h t, sondern nur das G e s e t z zu ändern. Bauen also hundert verschiedene Gesetzgeber auf den gleichen rechtspolitischen und systematischen Grundlagen auf und entscheidet jeder dieser Gesetzgeber einzelne rechtstechnische Fragen anders als der andere, so entstehen zwar hundert verschiedene Gesetze, die aber alle das gleiche Recht darstellen. Bloß der Richter hätte in dem einen Gesetze mehr feste Anhaltspunkte als in dem andern; rein theoretisch müßte die Entscheidung eines konkreten Einzelfalles nach allen diesen Gesetzen vollständig gleich ausfallen, da der Richter eben dort, wo das Gesetz weniger sagt, das nicht Gesagte aus dem Sinn des Gesetzes in systematisch-logischer Fortführung von dessen Grundgedanken zu ergänzen hätte.

Die Strafrechtstechnik ist also an das durch die Systematik und Rechtspolitik gegebene Material gebunden. Sie darf diesem Material keine Gewalt antun, darf es nicht ändern. Daraus ergibt sich für die Typenbildung der wichtige Grundsatz, daß nur solche Fälle zu einem Typus zusammengefaßt werden dürfen, welche systematisch nebeneinander liegen. Unmöglich (das heißt unrichtig und ein Verstoß gegen die Systematik, eine Systemwidrigkeit) wäre es daher etwa, wenn der Gesetzgeber auf dem Gebiet der Tatschuldformen alle Fälle der Lustbetonung und der Unlustbetonung zu einem Typus zusammenfaßte, die Fälle der Indifferenz dagegen zu einem anderen Typus. Denn die im ersten Typus zusammengefaßten Fälle liegen quantitativ nicht nebeneinander. Unrichtig wäre es aber auch, wenn der Gesetzgeber etwa in einen Typus alle Fälle des „Wissens" ohne Rücksicht auf die emotionale Kategorie zusammenfaßte, in einen anderen Typus wieder alle Fälle des Lustbetonseins ohne Rücksicht auf die intellektuelle Kategorie; denn hier würden die in einem Typus zusammengefaßten Fälle qualitativ nicht nebeneinander liegen, sondern die einzelnen Typen würden einander durchdringen und eine einheitliche Lösung des Einzelfalles unmöglich machen. Die Zusammenfassung von nicht nebeneinander liegenden Teilen innerhalb des gleichen Typus wäre ein logischer Fehler, weil die Rechtstechnik dadurch die ihr gesteckten Grenzen überschreiten würde. Hält sie sich aber innerhalb dieser Grenzen, dann können keine logischen Fehler mehr unterlaufen, sondern es können, da ja die ganze Rechtstechnik an Zweckmäßigkeitsgedanken orientiert ist, nur Zweckwidrigkeiten vorkommen.

b) Die Bildung der Urtypen. Geht nun der Gesetzgeber daran, aus der Fülle des durch Rechtspolitik und Systematik gelieferten Materials feste Anhaltspunkte in der Form von Typen herauszubilden, so wird er alsbald gewahr werden, daß ihm selbst hiezu Anhaltspunkte fehlen. Was er vor sich hat, ist eine unendliche Zahl von möglichen konkreten Fällen, die alle innerhalb jeder einzelnen für den strafrechtlichen Bekämpfungswert bedeutsamen Kategorie die verschiedensten Werte aufweisen können; nichts als allmähliche Übergänge auf jedem Gebiet, in jeder Kategorie finden sich vor: wo soll da ein fester Anhaltspunkt gewonnen werden? Es ist selbstverständlich, daß eine rein gefühlsmäßige Auswahl aus der Materie die Ergebnisse der systematischen Forschung vollständig zerstören müßte; daß in diesem Falle die ganze Arbeit, die auf die Klarlegung der Grundlagen verwendet wurde, wieder verloren ginge, daß die Strafrechtstechnik die ihr gesteckten Grenzen überschreiten und zu Systemwidrigkeiten aller Art führen würde. Soll die Typenbildung innerhalb der ihr durch die Systematik gesetzten Grenzen vor sich gehen, dann muß auch sie nach einer bestimmten Methode nicht aber nach gefühlsmäßiger Einschätzung vorgenommen werden.

Es ist zunächst selbstverständlich, daß jeder Typus unter entsprechender Berücksichtigung aller derjenigen Kategorien gebildet werden muß, welche nach den gewählten rechtspolitischen Grundsätzen für den strafrechtlichen Bekämpfungswert von Bedeutung sein sollen; und es ist ebenso selbstverständlich, daß das Verhältnis, in welchem jede der betreffenden Kategorien bei jedem Typus berücksichtigt werden muß, eben dasjenige ist, welches bei der Bildung der Grundlagen festgelegt wurde. Da nun aber jede der in Betracht kommenden Kategorien, wenn sie zur alleinigen Grundlage genommen würde, zu anderen Ergebnissen führen als die übrigen Kategorien und daher auch eine Typenbildung in anderem Sinne verlangen würde, so geht es nicht an, etwa von vornherein alle diese Kategorien gleichzeitig oder in buntem Durcheinander einmal die eine dann wieder die andere als Ausgangspunkte für die Typenbildung zu benützen. Vielmehr muß man notwendig zuerst von einer Kategorie ausgehen und die nach diesem Gesichtspunkt gebildeten Typen dann unter Berücksichtigung der nächsten in Betracht kommenden Kategorie weiter einteilen usf., bis zur letzten bedeutsamen Kategorie. Ergibt sich, daß ein auf Grund der einen Kategorie gebildeter Typus auch in bezug auf die anderen Kategorien eine Unterscheidung nicht verlangt, so ist eine weitere Unterteilung nicht nötig. Daraus läßt sich bereits der Schluß ableiten, daß es am zweckmäßigsten sein wird, diejenige Kategorie zunächst zu berücksichtigen, welche die feinsten Unterscheidungen verlangt, und das ist nach unseren obigen Ausführungen über die Bestimmung des Wertes jedes Falles innerhalb der einzelnen Kategorien zweifellos diejenige der Vergeltung. Hat man nun gar noch, wie ich dies für richtig halte, dieser Kategorie den Vorrang vor den übrigen eingeräumt, den Vergeltungsgedanken also zum leitenden Gesichtspunkt erhoben, während die übrigen Kategorien nur ergänzend herangezogen werden, so ist dies ein weiterer wichtiger Grund dafür, die Vertypung mit dieser Kategorie zu beginnen, zunächst also reine Vergeltungstypen aufzustellen und erst innerhalb dieser nach der Bedeutung der übrigen Kategorien weitere Unterscheidungen durchzuführen.

Der weitere Vorgang richtet sich nun wieder je nach der gewählten formellen Grundlage. Hat man sich für ein subjektives System entschieden, so werden die Vergeltungstypen von vornherein nur subjektive Bestandteile enthalten, hat man dagegen, wie dies oben für richtig befunden wurde, ein objektives System gewählt, dann werden diese Typen zunächst solche objektiven Geschehens sein; denn die subjektive Seite wird ja nach dem objektiven System überhaupt nur insoweit berücksichtigt, als sie sich auf objektiver Grundlage aufbaut. Man wird also zunächst nur objektive, also „Unrechtstypen" i. e. S. bilden. Ob diese nun primär Erfolgstypen oder Handlungstypen sind, hängt davon ab, ob man sich für ein Erfolgs- oder ein Handlungsstrafrecht entschieden hat. Im ersteren Falle wird der vollendete Typus stets eine Handlung samt dem zugehörigen Erfolg umfassen, im letzteren Falle nur eine auf einen Erfolg abzielende Handlung. „Erfolgstypen" ist also keineswegs in dem Sinne zu verstehen, als ob diese überhaupt keine Handlung enthielten; denn derartige Typen wären keine strafrechtlichen mehr, da sich das Strafrecht nur mit menschlichem Verhalten beschäftigt.

Nun wurde oben dargetan, daß sich der rechtliche Wert oder Unwert jeder Handlung nur dann bestimmen läßt, wenn man sämtliche Erfolge, auf welche sie abzielt, sowie die Wahrscheinlichkeit, mit welcher diese Erfolge zu erwarten sind, ins Auge faßt. Es steht nun natürlich nichts im Wege, etwa von vornherein bei der Typenbildung auch solche Typen zu formulieren, bei welchen die Handlung alternativ oder kumulativ auf mehrere Erfolge abzielt. Empfehlenswert wird aber ein solcher Vorgang nicht sein. Denn erstens würden die Typen dadurch ziemlich kompliziert, während ihr Wert sowohl als Anhaltspunkt für den Richter als auch für die Rechtssicherheit mit dem Maße ihrer Einfachheti steigt; zweitens aber würden solche Typen die Bedeutung der Handlung in bezug auf einen der mehreren Erfolge wieder nicht erkennen lassen. Es bedürfte dann etwa eines sorgfältigen Vergleiches mehrerer Typen, um den gedanklich einfachsten Fall, in welchem die eine Handlung nur auf einen Erfolg hinzielt, richtig bestimmen zu können. Es wird sich daher empfehlen, diesen einfachsten Fall zur Grundlage zu nehmen und zunächst nur solche Typen zu bilden, welche aus einer Handlung und dem ihr zugehörigen Erfolg bestehen, also etwa Tötung = Tötungshandlung + Eintritt des Todes.

Aber auch mit dieser Festlegung des Vorgangs bei der Typenbildung ist dem Gesetzgeber noch nicht viel geholfen. Die einzelnen in Betracht kommenden Erfolge sind ja noch immer so mannigfaltig wie das menschliche Leben selbst und man kann nach Belieben weitere oder engere Erfolgsbegriffe bilden, mehr oder weniger Umstände zu e i n e m Erfolg zusammenfassen. Wie soll nun der Gesetzgeber wissen, was und wieviel er zu einem Erfolg vereinigen kann und soll und was nicht? Ehe diese Frage aber überhaupt aufgeworfen werden kann, braucht man eine Grundlage, auf welcher sie entstehen kann. Erst wenn ich etwa den Begriff der Tötung habe, kann ich die Frage aufwerfen, ob alle Fälle der Tötung zu einer Einheit zusammengefaßt werden sollen oder ob innerhalb dieses Begriffs wieder Unterbegriffe zu bilden wären. Der Gesetzgeber muß also zunächst irgendwelche Gruppen von Merkmalen herausgreifen und zu einem Erfolg zusammenfassen, also einen vorläufigen Typus bilden, und erst wenn dieser vorliegt, im

Wege methodischer Untersuchung aus diesem den endgültigen Typus bestimmen. Ich nenne diesen Vorgang die „Vorvertypung" und ihr Resultat, die „vorläufigen Typen" oder „Urtypen", weil sich erst aus ihnen die endgültigen Typen entwickeln lassen, ähnlich wie sich aus der Urzelle die verschiedenen Lebewesen entwickelt haben.

Nun entsteht aber sofort ein sehr schwerwiegender Einwand: Widerspricht es nicht dem Wesen der systematischen Methode, diese Urtypen sozusagen auf gut Glück, vielleicht rein gefühlsmäßig herauszugreifen? Bedeutet dies nicht einen Rückfall in die so scharf abgelehnte und bekämpfte kasuistisch-gefühlsmäßige Methode? Aber ein solcher Einwand hielte näherer Prüfung nicht stand. Zunächst ist die Bildung der Urtypen durch die vorangegangenen methodologischen Betrachtungen, welche auf den gewählten formellen Grundlagen beruhen, bereits in bestimmte Formen gebannt: Es wurde ja gezeigt, daß es objektive Erfolgstypen sind, welche allein als Urtypen in Betracht kommen. Weiters sind diese Urtypen ja gar nicht dazu bestimmt, selbst in das Gesetz einzugehen; sie stellen vielmehr bloß ein technisches Hilfsmittel dar, um die Fülle des durch Rechtssystematik und Rechtspolitik gelieferten Materials zum Zwecke der endgültigen Typenbildung ordnen zu können. Die endgültige Typenbildung aber, die allein für das Aussehen des Strafgesetzes Bedeutung hat, erfolgt aus den Urtypen nach einer so streng wissenschaftlich systematischen Methode, daß jeder Fehlgriff, welcher bei der Bildung der Urtypen unterlaufen sein mag, sofort als solcher erkennbar wird und sich sozusagen ganz von selbst korrigiert. Schließlich ist es auch nicht richtig, daß der Strafgesetzgeber bei der Bildung der Urtypen vollständig auf den Zufall oder auf das Gefühl oder, wie die heute herrschende Lehre sagen würde, auf die „Kulturanschauungen der Zeit" angewiesen sei; vielmehr findet er ein wichtiges Hilfsmittel in denjenigen Begriffen und Typen, welche bereits auf anderen Gebieten der Rechtsordnung gebildet sind. Da dem Strafrecht der Schutz dessen obliegt, was durch die übrigen rechtlichen Vorschriften als Gut gekennzeichnet ist, so liegt nichts näher als auch an die Begriffe der übrigen Rechtsgebiete wenigstens zunächst bei der Bildung der Urtypen anzuknüpfen. Da kennt etwa das Privatrecht den Begriff des Vermögens; was liegt für den Strafgesetzgeber näher als die Bildung eines Urtypus der Vermögungsschädigung? Das Privatrecht kennt auch den Begriff der Ehe. Da liegt die Bildung eines Urtypus „Schädigung der Ehe" sehr nahe. Die öffentlich rechtlichen Vorschriften haben etwa zu dem Begriff des „Parlaments", des „Reichstages", des „Nationalrates" geführt; der Strafgesetzgeber wird mit Nutzen einen Urtypus der Schädigung dieser Einrichtungen bilden. Im übrigen wird der Strafgesetzgeber allerdings an den Sprachgebrauch des täglichen Lebens anknüpfen müssen. Auf diese Weise gelangt er etwa zu den Urtypen der Tötung, der Verletzung der körperlichen und geistigen Integrität, der Ehrenbeleidigung usw.

So groß jedoch die Freiheit des Gesetzgebers bei der Bildung der Urtypen im allgemeinen ist, so wird er sich doch mit Nutzen dabei an einen Grundsatz halten: an den Grundsatz nämlich, nur solche Urtypen zu bilden, welche voneinander unabhängig sind, nicht auch solche, welche ineinander übergreifen oder gar solche, welche bereits in einem anderen Urtypus enthalten sind. Wird dieser Grundsatz nämlich nicht beachtet, dann ergibt sich daraus für die Bildung der endgültigen Typen eine nicht zu unterschätzende Gefahr. Da nämlich aus jedem Urtypus in der Regel mindestens ein endgültiger Typus, meist aber deren mehrere gebildet werden, so ist es unvermeidlich, daß auch die endgültigen Typen, welche aus zwei voneinander nicht unabhängigen Urtypen gebildet werden, ineinander übergreifen oder ineinander aufgehen. Darunter leidet jedenfalls die Klarheit der Typenbildung, es kann aber selbst die Richtigkeit der Typen dadurch in Frage gestellt werden. Der Strafgesetzgeber läuft auf diese Weise Gefahr, sich zu wiederholen, und bei aller Exaktheit, mit welcher rein theoretisch der strafrechtliche Bekämpfungswert jedes Typus bestimmt werden kann, wird es die Tatsache, daß in der Praxis nur annähernde Genauigkeit erreicht werden kann, gelegentlich mit sich bringen, daß in dem gleichen Gesetz ein und dieselbe Frage nicht ganz gleichartig entschieden wird, indem etwa bei der Bildung des einen Typus der strafrechtliche Bekämpfungswert ein wenig zu hoch, bei der Bildung des andern gleichartigen oder in dem ersten enthaltenen etwas zu gering eingeschätzt wurde[1]). Dadurch würde sich dann, allerdings in bedeutend verkleinerter Form[2]), der gleiche Fehler wiederholen, an welchem die kasuistisch-gefühlsmäßig aufgebauten Gesetze leiden. Außerdem

---

[1]) Diese Gefahr besteht nicht oder nur in bedeutend geringerem Maß, wenn die beiden Typen, von denen einer einen speziellen Fall des andern darstellt, aus dem gleichen Urtypus stammen, denn dann wird der speziellere aus dem allgemeineren Typus herausgebildet und bei der Bewertung des unterscheidenden Merkmals sind die Fehlerquellen naturgemäß geringer, als wenn aus zwei verschiedenen Urtypen durch wiederholte Spezialisierung der eine und der andere Typus gebildet werden.

[2]) Ein wirklich bedeutender Fehler ist ja nicht möglich; aber auch kleinere Fehler sollen nach Tunlichkeit vermieden werden.

aber wird die Gesetzesauslegung bedeutend vereinfacht, wenn die Grundtypen nicht ineinander übergreifen; in dieser Richtung sei nur angedeutet, daß die Zurückführbarkeit zweier Typen auf den gleichen Grundtypus ein bedeutsames Indiz einer bloßen Gesetzeskonkurrenz (Scheinkonkurrenz) liefern kann; läßt sich aber ein und derselbe Typus auf mehrere Urtypen gleichzeitig zurückführen, dann wird diese Frage bedeutend größere Schwierigkeiten bereiten[1]). Wenn also etwa der Gesetzgeber einen Urtypus der Vermögensschädigung bildet, so wird er gut daran tun, nicht auch einen Urtypus der Schädigung am Eigentum zu bilden, denn dieser wäre offenbar in jenem enthalten. Der spezielle Fall, welchen die Vermögensschädigung am Eigentum gegenüber der allgemeinen Vermögensschädigung darstellt, wird ja ganz von selbst eine Sonderbehandlung erzwingen, wenn nach der unten geschilderten Methode aus den Urtypen die endgültigen Typen herausgearbeitet werden.

Sollen die Urtypen die Grundlage für die endgültige Typenbildung abgeben, dann muß man offenbar schon für die Urtypen das Erfordernis der Vollständigkeit aufstellen; man muß also verlangen, daß durch die Summe der gebildeten Urtypen wirklich alles das Unrecht erfaßt wird, welches für die strafrechtliche Bekämpfung in Betracht kommen kann. Woher nimmt man aber diese Garantie für die Vollständigkeit? Der Gesetzgeber kann doch einfach auf die Bildung dieses oder jenes Urtypus vergessen; und diese Gefahr wird naturgemäß um so größer sein, je mehr er sich an den oben aufgestellten Grundsatz der gegenseitigen Unabhängigkeit der Typen hält. So schwerwiegend nun auch dieses Bedenken vom rein theoretischen Standpunkt aus sein mag, so leicht wiegt es in der Praxis. Die Erfahrung des täglichen Lebens sorgt nämlich zur Genüge dafür, daß dieser Grundsatz der Vollständigkeit eingehalten werde. Der Gesetzgeber müßte schon vollständig mit Blindheit geschlagen sein, falls er irgendeinen bedeutsamen Urtypus übersehen sollte. Menschliche Gemeinschaften gibt es ja schon seit langem, auch rechtlich geordnete Gemeinschaften bestehen seit vielen Jahrhunderten, und wenn heute der Gesetzgeber daran geht, ein neues Gesetz zu schaffen, kann er bereits aus den praktischen Erfahrungen der bisherigen

[1]) Es sei hier auf die Schwierigkeiten verwiesen, mit welchen Binding bei der Frage „Eine Norm oder mehrere Normen“ zu kämpfen hatte. De lege lata läßt sich diese Frage oft nicht lösen; auf Grund eines systematisch aufgebauten Gesetzes wird sie aber in der Regel nicht allzu schwer zu lösen sein.

Zeit schöpfen. Und sollte er wirklich einmal einen Urtypus vergessen, dann ist auch das Unglück nicht so groß; denn die Praxis wird alsbald diesen Mangel aufweisen und in ein streng systematisch aufgebautes Gesetz lassen sich neue Typen ungleich leichter einordnen als in innerlich uneinheitliche, vielfach in sich selbst widerspruchsvolle Gesetze, bei welchen man nie weiß, ob der neu einzubauende Typus der Regel oder irgendeiner der zahlreichen Ausnahmen nachgebildet werden soll. Ich glaube aber, daß sich dieser Fall des Vergessens eines Urtypus praktisch überhaupt niemals ereignen wird.

Praktisch bedeutsamer scheint mir vielmehr eine andere Gefahr zu sein, nämlich die des bewußten Absehens von der Bildung eines bestimmten Urtypus mit Rücksicht auf seinen offenbar sehr geringen Vergeltungswert. Gerade weil die Urtypen ja nach dem oben Ausgeführten reine objektive Vergeltungstypen sind, liegt die Gefahr sehr nahe, daß der Gesetzgeber solche Erfolge vernachlässigt, welche eine sehr geringe Störung des menschlichen Zusammenseins darstellen, etwa nach dem voreilig angewendeten Gedanken „minima non curat praetor". Der Gesetzgeber muß sich aber bei der Bildung der Urtypen stets vor Augen halten, daß auch Fälle von ganz geringem Vergeltungswert die Untergrenze des strafrechtlichen Bekämpfungswertes bedeutend übersteigen können, wenn ihre Bewertung innerhalb der übrigen Kategorien eine hohe ist. So mag es insbesondere vorkommen, daß Fälle von geringfügigem Vergeltungswert mit Rücksicht auf ihre besondere Häufigkeit strafrechtliche Bekämpfung erfordern. Daraus ergibt sich die Forderung, bei der Vorvertypung möglichst weit herunterzugehen, das heißt auch solche Urtypen zu bilden, welche an Unrechtsgehalt ganz geringfügig sind. Zeigt sich in der Folge, das heißt bei der Bildung der endgültigen Typen, daß auch unter Berücksichtigung der übrigen Kategorien der strafrechtliche Bekämpfungswert ein zu geringer ist, dann braucht eben ein endgültiger Typus nicht gebildet zu werden. Denn nicht jeder Typus, der aus einem Urtypus abgeleitet werden k a n n, m u ß wirklich herausgebildet werden und in das Gesetz Eingang finden, sondern es kann sich der Fall ereignen, daß sich bei der endgültigen Typenbildung herausstellt, der betreffende Urtypus sei überhaupt unnötig, weil sämtliche aus ihm ableitbaren endgültigen Typen einen unter der Untergrenze liegenden strafrechtlichen Bekämpfungswert aufwiesen. Es ist daher zu empfehlen, bei der Vorvertypung lieber unnötige Urtypen zu bilden als die Bildung solcher Urtypen zu unterlassen, deren Mangel bei der Herausarbeitung der endgültigen Typen schwer empfunden werden kann. Nur wenn der Gesetzgeber diese soeben entwickelten Gedankengänge bei der Vorvertypung berücksichtigt, wird man sich damit begnügen können, überhaupt bloß objektive Vergeltungsurtypen zu schaffen. In jedem anderen Falle wird man sich der mühseligen und bei richtigem Vorgehen überflüssigen Arbeit unterziehen müssen, zu den objektiven Urtypen auch subjektive zu bilden, diese zu Gesamt-Vergeltungsurtypen zu vereinigen und dann unter Berücksichtigung aller übrigen für den strafrechtlichen Bekämpfungswert bedeutsamen Kategorien Gesamturtypen zu bilden. Dann müßte aber eine Arbeit, die bei richtigem Vorgehen nur einmal, nämlich bei der endgültigen Typenbildung, zu leisten wäre, doppelt vorgenommen werden, was eine unnötige Erschwerung und Komplikation des gesamten Vorganges bei der Typenbildung darstellen würde.

c) Die endgültige Typenbildung. Es ist selbstverständlich, daß die endgültigen Typen nicht wie die Urtypen bloße objektive Vergeltungstypen sein dürfen, sondern daß bei ihrer Bildung sämtliche für den strafrechtlichen Bekämpfungswert als bedeutsam erkannten Kategorien in dem ihrem gegenseitigen Wertverhältnis entsprechenden Ausmaß berücksichtigt werden müssen; andernfalls würde ja die Typenbildung die ihr durch die Systematik gesteckten Grenzen durchbrechen und nicht nur ordnende, sondern schöpferische Funktion erhalten. Sollen nun bei der endgültigen Typenbildung Fehler vermieden werden, so wird es auch hier wieder notwendig sein, sich eine bestimmte Methode zurechtzulegen. Die Herausarbeitung der endgültigen Typen aus den Urtypen darf daher keineswegs rein gefühlsmäßig erfolgen, sondern muß sich nach bestimmten Regeln richten.

Da die Urtypen objektive Vergeltungstypen sind, wird es notwendig sein, zuerst aus diesen die endgültigen objektiven Vergeltungstypen zu bilden. Der Ausgangspunkt für die endgültige Typenbildung ist also bereits durch die Natur der Urtypen bestimmt. Der weitere Vorgang aber erfordert eine gründliche Untersuchung über den zweckmäßigsten Weg, der zur Erreichung des Endzieles, nämlich systematisch einwandfreier Typen, führt. Sind die endgültigen objektiven Vergeltungstypen gebildet, dann bestehen zunächst zwei voneinander abweichende Möglichkeiten: Man kann nun sofort darangehen, auf der Grundlage dieser objektiven Typen die entsprechenden subjektiven Vergeltungstypen zu bilden und diese sodann mit den objektiven Typen zu Delikts-Vergeltungstypen vereinigen; erst dann wären die übrigen Kategorien heranzuziehen und mit ihrer Hilfe, dort wo es nötig ist, die Vergeltungstypen weiter zu zerlegen. Die zweite Möglichkeit besteht darin, nach Bildung der objektiven Vergeltungstypen zunächst die übrigen bedeutsamen Kategorien heranzuziehen, mit ihrer Hilfe die objektiven Vergeltungstypen weiter zu zerlegen und erst wenn auf diese Weise vollständig fertige unter Berücksichtigung aller anderen Kategorien zustandegekommene objektive Typen vorliegen, auf dieser Grundlage die subjektive Typenbildung vorzunehmen, wobei dann wieder zunächst der Vergeltungswert zu bestimmen wäre und dann erst die nach diesem Gesichtspunkt gebildeten subjektiven Typen je nach Bedarf den übrigen Kategorien entsprechend zu korrigieren wären. Auf den ersten Blick mag der erste Weg einfacher und daher zweckmäßiger erscheinen; brauchen doch auf diese Weise die übrigen Kategorien nur ein einziges Mal herangezogen werden, während sich auf dem zweiten Wege eine doppelte Heranziehung als nötig erweist. Bei näherem Zusehen zeigt sich aber, daß diese doppelte Heranziehung im Interesse größerer Genauigkeit von vornherein äußerst wünschenswert und daß sie obendrein, auch wenn man den ersten Weg einschlägt, nicht zu vermeiden ist. Man habe etwa den objektiven und subjektiven Vergeltungstypus „vorsätzliche Entziehung eines Vermögenswertes" gebildet und untersucht nunmehr erst, ob die Kategorie der Häufigkeit eine weitere Unterscheidung erfordere. Da wird sich nun sofort zeigen, daß Entziehung eines Vermögenswertes unter Bruch fremden Gewahrsams ungleich häufiger vorkommt als Entziehung von Vermögenswerten ohne Gewahrsamsbruch. Man wird nun also, obwohl der subjektive Vergeltungstypus bereits gebildet worden ist, nunmehr wieder auf den objektiven zurückgreifen und dort teilen müssen; die Folge dieser Teilung ist aber eine entsprechende Teilung innerhalb des subjektiven Typus, da nunmehr, der objektiven Grundlage entsprechend, auch der auf Entziehung des Wertes unter Bruch des Gewahrsams gerichtete Vorsatz von dem Vorsatz, der auf Entziehung eines Wertes ohne Gewahrsamsbruch gerichtet ist, unterschieden werden muß. Der erste Weg ist also keineswegs wirklich einfacher als der zweite, sondern im Gegenteil komplizierter, da er häufig nach Bildung der subjektiven Typen ein Zurückgehen auf die objektiven und infolgedessen eine nochmalige Inangriffnahme der subjektiven Typenbildung veranlassen wird. Gerade in bezug auf die Kategorie der Häufigkeit weisen die objektiven Typen oft solche Verschiedenheiten auf, daß sich aus diesem Grunde eine Teilung von Typen, die dem Unrechtsgehalt nach nicht geteilt werden brauchten, als notwendig erweist. Es wird daher im folgenden durchaus der oben geschilderte Weg einzuschlagen sein, wonach nach der Bildung der objektiven Vergeltungstypen zunächst die übrigen Kategorien herangezogen werden und erst nachher die subjektiven Typen, wieder zunächst nach der Kategorie der Vergeltung, dann nach den übrigen Kategorien, herausgearbeitet werden müssen.

α) Die objektiven Vergeltungstypen. Alle Fragen, die sich der Gesetzgeber bei der Herausarbeitung der endgültigen objektiven Vergeltungstypen aus den Urtypen vorzulegen hat, lassen sich auf die gemeinsamen Grundgedanken zurückführen: Liegen alle Fälle, welche dem betreffenden Urtypus unterfallen, in bezug auf ihren Vergeltungswert nebeneinander? Ist ihr Unrechtsgehalt annähernd der gleiche, und wenn nicht, lassen sich Untertypen bilden, welche von verschiedenem Unrechtsgehalt sind und welche für den Richter brauchbare Anhaltspunkte und für die Rechtssicherheit erhöhte Garantien zu schaffen geeignet sind?

Es ist nun klar, daß bei der Beantwortung dieser Grundfragen wieder keineswegs rein gefühlsmäßig und unmethodisch vorgegangen werden soll; denn dann ist es fast unvermeidlich, daß der Gesetzgeber in unfruchtbare Kasuistik verfällt und womöglich noch einen Teil der zu bildenden Typen übersieht. Ein streng systematischer Vorgang ist daher auch hier unerläßlich. Es bedarf einer Gliederung der Grundfragen in verschiedene Einzelfragen, welche in ihrer Summe das gesamte Gebiet erschöpfen.

Nun geben die Urtypen selbst eine solche Gliederung an die Hand. Die Urtypen sind ja, wie oben dargetan, objektive Vergeltungstypen, welche aus einer Handlung und dem ihr zugehörigen Erfolg bestehen, also z. B. der Urtypus der Tötung aus Tötungshandlung plus Eintritt des Todes, der Urtypus der Körperverletzung aus Verletzungshandlung plus Eintritt der Veränderung in dem Gesundheitszustand des Opfers usw. Da sich der Unwert der Handlung selbst wieder nach dem Erfolg bestimmt, wird es richtig sein, zunächst von diesem auszugehen.

Die erste Frage, welche sich in bezug auf den Erfolg sozusagen von selbst aufwirft, ist die: Sind alle Veränderungen in der Außenwelt, welche unter den Urtypus-Erfolg subsumiert werden können, zunächst ohne Rücksicht auf die Besonderheiten des Objekts, an welchem sie eintreten, von gleichem Unrechtsgehalt? Wenn nein, lassen sich innerhalb der verschiedenen Fälle Untertypen kraft der Abstufbarkeit des Erfolges bilden oder besser, können solche Untertypen wertvolle

Anhaltspunkte gewähren oder würden sie in die oben geschilderte Kategorie der wertlosen Typen fallen? Es ist also im wesentlichen die Frage nach der Abstufbarkeit des Erfolges selbst, welche zuerst zu entscheiden ist. Hier wird man nun je nach der Natur des Urtypus zu einer verschiedenen Beantwortung gelangen. Nehmen wir etwa zunächst den Urtypus der Tötung her, so wird die Abstufbarkeit zu verneinen sein. „Tod" ist ein absoluter Begriff, der einer Steigerung oder Abschwächung nicht fähig ist; ein Mensch ist entweder tot oder noch lebendig, ein Mittelding gibt es nicht. Anders, wenn wir etwa den Erfolg „Körperverletzung" nach seiner Gleichartigkeit hin untersuchen. Die Körperverletzung ist ein in hohem Grade relativer Erfolg, welcher der gewaltigsten Abstufungen fähig ist. Von den denkbar schwersten Körperverletzungen (Verstümmelung, Verkrüppelung, Blendung usw.) führt eine ununterbrochene Kette von Fällen bis herab zu den leichtesten. Nun empfiehlt sich offenbar schon mit Rücksicht auf die Weite dieses Typus eine Unterteilung. Denn ein Typus, welcher Fälle von so grundverschiedenem Unrechtsgehalt in sich vereinigt, vermag nur einen geringen Anhaltspunkt zu gewähren und auch die Rechtssicherheit nicht in genügendem Ausmaß zu gewährleisten. Nun wäre aber gar nichts damit getan, wenn man diesen Urtypus ganz einfach in zwei oder drei Teile zerlegte, etwa schwere und leichte, oder schwere, mittlere und leichte Körperverletzung, ohne weitere Angaben, wann die eine und wann die andere vorliege. Denn diese Untertypen wären geradezu ein Musterbeispiel für unbrauchbare Typen, welche weder dem Richter noch der Rechtssicherheit zu helfen vermögen. Ein einziger Typus zusammen mit der Vorschrift, die Schwere der konkreten Verletzung sei zu berücksichtigen, würde offenbar für den Richter und für die Rechtssicherheit genau das gleiche leisten. Die Bildung von solchen Untertypen wird also nur dann einen wirklichen Wert haben, wenn es dem Gesetzgeber gelingt, näher zu umschreiben, wann eine schwere, wann eine mittlere und wann eine leichte Körperverletzung vorliegt, und sie wird nur insoweit wirklich durchzuführen sein als eine solche nähere Umschreibung möglich ist. Mit dem Versuch einer näheren Umschreibung ist aber sofort eine doppelte Gefahr verbunden: Die Gefahr der Kasuistik und die Gefahr von unwiderleglichen Präsumptionen. Die Gefahr der Kasuistik[1]), wenn es der Gesetzgeber unternimmt, die Merk-

---

[1]) Ein abschreckendes Beispiel in dieser Richtung stellen die Körperverletzungen im Reichsstrafgesetzbuch dar; hiezu Löffler, V. D. B. II.

male, welche eine Körperverletzung zu einer schweren machen, taxatif aufzuzählen; denn dabei kann es nur allzu leicht vorkommen, daß er den einen oder den anderen Fall vergißt. Die Folge davon kann eine schwere Systemwidrigkeit und eine Durchbrechung des wichtigsten Grundsatzes der Typenbildung, des Grundsatzes des „Nebeneinander" sein, wenn etwa auf einen besonders schweren Fall innerhalb der schweren Körperverletzung vergessen wird, so daß dieser nur als leichte Verletzung aufgefaßt werden kann, während weniger schwere Fälle, da sie in der taxativen Aufzählung vorkommen, als schwere Verletzung gelten müssen. Die Gefahr der Schaffung von Präsumptionen für die Schwere des Unrechts[1]) besteht dann, wenn der Gesetzgeber bei der näheren Umschreibung in der Weise fehlgeht, daß er an Stelle von Umständen, welche wirklich die Schwere des sozialschädlichen Gehaltes mitbestimmen, solche anführt, welche bloß ein mehr oder minder sicheres Indiz dafür sind; denn damit ist stets eine unrichtige Entscheidung der Ausnahmefälle, in welchen das Indiz nicht zutrifft, notwendig verbunden. So etwa, wenn der Gesetzgeber wie das österreichische Strafgesetzbuch eine schwere Körperverletzung dann für vorliegend erachtet, wenn das Opfer eine bestimmte Zeit hindurch berufsunfähig war; denn es ist klar, daß das Vorliegen dieses Merkmals nur als Indiz für die Schwere der Verletzung in Betracht kommen kann und noch dazu als recht unsicheres Indiz, da die Dauer der Berufsunfähigkeit auch von der Art des Berufes abhängt, welchen das Opfer ausübt; eine Verletzung an der Hand kann für einen Handwerker Berufsunfähigkeit bedeuten, für einen Schriftsteller und Gelehrten aber, der seine Werke diktiert, dagegen nicht. Hat man aber diese möglichen Gefahrenquellen erkannt, dann fällt es auch nicht schwer, sie zu vermeiden. Um die Gefahr der Kasuistik hintanzuhalten, genügt es, an Stelle taxativer Aufzählung eine bloß demonstrative treten zu lassen. Zählt man beispielsweise einige Fälle der schweren Körperverletzung auf, so hat der Richter die nötigen festen Anhaltspunkte und auch die Rechtssicherheit ist in genügendem Ausmaße gewährleistet, da man durch Vergleich mit den angeführten Beispielen unschwer jeden konkreten Fall richtig beurteilen können wird. Die Gefahr von Präsumptionen aber wird wieder dadurch leicht vermieden, daß man bei jedem Merkmale, das zur Unterscheidung verwendet werden soll, sorgfältig darauf achtet, ob es wirklich selbst den Unwert der Tat mitbestimmt oder bloß

[1]) Vgl. Hiezu den IV. Teil dieser Arbeit.

ein Symptom dafür zu liefern imstande ist. Merkmale, die nur Indizien darstellen, werden am besten überhaupt vermieden, selbst wenn es sich nur um eine demonstrative Aufzählung handelt, da sie auch in diesen Fällen die Gefahr von Fehlschlüssen in den Ausnahmefällen sehr nahe legen.

Ähnlich wie bei der Körperverletzung steht es, wenn wir den Urtypus-Erfolg „Vermögensschädigung" ins Auge fassen. Auch hier sind zweifellos die größten Abstufungen möglich. Aus diesem Grunde würde sich wieder eine Unterteilung in verschiedene Typen je nach der Schwere des Erfolges empfehlen. Diese Unterteilung scheint nun besonders leicht möglich, da sich ja der Vermögenswert mit großer Genauigkeit bestimmen läßt. Die naheliegende Konsequenz wäre die Bildung von mehreren Typen mit Hilfe von Wertgrenzen. So lange man nur die rein objektiven Vergeltungtypen berücksichtigt, ist gegen solche Wertgrenzen, wie sie etwa das österreichische Strafgesetzbuch kennt, tatsächlich nicht das mindeste einzuwenden. Es muß dabei nur der Grundsatz des „Nebeneinander" gewahrt bleiben und es muß vor allem darauf geachtet werden, daß die einzelnen Typen auch in der Bewertung tatsächlich aneinander grenzen. Dieser Gesichtspunkt ist z. B. im österreichischen Strafgesetzbuch nicht eingehalten worden: Diebstahl einer Sache im Werte von 250 Schilling ist eine bloße Übertretung, das heißt die leichteste Form einer strafbaren Handlung; Diebstahl einer Sache von höherem Wert dagegen ist bereits ein Verbrechen, das heißt die schwerste Form einer strafbaren Handlung, so daß die mittelschwere Form des Vergehens einfach übersprungen wird. Dies wirkt sich auch in den Strafen aus, indem die Arreststrafe unter Überspringung der einfachen Kerkerstrafe in die Strafe des schweren Kerkers übergeht. Hier ist ganz offenbar der Grundsatz des Nebeneinanders durchbrochen.

Bedenklich werden die Wertgrenzen jedoch, sobald man bedenkt, daß jedes objektive Merkmal subjektiv widergespiegelt werden muß; denn es liegt in der Natur der Sache, daß der Täter niemals an einen genau bestimmten Wert denkt. Der Nachweis, daß dieses Merkmal von Vorsatz, Wissentlichkeit oder sogar unbewußter Fahrlässigkeit umfaßt sei, wird sich daher fast niemals erbringen lassen[1]). Berücksichtigt man diesen Umstand, der genau genommen erst bei der Bildung

---

[1]) Vgl. hiezu meinen Aufsatz „Juristisch bedeutsame, für den Täter unwichtige Tatbestandsmerkmale", in MSchKrPs., Jg. 19, S. 450 ff.; die österreichische Praxis hilft sich aus der Schwierigkeit, indem sie die Wertgrenzen als objektive Bedingungen erhöhter Strafbarkeit auffaßt.

der subjektiven Typen zu beachten wäre, so wird man von der Fixierung von Wertgrenzen besser Abstand nehmen, wie dies die Entwürfe ja auch tun. Anderseits aber wären Typen, die kein anderes Unterscheidungsmerkmal enthielten als die nicht näher präzisierte Schwere des Schadens wieder wertlose Typen, da sich die Berücksichtigung der Schwere des Schadens ganz von selbst versteht. Man wird daher nicht umhinkönnen, es bei einem einheitlichen Typus der Vermögensschädigung zu belassen, soweit man nur die Abstufbarkeit des Erfolgs ins Auge faßt.

Die angeführten Beispiele dürften zur Genüge die Methode in bezug auf die Typenbildung nach der Abstufbarkeit des Erfolgs selbst dartun.

Die nächste Frage ist nun die, ob nicht nach der Eigenart des betreffenden Objekts sich eine verschiedene Schwere des Unrechts ergibt, die zur Herausbildung von brauchbaren Typen Anlaß geben könnte. Diese Frage zerfällt sofort wieder in die Frage nach der Eigenart des Handlungsobjekts und in diejenige nach der Eigenart des Gutsträgers, welche zusammenfallen können (etwa bei Tötung und Körperverletzung), aber nicht müssen (etwa bei der Vermögensschädigung). Zu beachten ist bei Beantwortung dieser Fragen, daß ein bloß qualitativer Unterschied, der nicht mit einem quantitativen in bezug auf die Schwere des Unrechts verbunden ist, die Bildung besonderer Typen zwar ermöglicht, nicht aber erzwingt. So lange man bloß an Vergeltungstypen denkt, ist es durchaus nicht notwendig, zwei Typen von ganz gleichem Vergeltungswert zu unterscheiden, bloß weil das Angriffsobjekt oder der Gutsträger qualitativ voneinander abweichen. Dies zeigt sich z. B. bei dem Urtypus der Vermögensschädigung. Diese kann durch Entziehung eines Vermögenswertes mit oder ohne Bruch des Gewahrsams oder durch Vernichtung eines Vermögenswertes zustande kommen; der Vermögenswert kann wieder durch eine körperliche Sache repräsentiert werden oder nicht. Da aber der Unrechtsgehalt bei gleichbleibendem Vermögensschaden der gleiche ist, so ist es nicht unbedingt notwendig, die Möglichkeit der Unterscheidung zur Bildung verschiedener Vergeltungstypen zu benützen, da ja doch diese Typen vollständig gleich bewertet werden müssen. Hält man die Aufzählung der verschiedenen Möglichkeiten für eine Erleichterung der Aufgabe des Richters, dann kann man diesem Zweck durch Bildung eines Alternativtypus (Vermögensschädigung, sei es durch... oder...) zur Genüge Rechnung tragen. Es ist also stets zu untersuchen, ob die qualitative Verschiedenheit mit einem Unterschied im Unwert des Falles verbunden ist.

Bei der Untersuchung der Schwere des Erfolgs je nach dem Objekt, an welchem er eintritt, wird sich nun eine Unterscheidung als wertvoll erweisen, welche schon der herrschenden Lehre de lege lata bekannt ist, die Unterscheidung nämlich, ob der Gutsträger zunächst ein einzelner Mensch oder die Gesamtheit, die soziale Gemeinschaft als solche ist. So spricht denn auch die herrschende Lehre von Rechtsgütern des Einzelnen und von solchen der Gesamtheit, ohne daß freilich diesem Gesichtspunkt de lege ferenda die nötige Bedeutung beigemessen würde. Zwar wird auch das Gut des Einzelnen letzten Endes um der Gesamtheit willen geschützt, aber es ist doch ein Unterschied, ob dieser Schutz deswegen besteht, weil der Einzelne in seinem Privatinteresse geschützt werden soll (da es für die soziale Gemeinschaft von Bedeutung ist, dem Einzelnen eine gewisse Rechtssphäre zu garantieren) oder ob gleichzeitig auch ein direktes Interesse der Allgemeinheit an der Unversehrtheit dieses Gutes besteht. Denn überall dort, wo es sich um den Schutz der Interessensphäre des Einzelnen handelt, fällt offenbar das Unrecht, der sozialschädliche Gehalt der Tat weg, wenn der Betreffende seine Interessen freiwillig aufgibt; dem Willen des Gutsträgers kommt also hier die größte Bedeutung für das Unrecht zu. Dort dagegen, wo es sich nur um direkte Interessen der Allgemeinheit handelt, kann von einer Einwilligung überhaupt nicht die Rede sein. Daraus ergibt sich weiters, daß überall dort, wo es sich sowohl um den Schutz der Interessensphäre des Einzelnen als auch um direkte Interessen der Allgemeinheit handelt, durch die Einwilligung des Gutsträgers zwar das Unrecht in bedeutendem Ausmaß vermindert, nicht aber ausgeschlossen werden kann. Es ist also überall dort, wo es sich um eine Einzelperson als Gutsträger handelt, stets die Frage aufzuwerfen, ob der betreffende Erfolg nur deshalb Unrecht ist, weil er die Interessensphäre dieser Einzelperson verletzt, oder auch deshalb, weil die Allgemeinheit ein unmittelbares Interesse an der Hintanhaltung eines derartigen Erfolges besitzt. Versucht man nun, ein allgemeingültiges Kriterium zu finden, wann die Allgemeinheit auch ein direktes Interesse an dem Unterbleiben eines Erfolges haben kann, der zunächst einen Einzelnen trifft, so kann dieses nur darin gefunden werden, daß überall dort, wo eine soziale Wertvernichtung stattfindet, auch die soziale Gemeinschaft als solche unmittelbar getroffen wird, daß dagegen dort, wo es sich lediglich um eine soziale Wertverschiebung handelt, grundsätzlich ein direktes Interesse der Allgemeinheit fehlt. Dieser leitende Grundsatz erweist sich zunächst bei dem Urtypus der Vermögensschädigung als wertvoll. Überall dort, wo es sich um Vermögensvernichtung handelt, wird ein unmittelbares Interesse der Allgemeinheit ohne Rücksicht auf den Willen des Gutsträgers anzunehmen sein; dieses Interesse wird um so größer sein, je größer die Bedeutung des betreffenden Vermögenswertes für die Allgemeinheit ist. Handelt es sich also etwa um die Vernichtung wertvoller oder gar unersetzlicher Kunstwerke, so wird man fast von einem Überwiegen des direkten Interesses der Allgemeinheit sprechen können. An der Vermögensverschiebung dagegen ist die Allgemeinheit grundsätzlich nicht unmittelbar beteiligt; denn in diesem Falle bleibt ja der Wert selbst erhalten. Allerdings wird man den grundsätzlichen Gedanken gerade hier nicht überspannen dürfen. Es gibt Grenzfälle, in welchen auch ein direktes Interesse der Allgemeinheit an Vermögensverschiebungen Platz greifen kann[1]). Zunächst dann, wenn durch die Vermögensverschiebung ein Staatsbürger vollständig verarmt; denn dann wird er meist daran gehindert werden, sozial nützlich tätig zu werden und fällt häufig der Armenversorgung zur Last; er ist dann ein sozial negativer Faktor geworden. Die Vermögensverschiebung wird die soziale Gemeinschaft auch dann unmittelbar interessieren, wenn dadurch der Vermögenswert ins Ausland geführt wird. Rein theoretisch könnte man zunächst an die Gleichbehandlung solcher Fälle von Vermögensverschiebung mit den Fällen der Vermögensvernichtung denken, da ja auch hier der Wert dieser bestimmten sozialen Gemeinschaft, diesem Staate, um den es sich handelt, entzogen wird. Einer völligen Gleichartigkeit beider Gruppen steht aber die internationale Solidarität, die grundsätzliche Gleichberechtigung ausländischer Staatsbürger mit inländischen entgegen. Immerhin kann es unter bestimmten Voraussetzungen zu einer Durchbrechung dieser Solidarität kommen, die bis zu einem Verbot der Vermögensverschiebung ins Ausland gesteigert werden kann. Fälle dieser Art kamen ja in der Zeit unmittelbar nach dem Krieg in vielen Staaten vor.

Bei Tötung und Körperverletzung wieder ist unschwer zu erkennen, daß derartige Taten eine soziale Wertvernichtung darstellen, insofern ja die Kraft der gesamten sozialen Gemeinschaft darunter leidet, wenn einzelne ihrer Mitglieder getötet

[1]) Systematisch betrachtet, handelt es sich hier nicht um „Ausnahmefälle". Der dargelegte Grundsatz ist ja kein systematischer, sondern ein bloßes Hilfsmittel zur leichteren Unterscheidung, dessen man sich nur mit Reserve bedienen kann.

oder arbeitsunfähig werden. Bei anderen Urtypen, wie etwa der Freiheitsberaubung, wird sich die gestellte Frage überhaupt nicht einheitlich beantworten lassen. Es wird dadurch von vornherein eine Unterteilung solcher Urtypen erzwungen werden.

Die Berücksichtigung der Frage, ob ein unmittelbares oder nur ein mittelbares Interesse der Allgemeinheit an der Unversehrheit eines bestimmten Gutes besteht, führt also zu der Erkenntnis, daß die Einwilligung des Verletzten überall dort, wo es sich um eine Einzelperson als Gutsträger handelt, für die Herausbildung der endgültigen Typen aus den Urtypen große Bedeutung beansprucht. So wird man bei den Tötungen und Körperverletzungen stets zwei Typen bilden müssen, einen mit und einen ohne Einwilligung. Denn da durch die Einwilligung das Einzelinteresse wegfällt, stellt die Tötung sowie die Körperverletzung mit Einwilligung des Opfers nur eine Verletzung des unmittelbaren Interesses der Allgemeinheit an der Unversehrtheit des Einzelnen dar, und weist daher einen bedeutend geringeren Unrechtsgehalt auf. Der Verletzung mit Einwilligung des Gutsträgers wird aber stets die bewußte und gewollte[1]) Selbstverletzung in bezug auf die Schwere des Unrechts vollständig gleichgestellt werden müssen; denn auch in diesem Fall wird das unmittelbare Interesse der Allgemeinheit an der Unversehrtheit des betreffenden Gutes beeinträchtigt, nicht aber das indirekte, das von dem Willen des Gutsträgers abhängt.

Bei den Vermögensschädigungen wird man unseren obigen Ausführungen gemäß von vornherein grundsätzlich zwischen Vermögensvernichtung und Vermögensverschiebung unterscheiden müssen. Bei der ersteren wird sich gleichfalls die Bildung von je zwei Typen, mit und ohne Einwilligung des Verletzten, als nötig erweisen, und zwar aus genau dem gleichen Grunde wie bei den Tötungen und Körperverletzungen. Zwar werden Vermögensvernichtungen mit Einwilligung (und somit auch Vernichtung eigenen Vermögens) insbesondere dann, wenn es sich um geringfügige Werte handelt, einen sehr geringen Unrechtsgehalt aufweisen; aber mit der Bildung eines Vergeltungstypus ist ja noch nicht gesagt, daß ein endgültiger Typus und Strafbarkeit zustande kommen müsse; es wurde jedoch oben darauf hingewiesen, daß der Gesetzgeber bei der Bildung der Vergeltungstypen möglichst weit heruntergehen soll, da man nie wissen kann, ob nicht etwa der Wert der

---

[1]) Vgl. über den Willen des Einwilligenden den VII. Teil dieser Arbeit.

Tat innerhalb der übrigen Kategorien so groß ist, daß sich immerhin noch ein bedeutender strafrechtlicher Bekämpfungswert ergibt.

Die Frage nach dem Objekt des Erfolgs (sowohl Handlungsobjekt als Gutsträger) hat auch sonst nach allen Richtungen hin mit Bezug auf die Schwere des Unrechts aufgeworfen zu werden. So wird man bei Tötungen und Körperverletzungen untersuchen müssen, ob der Unrechtsgehalt stets der gleiche ist, ohne Rücksicht auf die soziale Bedeutung des Getöteten oder Verletzten. Nur eine große Befangenheit in liberalistischen Gedankengängen könnte sich hier kurzerhand mit dem Schlagwort von der Gleichheit aller Menschen vor dem Gesetz aus der Affäre ziehen. Geht man unvoreingenommen an die Frage heran, dann wird man gar nicht leugnen können, daß es für die soziale Gemeinschaft nicht gleichgültig sein kann, ob ein bedeutender Staatsmann, Künstler oder Gelehrter, der seinem Volk noch vieles an Werten gegeben hätte, oder ein Berufsverbrecher getötet wurde, der vermutlich auch sein künftiges Leben zu sozialschädlichen Taten verwendet hätte. Soweit das unmittelbare Interesse der Allgemeinheit an der Unversehrtheit des Einzelnen in Betracht kommt, ist diese verschiedene Bedeutung je nach dem sozialen Wert (nicht etwa nach dem individualethischen!) des Opfers gar nicht zu leugnen. Es fragt sich nur, ob dieser zweifellos vorhandene Unterschied für die Typenbildung verwertet werden kann. Typen, wie etwa „Tötung eines sozial besonders wertvollen Menschen", ohne näheren Anhaltspunkt über die Bestimmung des sozialen Wertes würden wieder zu den unnützen und unbrauchbaren Typen gehören. Eine nähere Bestimmung aber wäre nur durch Anführung derjenigen Merkmale möglich, welche die soziale Bedeutung begründen. Diese sind nun aber selbst wieder in manchen Fällen so scharf ausgeprägt und umrissen, daß sie imstande sind, feste Anhaltspunkte zu schaffen. So ist es etwa in der Monarchie nicht schwer, die Person des Monarchen herauszugreifen und einen besonderen Typus der Tötung oder Körperverletzung gegenüber dem Monarchen zu bilden. Ähnlich steht es mit Mitgliedern des kaiserlichen Hauses. Auch in der Republik gibt es gewisse Funktionäre, welche als solche leicht umschrieben werden und daher brauchbare Merkmale zur Bildung besonderer Typen abgeben können. Man denke etwa an den Präsidenten der Republik, an die verschiedenen Minister usw. Es wäre durchaus denkbar, besondere Typen der Tötung oder Verletzung von solchen näher zu bezeichnenden besonders wichtigen politischen Funktionären aufzustellen. Ebenso ist es möglich, etwa Verletzungen oder Tötungen, welche an einem öffentlichen Beamten verübt werden, besonders zu vertypen. Zum Teil haben ja auch die geltenden Gesetze und Entwürfe, freilich in durchaus kasuistischer Weise, diesem Gedanken Rechnung getragen.

Nun besteht bei einem derartigen Herausgreifen bestimmter leicht vertypbarer Fälle wieder die große Gefahr einer Durchbrechung des Grundsatzes des Nebeneinanders und damit eines Verstoßes gegen die Systematik. Ein Gesetzgeber habe etwa nicht nur die Körperverletzungen gegenüber dem Präsidenten der Republik, den Ministern usw., sondern auch die Körperverletzungen gegenüber allen öffentlichen Beamten besonders vertypt und diesen Typen gegenüber denjenigen der gewöhnlichen Körperverletzungen erhöhten Unrechtsgehalt zuerkannt. Von einer besonderen Vertypung der Körperverletzungen gegenüber bedeutenden Künstlern und Gelehrten habe er jedoch Abstand genommen mit Rücksicht darauf, daß hier eine scharfe Abgrenzung nicht möglich ist, da der Begriff „bedeutend" stets sehr dehnbar ist. Die Folge davon wäre nun, daß die einem Amtsdiener zugefügte Verletzung als typenmäßig schwereres Unrecht erschiene als die Verletzung eines für die ganze Menschheit unersetzlichen Künstlers oder Gelehrten. Der leichtere Typus würde also schwerere Fälle enthalten als der schwerere. Dieser Gefahr läßt sich nur dadurch begegnen, daß man durch bloß demonstrative Aufzählung der den schwereren Typus begründenden Umstände die Möglichkeit einer Ergänzung offen läßt; freilich wird nunmehr wieder die Rechtssicherheit nicht in dem gleichen Maße gewährleistet wie im Falle einer taxativen Aufzählung von leicht feststellbaren Merkmalen (Beamtenqualität usw.); aber man darf eben nie übersehen, daß die Rechtssicherheit nur nach Möglichkeit gewährleistet werden darf, keineswegs aber auf Kosten der Richtigkeit des Gesetzes: Ein größeres Maß an Rechtssicherheit um den Preis einer Ungerechtigkeit (weil Unrichtigkeit!) wäre viel zu teuer erkauft. In einem streng systematisch aufgebauten Gesetz ist übrigens die Rechtssicherheit schon durch die unten zu erörternde Funktion der Typen in viel höherem Maße gewährleistet, als dies heute trotz aller scharfen Abgrenzungen der Fall ist.

Derjenige Umstand, welcher die Qualifikation des Objekts des Erfolges und damit die Veränderung des Unrechtsgehalts bewirkt, stellt häufig gleichzeitig eine qualitative Veränderung des Erfolges selbst dar, das heißt durch Hinzutreten dieses Umstandes wird der Erfolg sozusagen ein anderer, er kann nunmehr vom sozialen Gesichtspunkt aus anders oder doch wenigstens *auch* anders gesehen werden. Die Verletzung oder Tötung eines Staatsoberhauptes etwa ist eben nicht nur eine Tötung, sondern gleichzeitig auch ein Staatsverbrechen im engeren Sinne. Die monarchistischen Gesetzgebungen haben diesem Umstand dadurch Rechnung getragen, daß Angriffe gegen die Person des Monarchen überhaupt nicht als Tötungen oder Körperverletzungen, sondern als Hochverrat bezeichnet wurden. Wenn auch durch diese Bezeichnung die Tatsache, daß es sich eben doch *auch* um Tötungen bzw. um Körperverletzungen handelt, verwischt wurde, so kam anderseits dadurch doch gut zum Ausdruck, daß der hauptsächlichste Unwert der Tat nicht in der Tötung oder Verletzung eines Menschen, sondern auf politischem Gebiete gelegen ist. Es kann also durch die Qualifikation des Objekts unter der Maske eines einheitlichen Erfolges ein Doppelerfolg versteckt liegen. Dementsprechend sind Typen, die solche Erfolge enthalten, auch keine reinen einfachen Erfolgstypen mehr, sondern genau genommen schon Doppeltypen, nur daß sich bei diesen „versteckten“ im Gegensatz zu den „klaren“ Doppeltypen (zum Beispiel Tötung mit Beraubung) eine Zerlegung in die beiden Teile oft technisch nicht oder nur schwer durchführen läßt.

Aber nicht nur bei Tötungen und Körperverletzungen, auch z. B. beim Urtypus der Vermögensschädigung, wird der Gutsträger für den Unrechtsgehalt Bedeutung beanspruchen können. Es wurde ja oben gezeigt, daß etwa eine Vermögensverschiebung dann die Allgemeinheit unmittelbar interessieren kann, wenn dadurch das Opfer der Not preisgegeben wird. Verfolgt man diesen Grundgedanken weiter, so ergibt sich ganz von selbst, daß der Unrechtsgehalt jeder Vermögensentziehung ceteris paribus um so größer sein wird, je mehr sie, unabhängig von der objektiven Schadenshöhe, das Opfer tatsächlich trifft, je größer der Übelsgehalt dieser Tat für den Betroffenen tatsächlich ist. Es ist auch vom sozialen Standpunkt aus nicht gleichgültig, ob man einem Reichen 10 Schilling stiehlt oder einem Armen. Allerdings zur Bildung von Typen wird sich dieser Gedanke kaum verwerten lassen, da nach diesem Gesichtspunkt gebildete Typen wieder in die Kategorie der Unbrauchbaren fallen würden.

Wichtiger als die Person des Gutsträgers ist bei dem Urtypus der Vermögensschädigung offenbar die Qualität des unmittelbaren Angriffs- (Handlungs-) Objekts. Dieses Objekt kann eine körperliche Sache, kann aber auch ein Vermögenswert im engeren Sinne sein. Ein Unterschied in bezug auf die

Schwere des Unrechtsgehalts ergibt sich jedoch daraus nicht, so daß also die Notwendigkeit einer Teilung bei der Typenbildung nicht besteht. Nun kann aber die Vernichtung einer körperlichen Sache nicht nur einen Vermögensschaden darstellen, sondern gleichzeitig auch einen schweren ideelen Schaden, wenn es sich etwa um Sachen von besonderer künstlerischer oder wissenschaftlicher Bedeutung oder um solche Sachen handelt, die Gegenstand des Gottesdienstes oder sonst einer besonderen Verehrung sind. Die Vernichtung solcher Sachen stellt dann nicht mehr bloß eine Vermögensschädigung dar, sondern weist einen bedeutend größeren Unrechtsgehalt auf, eben mit Rücksicht auf den gleichzeitigen ideellen Schaden. In dieser Richtung wird sich also wieder die Herausbildung eines besonderen Typus empfehlen. Hier wird die Natur dieses Typus als eines versteckten Doppeltypus besonders deutlich. Es bedarf nach dem bisher Gesagten kaum mehr einer ausdrücklichen Erwähnung, daß auch bei der Bildung eines solchen Typus die Gefahr der Kasuistik einerseits, die Gefahr der Aufstellung von Präsumptionen anderseits vermieden werden muß.

Die angeführten Beispiele für die Bedeutung des Objekts (des Gutsträgers und des Handlungsobjekts) für die Herausbildung der endgültigen Typen dürften genügen, um die anzuwendende Methode klarzulegen.

Die Abstufbarkeit des Erfolges einerseits, das Objekt im doppelten Sinne anderseits, sind diejenigen Gesichtspunkte, nach welchen der Gesetzgeber, vom Erfolg ausgehend, die endgültige Typenbildung vorzunehmen hat. Es bleibt nunmehr noch zu untersuchen, welche Anhaltspunkte für die Herausbildung der Typen sich aus dem zweiten Teile der Tat, der Handlung ergeben. Dabei wird es sich empfehlen, zunächst die Handlung als solche und sodann das Subjekt der Handlung ins Auge zu fassen; letzteres kommt hier allerdings nur seiner objektiven Beschaffenheit nach in Betracht: Nicht wie sich das Subjekt zu seiner Tat verhalten hat, ist hier von Bedeutung, sondern durch welche objektive Eigenschaften des Subjekts das Unrecht der Tat erhöht oder herabgesetzt werden kann und inwiefern diese zur Typenbildung beizutragen vermögen.

Was nun zunächst die Handlung selbst anbetrifft, so hat uns die Systematik gezeigt, daß sich ihr Unrechtsgehalt mit der Wahrscheinlichkeit ändert, mit welcher sie auf den Erfolg abzielt. In dieser Richtung sind die denkbar größten Abstufungen möglich und es wäre daher wünschenswert, mehrere Handlungstypen je nach dem Grade der Wahrscheinlichkeit zu bilden. Solche Typen wären aber unbrauchbare Typen, wenn es nicht gelingt, nähere Anhaltspunkte für die Größe der Wahrscheinlichkeit zu geben. Solche sind aber für alle Fälle gleichmäßig nicht zu finden. Es gibt gewisse Typen, bei welchen man mehr oder minder taugliche Indizien für die Größe der Wahrscheinlichkeit anführen kann, andere Typen dagegen wieder, bei welchen dies nicht der Fall ist. Benützt man nun die Gelegenheit bei einigen Typen, dann entsteht dadurch eine weitgehende Ungleichartigkeit in der Typenbildung, welche der einheitlichen Gesetzesauslegung nicht gerade förderlich sein kann, und es wird daher besser sein, auch dort, wo die Möglichkeit gegeben ist, davon keinen Gebrauch zu machen. Dies wird sich um so mehr empfehlen, als ja auch die einzelnen Indizien keineswegs besonders klare Anhaltspunkte gerade für eine bestimmte Größe der Wahrscheinlichkeit zu gewähren imstande sind. Schwere Gefahren für die Rechtssicherheit sind ja auch tatsächlich nicht damit verbunden, wenn nur ein einziger Handlungstypus geschaffen wird, falls der Richter die konkrete Größe der Wahrscheinlichkeit genau zu berücksichtigen bestrebt ist. Will man soweit als nur überhaupt möglich gehen, so kann man ja neben dem Typus, welcher ein sicheres Abzielen der Handlung auf den Erfolg voraussetzt, noch einen zweiten Typus des möglichen Abzielens bilden, der dann allerdings wieder alle Fälle der bloßen Wahrscheinlichkeit, ohne Rücksicht auf deren Größe, umfassen müßte. Einen besonderen Wert hätte die Unterscheidung zwischen diesen beiden Typen allerdings auch nicht.

Die Gesetze und Entwürfe, welche in echt kasuistischer Weise überall dort, wo es ihnen gerade einfällt, Sondertypen bilden, welche sich von den normalen Typen durch die größere Wahrscheinlichkeit des Erfolgseintrittes unterscheiden sollen, begehen aber meist noch den Fehler, die Indizien für die größere Wahrscheinlichkeit zu unwiderleglichen Präsumptionen umzugestalten, womit dann die Notwendigkeit einer unrichtigen Entscheidung der Ausnahmsfälle verbunden ist. So kennt etwa unser österreichisches Strafgesetzbuch einen Typus der „tückischer Weise" verübten Tötung. Der Sinn der Qualifikation ist wohl ein doppelter: Einerseits soll die Tücke ein Indiz für die Persönlichkeitskomponente der Schuld darstellen, was hier nicht weiter interessiert, anderseits aber geht der Gedankengang des Gesetzgebers offenbar auch dahin, daß bei tückischem Vorgehen des Täters das Opfer weniger Gelegenheit hat, sich vorzusehen und sich zu wehren, so daß das Gelingen der Tat wahrscheinlicher ist. Für die Regel der Fälle mag diese Überlegung ja zutreffen, es gibt aber immerhin zahlreiche Ausnahmsfälle, in welchen trotz ganz offenen Vorgehens des Täters das Opfer absolut keine Möglichkeit mehr hat, sich zu wehren; oder soll es wirklich einen Unterschied in bezug auf die Wahrscheinlichkeit des Gelingens machen, ob der mit einem Revolver bewaffnete Täter dem waffenlosen Opfer von rückwärts oder von vorne eine Kugel durch den Kopf schießt? Ähnlich steht es, wenn unser Gesetz den Diebstahl in Gesellschaft eines Diebsgenossen als besonders schwer ansieht: Der Gedanke ist wohl der, daß ein Unternehmen, an dem mehrere mitwirken, mit größerer Wahrscheinlichkeit zum Ziele führt. Wieder trifft die Auslegung für die Mehrzahl der Fälle zu, keineswegs aber für alle. Die gleichen Gedanken sind wohl maßgebend, wenn andere Gesetze den Diebstahl oder die Brandlegung bei Nacht schwerer beurteilen. Auch hier ist die Gefahr des Gelingens größer.

Eine Typenbildung unter Berücksichtigung der verschiedenen Wahrscheinlichkeiten, mit welchen der Erfolg aus der Handlung erwartet werden kann, ist also nicht zu empfehlen.

Die Art und Weise jedoch, wie der Erfolg erreicht werden soll, kann ohne Rücksicht auf die Wahrscheinlichkeit seines Eintritts das Unrecht der Tat beeinflussen. So ist etwa die Vermögensentziehung durch Zerstörung einer Kasse, in welcher sich das Geld befindet, so ist die Tötung unter besonderen Qualen für das Opfer von größerem Unrechtsgehalt als die einfache Vermögensentziehung und die einfache Tötung. In allen diesen Fällen wird allerdings genau genommen nicht der Unrechtsgehalt der Handlung direkt und unmittelbar gesteigert; sondern die Steigerung erfolgt erst sekundär dadurch, daß diese Handlung bei näherer Betrachtung noch auf einen zweiten Erfolg hinzielt, der vor dem Enderfolg liegt. Dies zeigt sich deutlich an dem Falle des Erbrechens eines Behältnisses zum Zwecke der Entnahme des darin befindlichen Vermögenswertes. Das Erbrechen der Kasse stellt ja an sich eine Vermögenszerstörung dar. In einem solchen klaren Fall ist tatsächlich die Bildung eines besonderen zusammengesetzten Typus durchaus unnötig, wenigstens solange man nur an Vergeltungstypen denkt; denn auch sonst müßte der Fall als die Summe zweier Vermögensschädigungen (Zerstörung der Kasse und Wegnahme des Geldes) aufgefaßt werden, und eine andere Auffassung wäre überhaupt nicht möglich. In dem zweiten oben angeführten Beispiel ist die Sachlage dagegen weniger klar. Die Tötung unter besonderen Qualen stellt genau genommen eine Körperverletzung und eine Tötung dar. Mit Rücksicht darauf jedoch, daß das Verhältnis zwischen Tötung und Körperverletzung (qualitativer oder quantitativer Unterschied) äußerst bestritten und bestreitbar ist, wird es sich hier empfehlen, ausdrücklich im Gesetz Stellung zu nehmen. Es läßt sich daher ein besonderer Typus der Tötung auf qualvolle Weise ohne weiters rechtfertigen.

Ebenso wie in den beiden angeführten Beispielen werden auch sonst alle Modalitäten der Handlung sich in der Weise auflösen lassen, daß entweder infolge besonderer Umstände noch ein zweiter Erfolg der Handlung, der vor dem endgültigen Erfolg liegt, zustande kommt, oder daß doch die Möglichkeit des Eintritts eines neben dem ursprünglich ins Auge gefaßten Erfolg liegenden weiteren Erfolges dadurch bewirkt wird. Ob sich in solchen Fällen die Bildung eines mehr oder minder versteckten Doppeltypus empfiehlt, hängt davon ab, ob die Würdigung solcher Fälle auch ohne Bildung des Doppeltypus in klarer Weise erfolgen kann; denn ist dies der Fall, so verlangt weder der Gesichtspunkt der Rechtssicherheit noch derjenige der Vereinfachung der richterlichen Tätigkeit die Bildung eines eigenen Typus.

Neben der Handlung ist dann das Handlungssubjekt selbst zu untersuchen. Dabei wird man sich im wesentlichen die gleichen Fragen vorlegen müssen, welche schon oben bezüglich des Gutsträgers erörtert worden sind; ob also durch eine besondere objektive Qualität des Handlungssubjekts der Unrechtsgehalt der Tat beeinflußt wird und ob sich diese Qualität zur Herausbildung eines besonderen objektiven Vergeltungstypus eignet. Dabei wird sich nun bei aufmerksamer Betrachtung häufig ergeben, daß dort, wo eine besondere Qualität des Handlungssubjekts das Unrecht zu beeinflussen vermag, dies dadurch zustande kommt, daß die Tat infolge dieser besonderen Qualität des Subjekts unter mehrfachem Gesichtspunkt unrechtmäßig und sozialschädlich erscheint, so daß also ein mit Hilfe eines solchen Umstandes gebildeter Typus fast immer ein mehr oder minder versteckter Doppeltypus sein wird. So wird der Unrechtsgehalt vieler Taten gesteigert, wenn sie ein Beamter in oder bei Ausübung seiner amtlichen Tätigkeit begeht; der tiefere Grund hiefür liegt darin, daß z. B. eine Vermögensschädigung, die ein Beamter in Amtssachen verübt, nicht nur als Vermögensschädigung schlechtweg Unrecht ist, sondern gleichzeitig auch als Verletzung der besonderen Amtspflichten, als Beeinträchtigung des Ansehens des Staates usw. Ebenso werden viele Taten, wenn sie von einem nahen Angehörigen des Opfers begangen werden, gleichzeitig eine Beeinträchtigung des Familienlebens darstellen und aus diesem Grunde in erhöhtem Ausmaß sozialschädlich sein. Für die Frage, ob und inwieweit objektive Eigenschaften des Handlungssubjekts für die Typenbildung berücksichtigt werden können und sollen, gilt im übrigen analog das oben anläßlich der Berücksichtigung des Gutsträgers Gesagte. Wieder wird man sich vor einer Durchbrechung des Grundsatzes des Nebeneinanders sowie vor der Schaffung von Präsumptionen in acht nehmen müssen.

Geht der Gesetzgeber bei der Herausarbeitung der endgültigen objektiven Vergeltungstypen in der angegebenen Weise vor, dann wird die Gefahr, einen notwendig zu bildenden Typus zu übersehen, auf ein Minimum herabgedrückt; es sind dann wirklich die größten Garantien für die Schaffung eines systematisch einwandfreien lückenlosen Gesetzes gegeben. Diese Garantien werden noch dadurch bedeutend erhöht, daß bei Einhaltung des vorgezeichneten Weges häufig ein und dasselbe Ziel auf verschiedene Weise erreicht wird. So wird, wie oben dargelegt, die Typenbildung nach dem Gesichtspunkt der Handlung und ihrer Modalitäten gelegentlich zu dem gleichen Ergebnis führen, zu welchem man schon auf Grund der Typenbildung nach dem Gesichtspunkt des Objekts gekommen ist; so wird der Gesichtspunkt des Objekts gelegentlich zu den gleichen Ergebnissen führen wie die Berücksichtigung des Subjekts; in allen Fällen etwa, in welchen es sich um eine persönliche Beziehung zwischen Subjekt und Objekt handelt, wie z. B. Verwandtschaft, wird man nach beiden Gesichtspunkten zur gleichen Typenbildung gelangen; so kann man sowohl vom Subjekt als auch vom Objekt ausgehend zur Herausbildung des Typus der Tötung oder Verletzung eines nahen Angehörigen kommen. Hat man also wirklich etwa bei der Untersuchung des Objekts einen wichtigen Fall übersehen, so wird er einem nicht leicht auch bei Betrachtung des Subjekts der Handlung entgehen können; hat man vom Objekt ausgehend irgendeinen Fall schief entschieden und einen Fehltypus geschaffen, so wird man leicht den Fehler erkennen, wenn man nunmehr von einem anderen Ausgangspunkt dem gleichen Ziel entgegengeht.

Hat der Gesetzgeber in der angeführten Weise die endgültigen objektiven Vergeltungstypen geschaffen, dann muß er zunächst, wenn er sich auf den Standpunkt eines Erfolgsstrafrechts (s. oben) gestellt hat, jeden so gewonnenen „Grundtypus" in einen Erfolgtypus und einen gleichartigen bloßen Handlungstypus unterteilen. Der erstere unterscheidet sich von dem letzteren gemäß unseren Ausführungen im systematischen Teil bloß dadurch, daß er den der Handlung zugehörigen Erfolg als tatsächlich eingetreten mitumfaßt, daß er also nur dann als verwirklicht gelten kann, wenn der Erfolg wirklich durch die Handlung bewirkt wurde. In manchen Fällen wird nun diese Zweiteilung großen Schwierigkeiten in der Richtung begegnen, daß die Bildung eines echten Erfolgstypus aus sprachlichen oder sachlichen Gründen unmöglich erscheint. Der betreffende Erfolg läßt sich etwa nur schwer sprachlich festhalten (man denke an die Blutschande oder den Meineid); oder es kommen mehrere an Unrechtsgehalt gleichartige, aber qualitativ verschiedene Erfolge in Betracht; in letzterem Fall wird eine demonstrative Aufzählung meist helfen können. Bei entsprechender Mühewaltung werden sich aber diese Fälle, in welchen ein Erfolgstypus nicht aufgestellt werden kann, auf ein Minimum reduzieren[1]). Aber selbst dort, wo nur die Bildung eines Handlungstypus gelingt, kann von einer Ausnahme im Sinne einer Systemwidrigkeit nicht die Rede sein; vielmehr würden solche Fälle eine durch Erwägungen praktischer Natur erzwungene Abweichung vom System darstellen: Der Grundgedanke, jeden Grundtypus in einen Handlungs- und Erfolgstypus zu zerlegen, kann eben nicht bis in seine letzten Konsequenzen durchgeführt werden. Eine echte Systemwidrigkeit läge vielmehr nur dann vor, wenn bei den bloßen Handlungstypen, denen kein Erfolgstypus gegenüber steht, der Unrechtsgehalt nach anderen Gesichtspunkten bestimmt würde, was aber nicht der Fall ist. Auch beim Meineid z. B. sinkt der Unrechtsgehalt auf „0", wenn im konkreten Fall die Möglichkeit eines sozialschädlichen Erfolges (Verurteilung eines Schuldigen, Freilassung eines Unschuldigen, Fehlurteil in zivilrechtlichen Fragen usw.) ausgeschlossen ist.

Die so gebildeten endgültigen objektiven Vergeltungstypen sind nunmehr unter Berücksichtigung der übrigen Kategorien weiter zu modifizieren und unterzuteilen.

β) Die Heranziehung der übrigen Kategorien. Es liegt im Wesen und in der Aufgabe der Typen, daß die Berücksichtigung der übrigen Kategorien stets nur eine Weiterbildung der vom Gesichtspunkt der Vergeltung aus gewonnenen Typen bewirken kann, nicht aber etwa auch eine Zusammenlegung von bisher getrennt gehaltenen Typen. Der methodische Vorgang bei dieser weiteren Unterteilung versteht sich eigentlich von selbst. Es ist jeder einzelne Vergeltungstypus herzunehmen und dabei zu untersuchen, ob sich nach den übrigen Kategorien eine weitere Unterteilung deshalb als wünschenswert erweist, weil die einzelnen unter den betreffenden Typus subsumierbaren Fälle

[1]) Vgl. meinen „Aufbau des Strafrechtssystems"; ich glaube allerdings, daß sich die dort angeführten Fälle noch bedeutend einschränken ließen.

zwar im Hinblick auf ihren Vergeltungswert, nicht aber auch im Hinblick auf ihren Wert in den übrigen Kategorien als gleichartig angesehen werden können. Dabei wird es sich nun oft zeigen, daß qualitative Verschiedenheiten, welche bei der Bildung der Vergeltungstypen außer acht gelassen werden konnten, da sie mit keiner quantitativen Verschiedenheit in bezug auf den Unrechtsgehalt verbunden sind, innerhalb der übrigen Kategorien ihre Bedeutung erlangen. Die Reihenfolge, in welcher die einzelnen Kategorien zu berücksichtigen sind, richtet sich nach der ihnen zuerkannten Bedeutung.

Als nächste kommt daher die von uns an zweiter Stelle eingereihte Kategorie der Häufigkeit in Betracht. Jeder Vergeltungstypus muß also daraufhin untersucht werden, ob alle ihm unterfallenden Fälle den gleichen Häufigkeitswert aufweisen. Dabei kann, wie schon oben dargetan wurde, stets nur der durchschnittliche Häufigkeitswert der betreffenden Taten innerhalb des gesamten Geltungsbereiches des Gesetzes in Betracht gezogen werden. Methodisch wird es sich empfehlen, die Frage nach dem Häufigkeitswert wieder in analoger Weise zu behandeln wie die Frage nach dem Vergeltungswert, das heißt von der möglichen Verschiedenheit des Erfolgs (je nach der Schwere und dem Objekt) auszugehen, dann die gleichen Fragen bezüglich der Handlung und des Deliktssubjekts aufzuwerfen. Der Vorteil dieser Methode liegt wieder in der größtmöglichen Garantie der Genauigkeit und der Vollständigkeit, außerdem auch darin, daß die bei der Bildung der Vergeltungstypen geleistete Gedankenarbeit bereits wertvolle Anhaltspunkte gewähren kann. Man braucht ja nur einfach den Weg, der schon bei der Bildung der Vergeltungstypen eingeschlagen wurde, unter geänderter Fragestellung weiter zu verfolgen. Beim Urtypus der Vermögensschädigung etwa gelangte man bei der Untersuchung des Angriffsobjekts zu der Unterscheidung zwischen „Sache" und „anderm Vermögenswert", ein Unterschied, der sich freilich als für die Bildung von Vergeltungstypen weniger bedeutsam erwies, da er im allgemeinen keine Verschiedenheit im Unrechtsgehalt mit sich bringt. Wirft man aber nunmehr die gleiche Frage in bezug auf den Häufigkeitswert auf, so erkennt man, daß sich hier eine weitgehende Unterteilung als notwendig erweisen wird. Zunächst kommen Angriffe auf Sachen ungleich häufiger vor als Vermögensschädigungen, bei welchen der Vermögenswert nicht durch eine Sache repräsentiert wird. Der einfache Grund hiefür liegt darin, daß jeder Mensch notwendig mit Sachen zu tun hat, dagegen bedeutend weniger Menschen Gelegenheit haben, über Werte als solche (unabhängig von Sachen) zu verfügen. Wer etwa mit dem Bank- und Börsenverkehr nichts zu tun hat, dem fehlt meist die Möglichkeit, Werte, die nicht durch Sachen repräsentiert werden, anzugreifen. Innerhalb der Angriffe auf Sachen wieder wird sich zeigen, daß Entziehung von Sachen unter Bruch fremden Gewahrsams weit häufiger stattfindet als Entziehung von Sachen ohne Bruch des Gewahrsams; der Grund hiefür ist wieder der, daß die zweite Gruppe von Fällen, die man als Unterschlagung oder Veruntreuung zu bezeichnen pflegt, nur dann vorkommen kann, wenn jemand in den Gewahrsam fremder Sachen gekommen ist, was meist von dem Willen dessen abhängt, der sie früher in seinem Gewahrsam hatte; wo diese Voraussetzung nicht zutrifft, ist naturgemäß auch eine Aneignung oder Vernichtung der Sache, die sich schon im Gewahrsam des Täters befindet, nicht möglich. Da das Merkmal des Gewahrsams grundsätzlich (trotz mancher Zweifel im Einzelfall) nicht schwer feststellbar ist, wird sich eine Bildung verschiedener Typen nach diesem Gesichtspunkt durchaus empfehlen.

Es wird sich auch häufig zeigen, daß Kategorien, welche sich schon für die Bildung verschiedener Vergeltungstypen als wichtig erwiesen haben, mit gleichem Nutzen für die Bildung von Häufigkeitstypen verwendet werden können. So wurde bei der Herausarbeitung der Vergeltungstypen die Unterscheidung zwischen Vermögensvernichtung und Vermögensverschiebung als äußerst fruchtbar erkannt, da bei der ersten Gruppe von Fällen ein unmittelbares Interesse der Allgemeinheit an dem Unterbleiben des Erfolges besteht, bei der zweiten Gruppe dagegen grundsätzlich nicht. Die gleiche Unterscheidung ist aber von größter Wichtigkeit für die Bestimmung des Häufigkeitswertes. Es liegt ja in der menschlichen Natur, daß man weit eher geneigt ist, Handlungen zu unternehmen, von denen man sich selbst Nutzen verspricht, als solche, die nur einen anderen schädigen, ohne dem Täter irgendwie zu helfen. Die Vermögensverschiebung stellt aber in der großen Mehrzahl der Fälle eine solche zugunsten des Täters dar. Insoweit dies der Fall ist, wird der Häufigkeitswert ein bedeutend größerer sein als bei der Vermögensvernichtung. Die Erkenntnis des Grundes für den verschiedenen Häufigkeitswert einerseits der Vermögensverschiebungen, anderseits der Vermögensvernichtungen, bewahrt uns aber gleichzeitig vor einem Fehler, der sich in den Entwürfen findet, nämlich der Zusammenwerfung aller Fälle der Vermögensverschiebung: Denn dort, wo diese zugunsten eines Dritten erfolgt, kann von besonderer Häufigkeit keine Rede sein. Fälle, wie derjenige des heiligen Crispinus, der den reichen Leuten Leder stahl, um den Armen daraus unentgeltlich Schuhe machen zu können, gehören gewiß zu den größten Seltenheiten. Nun ist es nicht schwer, diesem Unterschied auch bei der Typenbildung gerecht zu werden: Als mit einem besonders hohen Häufigkeitswert ausgezeichnete Fälle sind eben nur diejenigen herauszuheben, in welchen der Täter den Vermögenswert sich selbst zuführt. Wenn man aber etwa, wie der Entwurf dies tut, Diebstahl zu eigenen Gunsten und zugunsten eines Dritten in denselben Typus zusammenbringt, so werden Fälle ganz besonders großer Häufigkeit mit solchen sehr geringer Häufigkeit vereinigt und es entsteht eine Verletzung des Grundsatzes des Nebeneinanders.

Die Berücksichtigung der Kategorie der Häufigkeit kann nun auch dazu führen, daß sich die Weiterführung eines Typus, der nach dem Gesichtspunkt der Vergeltung gewonnen wurde, als unnötig erweist, weil der Häufigkeitswert dieses Typus ein derartig geringer ist, daß dadurch der strafrechtliche Bekämpfungswert gleichfalls so gering ausfallen wird, daß die Tat unter die untere Strafbarkeitsgrenze fällt. Allerdings darf man bei dieser Ausscheidung nicht allzu großzügig vorgehen, denn man muß immer in Betracht ziehen, daß vielleicht der Wert innerhalb einer der restlichen Kategorien wieder ein recht bedeutender sein kann. Immerhin wird man in manchen Fällen bereits mit ruhigem Gewissen die Ausscheidung vornehmen können. So wird sich etwa die Beibehaltung des Typus der Vernichtung eigenen Vermögens und der Vernichtung fremden Vermögens mit Einwilligung des Verfügungsberechtigten mit Rücksicht auf die geringe Häufigkeit im allgemeinen nicht als nötig erweisen. Der menschliche Egoismus und die bei jedem Menschen in gewissem Grade entwickelte Freude am Eigenbesitz wird schon dafür sorgen, daß solche Vermögensvernichtungen nur ganz ausnahmsweise vorkommen. Nur dort, wo der Vergeltungswert ein besonders großer ist, also etwa bei Sachen von künstlerischem oder wissenschaftlichem Wert, wird man trotz des geringen Häufigkeitswertes an dem Typus festhalten müssen, da der strafrechtliche Bekämpfungswert eben infolge des großen Vergeltungswertes immerhin ein nicht ganz unbedeutender sein wird. Man muß sich jedoch davor hüten, etwa die auf dem Gebiet der Vermögensvernichtungen gewonnene Erkenntnis sogleich auf alle übrigen Typen zu verallgemeinern. Der Fall der Selbstvernichtung von Werten und der Vernichtung mit Einwilligung des Gutsträgers ist bei jedem Typus gesondert auf seine Häufigkeit zu untersuchen. So lehrt uns die Erfahrung, daß Selbsttötungen und Tötungen mit Einwilligung des Opfers ungleich häufiger vorkommen als Vernichtungen eigenen Vermögens. Dies scheint auf den ersten Blick seltsam zu sein; ist doch das Leben das wertvollste Gut jedes Menschen, so daß man meinen sollte, daß sich jeder lieber von anderen Gütern trennt als von diesem. Hier zeigt sich deutlich die Gefahr eines Trugschlusses bei oberflächlicher Betrachtung. Es ist zwar richtig, daß die meisten Menschen am Leben noch mehr hängen als am Vermögen; aber das Leben ist sozusagen ein höchstpersönliches Gut, das nur demjenigen nützt, der es hat; das Vermögen aber gewährt jedem Nutzen; ja der Wert des Vermögens endet nicht einmal mit dem Tod; mit Hilfe des Vermögens kann der Verstorbene seinen Willen noch lange nach seinem Tod durchsetzen; dazu kommt noch, daß es zahlreiche wichtige Motive zur Selbsttötung, dagegen nur wenige zur Vernichtung eigenen Vermögens gibt. So mag es begreiflich erscheinen, daß Selbsttötungen häufiger vorkommen als Vernichtungen eigenen Vermögens. Die Kategorie der Häufigkeit würde also keineswegs zu einer Ausscheidung der Vergeltungstypen der Selbsttötung oder der Tötung eines Einwilligenden Anlaß geben, am allerwenigsten zur Ausscheidung der ersteren: Denn die eigentlichen Selbsttötungen sind immer noch bedeutend häufiger als die Fälle, in welchen sich jemand töten läßt.

Die Berücksichtigung der Kategorie der Häufigkeit kann zwar, wie oben dargetan, niemals zu einer Zusammenwerfung zweier schon getrennter Typen führen; wohl aber kann sie veranlassen, daß durch Summierung zweier vorhandener Typen ein neuer „klarer" Doppeltypus geschaffen wird. Die Summierung ist dabei nicht in dem Sinn einer Zusammenwerfung zu verstehen, sondern in der Art, daß außer den Typen a und b, deren jeder einen eigenen Vergeltungs- und Häufigkeitswert aufweist, noch ein neuer Typus „a plus b" gebildet wird. Vom Gesichtspunkt der Vergeltung aus wäre die Bildung eines solchen klaren Doppeltypus vollständig überflüssig: Denn gibt es einen Typus „a" mit einem bestimmten Vergeltungswert und einen Typus „b" mit einem bestimmten Vergeltungswert, so ist von vornherein klar, daß der Unrechtsgehalt einer Tat, welche a plus b verwirklicht, der Summe der beiden Unwerte gleichkommt. Der Vergeltungswert mehrerer Fälle läßt sich nämlich einfach summieren; nicht so dagegen der Häufigkeitswert. Es ist möglich, daß der Typus a selten vorkommt, ebenso der Typus b, daß dagegen ihre Vereinigung sehr häufig anzutreffen ist, sowie auch umgekehrt, daß die Typen a und b jeder für sich allein häufig vorkommen, zusammen dagegen selten. Im letzteren Falle ist die Bildung eines zusammengesetzten Typus durchaus unnötig; denn jeder Fall, der unter diesen fiele, stellt ja gleichzeitig auch eine Verwirklichung der beiden Einzeltypen dar, aus welchen der Doppeltypus zusammengesetzt ist. Nähme man für den Doppeltypus dann einen geringeren Häufigkeitswert an als denjenigen, welcher dem häufigsten Einzeltypus zukommt, so wäre damit eben jener häufigere Einzeltypus nicht richtig gewürdigt, da er ja in dem Doppeltypus enthalten ist. Die Bildung eines Doppeltypus wird sich vielmehr nur dann als notwendig erweisen, wenn dessen Häufigkeitswert größer ist als der Häufigkeitswert des häufigsten Einzeltypus, der in ihm enthalten ist. Nehmen wir also an, der Häufigkeitswert des Einzeltypus a sei gleich 3, der des Typus b gleich 4, so wird die Bildung eines Doppeltypus „a plus b" nur dann notwendig sein, wenn dessen Häufigkeitswert größer als 4 ist. Denn nur in diesem Falle kann die Summe der strafrechtlichen Bekämpfungswerte des Typus a und des Typus b geringer sein als der strafrechtliche Bekämpfungswert des Doppeltypus. Der Doppeltypus ist also von vornherein nur dann gerechtfertigt, wenn er zum Zwecke strengerer Bestrafung gebildet wird als auf Grund der Summierung der beiden Einzeltypen möglich wäre.

Die herrschende Lehre hat nach der üblichen kasuistisch-gefühlsmäßigen Methode eine Reihe von Doppeltypen geschaffen, wobei gewöhnlich an die historisch überkommenen Begriffe angeknüpft wurde; in der Regel sind sie tatsächlich strenger bestraft als auf Grund der Konkurrenzbestimmungen möglich wäre; dies liegt aber meist nicht in der Erkenntnis der Natur dieser Doppeltypen, sondern beruht entweder auf einer fehlerhaften Regelung der Konkurrenz (Absorptionsprinzip) oder entspringt einem dunklen Rechtsgefühl, über dessen ratio sich die herrschende Lehre und die einzelnen Gesetzesredaktoren selbst nicht klar geworden sind. Daher sind auch alle diese Doppeltypen nicht von vornherein über jeden Zweifel erhaben; der Gesetzgeber, welcher systematisch vorgeht, muß sich daher sehr davor hüten, etwa einfach ohne nähere Prüfung diese Typen zu übernehmen, sondern er muß in jedem Einzelfall untersuchen, ob die oben dargelegte Begründung für den Doppeltypus stichhält. So scheint es mir z. B. recht zweifelhaft, ob der Raubmord wirklich häufiger vorkommt, als der einfache Mord und der einfache Raub[1]). Die gleichen Zweifel können

---

[1]) Der Nachweis der einen oder der anderen Meinung läßt sich auch auf Grund der österreichischen Kriminalstatistik nicht führen; denn der größte Teil der Morde wird von den Geschworenen freigesprochen oder als Totschlag qualifiziert, der Raub dagegen wird fast immer nur als einfacher Diebstahl angesehen und die Qualifikation des Raubmordes hängt gleichfalls vom Belieben der Geschworenen ab.

auch beim räuberischen Totschlag und beim Diebstahl mit Waffengebrauch entstehen.

Fragt man sich nun, wann der Gesetzgeber überhaupt prüfen soll, ob die Voraussetzungen für die Bildung eines solchen Doppeltypus vorliegen, so lassen sich tatsächlich Anhaltspunkte nach dieser Richtung hin kaum geben: Genau genommen müßte der Gesetzgeber jede mögliche Kombination in Betracht ziehen; da natürlich nicht nur Doppeltypen, sondern auch dreifache oder vierfache Typen geschaffen werden könnten, wäre dies keine geringe Arbeit. Aber was theoretisch ungeheuer mühselig zu sein scheint, wird in der Praxis dadurch bedeutend vereinfacht, daß der Gesetzgeber ja aus den bereits bisher gemachten praktischen Erfahrungen schöpfen kann; hat er sich ein klares Auge für das praktische Rechtsleben bewahrt, dann wird er unschwer erkennen, welche Kombination besonders häufig vorkommt, welche Konkurrenzen als typische bezeichnet werden können, und wird daher zunächst nur diese Fälle in Betracht ziehen; ein Fehlgriff ist hier tatsächlich schwer möglich; und kommt er dennoch gelegentlich vor, so wird er in einem systematisch aufgebauten Gesetz wieder bedeutend abgeschwächt durch die unten zu erörternde geänderte Funktion der Typen und die Möglichkeit allmählicher Übergänge.

Neben den Kategorien der Vergeltung und der Häufigkeit spielen bei der objektiven Typenbildung die übrigen eine weniger bedeutende Rolle. Was zunächst die Kategorie der Spezialprävention (Einwirkung) anbelangt, so werden sich die einzelnen auf Grund der Kategorie der Vergeltung und der Häufigkeit herausgebildeten Typen ihr gegenüber meist ziemlich neutral verhalten. Das will nicht etwa besagen, daß der Einwirkungswert gleich 0 oder auch nur sehr gering sein müßte; denn in diesem Falle würde ja auch der strafrechtliche Bekämpfungswert gleich 0 oder wenigstens entsprechend gering werden. Sondern die Neutralität der objektiven Typen gegenüber der Kategorie der Spezialprävention äußert sich darin, daß der Einwirkungswert fast bei allen diesen Typen der gleiche sein wird. Es wird, wie schon oben erwähnt wurde, kaum jemals vorkommen, daß die objektive Beschaffenheit der Tat eine mehr oder minder große Einwirkung auf den Täter als notwendig erscheinen läßt, oder daß diese Einwirkung mehr oder minder aussichtsreich sein wird. Freilich darf man auch hier nicht ohne weiters verallgemeinern. Bei dem Erfolgstypus der Selbsttötung ist der Einwirkungswert naturgemäß gleich 0, da ja der Täter bereits tot ist. Aber auch bei dem Handlungstypus der Selbsttötung wird dieser Wert geringer sein als der durchschnittliche.

Die meisten Menschen hängen ja an und für sich schon am Leben, so daß es nicht nötig scheint, in dieser Richtung auf sie einzuwirken, und wenn jemand einen Selbstmord unternimmt, so treiben ihn dazu meist so wichtige Gründe, daß ihn auch die Aussicht auf Bestrafung nicht davon abhalten wird, die Tat zu versuchen. Auch in manchen andern Fällen, so bei Ehebruch, Ehestörung (österr. Recht), Entführung u. dgl. wird die Berücksichtigung des Einwirkungswertes zu einer Unterteilung der Typen und vielleicht sekundär auch zu einer Ausscheidung bestimmter Typen führen können. Der methodische Vorgang ist naturgemäß bei dieser wie auch bei allen folgenden Kategorien der gleiche, wie er oben bei der Kategorie der Vergeltung entwickelt wurde; wieder bietet dieser Vorgang die größtmöglichen Garantien für die Genauigkeit und Vollständigkeit und gewährt den Vorteil, daß Gedankengänge, welche schon einmal angestellt wurden, zu wiederholten Malen nutzbar gemacht werden können.

Die Kategorie der Erfassung wird bei den objektiven Typen eine größere Rolle spielen als diejenige der Einwirkung. Es gibt zahlreiche Fälle, in welchen der Erfassungswert so gering ist, daß er auf dem endgültigen strafrechtlichen Bekämpfungswert großen Einfluß ausübt, selbst wenn man die Kategorie der Erfassung sehr gering bewertet; ja es gibt sogar Fälle, in welchen die Bewertung innerhalb dieser Kategorie 0 oder fast 0 sein müßte, so daß um dessentwillen der betreffende Typus ausgeschieden werden müßte oder könnte. In diese letztere Gruppe gehört meines Erachtens die Betätigung pervers-sexueller Triebe, welche zwischen erwachsenen Gleichgesinnten erfolgt. Der Unrechtsgehalt wird freilich gerade in einem mehr kollektivistisch eingerichteten Staate ein ziemlich großer sein, der Häufigkeitswert ist wohl gleichfalls ein bedeutender; auch den Einwirkungswert darf man nicht unterschätzen. Den Erfassungswert aber würde ich ohne Bedenken sehr gering oder gar mit 0 ansetzen. Bei der Feststellung des Erfassungswertes ist ja, wie oben dargetan, nicht nur zu berücksichtigen, ob und inwieweit es überhaupt möglich ist, solche Taten zu entdecken, sondern auch auf welche Weise sie entdeckt werden. Wenn nun zwei erwachsene Menschen in gegenseitigem Einverständnis miteinander in homosexuellen Verkehr treten, so wird dies meist überhaupt nur dann entdeckt, wenn ein Dritter die beiden denunziert; mit dieser Möglichkeit ist aber wieder allen möglichen Erpressungen der Weg geebnet; man wird ruhig sagen können, daß die Strafbarkeit der Homosexualität heute fast ebenso viele sozialschädliche Wirkungen hervorbringt wie ihre Straflosigkeit hervorbringen würde. Anders dagegen, wenn es sich etwa um den Mißbrauch von normal Veranlagten oder gar von Kindern oder Jugendlichen handelt. In diesen Fällen wird dadurch, daß der mißbrauchte Teil selbst kein geschlechtliches Interesse an der Fortführung des Verkehrs hat, der strafrechtliche Erfassungswert bedeutend steigen. Dazu kommt noch, daß in diesen Fällen, insbesondere bei Mißbrauch von Kindern und Jugendlichen, auch der Unrechtsgehalt ein bedeutend größerer ist als im Falle des Verkehrs zwischen zwei erwachsenen pervers veranlagten Menschen. Die Berücksichtigung des Erfassungswertes wird also zu einer Unterteilung des Typus der widernatürlichen Unzucht führen; der eine dieser Typen, die Unzucht zwischen zwei erwachsenen pervers Veranlagten, könnte dann eventuell als Typus ganz ausgeschieden werden[1]). Bei dem Typus der Abtreibung wieder, wo gleichfalls der Erfassungswert ein ziemlich geringer ist, wird dieser Gesichtspunkt wohl zu einer entsprechenden Strafmilderung, nicht aber zu einer völligen Straflosigkeit führen können.

Auch die Berücksichtigung des Opportunitätswertes wird oft noch eine Änderung in der Typenbildung bedingen, insbesondere in der Richtung, daß ein schon gebildeter Typus wieder untergeteilt und einer dieser Teile wieder ausgeschieden werden muß, oder auch in der Weise, daß der betreffende Typus als ganzer ausscheidet, weil sein Opportunitätswert auf 0 sinkt. Auf diese Weise erklärt sich etwa die Straflosigkeit aller Verbaldelikte, die von Abgeordneten in Ausübung ihres Berufes begangen werden, ebenso die Straflosigkeit eines Teiles der gegen fremde Staaten verübten Handlungen falls die Gegenseitigkeit nicht verbürgt und kundgemacht worden ist. Auch innerhalb dieser Kategorie wird sich der Gesetzgeber mit Nutzen der Methode bedienen, systematisch bei jedem unter Berücksichtigung der übrigen Kategorien noch stehengebliebenen Typus zu untersuchen, ob und inwieweit Opportunitätserwägungen, die nicht schon innerhalb der anderen Typen berücksichtigt worden sind, eine Herabsetzung oder Ausschließung des strafrechtlichen Bekämpfungswertes bedingen.

Mit der Heranziehung der Kategorie der Opportunität ist die Herausarbeitung der endgültigen Typen beendet, soweit es sich lediglich um Typen objektiven Verhaltens handelt. Die weitere Tätigkeit besteht nunmehr darin, auf der Grundlage dieser objektiven Typen die entsprechenden subjektiven Typen zu formulieren.

---

[1]) Der Unterschied, den viele Gesetzgeber machen, indem sie die Unzucht zwischen Männern bestrafen, diejenige zwischen Frauen straflos lassen, entbehrt meines Erachtens jeder tieferen Begründung.

γ) Die subjektiven Vergeltungstypen. Innerhalb eines ob= jektiven Systems können die subjektiven Typen nur auf der Grundlage der objektiven erwachsen; denn nur soweit objektiv Unrecht vorliegt, kann subjektiv Schuld, ein Vorwurf wegen der subjektiven Einstellung zur objektiven Sozialschädlichkeit überhaupt in Betracht kommen. Damit ist zweierlei gesagt. Zu= nächst ist mit der Abhängigkeit der subjektiven Typen von den objektiven Grundtypen bereits dargetan, daß der Gesetzgeber bei der Bildung der subjektiven Typen nicht mehr in der glei= chen Weise freie Hand hat wie bei der Bildung der objektiven. Er ist vielmehr in gewissem Ausmaß bereits gebunden. Besteht etwa überhaupt nur ein objektiver Handlungstypus, so kann er auf dieser Grundlage keinen subjektiven Erfolgstypus schaffen; denn damit würde er die der Typenbildung gesetzten systema= tischen Grenzen durchbrechen und an Stelle des objektiven Systems teilweise das subjektive setzen. Bestehen zwei objek= tive Typen der Wegnahme einer Sache, einer mit und einer ohne Bruch des Gewahrsams, so müssen auch dementsprechend zwei subjektive Typen gebildet werden, da bei verschiedener Be= deutung der objektiven Tatseite die subjektive nicht gleich= bedeutend sein kann. Die subjektive Typenbildung hat sich somit auf die Vertypung der Form der subjektiven Wider= spiegelung zu beschränken, während der Inhalt dieser Form bereits durch die objektiven Typen vorgezeichnet ist. Die sub= jektiven Typen stellen somit eigentlich nur eine Weiterbildung, eine Weiter*teilung* der objektiven Grundtypen dar. Daraus ergibt sich aber sogleich ein weiteres: Da die objektiven Typen nicht mehr bloße Vergeltungstypen sind, sondern bereits unter verhältnismäßiger Mitberücksichtigung aller übrigen Kategorien zustandegekommen sind, so können die auf dieser Grundlage aufgebauten subjektiven Typen *ihrem Inhalt nach* gleichfalls nicht mehr reine Vergeltungstypen sein. Wenn also z. B. der auf einen Diebstahl gerichtete Vorsatz schwerer be= wertet wird als der auf eine Körperverletzung gerichtete, so ist damit nicht gesagt, daß der erstere einen größeren Ver= geltungswert aufweisen müßte; vielmehr kann der Grund der schwereren Bewertung darin liegen, daß der objektive Typus des Diebstahls mit Rücksicht auf die übrigen Kategorien (hier z. B. der Häufigkeit) einen größeren strafrechtlichen Bekämp= fungswert aufweist als der objektive Typus der Körperver= letzung, was sich sekundär auch in einer entsprechend schwe= reren Bewertung der subjektiven Widerspiegelung äußert. Wenn nun an diese subjektiven Vergeltungstypen die übrigen Kategorien herangetragen werden, so bedeutet dies gleichfalls nicht etwa, daß bloß die Form der subjektiven Widerspiegelung nunmehr an den übrigen Kategorien gemessen werden soll, daß etwa untersucht werden soll, ob vorsätzliche Begehung im allgemeinen häufiger sei als fahrlässige, sondern die übrigen Kategorien sind an den mit einem bestimmten Inhalt (nämlich dem objektiven Typus, auf dessen Grundlage der subjektive erwächst) ausgestatteten subjektiven Typus heranzutragen, es ist also z. B. zu untersuchen, ob vorsätzliche Begehung einer Tötung häufiger ist als fahrlässige usw. So wie die Bildung des subjektiven Vergeltungstypus nur eine Weiterteilung des schon vorliegenden objektiven Typus darstellt, so ist die Berücksichtigung der übrigen Kategorien eine Weiterbildung der bisher geschaffenen Typen.

Der Gesetzgeber wird im wesentlichen bei der Bildung der subjektiven Typen ganz analog vorgehen wie bei der Bildung der objektiven. Er wird also zunächst die subjektive Seite nach ihrem Vergeltungswert, das heißt nach der Schwere der Schuld hin untersuchen, und dann erst die so gebildeten Schuldtypen unter dem Gesichtspunkt der übrigen Kategorien prüfen, ob und welche Änderungen sie erfahren sollen. Bei der Herausbildung der Schuldtypen wird sich der Gesetzgeber an die durch die Strafrechtssystematik herausgearbeiteten drei Komponenten, welche die Schwere der Schuld bestimmen, halten müssen. Er wird also die Zurechnungsfähigkeits-, die Tat-, die Persönlichkeitskomponente berücksichtigen müssen. Was nun die Reihenfolge der Berücksichtigung anbelangt, so liegt es in der Natur der Materie, daß die Tatkomponente vor der Persönlichkeitskomponente berücksichtigt werden muß, da ja diese letztere nur eine Fortführung der Tatkomponente in die Persönlichkeit des Täters hinein darstellt. Ob man dagegen die Zurechnungsfähigkeitskomponente vor der Tat- und Persönlichkeitskomponente, oder erst nach diesen beiden in Betracht ziehen will, ist ziemlich gleichgültig. Für beide Wege läßt sich manches anführen. Für das Voranstellen der Tat- und Persönlichkeitskomponente könnte die Tatsache ein wichtiges Argument abgeben, daß eigentlich nur diese beiden die Frage nach der subjektiven Sozialwidrigkeit entscheiden, daher ihr Zusammenhang mit der objektiven Tatseite ein inniger und unzerreißbarer ist. Die Zurechnungsfähigkeitskomponente aber beschäftigt sich nicht mit der Schwere der subjektiven Sozialwidrigkeit, sondern mit dem Vorwurf, welcher dem Täter daraus gemacht werden kann; ihr Zusammenhang mit der objektiven Tatseite ist demgemäß ein loserer und so könnte sie ohne weiteres hinter den beiden anderen Komponenten zu stehen kommen. Anderseits stellt die Zurechnungsfähigkeitskomponente, wenigstens soweit es sich um die Strafe handelt, das logische Prius dar: Denn nur insoweit sie gegeben ist, kann von Schuld überhaupt die Rede sein; sie ist Schuldvoraussetzung und gehört aus diesem Grunde an den Anfang und nicht an das Ende. Aus diesem Grund soll auch im folgenden mit der Zurechnungsfähigkeitskomponente begonnen werden. Ob man aber nun den einen oder den anderen Weg einschlägt, das Ergebnis der Schuldtypenbildung muß doch stets das gleiche sein, da in den endgültigen Schuldtypen eben sämtliche Komponenten ihre Berücksichtigung finden müssen.

Die Strafrechtssystematik hat gezeigt, daß die Zurechnungsfähigkeit in hohem Maße abstufbar ist, daß von der Obergrenze der vollen Zurechnungsfähigkeit eine ununterbrochene Kette bis herab zur Untergrenze der vollständigen Zurechnungsunfähigkeit führt. Es fragt sich nun, ob und inwieweit innerhalb dieser Kette feste Anhaltspunkte geschaffen werden könnten. Feststeht zunächst, daß sich sowohl die Obergrenze, das heißt die volle Zurechnungsfähigkeit, als auch die Untergrenze, das heißt die volle Zurechnungsunfähigkeit, einigermaßen fest umschreiben läßt, und die neueren Gesetze und Entwürfe tun dies ja auch in einer durchaus befriedigenden Weise, die dem Richter die nötigen Anhaltspunkte gibt und gleichzeitig die Rechtssicherheit zur Genüge gewährleistet. Es lassen sich also zunächst die beiden Typen der vollen Zurechnungsfähigkeit und der vollen Zurechnungsunfähigkeit bilden, von denen der letztere sofort ausscheidet, da in diesem Falle der Vergeltungswert gleich 0 ist. Versucht man aber nunmehr, auch innerhalb der Mittelstufen feste Anhaltspunkte für die Typenbildung zu gewinnen, so wird man sofort erkennen, daß dies vorläufig nicht möglich ist. Wohl könnte man beliebig viele Typen mehr oder minder verringerter Zurechnungsfähigkeit bilden, aber alle diese Typen wären unbrauchbar, da man sie nicht anders umschreiben könnte, als dadurch, daß die die Zurechnungsfähigkeit begründenden Fähigkeiten in mehr oder minder herabgesetztem Ausmaß vorhanden sein müssen. Innerhalb der langen Kette der verminderten Zurechnungsfähigkeit, welche das Bindeglied zwischen den beiden Extremen darstellt, ist also eine brauchbare Typenbildung nicht möglich. Es kann also nur die Frage entstehen, ob alle Fälle der verminderten Zurechnungsfähigkeit als ein Typus aufgefaßt werden sollen oder ob sie mit den Fällen der vollen Zurechnungsfähigkeit zu einem einzigen Typus zusammengefaßt werden sollen. Die Ähnlichkeit der Fragestellung mit derjenigen, welche uns auf dem Gebiet der objektiven Typenbildung in bezug auf die Handlung und deren wahrscheinliches Abzielen auf den Erfolg entgegengetreten ist, fällt sofort auf. Genau so, wie wir dort erkannt haben, daß weder dem Richter noch der Rechtssicherheit damit gedient ist, wenn man neben dem Typus des sicheren Abzielens auf den Erfolg noch einen anderen Typus des mehr oder minder wahrscheinlichen Abzielens schafft, weil auch bei Vereinigung beider Fälle zu einem Typus der Fall des sicheren Abzielens als schwerster Fall innerhalb des Typus evident ist, genau so werden wir auf dem Gebiet der Zurechnungsfähigkeit zu dem Ergebnis kommen können, daß der Rechtssicherheit und dem Bedürfnis nach Anhaltspunkten für den Richter genügend gedient ist, wenn ein einziger Typus der Zurechnungsfähigkeit gebildet wird, dessen höchsten Fall eben die volle Zurechnungsfähigkeit darstellt. Für den Richter kommt es tatsächlich auf das gleiche hinaus, ob nur dieser eine Typus gebildet ist und er weiß, daß er das Maß des Vergeltungswertes je nach der Größe der Zurechnungsfähigkeit abstufen muß, oder ob er zwei Typen zur Verfügung hat; denn bei der ungeheuren Weite des zweiten, der sämtliche Fälle der verminderten Zurechnungsfähigkeit enthält, ist es von geringer Bedeutung, ob die obere Grenze selbständig vertypt wird oder nicht. Genau so wie auf dem Gebiet der Handlung eine derartige Zweiteilung der Typen als immerhin möglich dargetan wurde, genau so möglich ist sie auch auf dem Gebiet der Zurechnungsfähigkeit. Als vom Standpunkt der Typenbildung aus verfehlt muß jedoch das Vorgehen der Entwürfe bezeichnet werden, welche einen Typus der verminderten Zurechnungsfähigkeit schaffen, der aber keineswegs alle Fälle dieser Art umfaßt, sondern bloß diejenigen, in welchen die Zurechnungsfähigkeit *erheblich* herabgesetzt ist; die übrigen Fälle der verminderten Zurechnungsfähigkeit (also alle, in welchen die Zurechnungsfähigkeit zwar nicht erheblich, aber immerhin herabgesetzt ist) fallen danach unter die Typen der vollen Zurechnungsfähigkeit. Hier ist der aussichtslose Versuch unternommen worden, eine Grenze mitten durch die ihrer Natur nach ununterbrochene Kette der Mittelfälle zu ziehen. Tatsächlich ist dieser Typus der verminderten Zurechnungsfähigkeit in den Entwürfen das Musterbeispiel eines unbrauchbaren Typus: Denn die Abgrenzung wird mit Hilfe eines Merkmals gezogen, das seiner Natur nach keinen festen Anhaltspunkt zu gewähren vermag; das Wort „erheblich“ stellt vielmehr einen sehr dehnbaren Begriff dar, so daß damit weder der Rechtssicherheit noch dem Richter geholfen ist. Nun wäre es aber ungerecht, die Stelle über die verminderte Zurechnungsfähigkeit in den Entwürfen überhaupt zu verwerfen; sie hat nämlich der historischen Entwicklung und der Meinung der Redaktoren nach eigentlich weniger die Funktion, einen festen Anhaltspunkt zu gewähren, sondern ihre Hauptbedeutung soll darin liegen, daß damit Mittelfälle zwischen vollständiger Zurechnungsfähigkeit und völligem Ausschluß der Zurechnungsfähigkeit anerkannt werden, was nach den bisher geltenden Gesetzen nicht der Fall war. Nun versteht sich aber die grundsätzliche Anerkennung solcher Mittelstufen in einem systematisch aufgebauten Gesetz von selbst, da ja die Systematik eine derartige Anerkennung erzwingt. In kasuistisch-gefühlsmäßig aufgebauten Gesetzen aber, wie es auch die Entwürfe sind, könnte eine Nichterwähnung der verminderten Zurechnungsfähigkeit im Sinne einer Nichtbeachtung der Mittelstufen gedeutet werden. So erfüllt die betreffende Gesetzesstelle in den Entwürfen immerhin eine systematisch wichtige Funktion, wenn es auch vom systematischen Standpunkt aus empfehlenswerter wäre, sie in die Form einer Strafzumessungsvorschrift zu kleiden.

Bedeutend komplizierter ist die Frage der Typenbildung auf dem Gebiet der Tatkomponente. Da die intellektuelle Kategorie die systematisch primäre ist, wird es richtig sein, von dieser auszugehen und zunächst nur Typen intellektueller Beziehung zwischen Täter und Tat zu bilden; erst nachher wird die emotionale Kategorie heranzuziehen sein, um mit ihrer Hilfe wenn nötig weitere Unterteilungen vorzunehmen.

Nun zeigt sich auf diesem Teilgebiet viel deutlicher als auf jedem anderen, wie wenig die Systematik die Bildung bestimmter Typen erzwingt, wie sehr hier dem Gesetzgeber noch Raum für solche Zweckmäßigkeitserwägungen bleibt, welche die Typenbildung zu leiten haben. Die Systematik hat gezeigt, daß die intellektuelle Beziehung des Täters zur Tat eine vierfache sein kann, wovon allerdings nur zwei Formen als tatsächliche Beziehungen anzusehen sind, während in den beiden andern Fällen eine tatsächlich nicht vorhandene Beziehung insoweit als Schuld begründend zugerechnet wird, als nach den konkreten Umständen ihr Vorhandensein erwartet werden konnte. Die beiden tatsächlichen Beziehungen sind das Wissen und das Für-möglich-halten. Im ersteren Fall, den wir vorläufig als Vorsatz bezeichnen wollen, weiß der Täter, daß er die Tat verwirklichen wird, im letzteren, der vorläufig als Wissentlichkeit bezeichnet werden soll, hält er es bloß für mehr oder minder wahrscheinlich. Die beiden Formen, in welchen der

Mangel einer tatsächlichen Beziehung dieser gleichgestellt wird, weil ihr Vorhandensein nach den Umständen zu erwarten war, sollen vorläufig als bewußte und als unbewußte Fahrlässigkeit bezeichnet werden.

Nun lassen sich auf Grund dieses Materials zunächst vier Typen bilden: Vorsatz, Wissentlichkeit, bewußte und unbewußte Fahrlässigkeit. Es ließen sich aber ebenso gut bloß drei Typen bilden, wenn man etwa Vorsatz und Wissentlichkeit zu einem Typus zusammenfaßt. Ja es wäre auch möglich, bloß zwei Typen aufzustellen, indem man auch die beiden Fälle der Fahrlässigkeit zu einem Typus vereinigt. Bedenklich schiene mir nur die Bildung eines einzigen Typus, der sämtliche Fälle der intellektuellen Kategorie umfassen würde; denn die beiden Fälle der Fahrlässigkeit sind von den übrigen Fällen derart verschieden, daß der Grund der Zurechnung zur Schuld hier ein ganz anderer ist als bei Vorsatz und bei Wissentlichkeit; die Folge davon ist aber, daß in diesem Fall auch die Art der Fragestellung nach der Schwere der Schuld geändert werden muß. Während bei Vorsatz und Wissentlichkeit sich die Schwere der Schuld nach der Intensität der subjektiven Widerspiegelung richtet, ist dies in den Fällen der Fahrlässigkeit nicht so. Vielmehr ist hier die tatsächliche Widerspiegelung stets gleich 0 und die Schuldhöhe richtet sich danach, wie sehr nach den konkreten Umständen eine subjektive Widerspiegelung erwartet werden konnte und wie groß diese hätte sein können. Obwohl also grundsätzlich eine bloß qualitative Verschiedenheit, welche nicht mit einer quantitativen verbunden ist, eine gesonderte Typenbildung nicht notwendig macht, wird man von diesem Gedanken abgehen müssen, wenn die qualitative Verschiedenheit eine derartige ist, daß sie eine ganz andere Problemstellung erzwingt; sonst würde ja die Funktion des Typus als Anhaltspunkt für den Richter sehr abgeschwächt, wenn nicht gar zerstört werden. Dazu kommt aber noch, daß zwischen Vorsatz und Wissentlichkeit einerseits, den beiden Fällen der Fahrlässigkeit anderseits auch ein quantitativer Unterschied besteht. Dieser ist allerdings nicht so groß, daß die schwersten Fälle der Fahrlässigkeit stets geringere Schuld darstellten als die leichtesten Fälle der Wissentlichkeit; aber die schwersten Fälle der Fahrlässigkeit können doch niemals so große Schuld ergeben wie der schwerste Fall der Wissentlichkeit, nämlich der Vorsatz; denn in diesem Falle ist die Beziehung zwischen Tat und Täter zweifellos noch eine viel innigere als sie selbst in den schwersten denkbaren Fällen der Fahrlässigkeit ist, wo der Täter bei Anwendung der nötigen

Aufmerksamkeit hätte erkennen können, daß aus seiner Handlung mit Sicherheit der Erfolg entstehen werde. Das Minimum der zu bildenden Typen innerhalb der intellektuellen Kategorie sind also zwei, die man im Anschluß an die herrschende Lehre als Vorsatz und Fahrlässigkeit bezeichnen könnte, wobei allerdings, wie sich aus den obigen Ausführungen ergibt, im Inhalt der Typen ein gewaltiger Unterschied zur herrschenden Lehre besteht. Der Typus des Vorsatzes enthielte ja auch alle Fälle der Wissentlichkeit und ginge ganz allmählich in das Gebiet der Schuldlosigkeit über. Es fragt sich nun zunächst, ob der Fall des Wissens, also Vorsatz im engeren Sinne, zur Bildung eines eigenen Typus herauszugreifen ist, während die Fälle des Für-möglich-haltens als Wissentlichkeit einen zweiten Typus bilden sollen. Wieder fällt die Analogie der Fragestellung mit den ähnlichen Problemen auf dem Gebiet der Zurechnungsfähigkeit, insbesondere aber auch auf dem Gebiet der objektiven Typenbildung auf. Auch dort handelte es sich ja darum, ob der Fall, in welchem die Handlung mit Sicherheit auf den Erfolg abzielt, als eigener Typus von denjenigen Fällen getrennt werden solle, in welchen die Handlung nur mit mehr oder minder großer Wahrscheinlichkeit den Erfolg erwarten läßt. So wie sich nun dort eine Scheidung der beiden Fälle als möglich, aber keineswegs als nötig erwies, so wird das gleiche auch auf dem Gebiet der Tatschuldformen gelten müssen. Nun fragt es sich zunächst, ob die Möglichkeit einer verschiedenen Entscheidung der analogen Frage auf objektivem und auf subjektivem Gebiet besteht. Vom systematischen Standpunkt aus bestehen nun tatsächlich keine Bedenken gegen eine solche verschiedene Entscheidung. Das Gesetz würde in einem solchen Fall zwar an einem Schönheitsfehler leiden, keineswegs aber unrichtig oder in sich selbst widerspruchsvoll werden. Bei der subjektiven Typenbildung ist ja der Gesetzgeber nur dem Inhalt, nicht aber der Form nach an die objektiven Typen gebunden; er kann also nicht etwa einen einzigen Typus des Vorsatzes, der auf Entziehung einer Sache, sei es mit, sei es ohne Bruch des Gewahrsams gerichtet ist, konstruieren, wenn auf objektivem Gebiet zwei verschiedene Typen gebildet wurden; dagegen steht es ihm frei, bei der Einteilung der subjektiven Widerspiegelung dort zu trennen, wo er bei der Einteilung der objektiven Grundlage nicht getrennt hat, wenn dadurch kein innerer Widerspruch entsteht. Unrichtig wäre es dagegen wieder, wenn etwa auf der subjektiven Seite die Größe der Wahrscheinlichkeit, mit welcher der Täter den Erfolg erwartet, überhaupt nicht berücksichtigt würde, da ja die Größe der objektiven Wahrscheinlichkeit eine Rolle spielt und daher auch deren subjektive Widerspiegelung nicht belanglos sein kann. Eine andere Frage ist es, ob sich ein vernünftiger Grund dafür finden läßt, die analoge Frage auf objektivem und auf subjektivem Gebiet verschieden zu entscheiden. Und diese Frage wird wohl zu verneinen sein. Mangels eines solchen Grundes wird man aber besser die Einheitlichkeit der Typenbildung wahren, da sie das Gesetz einfacher und klarer gestaltet und damit größere Garantien für dessen richtige Anwendung und Auslegung bietet. Hat man es also vorgezogen, auf objektivem Gebiet die Fälle des sicheren und des nur möglichen Abzielens der Handlung auf den Erfolg in einen Typus zusammenzufassen, so wird sich das gleiche auch auf subjektivem Gebiet empfehlen. Der Einwand, daß der Typus des Vorsatzes, der dann auch sämtliche Grade der Wissentlichkeit enthielte, zu weit und dadurch unbrauchbar würde, schlägt hier genau so wenig durch, wie auf objektivem Gebiet. So wie es dort möglich, aber gänzlich zwecklos wäre, das Gebiet der ständigen Übergänge je nach der Größe der Wahrscheinlichkeit, mit welcher der Erfolg zu erwarten ist, nach Belieben unterzuteilen, genau so möglich, aber zwecklos, wäre es auch auf subjektivem Gebiet. Gegenüber neueren Bestrebungen in der Literatur, die ganz richtig die Bedeutung des Wahrscheinlichkeitsmoments erkannt haben, sich jedoch noch immer nicht ganz von der gefühlsmäßigen Zweiteilung der Schuldformen losmachen können, sei ausdrücklich darauf hingewiesen, daß jeder Versuch, eine Grenze innerhalb der allmählichen Übergänge zwischen größter und geringster Wahrscheinlichkeit zu ziehen, unbedingt fehlschlagen müßte. Jeder Typus, der etwa mit Begriffen wie „großer" oder „mittelgroßer" Wahrscheinlichkeit arbeiten wollte, wäre, wie seinerzeit schon gegenüber Löffler mit Recht betont wurde, unbrauchbar. Er vermöchte keinerlei wirklich feste Anhaltspunkte zu gewähren und würde der Rechtssicherheit nur zum Schein nützen.

Was nun die Frage einer Unterscheidung zwischen bewußter und unbewußter Fahrlässigkeit bei der Typenbildung anbetrifft, so muß zunächst untersucht werden, ob beide wenigstens in bezug auf die Obergrenze eine verschiedene Schwere des Schuldgehalts bedingen. Diese Frage wird im Anschluß an die herrschende Lehre wohl verneint werden müssen. Der denkbar schwerste Fall der bewußten Fahrlässigkeit wird mit dem denkbar schwersten der unbewußten durchaus auf eine Stufe zu stellen sein, und ob im konkreten Fall die eine oder die andere Form schwerer zu bewerten ist, hängt eben von ihrem

Ausmaß ab: Je mehr nach den Umständen zu erwarten war, entweder daß der Täter an die Möglichkeit der Tatverwirklichung denkt, oder daß er die Tatverwirklichung, die er für unmöglich hält, für möglich hält, und je größer die Möglichkeit ist, welche er nach den Umständen hätte annehmen sollen, desto größer ist im konkreten Fall die Schwere sowohl der bewußten als auch der unbewußten Fahrlässigkeit. Da also ein quantitativer Unterschied zwischen beiden Formen nicht feststellbar ist, und sich auch nicht wie bei der Unterscheidung zwischen Vorsatz und Fahrlässigkeit eine grundsätzlich verschiedene Fragestellung ergibt, so wird auch ihre Auseinanderhaltung, so lange man nur an Vergeltungstypen denkt, nicht notwendig, sondern nur zum Zwecke größerer Genauigkeit möglich sein.

Hat man sich nun auf dem Gebiet der intellektuellen Kategorie für die Bildung von zwei, drei oder vier Typen entschieden, so gilt es nun zu untersuchen, inwieweit die emotionale Kategorie weitere Unterteilungen angezeigt erscheinen läßt. Hier steht nun wieder eine Reihe von Möglichkeiten zur Verfügung. Es ist zunächst denkbar, daß die emotionale Kategorie überhaupt nicht zur Typenbildung herangezogen wird, daß sich also ihre Bedeutung als Schwerebemessungsgrund innerhalb der durch die intellektuelle Kategorie gebildeten Typen erschöpft. Da vom systematischen Standpunkt aus die emotionale Kategorie überhaupt nur mit Vorsatz und Wissentlichkeit, niemals aber mit Fahrlässigkeit in Verbindung treten kann, so würde dies bedeuten, daß die Fälle des Vorsatzes und der Wissentlichkeit verschieden schwer zu bewerten sind, je nach dem, ob dem Täter die Tat lustbetont, gleichgültig oder unlustbetont war. Der schwerste unter den Typus des Vorsatzes subsumierbare Fall wäre dann offenbar derjenige des Vorsatzes mit größter Lustbetonung, der leichteste noch unter den Typus des Vorsatzes (im engeren Sinne, also mit Ausschluß der Wissentlichkeit) subsumierbare Fall wäre derjenige des Vorsatzes mit größter Unlustbetonung. Will man aber die emotionale Kategorie zur Typenbildung heranziehen, dann stehen wieder mehrere Wege offen. Man kann etwa einen Typus der Lustbetonung und einen solchen der Unlustbetonung schaffen. Die untere Grenze des einen und gleichzeitig die obere Grenze des anderen würde dann der Fall der Indifferenz darstellen. Es besteht aber auch die Möglichkeit, diesen Mittelfall als selbständigen Typus herauszugreifen, so daß sich dann innerhalb der emotionalen Kategorie drei verschiedene Typen ergäben. Systematisch einwandfrei, wenn auch nicht gerade empfehlenswert, wäre es aber auch, die Fälle der Indifferenz entweder mit denjenigen der Lustbetonung oder mit denjenigen der Unlustbetonung zu einem Typus zusammenzufassen, während der zweite Typus dann nur den Rest der Fälle, also sämtliche Fälle der Unlustbetonung oder sämtliche Fälle der Lustbetonung in sich vereinigen würde. Etwas ähnliches tut ja auch die herrschende Lehre, wenn sie die lustbetonten Fälle als solche der Absicht herausnimmt, während sie zwischen Indifferenz und Unlustbetonung keinen Unterschied macht (allerdings nicht bloß keinen typenmäßigen, sondern überhaupt keinen, was einen Verstoß gegen die Systematik darstellt!). Empfehlenswert ist jedoch eine solche Typenbildung nicht, da sie die Symmetrie der Materie in einseitiger Weise zerstört, wodurch das Gesetz an Deutlichkeit nicht gewinnt.

Für welche Möglichkeit man sich nun bei der Typenbildung entscheidet, dafür werden eben jene Zweckmäßigkeitserwägungen maßgebend sein, welche überhaupt zur Typenbildung geführt haben; je mehr Anhaltspunkte für den Richter und je größere Garantien für eine einheitliche Rechtssprechung und damit für die Rechtssicherheit man für nötig hält, desto mehr Typen wird man bilden. Wie immer man sich aber auf dem Gebiet der emotionalen Kategorie bei der Typenbildung entscheiden mag, stets muß man beachten, daß den emotionalen Typen lediglich die Aufgabe zukommt, eine Unterteilung innerhalb derjenigen intellektuellen Typen herbeizuführen, mit welchen die emotionale Kategorie in Kombination treten kann. Der emotionale Typus darf also nicht dort wieder vereinigen, wo auf dem Gebiet der intellektuellen Kategorie getrennt wurde. Hat man sich also etwa für eine Trennung des Vorsatzes von der Wissentlichkeit entschieden, so darf man nicht etwa sämtliche Fälle der Lustbetonung, einerlei ob Vorsatz oder Wissentlichkeit vorliegt, zu einem Tatschuldtypus zusammenfassen, sondern muß zu zwei verschiedenen Tatschuldtypen des lustbetonten Vorsatzes und der lustbetonten Wissentlichkeit gelangen. Noch unmöglicher wäre es, wollte man etwa einerseits sämtliche Fälle der Lustbetonung ohne Rücksicht darauf, ob Vorsatz oder Wissentlichkeit vorliegt, unter einen Typus bringen, dagegen sämtliche Fälle des Vorsatzes (mit Ausschluß der Wissentlichkeit), in welchen nicht Lustbetonung vorliegt, wieder unter einem anderen Typus, so ähnlich wie die herrschende Lehre dies tut, und wie dies bei den Systemwidrigkeiten näher dargetan werden wird.

Es hat sich also gezeigt, daß auf den gegebenen systematischen Grundlagen mehr oder weniger Tatschuldtypen geschaffen werden können, je nach dem praktischen Bedürfnis. Es sei jedoch nochmals darauf hingewiesen, daß durch diese möglichen Verschiedenheiten in der Typenbildung keinesfalls die Gleichheit des Rechts berührt werden kann: denn die fehlenden aber möglichen Typen, die das Gesetz nicht bildet, hat dann eben der Richter in Ausführung der Grundgedanken des Gesetzes weiterzubilden.

Es wurde im systematischen Teil betont, daß sich die subjektive Widerspiegelung nicht nur auf die Tat, sondern auch auf deren sozialschädlichen Gehalt beziehen müsse. Daher sind auch die subjektiven Typen ihrem Inhalt nach sowohl auf die Tat als auch auf deren Bewertung bezogen; da nun die subjektive Widerspiegelung in der einen und in der anderen Richtung eine verschiedene sein kann, so ergeben sich daraus zahlreiche Kombinationsmöglichkeiten der auf dem gleichen objektiven Typus erwachsenden subjektiven Typen untereinander. Was die nähere Ausführung dieser Möglichkeiten betrifft, darf ich hier wohl auf meine Darlegungen im „Aufbau des Strafrechtssystems" verweisen[1]).

Sind nun die Tatschuldtypen gebildet, so besteht die nächste Aufgabe darin, die Typenbildung in die Persönlichkeitskomponente zu tragen. Da diese nur eine Fortführung der Tatkomponente in die Persönlichkeit des Täters darstellt, so können die Typen, welche auf dem Gebiet der Persönlichkeitskomponente zustande kommen, wieder nur eine Fortbildung der Tatschuldtypen darstellen; das heißt sie ermöglichen wieder nur eine weitere Unterteilung der Tatschuldtypen je nach der Beschaffenheit der Persönlichkeitskomponente, die Persönlichkeitstypen erwachsen also auf der Grundlage der Tatschuldtypen.

Bei der Typenbildung innerhalb der Persönlichkeitskomponente wird man die Stufenbildung beibehalten müssen, welche von der Strafrechtssystematik aufgezeigt wurde: denn so wie auf dem Gebiet der Tatschuldtypen die sekundäre emotionale Kategorie nur die innerhalb der primären intellektuellen Kategorie gebildeten Typen weiterbilden und unterteilen konnte, so werden auch auf dem Gebiet der Persönlichkeitskomponente die Typen der zweiten Stufe nur eine Unterteilung der Typen der ersten Stufe darstellen können usw. Betrachtet man nun zunächst die erste Stufe, so fällt die formale Analogie mit der emotionalen Kategorie der Tatschuld auf: So wie bei dieser Lustbetonung, Indifferenz und Unlustbetonung in Betracht

---

[1]) Vgl. S. 188 ff.

kommen, so auf dem Gebiet der ersten Stufe der Persönlichkeitskomponente negative, indifferente und positive Motive. Die Analogie ist allerdings keine vollständige, da die Unlustbetonung niemals ein bestimmtes Maß überschreiten kann, wenn die Handlung nicht überhaupt unterbleiben soll, während das Motiv, auch wenn es so positiv als nur möglich ist, nicht zu einem Unterbleiben der Handlung zu führen braucht. Für die Ähnlichkeit der Fragestellung bei der Typenbildung reicht die Analogie aber jedenfalls aus. Es sind daher auf dem Gebiet der Motive die gleichen Möglichkeiten der Typenbildung gegeben wie auf dem Gebiet der emotionalen Kategorie. Man könnte also wieder zunächst von jeder Typenbildung absehen und die Bedeutung des Motivs lediglich als Wertmesser für die konkrete Schwere einer bestimmten Tatschuldform verwenden. Aus praktischen Gründen muß jedoch dieser Weg als äußerst bedenklich erscheinen. Die grundsätzliche Nichterwähnung der Motive in den geltenden Gesetzen sowie die gelegentliche Erwähnung mit ganz falschem Einteilungsgrund (individualethisch wertvolle oder wertlose Motive) findet ja nicht zum geringen Teil ihren Grund darin, daß sich die herrschende Lehre auf dem Gebiet der Motive eben nicht zu helfen weiß, daß sie insbesondere eine Vertypung der Motive für unmöglich hält. Aus diesem Grunde halte ich es für dringend ratsam, die Motive zum Zwecke der Typenbildung heranzuziehen; denn ein Schweigen des Gesetzes könnte nicht nur im Sinne der Unmöglichkeit einer Vertypung mißdeutet werden, sondern es bestünde auch weiterhin die Gefahr, daß die Motive durchaus im individualethischen Sinn mißverstanden werden könnten. Im übrigen steht es wieder frei, ob man bloß zwei Typen, nämlich negative und positive Motive, bilden will, wobei dann wieder der Fall des indifferenten Motivs die Grenze zwischen beiden Typen bilden würde, oder drei Typen, mit Heraushebung des Mittelfalles des indifferenten Motivs. Eine Typenbildung in der Art, daß zu einem Typus sämtliche Fälle des negativen und des indifferenten Motivs, zum anderen dagegen sämtliche Fälle des positiven Motivs zusammengefaßt würden oder umgekehrt, scheint wieder aus Gründen der Symmetrie des Gesetzes weniger empfehlenswert zu sein.

Da das positive Motiv die Schuld in bedeutendem Ausmaß herabsetzt, ist es ohne weiteres möglich, daß durch ein solches der Vergeltungswert des Typus so gering wird, daß seine weitere Beibehaltung als unnötig erscheint. Doch muß man auch hier mit aller Vorsicht zu Werke gehen und darf nicht leichtfertig einen Typus ausscheiden, da dieser, selbst wenn der Vergeltungswert infolge des positiven Motivs ein sehr geringer ist, innerhalb der übrigen Kategorien einen so hohen Wert erhalten kann, daß der strafrechtliche Bekämpfungswert immerhin noch oberhalb der Untergrenze liegt.

Geht man nunmehr auf die zweite Stufe der Persönlichkeitskomponente über, so wird unschwer zu erkennen sein, daß sich eine Unterteilung der Fälle des indifferenten Motivs nach der zweiten Stufe als gänzlich überflüssig erweist. Denn ob ein indifferentes Motiv mehr oder minder tief in der Persönlichkeit des Täters verankert ist, kann für dessen Schuld keine Bedeutung beanspruchen. Bei positiven Motiven ist eine weitere Unterteilung jedoch durchaus denkbar: Denn je mehr das positive Motiv in der Persönlichkeit des Täters verankert ist, desto geringer ist die Sozialschädlichkeit des Täters, desto sozial wertvoller ist der betreffende Mensch. Man kann daher sehr wohl einen Typus des positiven Motivs, das auf einer dauernden positiven Neigung beruht, und einen anderen Typus des positiven Motivs, das nicht auf einer dauernden Neigung beruht, bilden. Der erstere würde natürlich den geringeren Vergeltungswert darstellen. Faßt man nun die Fälle des negativen Motivs ins Auge, so wird sich hier eine analoge Unterteilung, allerdings mit umgekehrtem Wertindex, dringend empfehlen. Beruht das negative Motiv auf einer dauernden gleichartigen Neigung, dann wird der Vergeltungswert bedeutend größer sein als wenn dies nicht der Fall ist. Die verschiedene Notwendigkeit einer Unterteilung, je nach dem, ob man es mit indifferenten, positiven oder negativen Motiven zu tun hat, wirkt aber nun naturgemäß auf die Typenbildung innerhalb der ersten Stufe der Persönlichkeitskomponente zurück. Waren zunächst alle möglichen Arten der Typenbildung innerhalb der ersten Stufe gleich gut, so wird nunmehr die auf dem Gebiet der Stufe der Persönlichkeitskomponente gewonnene Erkenntnis dazu führen, daß auf der ersten Stufe die Dreiteilung der Typen, welche sich auf der zweiten Stufe als wertvoll erweist, wirklich durchgeführt wird. Denn nur wenn indifferentes Motiv und negatives Motiv zwei verschiedenen Typen angehören, besteht die Möglichkeit, den einen weiter zu teilen, den anderen dagegen nicht.

Schreitet man nun in das Gebiet der dritten Stufe der Persönlichkeitskomponente fort, so besteht offenbar auch hier die Möglichkeit einer Typenbildung. Da aber die dritte Stufe nur eine weitere Unterteilung der schon auf der zweiten Stufe gebildeten Typen darstellen kann, genau so wie die Typenbildung der zweiten Stufe eine weitere Unterteilung der auf der ersten Stufe gebildeten Typen ist, so wird man auch nur dort einsetzen können, wo bereits die zweite Stufe Unterteilungen vorgenommen hat. Soweit es sich also um Fälle des indifferenten Motivs handelt, die schon innerhalb der zweiten Stufe vernachlässigt, das heißt nicht weitergeteilt wurden, wird auch die dritte Stufe keine neuen Typen bilden können. Soweit dagegen die zweite Stufe Unterteilungen vorgenommen hat, wird man an diese anknüpfen können. Da es sich bei der dritten Stufe nur um die Frage handelt, wie der Täter zu seinen dauernden Neigungen gekommen ist, so werden nur jene durch die zweite Stufe gebildeten Typen hier eine Unterteilung nach Maßgabe der dritten Stufe in Betracht kommen, in welchen das Motiv auf einer dauernden Neigung, sei sie nun positiver oder negativer Natur, beruht. In ersterem Falle müßte wieder die Bewertung in umgekehrter Weise erfolgen wie im letzteren. Man könnte also etwa einen Typus des positiven Motivs auf positiver selbst erworbener Neigung und einen solchen des positiven Motivs auf positiver nicht selbst erworbener Neigung bilden, und ganz analog auch bei negativen Motiven. Dringend nötig scheint mir eine Typenbildung mit Hilfe der dritten Stufe der Persönlichkeitskomponente überhaupt nicht zu sein; ihre Berücksichtigung als Wertmesser innerhalb der zweiten Stufe würde vollständig ausreichen.

Kehren wir nunmehr zu unserem Ausgangspunkte bei der Typenbildung auf subjektivem Gebiet zurück, nämlich zur Zurechnungsfähigkeitskomponente, so folgt aus der Verbindung des über die Zurechnungsfähigkeit Gesagten mit dem über die Tat- und Persönlichkeitskomponente Ausgeführten, daß eine ganze Fülle von subjektiven Typen gebildet werden kann. Hat man tatsächlich alle systematisch überhaupt möglichen Typen gebildet, dann wird auf der Grundlage jedes einzelnen objektiven Grundtypus eine große Anzahl subjektiver Typen erwachsen. Es könnten da etwa zwei Zurechnungsfähigkeitstypen gebildet werden, von denen wieder jeder acht Tatschuldtypen aufweisen könnte, von denen wieder jeder einzelne in sieben Persönlichkeitstypen differenziert werden könnte, was im ganzen 112 verschiedene subjektive Vergeltungstypen auf der Grundlage eines einzigen objektiven Typus ergäbe. Bedenkt man nun weiter, daß jeder objektive Grundtypus in einen Erfolgs- und in einen bloßen Handlungstypus zerfallen kann, so ergeben sich auf der Grundlage eines Grundtypus sogar 224 subjektive Typen. Das scheint ganz ungeheuer kompliziert zu sein und einen klaren Aufbau des Gesetzes überhaupt nicht zu ermöglichen. Man muß jedoch beachten, daß es sich ja zunächst nur um rechtstechnische Typen handelt und daß damit über ihre gesetzestechnische Verwertung noch gar nichts gesagt ist. Wenn alle diese Typen wirklich im besonderen Teil auftauchen müßten, wenn es nötig wäre, etwa bei jedem einzelnen Grundtypus die Fülle der möglichen subjektiven Typen zu wiederholen, dann allerdings wäre ein solches Gesetz ungeheuer umfangreich und wenig übersichtlich. Zahlreiche Typen lassen sich aber ein für allemal im allgemeinen Teil regeln und aus diesem Grunde wird ein systematisch aufgebautes Gesetz keineswegs umfangreicher oder unübersichtlicher werden als ein gefühlsmäßig-kasuistisches. Wer dadurch noch immer nicht überzeugt ist, der untersuche einmal, ob die herrschende Lehre denn wirklich mit weniger Typen auskommt. Abgesehen davon, daß sie, wenn auch in systematisch wenig einwandfreier Weise, die Typen der vollen und der verminderten Zurechnungsfähigkeit unterscheidet, kennt sie noch bedeutend mehr Tatschuldtypen als vom systematischen Standpunkt aus überhaupt gebildet werden können. Denn die Zweiteilung der Schuldformen in Vorsatz und Fahrlässigkeit ist nur eine scheinbare, die bei genauerer Betrachtung über die Fülle der verschiedenartigen Vorsatzfälle nicht hinwegzutäuschen vermag. Abgesehen von Absicht, dolus directus, dolus eventualis, und dem österreichischen dolus indirectus gibt es dann noch zahlreiche Vorsatzarten, die in buntem Durcheinander, ohne Rücksicht auf den ganz verschiedenen Einteilungsgrund, mit den wirklichen Vorsatzformen genannt werden, wie dolus alternativus, dolus generalis, dolus coloratus, dolus praemeditatus und dolus repentinus. Diese letzteren drei „Vorsatzarten" stellen schwache Versuche dar, die Persönlichkeitskomponente irgendwie einzufangen, Versuche, die an der Untauglichkeit des Mittels scheitern müssen. Freilich, Typen auf dem Gebiet der Persönlichkeitskomponente kennt die herrschende Lehre nicht; dafür herrscht aber auf diesem Gebiet auch ein buntes Durcheinander, das durch den Schulenstreit und durch den Kampf zwischen Schuld- und Gefährlichkeitsdoktrin noch mehr verwirrt wird.

Komplikationen gegenüber der herrschenden Lehre kann ich also auch für den Fall nicht zugeben, als wirklich alle systematisch möglichen Typen rechtstechnisch ausgenützt würden.

δ) Die Heranziehung der übrigen Kategorien. Diese erfolgt wieder in der Weise, daß jeder einzelne subjektive Vergeltungstypus nach dem Gesichtspunkt der übrigen Kategorien geprüft wird, ob er auch in dieser Hinsicht einheitlich ist, oder ob sich eine weitere Unterteilung empfiehlt. Dabei wird man, wie oben dargetan, nicht den subjektiven Typus als bloße Form, losgelöst von dem Inhalt in Betracht ziehen, sondern zumindesten soweit es sich um Tat- und Persönlichkeitstypen handelt, wird man stets den auf einer bestimmten Grundlage erwachsenen Typus untersuchen müssen. Genau genommen werden also die übrigen Kategorien nicht lediglich an die subjektiven Vergeltungstypen herangetragen, sondern an die mit Hilfe der subjektiven Vergeltungstypen gebildeten Gesamttypen, oder was auf dasselbe herauskommt, die inhaltlich durch die objektiven Grundtypen, auf welchen sie erwachsen, bestimmten subjektiven Typen. Soweit es sich nur um die Form der Tatschuld- und Persönlichkeitstypen handelt, ließe sich ja überhaupt eine verschiedene Bedeutung je nach den übrigen Kategorien kaum feststellen. Anders jedoch bei den auf dem Gebiet der Zurechnungsfähigkeit gebildeten Typen. Diese stehen ja mit dem objektiven Typus nur in losem Zusammenhang, sie stellen nicht dessen subjektive Widerspiegelung dar, sondern beantworten bloß die Frage, wie groß verhältnismäßig der Vorwurf, der dem Täter gemacht werden kann, überhaupt sein kann. Außerdem wird sich bei den Zurechnungsfähigkeitstypen eine verschiedene Wertigkeit gerade nur nach der Form zeigen, nicht aber nach dem Inhalt; es wird kaum jemals vorkommen, daß gerade bestimmte objektive Typen von vermindert Zurechnungsfähigen häufiger begangen werden, als von voll Zurechnungsfähigen. Daher werden die Zurechnungsfähigkeitstypen in bezug auf die übrigen Kategorien sehr wohl losgelöst von jeder objektiven Grundlage, also rein formal betrachtet, untersucht werden können. Will man besonders gewissenhaft sein, so kann man die Fragestellung dann in bezug auf inhaltlich bestimmte Zurechnungsfähigkeitstypen wiederholen, das heißt man kann bei jedem objektiven Grundtypus untersuchen, ob gerade dieser von Zurechnungsfähigen oder vermindert Zurechnungsfähigen häufiger als ein anderer begangen werde usw.

Versucht man nun die übrigen Kategorien zunächst an die Zurechnungsfähigkeitstypen heranzutragen, so wird man bei dem heutigen Stand der Hilfswissenschaften erkennen müssen, daß hier viele wichtige Fragen noch ungelöst sind. Zwar wird vielfach behauptet, daß die Mehrzahl zumindesten der schweren Verbrecher gleichzeitig vermindert zurechnungsfähig sei, so daß also bei der Kategorie der verminderten Zurechnungsfähigkeit der Häufigkeitswert ein größerer wäre als bei der vollen Zurechnungsfähigkeit, was zur Folge hätte, daß die Kategorie der Häufigkeit eine Trennung als notwendig erscheinen ließe, welche auf

Grund der Kategorie der Vergeltung unnötig war. Doch sind alle Untersuchungen, welche über den Prozentsatz der vermindert Zurechnungsfähigen unter den Verbrechern bisher angestellt wurden, mit größter Vorsicht aufzunehmen. Denn einerseits werden zu solchen Untersuchungen meist nur schwere Verbrecher verwendet, während die Masse der mittleren Kriminalität, insbesondere wenn sie wie in Deutschland bloß mit Geldstrafen geahndet wird, sich der Untersuchung von vornherein entzieht. Weiters sind die Untersuchenden durchaus Psychiater, welche die Frage der Zurechnungsfähigkeit nach rein medizinischen Gesichtspunkten entscheiden und zum Teil selbst wieder ganz verschiedene Begriffe der verminderten Zurechnungsfähigkeit zugrunde legen.

Ziehen wir nun die Kategorie der Spezialprävention heran, so wird sich vielleicht zeigen, daß die Unterscheidung zwischen den Fällen der vollen und der verminderten Zurechnungsfähigkeit, welche auf Grund der Kategorie der Vergeltung unnötig schien, dennoch notwendig wird. Es scheint mir wenigstens sehr zweifelhaft, ob alle Fälle der verminderten Zurechnungsfähigkeit den gleichen Einwirkungswert aufweisen wie diejenigen der vollen Zurechnungsfähigkeit. Aber noch weiter: Die Gruppe der verminderten Zurechnungsfähigkeit enthält ja in qualitativer Hinsicht eine ganze Fülle von verschiedenartigen Gruppen, die vielleicht eine verschiedene Strafempfänglichkeit aufweisen. So hat kürzlich Rittler es für richtig gefunden, innerhalb der vermindert Zurechnungsfähigen zwischen eigentlich Gesunden und eigentlich Kranken weiter zu unterscheiden[1]). Bei der ersten Gruppe dürfe man auf Strafen nicht verzichten, da sie auch im Sinne der Spezialprävention notwendig seien. Rittler zieht nun allerdings daraus den Schluß, daß infolgedessen für die gesamte Kategorie der vermindert Zurechnungsfähigen die normale Bestrafung Platz greifen müsse. Ich glaube jedoch, daß die Erkenntnis, daß es innerhalb der vermindert Zurechnungsfähigen diese beiden qualitativ verschiedenen Gruppen gebe, in bezug auf welche der Einwirkungswert der Strafe ein ganz verschiedener ist, dazu führen müßte, zwei voneinander verschiedene Typen der verminderten Zurechnungsfähigkeit zu bilden, wovon der erstere einen anderen Einwirkungswert aufwiese als der letztere. Freilich wird in dieser Richtung die Psychiatrie das letzte Wort zu sprechen haben. Man darf aber keineswegs die Möglichkeit, zwei in bezug auf den Vergeltungswert gleichartige, in bezug auf den Einwirkungswert aber ver-

---

[1]) Gutachten für den Prager Gefängniskongreß 1930.

schiedenartige Typen der verminderten Zurechnungsfähigkeit zu bilden, von der Hand weisen.

Was nun den strafrechtlichen Erfassungswert und den Opportunitätswert anbelangt, so werden sich diese beiden Kategorien in bezug auf die Zurechnungsfähigkeitstypen wohl neutral verhalten, das heißt sie werden irgendeine Unterteilung nicht verlangen, da der Wert innerhalb jeder einzelnen dieser beiden Kategorien sowohl bei den Zurechnungsfähigen als auch bei den verschiedenen Gruppen der verminderten Zurechnungsfähigkeit durchaus der gleiche sein dürfte.

Trägt man nun zunächst die Kategorie der Häufigkeit an die Tatschuldtypen heran, so wird sich hier gleichfalls manche Unterteilung der Vergeltungstypen als notwendig erweisen. Es gibt viele objektive Typen, welche mit Wissen im engeren Sinne bedeutend häufiger verübt werden, als mit bloßer Wissentlichkeit; ebenso mag der Häufigkeitswert der bewußten Fahrlässigkeit gelegentlich ein anderer sein als derjenige der unbewußten Fahrlässigkeit. Freilich kommt es dabei hauptsächlich auf den objektiven Grundtypus an, um welchen es sich handelt. Es liegt oft in der Natur des objektiven Typus, daß der Täter in der Regel der Fälle mit dem Gelingen seines Planes und mit dem Vorliegen sämtlicher Tatbestandsmerkmale rechnen kann. So wird etwa der Typus der Bigamie häufiger mit Wissen als mit Wissentlichkeit begangen werden, der Typus der Tötung dagegen öfter mit Wissentlichkeit als mit Wissen, da der Täter hier selten mit Sicherheit auf das Gelingen seines Planes rechnen kann. Es kann auch vorkommen, daß in bezug auf ein bestimmtes Merkmal des Typus fast durchwegs Wissen, in bezug auf ein anderes Merkmal jedoch meist nur Für-möglich-halten vorliegen wird, so etwa beim Diebstahl: Wissen in bezug auf die Fremdheit der Sache, Für-möglich-halten in bezug auf das Gelingen der Entziehungshandlung. Es wird aber auch vorkommen, daß der Häufigkeitswert der subjektiven Einstellung zu den Tatmerkmalen ein anderer ist als derjenige der Einstellung zu dem Wert der Tat: Bei der Tötung etwa wird es die große Regel sein, daß der Täter das Unrecht der Tat erkennt, während es, wie oben erwähnt, umgekehrt die große Regel sein wird, daß er den Eintritt des Erfolges bloß für möglich hält. Bei manchen Typen, wie fahrlässigen Vermögensschädigungen aller Art, wird der Häufigkeitswert so gering sein, daß dadurch der strafrechtliche Bekämpfungswert unter die untere Strafbarkeitsgrenze sinkt. Auf diese Weise erklärt sich etwa zwanglos die Straflosigkeit des fahrlässigen Diebstahls und der fahrlässigen Unterschlagung; solche Fälle kommen eben äußerst selten vor. Die Straflosigkeit der fahrlässigen Sachbeschädigung läßt sich allerdings weder auf diese Weise noch sonst irgendwie systematisch rechtfertigen: Sie beruht tatsächlich auf gefühlsmäßiger Entscheidung. Die Berücksichtigung der Kategorie der Häufigkeit wird also oft zu einer Ausscheidung von noch bestehenden Typen, oft zu einer beträchtlichen Modifizierung des strafrechtlichen Bekämpfungswertes und gelegentlich auch zur Notwendigkeit von Unterteilungen führen, welche durch den Vergeltungswert nicht erzwungen werden. Leider wird der Gesetzgeber, wenn er wirklich sorgfältig an die Prüfung des Häufigkeitswertes der einzelnen Tatschuldtypen herangehen will, bald die vorläufige Aussichtslosigkeit seines Beginnens erkennen müssen; es fehlt nämlich hier noch völlig an der nötigen Vorarbeit, welche die Kriminalstatistik zu leisten hätte. Die Kriminalstatistik in der heutigen Form ist gänzlich außerstande, für den systematisch aufbauenden Gesetzgeber das zu leisten, was er von ihr als einer strafrechtlichen Hilfswissenschaft de lege ferenda füglich erwarten könnte. Der Grund dafür liegt darin, daß sie sich sklavisch an die Typen des geltenden Gesetzes hält und daher überhaupt nur deren Häufigkeit festzustellen vermag. Sie kann daher wohl ein Hilfsmittel für den kasuistisch vorgehenden Gesetzgeber abgeben, nicht aber für die systematische Aufbauarbeit, die ja ihrer Natur nach zu neuen Typen gelangen will und muß. Die Strafrechtswissenschaft als die Hauptwissenschaft hat aber das Recht, von den Hilfswissenschaften zu verlangen, daß sie sich die Erforschung derjenigen Tatsachen zum Ziel stecken, welche die Strafrechtswissenschaft interessieren. Die Kriminalstatistik hat überhaupt nur insofern Existenzberechtigung, als sie dem Gesetzgeber de lege ferenda Material zu liefern imstande ist. In der heutigen Form ist sie dazu überhaupt nicht imstande; sie muß sich daher gründlich umstellen. Es soll nicht verkannt werden, welche Schwierigkeiten praktischer Natur sich entgegenstellen, wenn man die statistischen Untersuchungen nicht im engen Anschluß an die Typen des geltenden Gesetzes vornehmen kann, sondern neue Typen als Grundlage annehmen muß. Aber diese Schwierigkeiten müssen eben überwunden werden und daher wird sich ein Weg dazu finden, wenn nur der gute Wille vorhanden ist. Was hat etwa der Gesetzgeber davon, wenn er weiß, daß der heutige Typus der Veruntreuung im österreichischen Recht so und so oft vorkommt, wenn er im künftigen Gesetz den Typus der Unterschlagung schaffen will, der sich nach mancher Richtung hin von dem bisherigen unterscheidet? Ehe nicht eine grundlegende Umstellung in der statistischen Arbeit erfolgt, werden sich viele systematische und rechtstechnische Fragen de lege ferenda überhaupt nicht lösen lassen[1]).

Trägt man nun die Kategorie der Spezialprävention an die einzelnen Tatschuldformen heran, so wird sich zeigen, daß sich diese in bezug auf den Einwirkungswert im wesentlichen neutral verhalten. Dies scheint auf den ersten Blick nicht so zu sein: Sollte nicht der vorsätzlich Handelnde einer größeren Einwirkung bedürfen als der fahrlässige Täter? Wer diese Frage leichthin bejahen würde, würde sich eines Trugschlusses schuldig machen: Er würde nämlich die Tatschuldform bereits als Symptom für die Größe der Persönlichkeitskomponente auffassen (wie dies ja tatsächlich häufig geschieht) und über die Größe des Einwirkungswertes der Persönlichkeitskomponente entscheiden, während er über die Tatkomponente zu entscheiden glaubt. So wenig die vorsätzliche Begehung an sich beweist, daß der Täter unter allen Umständen eine größere Einwirkung zum Zwecke der Besserung nötig hätte als bei fahrlässiger Begehung, so wenig vermag man den Einwirkungswert bei vorsätzlicher Verübung eines bestimmten Typus unter allen Umständen höher anzusetzen als bei fahrlässiger.

Was nun die übrigen Kategorien anbelangt, so dürften sie sich gleichfalls in der Regel gegenüber den Tatschuldtypen neutral verhalten.

Untersucht man nun die einzelnen Persönlichkeitstypen nach dem Gesichtspunkt ihrer Häufigkeit, so wird sich, soweit dies auf Grund der heutigen kriminalstatistischen Forschung überhaupt mit Sicherheit feststellbar ist, manche große Schwankung je nach dem objektiven Grundtypus ergeben. Es gibt objektive Typen, wie z. B. die falsche Zeugenaussage oder der Meineid, welche geradezu typischerweise aus positiven Motiven begangen werden; hier wird also der Häufigkeitswert besonders groß sein

[1]) Es sei darauf hingewiesen, daß ein bedeutender Fortschritt schon dadurch erzielt werden könnte, wenn man die einzelnen statistisch erfaßbaren Fälle nicht bloß zählen, sondern wägen würde; wenn man etwa versuchte, innerhalb der Deliktsgruppen nach dem Motiv, nach der Neigung, auf welcher es beruht usw., weiter zu unterscheiden, im österreichischen Recht auch dann, wenn man sich nicht damit begnügte, den oft willkürlichen Wahrspruch der Geschworenen zu registrieren, sondern weiter untersuchte, ob nach dem Gesetz der betreffende Geschworenenwahrspruch nicht offenbar unrichtig war u. dgl. Dazu bedürfte es allerdings eines gründlichen Studiums der Akten, nicht bloß eines mechanischen Addierens. Einen erfreulichen Anfang in dieser Richtung stellen die Untersuchungen von Höpler, in MSchrKrPs., über die Mordkriminalität dar; Höpler unterscheidet bereits nach dem Motiv, freilich noch in viel zu wenig ausführlicher Weise.

und dies läßt es einigermaßen erklärlich erscheinen, wenn die Gesetze und Entwürfe ohne Rücksicht auf das Motiv mit schweren Strafen vorgehen. Allerdings läßt es sich, wenn man der Kategorie der Vergeltung die größte Bedeutung beimißt, systematisch doch nicht rechtfertigen, daß negative und positive Motive lediglich mit Rücksicht auf die größere Häufigkeit der letzteren gleich behandelt werden; ganz abgesehen davon, daß die Bildung zweier voneinander getrennter Typen schon wegen des verschiedenen Grundes der Strafhöhe dringend wünschenswert erscheint. Bei anderen objektiven Grundtypen wird umgekehrt wieder ein negatives Motiv die große Regel bilden, so etwa bei Diebstahl und bei Unterschlagung. Die verschiedene Größe des Häufigkeitswertes kann daher auf den strafrechtlichen Bekämpfungswert der einzelnen Typen größten Einfluß ausüben. Es ist aber auch möglich, daß durch die Kategorie der Häufigkeit eine weitere Unterteilung eines auf einen bestimmten objektiven Grundtypus erwachsenden subjektiven, durch die Motive gekennzeichneten Typus notwendig wird. Es kann nämlich sein, daß gerade ein qualitativ bestimmtes positives oder negatives Motiv besonders häufig vorkommt, jedenfalls viel häufiger als die übrigen positiven oder negativen Motive. In diesem Falle wird es notwendig sein, eine Unterteilung des Motivtypus mit Hilfe eben dieses qualitativ gekennzeichneten Motivs vorzunehmen. So ist etwa bei Diebstahl das Motiv der Gewinnsucht das häufigste. Alle übrigen negativen Motive treten demgegenüber gänzlich zurück. Dies war ja auch der Grund dafür, daß die herrschende Lehre gefühlsmäßig dazu geführt wurde, dieses Motiv, freilich gelegentlich in abgeschwächter und verkümmerter Form, in den besonderen Diebstahlstypus einzuführen und zu einem Essentiale des Diebstahlsbegriffes zu machen. Das herausgehobene Motiv wird dann zur Bildung eines besonderen Typus verwendet, der mit Rücksicht auf den größeren Häufigkeitswert auch einem gegenüber den übrigen negativen Motiven größeren strafrechtlichen Bekämpfungswert aufweist. Aber nicht nur auf dem Gebiet der ersten Stufe der Persönlichkeitskomponente kann der Häufigkeitswert bedeutende Veränderungen in der Typenbildung bedingen, sondern auch auf dem Gebiet der zweiten Stufe. Es gibt objektive Typen, auf deren Grundlage sehr häufig subjektive Typen mit einem negativen Motiv, das auf einer dauernden negativen Neigung gleicher Art beruht, vorkommen, während umgekehrt wieder bei anderen Typen selten das häufig vorkommende negative Motiv auf einer dauernden Neigung beruht. So finden sich denn auch Zustandsverbrecher bei manchen objektiven

Grundtypen, wie dem Diebstahl, weit häufiger als etwa bei der Tötung. Die größere Häufigkeit des betreffenden Typus, der durch ein auf einer dauernden Neigung beruhendes negatives Motiv gekennzeichnet wird, kann eine entsprechende Erhöhung des strafrechtlichen Bekämpfungswertes bewirken. Ganz analog wie auf der ersten Stufe kann es auch auf der zweiten vorkommen, daß aus der Fülle der negativen Neigungen eine bestimmte herausgehoben werden muß, weil sie einen besonderen Häufigkeitswert aufweist. Allerdings wird es sich dabei stets um solche Fälle handeln, wo schon auf der ersten Stufe der Persönlichkeitskomponente die Heraushebung eines bestimmten Motivs sich als nötig erwiesen hat. Was nun die dritte Stufe der Persönlichkeitskomponente anbelangt, so wird sich hier mit der Kategorie der Häufigkeit vorläufig nicht viel anfangen lassen, da es noch vollständig an irgendwelchen Vorarbeiten fehlt. Denkbar wäre es immerhin, daß das Sich-erwerben bei bestimmten Neigungen häufiger vorkommt als bei anderen. Bestimmtes läßt sich aber hierüber vorläufig nicht sagen.

Auch die Kategorie der Spezialprävention wird auf dem gesamten Gebiet der Persönlichkeitskomponente von größter Wichtigkeit sein; war es doch gerade der Gedanke der Spezialprävention, der überhaupt erst zu einer näheren Beachtung der Persönlichkeitskomponente geführt hat. Allerdings wird sich ihre Bedeutung im wesentlichen auf die Beeinflussung des strafrechtlichen Bekämpfungswertes der schon vorhandenen Typen beschränken, ohne daß es nötig wäre, um dieser Kategorie willen etwa weitere Unterteilungen der schon geschaffenen Typen vorzunehmen. So wird sich zunächst zeigen, daß die Fälle des negativen Motivs einen bedeutend größeren Einwirkungswert aufweisen, als diejenigen des indifferenten oder gar des positiven Motivs. In letzterem Falle, bei positivem Motiv, wird der Einwirkungswert vielmehr stets ein ganz geringer sein, was eine entsprechende Herabsetzung des strafrechtlichen Bekämpfungswertes, unter Umständen vielleicht sogar unter die untere Strafbarkeitsgrenze, bewirken wird. Ebenso wird innerhalb der Typen mit negativem Motiv jener Typus einen unvergleichlich größeren Einwirkungswert aufweisen, bei welchem das negative Motiv auf einer dauernden Neigung beruht. Was nun die dritte Stufe der Persönlichkeitskomponente anbelangt, so müßte man in Erwägung ziehen, ob nicht etwa der Fall, in welchem der Täter sozusagen durch eigene Bemühung sich seinen negativen Charakter erworben hat, einen größeren Einwirkungswert aufweise als derjenige, in welchem er durch schlechtes Milieu u. dgl. verdorben wurde[1]). Wird diese Frage bejaht, dann wäre zu erwägen, ob nicht schon aus diesem Grunde eine Typenbildung auch auf der dritten Stufe der Persönlichkeitskomponente angezeigt erschiene.

Was nun die übrigen Kategorien anbelangt, so dürften sie sich in bezug auf die einzelnen Typen der Persönlichkeitskomponente im wesentlichen ebenso neutral verhalten wie in bezug auf die Typen der Tatkomponente.

d) Absolut und relativ bestimmte Typen. Es wurde bisher immer von dem größeren oder geringeren strafrechtlichen Bekämpfungswert der Typen gesprochen. Es muß nunmehr aber doch die Frage aufgeworfen werden, ob jeder einzelne Typus einen absolut bestimmten oder bloß einen relativ bestimmten Wert besitzt, der zwischen Ober- und Untergrenze schwankt, je nach der konkreten Ausgestaltung des Einzelfalles. Es ist klar, daß absolut bestimmte Typen einerseits das Ideal der Rechtssicherheit wären, anderseits auch als Anhaltspunkte für den Richter besonders wertvolle Dienste leisten könnten. Je geringer daher die Relativität der Typen ist, je enger die Typen sind, desto mehr vermögen sie ihrem Zwecke zu dienen. Nun ist aber von vornherein klar, daß absolut bestimmte Typen überhaupt nur dann möglich wären, wenn sie lediglich auf Grund einer starren Kategorie gebildet würden. Denn wenn sich das Wertverhältnis innerhalb der Kategorie auch bei gleichbleibender Gesetzgebung ändern kann, so muß der Typus bereits relativ werden, soll dem Einzelfall wirklich Rechnung getragen werden können. Andernfalls wäre ja die Rechtssprechung nur für den Zeitpunkt der Gesetzgebung selbst richtig, nicht aber für einen späteren Zeitpunkt, in welchem sich der Wert des Falles innerhalb der Kategorie bereits geändert hat. Nun wurde aber schon oben dargetan, daß von allen in Betracht kommenden Kategorien nur diejenige der Vergeltung eine starre ist. Nur der Vergeltungswert kann sich nicht ändern, wenn sich die Gesetzgebung in keiner Weise ändert. Alle

---

[1]) Die Redaktoren des Strafgesetzentwurfs verneinen die Frage allerdings kurzerhand: Das Maß der erforderlichen Gegenwirkung sei das gleiche, wie immer der Täter zu seinem Charakter gekommen sei. Aber bei den Entwurfredaktoren handelte es sich ja nur darum, irgendwie die Nichtberücksichtigung der dritten Stufe der Persönlichkeitskomponente aus dem Gesichspunkt der Spezialprävention heraus zu begründen, da sie sich scheuten, den wahren Grund für ihre Stellungnahme, nämlich die Annahme einer deterministischen Schuldauffassung, einzubekennen. Es kommt in der Begründung zum Entwurf häufig vor, daß sich Ausführungen finden, denen man den Charakter eines Verlegenheitsausweges deutlich anmerkt.

übrigen Kategorien, am meisten aber die gleichfalls sehr wichtige Kategorie der Häufigkeit, stellen in hohem Grade bewegliche Kategorien dar. Werden also die Typen auch mit Einbeziehung aller übrigen Kategorien gebildet, so kann kein einziger Typus mehr ein absolut bestimmter sein. Aber selbst wenn wirklich nur die Kategorie der Vergeltung maßgebend wäre, bestünde zwar theoretisch die Möglichkeit absoluter Typen, praktisch aber könnten solche absolute Typen doch nur recht selten vorkommen. Ein Beispiel für die Möglichkeit eines solchen absolut bestimmten Vergeltungstypus wäre etwa der folgende: Sicheres Abzielen der Handlung auf einen bestimmten Erfolg, volle Zurechnungsfähigkeit des Täters, Vorsatz im engeren Sinne (Wissen), indifferentes Motiv. In diesem Falle läßt sich der Vergeltungswert wirklich mit absoluter Genauigkeit bestimmen, Ober- und Untergrenzen könnten nicht entstehen. Aber solche Fälle sind selten. Meist wird die Unmöglichkeit, praktisch brauchbare Typen mit absolut bestimmtem Wert zu bilden, dazu führen, auch die Vergeltungstypen nur relativ zu bestimmen. So lassen sich etwa bereits diejenigen Typen, welche die Fälle des nur möglichen Abzielens der Handlung auf den Erfolg umfassen sollen, nicht absolut bestimmen. Ein einheitlicher Typus, der sämtliche Fälle der bloßen Möglichkeit des Erfolgseintrittes umfaßt, ist sogar in sehr hohem Grade nur relativ bestimmt: Sein Unwert stuft sich je nach der konkreten Sachlage von dem höchsten denkbaren Fall bis herab zum Grenzfall ab, in welchem die Wahrscheinlichkeit des Erfolgseintrittes gleich 0 ist und die Handlung daher überhaupt keinen Unrechtsgehalt mehr aufweist. Daraus ergibt sich, daß für einen solchen Typus bereits keine Untergrenzen der Strafe aufgestellt werden können. Können aber schon infolge der Beschaffenheit des objektiven Typus Untergrenzen nicht in Betracht kommen, so ergibt sich aus der oben dargelegten Tatsache, daß die subjektiven Typen nur auf der Grundlage der objektiven entstehen, daß auch bei allen auf einem objektiven Typus dieser Art aufgebauten subjektiven Typen, also bei allen Deliktstypen, die auf solcher objektiver Grundlage ruhen, Untergrenzen unmöglich sind. Aber auch auf dem Gebiet der Schuldtypen selbst werden die bloß relativ bestimmbaren überwiegen. Was die Tatschuldtypen betrifft, so ließe sich überhaupt nur derjenige des Vorsatzes im engeren Sinne absolut bestimmen, der mit Indifferenz in bezug auf die emotionale Kategorie verbunden ist; denn die mit Hilfe der Lustbetonung und der Unlustbetonung gebildeten Typen sind ihrer Natur nach nur relativ bestimmbar. Ebenso sind die auf Grund der übrigen intellektuellen Beziehungen gebildeten Typen nur von relativ bestimmtem Wert: bezüglich der Abstufbarkeit der Wissentlichkeit gilt ja das gleiche wie bezüglich des objektiven Handlungstypus, der die Fälle des nur möglichen Eintritts des Erfolgs umfaßt. Aber auch die Typen der Fahrlässigkeit, sei es nun der bewußten oder der unbewußten, können im konkreten Fall von verschiedener Schwere sein. Für die mit Hilfe der Wissentlichkeit und der beiden Arten der Fahrlässigkeit gebildeten Typen gilt obendrein noch die Forderung, daß sie keine Untergrenzen enthalten dürfen, da die unter diese Typen subsumierbaren Fälle im konkreten Fall dem Grenzpunkt der Schuldlosigkeit ganz nahe kommen können. Soweit die Persönlichkeitskomponente zur Typenbildung herangezogen wird, kann ebenfalls nur ein einziger Vergeltungstypus absolut bestimmt werden, nämlich derjenige mit indifferentem Motiv. Alle übrigen sind bereits in hohem Grade relativ. Der durch das positive Motiv gekennzeichnete Typus kann, muß aber nicht eine Untergrenze aufweisen; ist die Schuldminderung im Falle des denkbar positivsten Motivs eine so große, daß dadurch der strafrechtliche Bekämpfungswert des Typus bis unter die Strafbarkeitsgrenze sinken kann, dann wird eine Untergrenze nicht aufzustellen sein. Auf dem Gebiet der Zurechnungsfähigkeitskomponente kann nur der Typus der vollen Zurechnungsfähigkeit absolut bestimmt werden; der oder die Typen der verminderten Zurechnungsfähigkeit dagegen sind wieder notwendigerweise relativ, und zwar ohne Untergrenzen.

Soweit also bloß Vergeltungstypen in Betracht kämen, wäre bereits die große Mehrzahl nur relativ bestimmbar, wobei noch bei einer ganzen Reihe die Untergrenzen fallen müßten, da die unter sie subsumierbaren Fälle ganz allmählich in das Gebiet der Straflosigkeit übergehen. Obergrenzen freilich könnte und müßte jeder Vergeltungstypus aufweisen: Denn diese bestimmen sich bereits nach dem Unrechtsgehalt des objektiven Grundtypus. Da die subjektiven Typen auf diesen Grundtypen aufbauen, so kann der auch subjektiv denkbar schwerste Fall eines leichteren objektiven Grundtypus niemals so großen Vergeltungswert aufweisen wie der denkbar schwerste Fall eines schwereren objektiven Grundtypus; oder konkreter ausgedrückt: Der auch nach der subjektiven Seite hin schwerste Fall einer Körperverletzung kann niemals solchen Vergeltungswert haben wie der denkbar schwerste Fall einer Tötung.

Zieht man aber nun noch die übrigen beweglichen Kategorien heran, so ergibt sich die Notwendigkeit einer bloß relativen Bestimmung sämtlicher Typen. Der Gesetzgeber kann zum

Beispiel bei der Festsetzung des Wertes innerhalb der Kategorie der Häufigkeit nur den durchschnittlichen räumlichen und zeitlichen Häufigkeitswert zugrunde legen. Soll aber nun wirklich jeder Fall seinem konkreten Häufigkeitswert nach beurteilt werden, dann muß dem Richter ein gewisser Spielraum gelassen werden, damit er den dem richtigen Häufigkeitswert entsprechenden strafrechtlichen Bekämpfungswert feststellen kann. Das analoge gilt bezüglich der übrigen Typen, wenn auch bezüglich dieser die Notwendigkeit eines richterlichen Spielraumes nicht so klar zutage tritt. Nun besteht aber insbesondere durch die Berücksichtigung des konkreten Häufigkeitswertes die Gefahr, daß die Typen dadurch mit verhältnismäßig weiten, jedenfalls weit über ihren Vergeltungswert hinausreichenden Strafrahmen versehen werden müssen, wodurch der Wert der Typen als Anhaltspunkte für den Richter und als Garantie für die Rechtssicherheit sehr leiden würde. Die Schwankungen, welche die Kriminalität in bezug auf einen bestimmten Typus im Laufe der Zeit je nach den wirtschaftlichen und sonstigen Verhältnissen erleiden kann, ist ja eine ziemlich große. Nun gibt es aber ein sehr einfaches Mittel, um einerseits die Klarheit und Straffheit der Typen zu bewahren und anderseits doch dem Einzelfall in bezug auf die beweglichen Typen vollständig gerecht zu werden. Dieses Mittel besteht in der Bildung von H i l f s t y p e n. Der Vorgang ist dabei der folgende: Die „normalen" Typen werden ohne Rücksicht auf die Beweglichkeit der Kategorie gebildet; bei ihrer Formulierung und Bewertung ist daher der durchschnittliche Häufigkeitswert, der durchschnittliche Einwirkungswert usw. zugrundezulegen, wobei sich der Gesetzgeber an die zur Zeit der Abfassung des Gesetzes voraussehbare Häufigkeit usw. zu halten hat. Da dieser durchschnittliche Wert ein fixer ist, können diese Typen dann auch mit einer klaren Obergrenze versehen werden. Nun tritt aber zu jedem solchen normalen Typus ein Hilfstypus, der die Bestimmung enthält, daß die in dem Haupttypus genannten Strafrahmen nach oben und, soweit sie Untergrenzen enthalten, auch nach unten durchbrochen werden können, wenn aus besonderen Gründen der Wertindex des Typus ein offenbar anderer ist als der Gesetzgeber angenommen hat. Soweit die Kategorie der Häufigkeit in Betracht kommt, müßte diese Bestimmung etwa dahin lauten, daß die Obergrenze um ein bestimmtes, nicht allzu großes Ausmaß überschritten werden könne, wenn gerade dieser Typus infolge besonderer Umstände in der letzten Zeit besonders häufig verübt wurde; daß unter die Untergrenzen herabgegangen werden kann, wenn solche Fälle aus besonderen

Gründen unverhältnismäßig selten vorgekommen sind. Hält man es für nötig, so kann man ähnliche Hilfstypen auch für die Kategorie der Einwirkung aufstellen: Es wäre dann etwa zu bestimmen, daß der Strafrahmen nach oben oder nach unten durchbrochen werden kann, wenn aus besonderen auf dem Gebiet des Strafvollzugs liegenden Gründen die Notwendigkeit einer längeren oder das Genügen einer kürzeren Einwirkung zum Zwecke der Besserung angenommen werden kann. In ganz analoger Weise könnte man dann, wenn man es mit Rücksicht auf die Bedeutung dieser Kategorien für notwendig hält, auch bei den übrigen Kategorien solche Hilfstypen bilden. Werden derartige Hilfstypen mit der notwendigen Sorgfalt formuliert, so daß der Richter genau weiß, auf Umstände welcher Art es ankommt, dann stellen sie im Vergleich zu weitgefaßten Haupttypen eine unvergleichlich größere Garantie für die Rechtssicherheit und gleichzeitig ungleich bessere Anhaltspunkte für den Richter dar.

e) Die Funktion der Typen und die Aufgabe des Richters. Die Funktion der Typen besteht, wie schon oben dargetan wurde, einerseits darin, dem Richter Anhaltspunkte für die richtige, das heißt den systematisch-kriminalpolitischen Grundlagen des Gesetzes entsprechende Entscheidung zu gewähren und gleichzeitig die Rechtssicherheit in möglichst hohem Ausmaß zu garantieren. Vermögen die nach den oben entwickelten Grundsätzen gebildeten Typen nun wirklich der Rechtssicherheit in ausreichendem Maße Genüge zu tun? Sind sie dazu nicht zu weit gefaßt und hindert nicht die Tatsache, daß viele dieser Typen einer Untergrenze entbehren müssen, diese Funktion? Was zunächst den Mangel von Untergrenzen anbelangt, so sind solche, wie schon oben erwähnt, für die Rechtssicherheit durchaus unnötig. Niemand hat ein Interesse daran zu wissen, daß er auf keinen Fall milder bestraft werden kann; vielmehr besteht nur ein Interesse daran zu wissen, ob überhaupt Strafe in Betracht kommt und wie hoch diese im schlimmsten Falle werden kann. Dem ersten Erfordernis ist daher Genüge getan, wenn das Gesetz den Satz aufstellt, daß überhaupt nur derjenige bestraft werden kann, dessen Tat in allen ihren objektiven und subjektiven Merkmalen einem Typus entspricht. Dieser Gedanke entspricht durchaus der herrschenden Lehre: nullum crimen, nulla poena sine lege. Dem zweiten Erfordernis aber, zu wissen, wie hoch die Strafe im schlimmsten Falle werden kann, ist durch die Statuierung von Obergrenzen vollständig Rechnung getragen. Wer einen bestimmten Typus und nur diesen verwirklicht, weiß, daß er niemals strenger bestraft werden kann als die Obergrenze des Strafrahmens dieses Typus dartut.

Diese besondere Wichtigkeit der Obergrenzen der Typen für den Gedanken der Rechtssicherheit ist zugleich einer der wichtigsten Gründe, die die Berücksichtigung der Beweglichkeit der einzelnen Kategorien in der Form von Hilfstypen ratsam erscheinen lassen. Denn die Hineinarbeitung der Beweglichkeit in die Haupttypen würde deren Obergrenzen entweder verwischen oder so hoch hinaufsetzen, daß eine scharfe Unterscheidung nach der Schwere des Unrechts und der Schuld, also nach dem Vergeltungswert, für die Gesetzesauslegung kaum durchführbar wäre, was noch zu besonderen Schwierigkeiten auf einem später zu erörternden Gebiet führen müßte. Es bleibt also noch der zweite Einwand zu erledigen, daß eine große Zahl der Typen, nämlich diejenigen mit nur sehr relativ bestimmtem Wert, die Rechtssicherheit nicht genügend garantiere. Darauf ist zunächst zu erwidern, daß bei der Typenbildung der Gedanke der Rechtssicherheit eben nicht in größerem Ausmaß berücksichtigt werden kann als es nach der Natur der Materie möglich ist. Wo feste Anhaltspunkte innerhalb ständig fließender Übergänge nicht gefunden werden k ö n n e n, dort kann auch die Typenbildung für die Rechtssicherheit nichts mehr tun: ultra posse nemo tenetur. Man könnte höchstens unbrauchbare Typen bilden, die der Rechtssicherheit genau so wenig nützen wie der Mangel von Typen. Was hat die herrschende Lehre wirklich damit gewonnen, wenn sie Typen mit Hilfe äußerst dehnbarer und selbst in hohem Grade relativer Begriffe, wie „erheblich", „groß", „gering", „schwer", „leicht", „sittenwidrig" u. dgl. bildet? Solche Typen sind auf jeden Fall nutzlos, in einem nach den Gesichtspunkten der herrschenden Lehre aufgebauten Gesetz aber, wie später zu zeigen sein wird, sogar in hohem Maße schädlich für die Idee der Gerechtigkeit und der Individualisierung, denen sie doch nützen sollten. Außerdem ist ein, wenn auch noch so sehr relativ bestimmter Typus innerhalb eines streng systematisch aufgebauten Gesetzes eine unvergleichlich geringere Gefahr als innerhalb eines gefühlsmäßig-kasuistisch aufgebauten Gesetzes. Denn infolge der systematischen Grundlage kann der Richter auch nicht einen Augenblick darüber in Zweifel sein, nach welchen Gesichtspunkten er den Typus konkretisieren soll, nach welchen Kategorien er alle unter den gleichen Typus subsumierbaren Fälle unterscheiden soll. Daß zum Beispiel innerhalb des Typus „Möglichkeit des Erfolgseintritts" oder innerhalb des Typus der Wissentlichkeit die konkrete Schwere des Falles je nach dem Grade der objektiven bzw. subjektiven Wahrscheinlichkeit zu bestimmen ist, tritt vollständig klar zutage. Damit ist aber für die Rechtssicherheit in Wahrheit das gleiche geleistet, wie wenn man 99 verschiedene Untertypen bildet, von 99% Wahrscheinlichkeit bis herab auf 1%.

Mit den obigen Ausführungen ist aber gleichzeitig auch die weitere Frage entschieden, ob die so formulierten Typen dem Richter brauchbare Anhaltspunkte zu liefern imstande sind. Durch die festen Obergrenzen jedes einzelnen Typus gewinnt der Richter bei sorgfältigem Vergleich den verhältnismäßigen Wert jedes einzelnen Typus, ja sogar den verhältnismäßigen Wert jedes einzelnen Teiles des Typus. Die Tatsache aber, daß das Gesetz auf systematischen Grundlagen aufgebaut ist, läßt ihn ohne Schwierigkeiten erkennen, auf welche Weise die konkrete Wertbestimmung innerhalb des Typus vorzunehmen ist, wie dies oben dargetan wurde.

Praktisch weit wichtiger als die Feststellung der Aufgabe, welche der Typus zu erfüllen hat, ist es, zu konstatieren, welche Funktion dem Typus nicht zukommt. Denn gerade in dieser Richtung begeht die herrschende Lehre einen grundlegenden Fehler, welcher mit dem kasuistisch-gefühlsmäßigen Aufbau der Gesetze allerdings in engstem Zusammenhang steht. Nach der herrschenden Ansicht hat nämlich der Typus nicht bloß die Funktion, Anhaltspunkte zu gewähren, sondern er stellt eine wenn auch oft nur relative so doch ausschließliche Bewertung der unter ihn subsumierbaren Fälle dar. Von dieser ausschließlichen Bewertung läßt man allerdings heute bereits Ausnahmen zu, welche dadurch gekennzeichnet sind, daß sie eigens zu diesem Zwecke gebildeten Kontratypen unterfallen, deren Funktion, wie schon ihre Bezeichnung dartut, in dem Ausschluß der grundsätzlich platzgreifenden typenmäßigen Bewertung gelegen sein soll. Die herrschende Lehre geht also dahin, daß jemandem, der einen bestimmten Typus unter was immer für konkreten Umständen verwirklicht, der Unwert dieses Typus zur Last fällt, es sei denn, dieser sei durch einen bestimmten Kontratypus ausgeschlossen. Wer also z. B. eine Tötung begangen hat, dem fällt unter allen Umständen der Unrechtsgehalt der Tötung zur Last, es wäre denn, daß gleichzeitig ein Kontratypus, ein Unrechtsausschließungsgrund, wie z. B. Notwehr, verwirklicht wurde, in welchem Falle dem Täter überhaupt nichts zur Last fällt. Und wer vorsätzlich einen Typus verwirklicht hat, dem fällt der Schuldgehalt der vorsätzlichen Begehung zur Last, es wäre denn, daß gleichzeitig der Kontratypus eines Schuldausschließungsgrundes verwirklicht wurde. Infolgedessen kennt die herrschende Lehre auch nur ein „aut — aut", ein „entweder — oder", in bezug auf das Unrecht und die Schuld der Tat, aber nicht allmähliche Übergänge: Entweder dem Täter fällt die volle Schwere des Unrechts- und Schuldgehaltes des Typus zur Last oder es fällt ihm überhaupt nichts zur Last. Die scharfe Grenzziehung zwischen dem vollen Unrechts- und Schuldgehalt des Typus einerseits, voller Straflosigkeit anderseits, das Fehlen jeglicher Übergänge, ist für die herrschende Lehre charakteristisch. Entweder der Täter ist des Mordes schuldig und mit ungeheuer schwerer Strafe zu belegen oder er ist infolge von Notwehr oder infolge von Notstand vollständig straflos: Ein Mittelding gibt es grundsätzlich nicht. Zwar wurde in diese Auffassung des „aut — aut" im Verlaufe der letzten Zeit schon manche Bresche geschlagen: Die Anerkennung der verminderten Zurechnungsfähigkeit stellt bereits eine solche dar. Aber auch hier konnte man sich nicht zu einer der Natur der Materie entsprechenden Ansicht durchringen: Kaum war die Möglichkeit allmählicher Übergänge erkannt, so glaubte man schon wieder innerhalb dieser Übergänge eine scharfe Grenze ziehen zu müssen (aus Gründen der Rechtssicherheit offenbar) und zog sie mit Hilfe des dehnbaren Begriffes der „erheblichen" Herabminderung bestimmter Fähigkeiten. Und so gibt es nun auch auf dem Gebiet der verminderten Zurechnungsfähigkeit die beliebte starre Grenze: Entweder die Fähigkeiten sind erheblich herabgemindert, dann verminderte Zurechnungsfähigkeit; oder sie sind herabgemindert, aber doch nicht erheblich, dann volle Zurechnungsfähigkeit, wie wenn sie überhaupt nicht herabgemindert wären. Und nun vergleiche man diese Lösung der herrschenden Lehre mit der systematisch richtigen Lösung: Welche gewährt der Rechtssicherheit die größere Garantie? Mit Hilfe des Kautschukbegriffes der Erheblichkeit ist der Rechtssicherheit wahrhaftig nicht mehr gedient, als durch den Grundsatz der Abstufbarkeit der Schuld je nach dem Maße der Herabminderung. Wohl aber ist durch die starre Grenze die Notwendigkeit von Fehlentscheidungen erzwungen: Denn es ist einfach nicht richtig, Fälle, in welchen die betreffenden für die Zurechnungsfähigkeit maßgebenden Fähigkeiten herabgemindert, wenn auch nicht erheblich herabgemindert sind, genau so zu entscheiden wie die Fälle der vollen Zurechnungsfähigkeit.

Auf dem Gebiet des Unrechts aber, der objektiven Typen, hat man sich im allgemeinen nicht einmal noch bis zur Erkenntnis durchgerungen, daß es Mittelfälle überhaupt gibt[1]).

[1]) Eine Ausnahme bildet Artikel VI der ö. StPNovelle 1918, der mit seinen „einem Rechtfertigungsgrund nahekommenden Umständen" der herrschenden Lehre weit vorausgeeilt ist. Ob bewußt oder infolge eines glücklichen Versehens, das wage ich nicht zu entscheiden.

Die Unhaltbarkeit der herrschenden Lehre tritt hier am klarsten zutage, wenn man als Beispiel einen Fall wählt, in welchem der systematische Grundgedanke richtig erfaßt, aber eben um des Prinzips des „aut — aut" willen nicht durchgeführt wurde, nämlich den Fall des rechtfertigenden Notstandes nach dem Entwurf 1927. Die Redaktoren des Entwurfs haben ganz richtig erkannt, daß eine Handlung nicht Unrecht sein kann, die mehr Gutes als Böses schafft. Die Konsequenz dieses Gedankens wäre nun offenbar, eine solche Handlung stets straflos zu lassen; aus Furcht jedoch, die Straflosigkeit zu weit auszudehnen, wird schon der erste Fehler begangen, indem das Unrecht nur dann ausgeschlossen sein soll, wenn der positive Gehalt den negativen „unverhältnismäßig" überwiegt[1]). Und nun ergibt sich infolge der starren Grenzziehung folgende eigentümliche Sachlage: Ist der Wert des geretteten Gutes unverhältnismäßig größer als der des geopferten, dann ist die Handlung überhaupt nicht Unrecht; ist der Wert des geretteten Gutes aber zwar größer, doch nicht unverhältnismäßig größer als derjenige des geopferten, dann ist die Handlung nicht nur Unrecht, sondern so sehr Unrecht, wie wenn überhaupt nur ein Gut vernichtet worden wäre. Ob also der Täter ein Menschenleben vernichtet und dadurch ein anderes rettet, das ist in bezug auf den Unrechtsgehalt der Tat vollständig gleichgültig. Zieht man noch die Dehnbarkeit des Begriffes der Unverhältnismäßigkeit in Betracht, so wird man erkennen, daß die herrschende Lehre hier wieder der Rechtssicherheit nichts nützt, wohl aber der Gerechtigkeit und der Richtigkeit schadet.

Die herrschende Lehre dehnt die Funktion des Typus in einer durchaus unnötigen und vollständig unrichtigen Weise aus. Schon eine Besinnung auf die Art und Weise des Zustandekommens der Typen sollte vor einem solchen Fehler bewahren. Es wurde oben gezeigt, daß schon bei der Bildung der Urtypen der Gesetzgeber in der Weise vorgeht, daß er eine einzelne Handlung mit dem ihr zugehörigen Erfolg herausgreift und diese bewertet. Die endgültigen Typen entwickeln sich aber aus diesen Urtypen, auch sie enthalten im allgemeinen nur eine Handlung mit dem ihr zugehörigen Erfolg. Die Typen stellen somit bewußte Abstraktionen dar, die den denkbar einfachsten Fall herausgreifen, in welchem eine nur durch einen einzigen Erfolg determinierte Handlung vorliegt. Nur dieser abstrakte Fall liegt der Typenbildung zugrunde, nur er wird daher auch

---

[1]) Daß dabei nur der Wert des Erfolges, nicht aber auch seine Wahrscheinlichkeit in Betracht gezogen wird, ist allerdings ein weiterer Fehler, von dem jedoch hier vorläufig abgesehen werden kann.

bewertet und nur auf ihn trifft daher die typenmäßige Bewertung zu. Wenn also im konkreten Fall eine typenmäßige Handlung nicht nur auf den ihr typenmäßig zugehörigen Erfolg, sondern etwa noch auf einen weiteren, sozial und somit rechtlich bedeutsamen, wenn auch nicht vertypten (z. B. auch positiven) Erfolg abzielt, so trifft das typenmäßige Werturteil für diesen Fall bereits nicht zu: Der konkrete Wert dieses Falles ist dann verschieden von dem typenmäßigen Wert. Beachtet man nun die Bedeutung der Handlung in bezug auf den weiteren Erfolg, auf welchen sie gleichfalls abzielt, überhaupt nicht, so spannt man den tatsächlichen Fall auf das Prokrustesbett des Typus und schneidet sozusagen denjenigen tatsächlichen Teil ab, der nicht mehr durch den Typus gedeckt ist. Damit verstößt man aber gleichzeitig gegen die Systematik, die ja gezeigt hat, daß sich der Wert einer auf mehrere Erfolge abzielenden Handlung nur dann richtig bestimmen läßt, wenn man sämtliche Erfolge, auf welche sie abzielt, mitberücksichtigt. Wer daher den Typus in der Richtung einer ausschließlichen Bewertung mißversteht, der gibt ihm eine Funktion, welche weit über das hinausgeht, was die Rechtstechnik tun darf: Er gibt ihm rechtsbildende, nicht bloß rechtsgestaltende Funktion, stößt damit durch die Typenbildung systematische Erkenntnisse um und schafft eine ganze Fülle von Systemwidrigkeiten.

Der Typus bedeutet daher lediglich eine ausschließliche Bewertung desjenigen Falles, welcher der Typenbildung zugrundeliegt, des Falles also, in welchem die typenmäßige Handlung nur auf den typenmäßigen und auf keinen andern sozial und rechtlich bedeutsamen Erfolg abzielt. Ist der konkrete Fall anders gelegen, dann kann sein dem systematischen Fundament entsprechender richtiger tatsächlicher Wert nur gefunden werden, wenn auch die übrigen die Handlung determinierenden Erfolge mitberücksichtigt werden. Denn in diesem Fall ist der tatsächliche Wert notwendig verschieden von dem typenmäßigen Wert. Dies gilt zunächst für die objektive Seite des Falles: Zielt die Handlung außer auf den typenmäßigen noch auf einen weiteren, sei es neben, sei es hinter diesem liegenden Erfolg ab, dann ist zunächst mit Hilfe der typenmäßigen Bewertung der Unrechtsgehalt dieser Handlung in bezug auf den typenmäßigen Erfolg festzustellen; sodann aber muß weitergegangen und untersucht werden, welche Modifikationen nunmehr die typenmäßige Bewertung durch die Berücksichtigung der weiteren Erfolge erleidet: Der typenmäßige Wert wird entsprechend erhöht werden, wenn dieser weitere Erfolg gleichfalls negativ ist, er wird entsprechend herabgesetzt werden, wenn der Erfolg positiv ist. Diese Herabsetzung kann soweit gehen, daß die Handlung dadurch rechtlich irrelevant, ja sogar rechtlich wertbetont, also positiv wird. Die Unterscheidung zwischen typenmäßigem und tatsächlichem Wert, welche auf der objektiven Seite durchgeführt wird, bedingt notwendig die gleiche Unterscheidung auf der subjektiven Seite. Auch hier ist zunächst die subjektive Widerspiegelung der dem objektivem Typus entsprechenden Merkmale zu untersuchen, welche als „reine Tatkomponente“ bezeichnet werden sollen; sodann aber ist weiter zu untersuchen, in welcher Weise diejenigen Merkmale widergespiegelt werden, welche sich auf den weiteren nicht typenmäßigen Erfolg beziehen. Die subjektive Widerspiegelung dieser Merkmale, die selbstverständlich in ganz den gleichen typenmäßigen Formen (also Vorsatz, Wissentlichkeit usw.) erfolgen kann, nenne ich „erweiterte Tatkomponente“[1]). Erst die mit ihrer Berücksichtigung gefundene gesamte Tatkomponente bildet sodann die Grundlage für die Zurechnung zur Persönlichkeitskomponente.

Es drängt sich nunmehr die Frage auf, ob durch diese Möglichkeit der Abänderung der typenmäßigen Bewertung im Einzelfall nicht wieder die Garantiefunktion der Typen für die Rechtssicherheit zerstört wird. Soweit sich nun die Rechtssicherheit auf die Garantie des „ob“ der Strafbarkeit erstreckt, kann davon wohl nicht die Rede sein. Der Satz, daß nur derjenige überhaupt bestraft werden könne, der einen Typus verwirklicht hat, wird ja durch die Veränderung in der Bewertung typenmäßigen Handelns, durch Berücksichtigung der übrigen sozial und rechtlich bedeutsamen Merkmale des konkreten Falles nicht berührt. Man könnte nun aber allerdings der Meinung sein, daß durch die der herrschenden Lehre entsprechenden Kontratypen der Unrechtsausschließungs- und der Schuldausschließungsgründe ein erhöhtes Maß an Rechtssicherheit gewonnen werde: Denn diese umschreiben ja genau die Fälle der Straflosigkeit trotz typenmäßigen Verhaltens, so daß der Richter, wenn ein solcher Kontratypus zutrifft, auf keinen Fall mit Strafe vorgehen kann, während die Bewertung der nichtvertypten positiven Erfolge und die dadurch bedungene Bewertung der Gesamttat leicht zu richterlichen Fehlern Anlaß geben kann. Darauf ist nun zunächst zu erwidern, daß diese Fehlerquelle in einem systematisch aufgebauten Gesetz immerhin recht gering sein wird: Weiß doch der Richter ganz genau, nach welchen Gesichtspunkten er auch bei Bestimmung des

---

[1]) Vgl. „Aufbau des Strafrechtssystems“, S. 177 ff., S. 205 ff.

Wertes der positiven Erfolge vorzugehen hat. Außerdem wird die im Gesetz durchgeführte Bewertung der negativen typenmäßigen Erfolge ein wichtiges Hilfsmittel zur Wertbestimmung auch der positiven Erfolge abgeben, insoweit sich diese als genaues Gegenteil der vertypten negativen darstellen: Den positiven Wert der Rettung eines Menschenlebens vor dem sicheren Untergang kann man leicht feststellen, wenn man den negativen Wert (also Unwert) einer auf sichere Vernichtung eines Menschenlebens abzielenden Handlung kennt. Gewisse Schwierigkeiten können sich also von vornherein nur bei der Bewertung von nicht vertypten negativen und von solchen positiven Erfolgen ergeben, welche nicht ein vertyptes negatives Gegenstück aufweisen; aber auch hier zeigt die Strafrechtssystematik so deutlich den Weg, daß schwere Fehler nicht vorkommen können. Schließlich steht aber auch in einem systematisch aufgebauten Gesetz nichts im Wege, in denjenigen Fällen, in welchen die Aufgabe für den Richter als zu schwer betrachtet wird oder wo man die Rechtssicherheit besonders garantieren zu müssen meint, Kontratypen zu bilden. Nur daß diese wieder eine gegenüber der herrschenden Lehre geänderte Funktion aufweisen würden: Sie hätten lediglich den Grenzpunkt anzugeben, von welchem ab Strafbarkeit nicht mehr in Betracht kommt; dieser Grenzpunkt braucht natürlich mit demjenigen des Unrechts nicht zusammenfallen. So ließe sich etwa in demjenigen Fall, der heute als Notwehr bezeichnet wird, ein Kontratypus als zweckmäßig rechtfertigen. Bei den Fällen der Notwehr kommen neben dem negativen Erfolg der Verletzung des Angreifers noch zwei positive Erfolge in Betracht: Die Abwendung des drohenden Übels für den Angegriffenen und außerdem ein ideeller Erfolg, den man etwa mit „Bewährung des Rechts gegenüber dem Unrecht" umschreiben könnte. Nun kann die Bewertung des positiven ideellen Erfolgs allerdings Schwierigkeiten begegnen und aus diesem Grunde wäre es ratsam, gesetzlich festzulegen, wie sehr er wertbetont ist, was auch in der Weise erfolgen kann, daß man feststellt, um wieviel der negative Erfolg den materiellen positiven übersteigen dürfe, ohne daß dadurch die Strafbarkeit des Falles bewirkt würde.

Eine ernstere Frage ist es schon, ob nicht die Rechtssicherheit in bezug auf das „wie" der Strafbarkeit zu sehr beeinträchtigt werden könnte. Soweit es sich freilich um die Berücksichtigung positiver Erfolge handelt, wird die Rechtssicherheit nicht leiden: Denn es wurde ja schon wiederholt darauf hingewiesen, daß niemand ein Interesse daran hat, zu wissen, er könne unter keinen Umständen milder bestraft werden. Anders aber, soweit es sich um die Berücksichtigung negativer Erfolge handelt. Sind diese freilich selbst vertypt, so daß also durch die Handlung zwei Typen verwirklicht werden, dann ist es nur selbstverständlich, daß die doppelte Qualifikation der Tat auch zu entsprechend höherer Bestrafung führt, und da der Täter zwei Typen verwirklicht hat, mußte er ja auch damit rechnen, die für jeden dieser beiden Typen angedrohte Strafe zu erhalten. Wenn aber nun der weitere negative Erfolg selbst nicht vertypt ist, kann er immerhin bewirken, daß um seinetwillen der strafrechtliche Bekämpfungswert so steigt, daß die Obergrenze des Typus durchbrochen werden müßte. In einem solchen Fall gewährt der Typus also nicht mehr die erwartete Garantie für die Rechtssicherheit. Nun bestehen zwei Möglichkeiten: Entweder man begnügt sich damit, daß die Obergrenze des Typus eben nur für denjenigen die höchstmöglichste Strafe darstellt, der nur diesen Typus und nichts weiteres an Sozialschädlichkeit verübt hat; so daß also dem Richter die Befugnis eingeräumt werden kann, die Obergrenze zu durchbrechen, wenn weitere nicht vertypte negative Erfolge in Betracht kommen. Oder man entschließt sich dazu, solche weitere negative Erfolge, die selbst nicht vertypt sind, überhaupt nicht zu berücksichtigen, womit zugunsten der Rechtssicherheit eine Abweichung vom System vorgenommen wäre. Welcher der beiden möglichen Wege ist nun eher zu empfehlen? Ich möchte mich doch für den ersteren entscheiden. Seine schädlichen Nebenwirkungen für die Rechtssicherheit können dadurch noch bedeutend abgeschwächt werden, daß etwa die Überschreitung der Obergrenze nur in geringem Ausmaß ermöglicht wird. Es wird dann ähnlich wie zum Zwecke der Berücksichtigung der Beweglichkeit der übrigen Kategorien ein Hilfstypus zu schaffen sein, welcher den Richter anweist, die Obergrenze zu überschreiten, wenn außer dem typenmäßigen Erfolg noch ein weiterer in Betracht kommt, dessen Berücksichtigung innerhalb des Rahmens des Typus nicht möglich ist. Diese Möglichkeit wird aber in der Regel der Fälle gegeben sein, nämlich dann, wenn der Fall nicht schon unter Berücksichtigung seiner typenmäßigen Merkmale an der Obergrenze des Typus liegt. Die durch den zweiten Erfolg bewirkte Steigerung des strafrechtlichen Bekämpfungswertes wird dann ohne Durchbrechung der Obergrenze leicht möglich sein.

Mit der geschilderten Funktion der Typen ist zugleich auch die Aufgabe des Richters gekennzeichnet: Er hat zu tun, was der Gesetzgeber im voraus nicht tun konnte, er hat das Werk, das der Gesetzgeber mit der Typenbildung begonnen hat, konsequent und unter Berücksichtigung der Grundlage des Gesetzes durchzuführen, um die für den Einzelfall richtige Strafe zu finden. Die Aufgabe des Richters ist daher durchaus die des Individualisierens, des Anpassens der Sanktion an alle Eigentümlichkeiten des Einzelfalles, soweit sie nach den rechtspolitisch-systematischen Grundlagen des Gesetzes für den strafrechtlichen Bekämpfungswert in Betracht kommen können. Diese Individualisierung, die der Richter auf der Grundlage eines systematisch aufgebauten Gesetzes durchzuführen hat, ist allerdings grundverschieden von der Individualisierung, an welche man heute denkt, wenn man dieses Wort gebraucht: Denn heute versteht man darunter vielfach nicht mehr die *Fortbildung*, sondern die *Korrektur* des Gesetzes; die freie Rechtsfindung, das Richterkönigtum, ist das Ziel der individualisierenden Richtung. Davon kann natürlich auf der Grundlage eines systematisch aufgebauten Gesetzes gar keine Rede sein: Der Richter ist der verlängerte Arm des Gesetzgebers, aber nicht der Nothelfer des Angeklagten oder des Staatsanwalts *gegen* das Gesetz. Der Richter ist nicht selbst Gesetzgeber, sondern Gehilfe des Gesetzgebers, der sich in allem und jedem dessen Gedanken und Anordnungen zu fügen hat. Denn nur dadurch, daß auf der Grundlage eines systematisch aufgebauten Gesetzes dem Richter diese und keine andere Aufgabe zufällt, vermag ein solches Gesetz den ewigen Zwiespalt zwischen Rechtssicherheit und Individualisierung in einem beiden Ideen gerechtwerdenden Sinne zu lösen. Und die Lösung dieses Zwiespalts, der heute wohl das Kernproblem des Schulenstreites und der Strafrechtswissenschaft überhaupt darstellt, ist die Voraussetzung für eine gedeihliche Entwicklung der Strafrechtswissenschaft, sowie die Voraussetzung für ein allgemein befriedigendes Gesetz. Weil aber der Richter nur die Gedanken des Gesetzgebers fortzubilden und nicht etwa sie zu korrigieren hat, darum kann auch der Streit um das Ausmaß des richterlichen Ermessens auf der Grundlage eines systematisch aufgebauten Gesetzes bei weitem nicht die Bedeutung gewinnen, die er auf Grund der kasuistisch-gefühlsmäßig aufgebauten Gesetze tatsächlich hat. Denn auf Grund der letzteren ist jedes Ermessen des Richters notwendig ein „freies", das heißt also an das Gesetz nicht gebundenes: Wo das Gesetz freien Raum läßt, da *muß* es der Richter nach eigenem Gutdünken ausfüllen, er *kann* sich beim besten Willen nicht an die Grundgedanken des Gesetzgebers halten, da solche nicht zu finden sind, weil der Gesetzgeber selbst weit davon entfernt war, auf einheitlichen Grundlagen aufzubauen, und weil er sich selbst häufig widersprochen hat. Der Richter **muß** also den Gesetzgeber spielen, ob er will oder nicht, aller Gewaltenteilung zum Trotz. In einem systematisch aufgebauten Gesetz aber, das einheitliche Grundgedanken besitzt und erkennen läßt, besteht die einzige Aufgabe des Richters in der Fortführung dieser Grundgedanken, und mit Rücksicht auf den einheitlichen und klaren Aufbau des Gesetzes ist er mühelos imstande, dieser Aufgabe nachzukommen. Hier kann er nicht mehr Gesetzgeber spielen, selbst wenn er es wollte: Denn sein Ermessen ist nicht frei, sondern ist gebunden, noch dazu streng gebunden durch die logischen Gedankengänge des Gesetzgebers, die er lediglich fortzuführen hat. Daher hat der Eid, den der Richter schwört, sich an das Gesetz und nur an das Gesetz zu halten, überhaupt nur Sinn, wenn das Gesetz systematisch aufgebaut ist: In jedem andern Fall ist dieser Eid entweder eine inhaltslose Floskel oder sein Sinn steht gerade mit dem in Widerspruch, was vom Richter verlangt werden muß.

Die Aufgabe des Richters, das Gesetz fortzubilden, läßt sich in zwei Teile zerlegen: In die Konkretisierung innerhalb der Typen und in die Konkretisierung außerhalb der Typen.

Die erstere kommt nur insoweit in Betracht, als es sich um relativ bestimmte Typen handelt. Hier hat der Richter festzustellen, wie groß der strafrechtliche Bekämpfungswert des konkreten Falles innerhalb des Typus ist. Dabei hat der Richter alle diejenigen Kategorien zu berücksichtigen, welche auch der Gesetzgeber berücksichtigt hat, und zwar nach dem gleichen Wertverhältnis. Der Richter wird sich dabei auch methodisch am besten an das Vorgehen des Gesetzgebers halten. Ist schon der Vergeltungswert des betreffenden Typus bloß relativ bestimmt, so wird der Richter damit beginnen, diesen Vergeltungswert zu konkretisieren. Fällt die Tat etwa unter den Typus des nur möglichen Abzielens der Handlung auf einen bestimmten Erfolg, so wird er sich fragen müssen, wie groß diese Möglichkeit im Augenblicke der Vornahme der Handlung war; ist der Schuldtypus derjenige der Wissentlichkeit, so wird er untersuchen, wie groß die Wahrscheinlichkeit des Erfolgseintritts nach Ansicht des Täters war; dabei wird er jedoch auf der Grundlage des objektiven Systems stets im Auge behalten müssen, daß Schuld nur auf der Grundlage objektiven Unrechts entstehen kann, daß daher die Wahrscheinlichkeit, mit welcher der Täter den Erfolg erwartet hat, nur insoweit strafrechtlich in Betracht kommen kann, als sie nicht über die objektiv gegebene Wahrscheinlichkeit hinausreicht. War das Motiv ein negatives, so wird der Richter das Maß des Unwerts dieses Motivs zu konkretisieren haben; dabei wird ihm der Begriff des adäquaten Motivs ein wichtiges Hilfsmittel bieten: Unter adäquaten Motiv[1]) ist dasjenige zu verstehen, das seine Befriedigung nur in der Verübung gerade dieser bestimmten Tat, in der Herbeiführung gerade dieses Erfolges finden kann. Es ist nun klar, daß sich der Wert der den einzelnen typenmäßigen Taten entsprechenden adäquaten Motive ebenso verhält wie der Wert der einzelnen Typen zueinander. Da letzterer sich leicht bestimmen läßt, wird auch ersterer nicht schwer feststellbar sein. Ist nun die Konkretisierung in bezug auf den Vergeltungswert durchgeführt, so sind nunmehr auch die übrigen Kategorien der Reihe nach, je nach ihrer Wichtigkeit, im Aufbau des Gesetzes heranzuziehen. Hat der Gesetzgeber nur den durchschnittlichen Häufigkeitswert des Typus in Betracht gezogen, so wird es Aufgabe des Richters sein, den konkreten Häufigkeitswert im Augenblick und am Orte der Urteilsfällung zu berücksichtigen. Diese Berücksichtigung wird gewöhnlich im Rahmen des Typus selbst, das heißt ohne Zersprengung des normalen typenmäßigen Strafrahmens erfolgen können. Nur gelegentlich, wenn etwa der konkrete Vergeltungswert schon an der Obergrenze des Typus liegt und obendrein der konkrete Häufigkeitswert besonders groß ist, oder wenn umgekehrt, falls der Typus über eine Untergrenze verfügt, der konkrete Vergeltungswert an der Untergrenze des Typus liegt und auch der konkrete Häufigkeitswert ein abnormal geringer ist, wird eine Durchbrechung des typenmäßigen Strafrahmens sich als notwendig erweisen; die Aufstellung von Hilfstypen für diese seltenen Fälle wird dem Richter seine Aufgabe dann bedeutend erleichtern. In ganz analoger Weise ist dann auch der konkrete Einwirkungswert, der konkrete Erfassungswert und der konkrete Opportunitätswert zu bestimmen.

Erst wenn auf diese Weise die Konkretisierung innerhalb des Typus durchgeführt wurde, ist es an der Zeit, zu untersuchen, ob der Fall auch eine Konkretisierung außerhalb des Typus erfordert. Eine solche kommt, wie oben dargetan, nur dann in Betracht, wenn der konkrete Fall außer den typenmäßigen noch andere sozial und daher rechtlich bedeutsame Merkmale aufweist. Es kann nun zunächst sein, daß diese Merkmale in ihrer Gesamtheit einen anderen Typus verwirklichen, so daß also die konkrete Tat in zweifacher Richtung typenmäßig erscheint. In solchen Fällen könnte es nun auf den ersten Blick scheinen, als ob der Richter weiter nichts zu tun

[1]) Vgl. „Aufbau des Strafrechtssystems", S. 222 ff.

hätte, als nunmehr auch innerhalb des zweiten Typus, welchen die Tat gleichfalls verwirklicht, zu konkretisieren und die so gewonnenen strafrechtlichen Bekämpfungswerte zu addieren, womit sich die für den Doppelfall (Konkurrenzfall) angemessene Strafe ganz von selbst ergäbe. Dies wäre jedoch nur teilweise richtig. Zwar muß die Konkretisierung innerhalb des zweiten Typus gleichfalls durchgeführt werden; aber wenn dies geschehen ist, dürfen nicht einfach die beiden strafrechtlichen Bekämpfungswerte addiert werden; denn auf diese Weise würde man zu einer unrichtigen, nämlich zu hohen Strafe kommen. Die einfache Addition könnte nur dann zu der richtigen Strafe führen, wenn die Typen bloße Vergeltungstypen wären, denn nur Unrecht und Schuld lassen sich ihrem Wesen nach zusammenzählen und doppeltes Unrecht und doppelte Schuld stellen wirklich den doppelten Vergeltungswert dar. Ganz unrichtig aber wäre es bereits, den Häufigkeitswert zweier Typen zu addieren, um so zu dem Häufigkeitswert des Doppeltypus zu gelangen, wie dies ja schon oben dargetan wurde. Vielmehr wird in der großen Regel, das heißt wenn nicht die betreffende Kombination selbst häufiger vorkommt als einer der beiden Teile aus denen sie sich zusammensetzt, die gesamte Tat jenen Häufigkeitswert aufweisen, welchen derjenige ihrer Teile hat, der am häufigsten vorkommt; so daß also der Häufigkeitswert des weniger häufigen Typus im Falle der Konkurrenz zweier Typen überhaupt in Wegfall kommt und bei der Bestimmung des gesamten Bekämpfungswertes nicht zu berücksichtigen ist. Ebenso wenig wie die Häufigkeitswerte lassen sich aber auch die Einwirkungswerte einfach addieren. Gewiß wird der Mensch, der zwei Typen verwirklicht hat, insbesondere wenn beide mit der Persönlichkeit innigst zusammenhängen, größerer Einwirkung bedürfen, als wer nur einen Typus verwirklicht hat; keineswegs aber wird man einfach die Einwirkungswerte der beiden Typen addieren dürfen. Denn wenn auch die Bekämpfung zweier schädlicher Neigungen längere Zeit beanspruchen kann als die Bekämpfung einer einzigen, so wird doch die Besserung nach beiden Richtungen hin gleichzeitig in Angriff genommen werden, es wird nebeneinander nach beiden Richtungen hin an dem Täter gearbeitet werden und die Gesamteinwirkung wird daher regelmäßig eine viel geringere sein als sich aus der Addition der Einwirkungswerte ergäbe. Ebenso wird auch von einer einfachen Addition der Werte innerhalb der beiden übrigen Kategorien nicht die Rede sein können, sondern höchstens von einer ganz geringfügigen Steigerung. Daher läßt sich die Aufgabe des Richters in den Fällen der Konkurrenz dahin umschreiben, daß er lediglich den Vergeltungswert beider Typen zu addieren hat, in bezug auf die übrigen Kategorien aber sorgfältig untersuchen muß, ob und welche Steigerung durch die Konkurrenz bewirkt wird, ob nicht etwa in bezug auf die eine oder die andere Kategorie die Konkurrenz überhaupt ohne Einfluß ist. Diese Arbeit setzt also voraus, daß der Richter den Vergeltungswert aus dem fertigen Typus herausarbeitet, daß er überlegt, wieviel von der Höhe der Strafdrohung auf den Vergeltungswert, wieviel auf die übrigen Kategorien entfällt. Dies ist keine leichte Arbeit, sondern sie stellt an den Richter die größten Anforderungen. Muß er doch etwa kriminalstatistisch gebildet sein, um den durchschnittlichen Häufigkeitswert der einzelnen Typen zu kennen, kriminalpsychologisch, um den Einwirkungswert annähernd feststellen zu können, kriminalistisch, um über den Erfassungswert einigermaßen ins Reine zu kommen, und schließlich politisch, um den Opportunitätswert richtig beurteilen zu können. Man kann nun dem Richter die schwierige Arbeit, die er in solchen Konkurrenzfällen zu leisten hat, ein wenig erleichtern, wenn man auch für diese Fälle Hilfstypen aufstellt, wenn das Gesetz also etwa bestimmt, um wieviel äußersten Falls die Obergrenze des Strafrahmens des schwereren Typus wegen der Konkurrenz mit einem anderen Typus durchbrochen werden kann. Dieses Maß darf aber nicht, wie dies in den Entwürfen geschieht, durch einen Bruchteil des strafrechtlichen Bekämpfungswertes desjenigen Typus, dessen Strafrahmen durchbrochen werden soll, gekennzeichnet werden, sondern vielmehr durch einen Bruchteil des strafrechtlichen Bekämpfungswertes des anderen Typus, um dessentwillen der Strafrahmen des einen durchbrochen wird. Denn wenn der eine Typus in seinem gesamten strafrechtlichen Bekämpfungswert zur Grundlage genommen wird, so ist eben beim anderen der Vergeltungswert herauszugreifen und daher bei diesem anderen Typus eine dementsprechende Herabsetzung der Strafdrohung vorzunehmen. Die Konkurrenzbestimmung müßte also etwa dahin lauten, daß der schwerere Typus zur Grundlage zu nehmen sei, daß aber seine Obergrenze um so viel erhöht werden könne, als der Hälfte oder dem Drittel der Obergrenze des mit ihm konkurrierenden Typus entspricht.

Die bisherigen Ausführungen enthüllen uns aber gleichzeitig das Geheimnis, das für die herrschende kasuistisch-gefühlsmäßige Methode undurchdringlich sein mußte, warum im Falle einer Konkurrenz die Strafen nicht einfach addiert werden können. Die überwiegende Meinung hat diese Addition rein gefühlsmäßig abgelehnt, konnte aber absolut keine Begründung dafür finden; so konnte man mit Recht darüber spotten, daß das Gesetz bei Mehrbezug Rabatt gewähre. Dem ist jedoch keineswegs so; wenn bei Konkurrenz die Strafen nicht einfach addiert werden, so liegt dies eben darin, daß die Typen der geltenden Gesetze und der Entwürfe keine reinen Vergeltungstypen sind, daß daher mit Recht eine Erhöhung, keineswegs aber eine Kumulierung der Strafen eintreten darf. Die systematische Begründung hiefür zeigt aber gleichzeitig auch, daß die Straferhöhung im Falle der Konkurrenz um so größer sein wird, je größere Bedeutung der Vergeltungswert innerhalb des Gesetzes hat, und desto geringer, je geringer der Vergeltungswert ist. Damit ist nebenbei auch wieder ein Beweis dafür erbracht, daß es kein Problem gibt, das so alt und so unlösbar wäre, daß nicht auf Grund der systematischen Methode darüber einige Klarheit gefunden werden könnte. Die gefühlsmäßig-kasuistische Methode freilich wird im besten Falle durch einen glücklichen Zufall zu einer richtigen Lösung kommen, wird aber, wenn man sie um den Grund dieser Lösung fragt, eingestehen müssen, daß sie selbst nicht weiß, wie sie dazu kam.

Wenn aber nun die außerhalb des einen Typus liegenden rechtlich bedeutsamen Merkmale des konkreten Falles keinem weiteren Typus entsprechen, wird die Aufgabe des Richters noch etwas schwieriger sein, denn dann muß er sozusagen eine Nachvertypung vornehmen. Er muß nun diese Merkmale gleichsam im Geiste vertypen, und zwar natürlich nach den gleichen Gesichtspunkten, nach welchen sie der Gesetzgeber vertypt hätte. Er muß sodann deren Bewertung vornehmen, und zwar wieder nach denselben Gesichtspunkten wie der Gesetzgeber selbst. Die Bewertung wird dann keinen großen Schwierigkeiten begegnen, wenn es sich um positive Handlungen und Erfolge handelt, die sozusagen das Gegenstück zu den negativen vertypten darstellen. In allen übrigen Fällen jedoch wird der Richter durch die Überlegung, warum der betreffende Fall oder, wenn es sich um einen positiven Erfolg handelt, sein negatives Gegenstück, nicht vertypt wurde, stets zu einem annähernd richtigen Ergebnis gelangen. Hat er dann den nicht vertypten Fall im Geiste nachvertypt, so ist der Vorgang genau der gleiche wie wenn es sich um Konkurrenzfälle handelt, zumindesten dann, wenn auch der weitere Erfolg negativer Natur ist. Ist er jedoch positiver Natur, so wird der Richter an Stelle einer Addition eine Subtraktion des Unrechts und der Schuld treten lassen müssen; bleibt dann noch ein Unwert bestehen, so werden nun die übrigen Kategorien konkretisiert werden müssen, um festzustellen, ob nicht trotz des bestehenden Unwerts der strafrechtliche Bekämpfungswert dieses Quasi-Konkurrenzfalles unter der Strafbarkeitsgrenze zu stehen kommt. Sind Kontratypen vorhanden, so werden sie dem Richter seine Arbeit in dieser Beziehung bedeutend erleichtern.

Auf die angegebene Weise wird nun der Richter in jedem einzelnen Fall die richtige, das heißt dem Grundgedanken des Gesetzes entsprechende Strafe wenigstens annähernd feststellen können. Ich glaube, daß zumindesten so große Schwankungen in der Strafzumessung, wie wir sie heute sehen, auf Grund eines systematisch aufgebauten Gesetzes nicht möglich sind.

Mit den obigen Darlegungen scheinen aber auch gleichzeitig die gegen die Strafzumessungslehre eines systematisch aufgebauten Gesetzes naheliegenden Einwände widerlegt, der Richter werde zu einer bloßen geistlosen Rechtsanwendungsmaschine herabgedrückt. Gerade das Gegenteil ist der Fall. Ein systematisch aufgebautes Gesetz stellt an den Richter ungleich höhere geistige Anforderungen als ein kasuistisch-gefühlsmäßig aufgebautes; es setzt Richter voraus, die nicht nur die Paragraphen des Gesetzes auswendig gelernt haben, sondern die auch in den wichtigsten Hilfswissenschaften des Strafrechts gründlich bewandert sind und über den Buchstaben des Gesetzes hinaus in dessen Geist tief eingedrungen sind. Als Kompensation für diese größeren Anforderungen gewährt aber ein systematisch aufgebautes Gesetz dem Richter die Garantie, daß er wirklich jeden einzelnen vorkommenden Fall seiner Eigenart entsprechend und dennoch richtig lösen kann. Es erspart ihm das drückende und beschämende Bewußtsein, daß es Fälle gibt, in welchen er beim besten Willen nicht richtig entscheiden kann, weil die eine Lösung genau so unrichtig ist wie die andere, und es erspart ihm die Gewissensqual, die gerade der gewissenhafte Richter stets empfinden wird, wenn er erkennt, daß das Gesetz infolge Fehlerhaftigkeit eine Entscheidung erzwingt, welche dem Sinn und der ratio des Gesetzes selbst zuwiderläuft. Und häufig genug findet der Richter aus einer derartigen Gewissensqual keinen anderen Ausweg, als den, den klaren Wortlaut des Gesetzes so lange zu verdrehen, bis er eine Entscheidung ermöglicht, die den Absichten des Gesetzgebers adäquat zu sein scheint. Die Folge davon ist dann wieder eine Fehlerhaftigkeit der Begründung und damit verbunden eine weitgehende Schwankung in der Rechtssprechung selbst der höchsten Gerichte, was zu einer unerträglichen Rechtsunsicherheit führt, trotz aller starren Grenzen der Gesetze selbst.

4. Sekundäre Systemwidrigkeiten.

Sekundäre Systemwidrigkeiten sind solche, welche nicht durch Fehler bei der Auswahl der Grundlagen zustande kommen, sondern durch Fehler auf rechtstechnischem Gebiet, also durch fehlerhafte Vertypung. Ihnen allen ist gemeinsam, daß gegen den obersten Grundsatz bei der Typenbildung verstoßen wurde, der darin besteht, daß sich die Rechtstechnik innerhalb der Grenzen der Systematik zu halten hat, kein neues Material liefern darf, sondern lediglich das durch die Systematik in Verbindung mit der Rechtspolitik gebotene Material zu verarbeiten hat. Echte sekundäre Systemwidrigkeiten setzen also einen systematisch richtigen Vorgang bei der Auswahl der Grundlagen voraus, denn ihr Wesen besteht ja gerade darin, daß auf richtiger Grundlage fehlerhaft aufgebaut und dadurch diese Grundlage selbst wieder teilweise zerstört wird. Da es nun aber im Wesen der kasuistisch-gefühlsmäßigen Methode liegt, nach welcher die geltenden Gesetze und die Entwürfe aufgebaut sind, daß sie sich schon um die Herausarbeitung bestimmter Grundlagen nicht kümmert, sondern rein gefühlsmäßig einmal auf dieser, dann wieder auf jener aufbaut, so läßt sich aus den fertigen Gesetzen niemals mit Sicherheit feststellen, ob es sich wirklich um eine sekundäre oder vielmehr schon um eine primäre Systemwidrigkeit handelt. Denn es ist klar, daß jeder Fehler in den Grundlagen gerade bei formal richtigem Vorgang bei der Vertypung gleichfalls zu fehlerhaften Typen führen muß. Es sollen daher im folgenden nur diejenigen Systemwidrigkeiten erwähnt werden, welche nicht notwendig auf Systemwidrigkeiten erster Ordnung zurückgehen, sondern sich auch daraus erklären lassen, daß auf richtiger Grundlage fehlerhaft weitergebaut wurde. Da die kasuistisch-gefühlsmäßige Methode naturgemäß auch nicht den hier vorgezeigten Weg der doppelten Vertypung (Urtypen und endgültige Typen) geht, sondern sogleich mit der endgültigen Typenbildung einsetzt, so kann auch bei der Schilderung von sekundären Systemwidrigkeiten auf diese zwei Stadien der Typenbildung nicht Rücksicht genommen werden. Es wäre nun zwar möglich, die Behandlung der sekundären Systemwidrigkeiten in der Weise durchzuführen, daß, dem systematischen Aufbau folgend, dargetan würde, welche Systemwidrigkeiten sich in jedem einzelnen Stadium ergeben *können*; dann müßte aber oft zu erfundenen Beispielen gegriffen werden, denen man entgegen halten könnte, daß sie tatsächlich nicht vorgekommen sind, wodurch der kritische Wert der Lehre von den Systemwidrigkeiten leiden würde. Aus diesem Grunde schien es richtiger, als Beispiele auch für sekundäre Systemwidrigkeiten solche Fälle heranzuziehen, die sich tatsächlich in den geltenden Gesetzen und Entwürfen vorfinden; damit war aber die Notwendigkeit verbunden, von dem streng systematischen Aufbau der Typenlehre bei der Schilderung der Systemwidrigkeiten abzuweichen.

Die Typen, welche wir in den geltenden Gesetzen und in den Entwürfen finden, weisen nun in mannigfacher Richtung arge Verstöße gegen die Systematik auf: in bezug auf den Aufbau der Typen; in bezug auf die Bewertung der Typen; in bezug auf die Funktion der Typen.

Was nun zunächst den Aufbau der Typen betrifft, so ist dieser überhaupt nicht nach einheitlichen Gesichtspunkten durchgeführt. Zwar hat es zunächst den Anschein, als ob grundsätzlich an ein Erfolgsstrafrecht gedacht wäre, als ob also dem tatsächlichen Eintritt des Erfolges Eigenbedeutung zukäme. Die Mehrzahl der objektiven Typen des besonderen Teils enthält ja tatsächlich neben der Handlung auch den ihr zugehörigen Erfolg. Daneben finden sich aber auch zahlreiche Handlungstypen, welche des Erfolgs entbehren. Diese können wieder in zwei Gruppen geteilt werden; solche in welchen die Handlung wenigstens durch das Abzielen auf einen bestimmten Erfolg determiniert wird (konkrete Gefährdungsdelikte) und solche, in welchen die Handlung selbst näher umschrieben wird, ohne daß es nötig wäre, daß sie tatsächlich auf einen bestimmten Erfolg abzielt (sogenannte abstrakte Gefährdungsdelikte). Nun entspricht die Zweiteilung der Typen in Erfolgs- und bloße Handlungstypen durchaus systematischen Gedankengängen. Die Systematik würde aber erfordern, daß *jedem* Erfolgstypus in gleicher Weise ein bloßer Handlungstypus gegenüberstehe. Gerade davon kann aber in den geltenden Gesetzen und Entwürfen keine Rede sein. Es finden sich zahlreiche Erfolgstypen, welchen, wenn man zunächst vom Versuch absieht, keine Handlungstypen gegenüberstehen; vielmehr gibt es nur wenige Ausnahmefälle, in welchen einem Verletzungsdelikt ein gleichartiges Gefährdungsdelikt zur Seite steht. Nun könnte man zunächst meinen, daß bloße Handlungstypen überhaupt unnötig seien, da sie in der herrschenden Lehre durch den Versuch ersetzt werden. Dieser ist aber, selbst wenn man sich auf den Standpunkt einer objektiven Versuchstheorie stellt, kein gleichwertiger Ersatz für den bloßen Handlungstypus; denn nach der Ansicht der herrschenden Lehre ist dem Versuch das Moment der Vorsätzlichkeit wesentlich, so daß es bei fahrlässigen Delikten „keinen Versuch gibt". Außerdem unterscheidet sich der Versuch, auch wenn man die objektive Theorie zugrunde legt, wesentlich von dem Gefährdungsdelikt dadurch, daß sich die Schuld des Täters tatsächlich nicht auf den eingetretenen Erfolg beziehen muß, so daß also der Fall, in welchem sich die Schuld bloß auf die Gefährdung bezieht, wieder nicht getroffen wäre. Verlangt der Versuchsbegriff aber einerseits ein Plus gegenüber dem Gefährdungsdelikt, so setzt er, wenn man die subjektive Versuchstheorie zugrundelegt, anderseits wieder viel weniger voraus, indem das objektive Geschehen überhaupt gar keine Gefährdung zu enthalten braucht. Ist also der Versuch der herrschenden Lehre keineswegs wesensgleich mit dem Gefährdungsdelikt, so ist dadurch schon die vielfach vertretene Ansicht widerlegt, man brauche nur bei Fahrlässigkeitsdelikten Gefährdungstypen, um eben den bei vorsätzlichen Delikten möglichen Versuch zu ersetzen. Vielmehr wird bereits eine Systemwidrigkeit geschaffen, wenn vorsätzliche Gefährdungen nur als Versuch, fahrlässige dagegen als Gefährdungen bestraft werden. Nun kommen aber noch gelegentlich Fälle vor, in welchen einem Verletzungsdelikt, bei welchem Versuch möglich und strafbar ist, obendrein ein gleichartiges Gefährdungsdelikt gegenübersteht; auf diese Weise wird dann eine Teilkonkurrenz zwischen Versuch des Verletzungsdelikts und Gefährdungsdelikt ermöglicht, die sehr schwer zu entscheiden ist. Häufiger aber noch ist der Fall, daß einem Gefährdungsdelikt kein gleichartiges Verletzungsdelikt gegenübersteht. Hieher gehören vor allem die Fälle der Herbeiführung einer Gemeingefahr. Das „praktische Bedürfnis" hat angeblich zur Aufstellung solcher Gemeingefährdungstypen geführt und daher hat sich die herrschende Lehre gar nicht erst bemüht, sie theoretisch zu begründen. Meist werden sie sehr schwer bewertet, schwerer als der Versuch einer Verletzung, und die Probleme, die daraus entstehen, sind oft vollständig unlösbar. Man denke nur daran, vor welche unmögliche Aufgabe die Gesetzesauslegung durch § 87 öst. StGB. gestellt wird. Wie immer man diesen Paragraphen auszulegen versucht, auf jeden Fall ergeben sich sinnlose Konsequenzen. Begnügt man sich mit Einzelgefährdung, so ist das Ergebnis, daß die Herbeiführung der Gefahr einer leichten Körperletzung ein schweres Verbrechen, die Herbeiführung der Verletzung selbst aber nur eine geringfügige Übertretung ist; verlangt man jedoch, wie die überwiegende Lehre und Praxis dies tut, Gemeingefahr, dann ist wieder das Ergebnis, daß vorsätzliche Einzelgefährdung straflos, fahrlässige dagegen gemäß §§ 335 und 431 strafbar ist. Versucht man aber, auch diesen Widerspruch zu vermeiden, indem man die §§ 335 und 431 so auslegt, daß sie auch vorsätzliche Gefährdung mitumfassen, was freilich mit dem Wortlaut schwer vereinbar ist, so ist es nicht nur unverständlich, warum das Gesetz ganz entgegen seinem sonstigen Vorgehen vorsätzliche und fahrlässige Verübung gerade in diesem Fall als vollkommen gleichwertig ansieht, sondern man begreift auch nicht, wozu es dann überhaupt noch des § 87 bedarf. Steht man nun vollends auf dem Standpunkt, daß der Versuch eines Verletzungsdelikts das gleichartige Gefährdungsdelikt konsumiere, eine Ansicht, die vom Standpunkt der objektiven Versuchstheorie aus notwendig, vom Standpunkt der subjektiven aus möglich ist[1]), so kommt man zu noch verblüffenderen Ergebnissen: Der Täter, der vorsätzlich eine Gefahr für das Leben vieler Menschen gemäß § 87 herbeigeführt hat, ohne daß daraus der Tod eines Menschen entstanden ist, könnte sich dadurch eine mildere Strafe sichern, daß er nachweist, es sei ihm ja gar nicht bloß darauf angekommen, eine Gefahr herbeizuführen, er habe vielmehr die Absicht gehabt, alle diese Menschen zu töten; denn in diesem Falle liegen bloß zahlreiche Mordversuche in eintätigem Zusammentreffen vor, was einen milderen Strafsatz ergibt als denjenigen nach § 87. Übrigens ist die Lage nach dem Entwurf 1927 auch nicht viel besser. Dort wird die Systemwidrigkeit noch dadurch besonders deutlich gemacht, daß der Versuch häufig straflos gelassen wird, und zwar aus keinem anderen Grund, als weil dies dem Rechtsgefühl der Redaktoren, das offenbar an dem geltenden Reichsstrafgesetzbuch orientiert ist, entspricht. So ist z. B. der Versuch der einfachen Körperverletzung straflos. Aber wer durch eine der im 16. Abschnitt aufgezählten gemeingefährlichen Handlungen nur die Gefahr solcher einfacher Körperverletzungen für mehrere Menschen herbeigeführt hat, wird mit Zuchthaus bestraft. Der Täter kann sich also in solchen Fällen dadurch von einer schweren Zuchthausstrafe befreien, daß er nachweist, er habe keineswegs bloß die Gefahr von Körperverletzungen oder Gesundheitsstörungen herbeiführen wollen, sondern diese selbst: Der weiterreichende Vorsatz, die größere Intensität der subjektiven Deliktsseite wirkt also als Strafausschließungsgrund. Gewiß werden Fälle, in welchen durch gemeingefährliche Handlungen nur die Gefahr einfacher Körperverletzungen herbeigeführt werden kann, selten

---

[1]) Nach der objektiven Versuchstheorie stellt der Versuch ein Plus gegenüber dem Gefährdungsdelikt dar, da die subjektive Seite weiter reicht; ob er nach der subjektiven als Plus zu werten ist, hängt davon ab, ob man die subjektive Tatsache höher wertet als die objektive.

vorkommen, aber ausgeschlossen sind sie keineswegs; man stelle sich etwa vor, daß jemand gemäß § 229 des Entwurfs das Wasser eines Brunnens in der Weise verunreinige, daß dadurch zwar die Gefahr entsteht, daß jeder, der daraus trinkt, ein paar Stunden lang Übelkeiten bekommt, aber keinerlei ernstlichere Gefahr in Betracht kommt. Hier droht dem Täter Zuchthaus bis zu 15 Jahren, wenn er bloß die Gefahr dieses Übels herbeiführen wollte, dagegen winkt ihm die Freiheit, wenn er das Übel selbst verursachen wollte, ohne daß es ihm gelungen ist (weil etwa noch niemand aus dem Brunnen getrunken hat); ja selbst im schlimmsten Falle, wenn wirklich Menschen daraus getrunken haben und entsprechend erkrankt sind, droht ihm höchstens Gefängnis bis zu 3 Jahren[1]). Solche einzelne Beispiele, die sich noch sehr vermehren ließen, beleuchten blitzartig den Wert einer Reform, die sich der kasuistisch-gefühlsmäßigen Methode bedient.

Der Aufbau der Typen der geltenden Gesetze und der Entwürfe weist noch nach einer anderen Richtung hin zahlreiche Systemwidrigkeiten auf. Wenn man zunächst die Typen des besonderen Teils daraufhin untersucht, ob sie primär objektive oder primär subjektive Typen sind, so zeigt sich, daß sie zwar der Mehrzahl nach objektiv fundiert sind, daß sich aber zahllose Ausnahmen, insbesondere in der Form von Absichtsdelikten, finden, wo die subjektive Seite des Delikts über die objektive hinausreicht. Diese Typen stellen also Mischtypen dar, bei welchen das objektive System von einem subjektiven durchdrungen wird. Soweit sich subjektive und objektive Tatseite decken, liegt das objektive System zugrunde, soweit aber die Absicht des Täters ohne Rücksicht auf das objektive Geschehen Bedeutung erlangt, handelt es sich um ein subjektives System. Neben den Mischtypen finden sich gelegentlich auch rein subjektive Typen, bei welchen die Beschaffenheit des objektiven Geschehens überhaupt gleichgültig ist und es einzig und allein auf den Vorsatz des Täters ankommt. Die Schwie-

[1]) Nur durch eine gewaltsame Auslegung könnte man die unsinnige Konsequenz vermeiden: Man müßte das Gefährdungsdelikt als lex specialis gegenüber dem Versuch des Verletzungsdelikts auffassen. Aber wenn das Gefährdungsdelikt in diesem Falle vorgeht, warum dann nicht auch in den übrigen, in welchen die Gefährdungshandlung nicht näher umschrieben ist? Aber selbst bei solcher Auslegung bleibt die Anomalie in wenig abgeschwächter Form bestehen; denn darüber kann man in keinem Fall hinwegkommen, daß straflos bleibt, wer ganz den gleichen Erfolg, um dessen Hintanhaltung es sich im § 229 handeln kann, auf andere, nicht ausdrücklich als selbständiges Gefährdungsdelikt vertypte Art und Weise an vielen Personen herbeizuführen vergebens versucht hat.

rigkeiten, welche diese Mischtypen und subjektiven Typen innerhalb eines grundsätzlich objektiven Systems erzeugen, sind der herrschenden Lehre zur Genüge bekannt und ich habe mich damit ausführlich in meinem „Aufbau des Strafrechtssystems" beschäftigt. Nun tritt aber neben diese gänzlich oder teilweise subjektiv gefaßten Typen des besonderen Teils noch die Figur des Versuchs, die ihrerseits so viele Mischtypen oder rein subjektive Typen schafft als es strafbare Versuche gibt: Mischtypen, wenn die objektive Versuchstheorie zugrunde gelegt wird, rein subjektive Typen, wenn die subjektive Versuchstheorie anerkannt wird. Die Folge davon ist nun, daß auch dort, wo es sich im besonderen Teil um einen rein objektiv formulierten Typus handelt, neben diesen ein Mischtypus oder ein subjektiver Typus gleicher Art tritt, wenn der Versuch strafbar ist. Die Fülle der daraus entstehenden Schwierigkeiten, die zum größten Teil einfach unlösbar sind, kann hier nicht abermals aufgezählt und behandelt werden. Ich darf in dieser Richtung auf meine früheren Arbeiten auf diesem Gebiet verweisen[1]. Aber nicht genug an den zahllosen Mischtypen und subjektiven Typen, die das Gesetz selbst schafft, glaubte auch die Theorie in dieser Richtung noch einiges hinzufügen zu müssen, und so gelangte man zur Figur der mittelbaren Täterschaft, welche den Sinn der objektiven Typen in das Gegenteil verkehrt und zu zahllosen unlösbaren Scheinproblemen führt. Auch sie wurde bereits in meinem „Aufbau des Strafrechtssystems" gebührend gewürdigt[2]. Haben nun die früher besprochenen sekundären Systemwidrigkeiten, welche das Erfolgsstrafrecht durch zahlreiche Handlungstypen durchsetzen, ihre Ursache lediglich in der gefühlsmäßig-kasuistischen Methode, so dürfte die Durchdringung des objektiven Systems durch ein subjektives noch obendrein durch die historische Entwicklung begünstigt worden sein. Es scheint, daß man auch heute noch nicht den Gegensatz zwischen der subjektivistischen Auffassung des späteren römischen Rechts und der objektivistischen des germanischen Rechts überwunden hat. Freilich hat daran selbst wieder die kasuistisch-gefühlsmäßige Methode schuld, denn sie läßt ja eine grund-

---

[1]) Zunächst „Zur Lehre vom Tatbestand", S. 31 ff. und 50 ff., wo ich der Materie durch die Figur des „Quasi-Versuches" beizukommen hoffte; dazu dann „Zur Tatbestandsmäßigkeit des Versuchs", G.-S., Bd. 98, S. 387 ff., wo ich auf die typenbildende Funktion des Versuchsparagraphen hinwies; schließlich „Aufbau des Strafrechtssystems", S. 128 ff., wo ich die Figur des Versuchs einer eingehenden Kritik vom systematischen Standpunkt aus unterzog und nachzuweisen versuchte, daß sie unnötig und unrichtig ist.

[2]) Vgl. S. 143 ff.

legende Reform nicht aufkommen, sondern bewirkt die „langsame Fortentwicklung“, welche Jahrhunderte alte und längst veraltete Gedanken sorgfältig in jedes moderne Gesetz mitübernimmt.

Aber auch dort, wo der formale Aufbau der objektiven Typen an sich richtig wäre, ist dem Gesetzgeber, der sich der kasuistisch-gefühlsmäßigen Methode bedient, oft ein großes Mißgeschick widerfahren: Er hat, aus seinem tiefsten Rechtsgefühl schöpfend, manchmal gar nicht denjenigen Erfolg vertypt, auf welchen es ihm nach Sinn und Zweck des Gesetzes hätte ankommen müssen, sondern an seiner Stelle einen anderen. So finden wir bei den Typen des Diebstahls und der Unterschlagung des geltenden Rechts und auch der Entwürfe nicht etwa die Vermögensschädigung des Opfers als den ausschlaggebenden Erfolg angeführt, sondern ganz etwas anderes, was nur in der Regel auf diese Vermögensschädigung folgt, nämlich die Aneignung der Sache durch den Täter oder gar die Bereicherung des Täters durch die Aneignung. Die Folge dieser verfehlten Typenbildung war nun eine zweifache: zugunsten des Täters, insoferne er einen andern ruhig am Vermögen schädigen konnte, wenn er sich nur nicht die betreffende Sache aneignete (nur teilweise war dieser Fall durch die Sachbeschädigung getroffen): Der berühmte Kanarienvogel- oder Papageienfall (A öffnet den Käfig und läßt den Vogel des B entkommen) bleibt straflos. Aber auch zu Lasten des Täters, insofern derjenige, der sich eine fremde Sache aneignete, ohne dabei den Eigentümer oder sonst wen am Vermögen zu schädigen (Äquivalenzfälle), unter denselben Typus fiel, wie derjenige, der ihn dadurch schädigte. Die Reformarbeit hat nach der ersten Richtung hin durch die Schaffung von „Flicktypen“ (die die Aufgabe haben, die durch unrichtige Typenbildung entstehenden Lücken wieder zu flicken) Abhilfe zu schaffen versucht; nach der zweiten Richtung hin schien ihr entweder Abhilfe nicht nötig oder sie wurde sich dessen gar nicht bewußt, daß hier eine Systemwidrigkeit zu einer groben Ungerechtigkeit führen muß. Häufig geht nun dieser Fall Hand in Hand mit dem früher behandelten der Durchbrechung des objektiven Systems durch ein subjektives, so z. B. beim Diebstahl im Entwurf. Die Folgen sind wieder zahlreiche Scheinprobleme, auf deren Lösung, die naturgemäß unmöglich ist, eine ungeheure Fülle von wissenschaftlicher Arbeit und Energie vergeudet wird.

Aber nicht nur auf dem Gebiet der Bildung der objektiven Grundtypen, auch bei der Bildung der subjektiven Typen, der Schuldtypen im engeren Sinne, finden sich, soweit die Typenbildung in den Gesetzen und Entwürfen das Gebiet der Schuld überhaupt erfaßt, zahlreiche sekundäre Systemwidrigkeiten. Da die Persönlichkeitskomponente nach Ansicht der herrschenden Lehre nicht vertypt werden kann, ihre Würdigung daher dem „freien richterlichen Ermessen“ überlassen werden muß, beschränkt sich die Typenbildung der herrschenden Lehre auf die Zurechnungsfähigkeits- und die Tatkomponente. Die Systemwidrigkeiten, die sich hier finden, lassen es als erfreulich erscheinen, daß wenigstens die Persönlichkeitskomponente von einer Vertypung nach den Grundsätzen der kasuistisch-gefühlsmäßigen Methode verschont geblieben ist. Schon auf dem Gebiet der Zurechnungsfähigkeitskomponente, wo sich doch wirklich nicht die mindesten Schwierigkeiten ergeben können, stellt sich im Entwurf eine kleine Systemwidrigkeit ein. Die Zurechnungsfähigkeit wird, worüber hier nicht gesprochen werden soll, nach dem Entwurf (§ 13) nach der gemischten psychologisch-biologischen Methode bestimmt. Das bedeutet, daß die Zurechnungsunfähigkeit nur dann angenommen werden darf, wenn bestimmte psychologische Fähigkeiten aus bestimmten biologischen Gründen fehlen. Da nun der Entwurf, einen Begriff der verminderten Zurechnungsfähigkeit aufstellt, so wäre nichts natürlicher, als diese dann anzunehmen, wenn entweder bei Gleichbleiben der biologischen Merkmale die psychologischen Fähigkeiten bloß herabgesetzt, aber nicht ausgeschlossen sind, oder zwar die psychologischen Merkmale gleichbleiben, aber die biologischen Gründe, welche die Zurechnungsunfähigkeit begründen, nur in abgeschwächtem Ausmaß vorliegen, wenn also etwa an Stelle einer direkten Geisteskrankheit bloß ein krankheitsähnlicher Zustand vorgefunden werden kann. Nach dem Entwurf aber wird nur der erste Fall als verminderte Zurechnungsfähigkeit angesehen. Dadurch nun, daß die biologischen Faktoren zwar für die Zurechnungsunfähigkeit, nicht aber für die nur quantitativ von ihr verschiedene verminderte Zurechnungsfähigkeit Bedeutung erlangen, wird eine kleine, aber immerhin merkliche Systemwidrigkeit geschaffen, die auch dadurch nur abgeschwächt, nicht aber ausgeschaltet werden kann, daß der zweite Fall als Strafmilderungsgrund innerhalb der Kategorie der vollen Zurechnungsfähigkeit angeführt wird (§ 69).

Weit schlimmer steht es jedoch auf dem Gebiet der Tatkomponente, der Tatschuldformenlehre. Hier reicht der systematische Gedanke gerade noch bis zur Erkenntnis, daß sowohl die intellektuelle als auch die emotionale Kategorie Bedeutung beansprucht. Die kasuistisch-gefühlsmäßige Durchführung dieses

Gedankens jedoch mündet in ein Chaos. Da ist zunächst die Schuldform des Vorsatzes. Der Entwurf definiert ihn dahin, daß vorsätzlich handle, wer mit Wissen und Willen einen Tatbestand verwirklicht. Abgesehen davon, daß gerade nach dem Entwurf, der den Versuchsbegriff kennt, noch dazu in der Gestalt der subjektiven Theorie, vorsätzlich auch derjenige handelt, welcher den Tatbestand nicht verwirklicht, sondern ihn bloß verwirklichen will, scheint also zum Wesen des Vorsatzes zunächst das Wissen zu gehören. Als eine Unterart des Vorsatzes, zu dessen Wesen das Wissen gehört, lernen wir jedoch alsbald den dolus eventualis kennen, der dann ausgeschlossen ist, wenn das Gesetz wissentliches Handeln erfordert. Denn zu dieser Unterart des Vorsatzes, dessen Wesen im Wissen besteht, gehört gerade das Nichtwissen, genauer das bloße Für-möglich-halten. Ein seltsamer Unterbegriff, dem ein Wesensmerkmal des Oberbegriffs fehlt. Ein Unterbegriff des Vorsatzes ist aber nach der herrschenden Lehre auch die Absicht; diese liegt nach dem Entwurf dann vor, wenn es dem Täter darauf ankommt, den Erfolg herbeizuführen. (Warum nur den Erfolg? Ist Absicht bei bloßen Handlungsdelikten unmöglich? Handelt derjenige nicht absichtlich, der eine zweite Ehe schließt, weil es ihm darauf ankommt, mit zwei Frauen verheiratet zu sein?) Dabei ist es nach der herrschenden Lehre (im Entwurf ist dies als Selbstverständlichkeit gar nicht erst erwähnt) gleichgültig, ob der Täter weiß, daß der Erfolg eintreten wird, oder ob er es nur für möglich hält. In der Absicht lernen wir also wieder einen Begriff kennen, der ein Wesensmerkmal seines Oberbegriffs nicht enthält. Das sind logisch recht merkwürdige Erscheinungen. Fragen wir uns nun aber, was denn eigentlich nach Abzug der Absicht und des dolus eventualis auf dem Gebiet des Vorsatzes noch übrig bleibt, so ist es jene Form, die man als bloßen direkten Vorsatz bezeichnen könnte: Der Täter weiß mit Sicherheit, das er die betreffende Tat verwirklichen wird, sie ist ihm aber nicht lustbetont, es kommt ihm nicht darauf an, sie zu verwirklichen. Ob sie ihm gleichgültig oder unlustbetont ist, das ist gleichgültig. Das einzige positive Charakteristikum dieses bloßen Vorsatzes ist also ein der intellektuellen Kategorie angehöriges Merkmal, das Wissen. Untersucht man nun die Absicht nach ihrem Charakteristikum, so ist es das der emotionalen Kategorie angehörige Merkmal des Lustbetontseins. Ob innerhalb der intellektuellen Kategorie Wissen oder bloßes Für-möglich-halten vorliegt, ist gleichgültig. Untersucht man nun das Charakteristikum des eventuellen Vorsatzes, so ist es zunächst das der intellektuellen Kategorie angehörige Merkmal des Für-möglich-haltens, das der dolus eventualis allerdings, wie später zu zeigen sein wird, mit der bewußten Fahrlässigkeit gemeinsam hat. Da aber diejenigen Fälle des bloßen Für-möglich-haltens, in welchen die Tatverwirklichung lustbetont ist, zur Absicht gehören, so könnte man nun meinen, daß zum dolus eventualis alle Fälle der Gleichgültigkeit und des Unlustbetontseins zu rechnen sind. Dem ist jedoch wieder nicht so, sondern ein Teil dieser Fälle gehört zur bewußten Fahrlässigkeit; dabei ist die Grenze zwischen diesen beiden Schuldformen nicht etwa in der nunmehr noch einzig möglichen Weise gezogen, daß etwa die Indifferenz zum dolus eventualis, die Unlustbetonung dagegen zur bewußten Fahrlässigkeit gezählt wird[1]); sondern diese Abgrenzung wird von der überwiegenden Meinung im Sinne der Frankschen Formel nach einem gänzlich neuen, bisher bei keiner Schuldform herangezogenem Merkmal vorgenommen, nämlich je nach dem, wie sich der Täter verhalten hätte, wenn er das sicher gewußt hätte, was er nur für möglich gehalten hat. Nun beachte man die logische Unmöglichkeit, einfachen Vorsatz, Absicht und dolus eventualis unter einen gemeinsamen Oberbegriff zu bringen, wie die herrschende Lehre um jeden Preis will, um die historisch geheiligte Zweiteilung der Schuldformen aufrecht zu erhalten und sich bei der Strafgesetzreform wichtige Arbeit zu ersparen. Aber ganz abgesehen davon, daß ein gemeinsamer Oberbegriff beim besten Willen nicht hergestellt werden kann, ist es systematisch unmöglich, eine Schuldform lediglich nach der intellektuellen, die andere bloß nach der emotionalen Kategorie und die dritte wieder einerseits nach der intellektuellen, anderseits nach Kriterien, welche keiner der bisher verwendeten Kategorien angehören, zu bestimmen. Mit dieser unmöglichen Einteilung geht eine unmögliche Bewertung Hand in Hand. Von diesen drei bisher erwähnten Schuldformen gilt nämlich die Absicht als die schwerste, während der dolus eventualis allen gegenteiligen Versicherungen der herrschenden Lehre zum Trotz als die leichteste angesehen werden muß, da er vielfach straflos bleibt, wo gewöhnlicher Vorsatz mit strengen Strafen geahndet wird. Nun hat aber der dolus eventualis ein Merkmal der intellektuellen Kategorie, das Für-möglich-halten, mit zahlreichen Fällen der Absicht gemeinsam, so daß also der große Wertunterschied scheinbar nur durch die emotionale Kategorie begründet wird. Bedenkt man aber nun dagegen wieder, daß innerhalb des Vorsatzes im engeren Sinne, des bloßen

[1]) So zieht die Grenze allerdings Engisch, „Untersuchungen über Vorsatz und Fahrlässigkeit“, der dadurch großes systematisches Verständnis beweist.

Vorsatzes, die emotionale Kategorie überhaupt keine Bedeutung erlangt, da die Fälle der Indifferenz mit denjenigen größtmöglichen Unlustbetontseins zusammengeworfen werden, daß auch innerhalb des dolus eventualis, den ein Lustbetontsein zur Absicht machen kann, die Frage der bloßen Indifferenz oder der Unlustbetonung gänzlich bedeutungslos ist, so wird man nicht leugnen können, daß von einer verhältnismäßigen Bewertung der beiden für die Tatschuldformen bedeutsamen Kategorien überhaupt keine Rede sein kann, daß vielmehr eine rein gefühlsmäßige Bewertung im Einzelfall stattfindet, ganz im Sinn der kasuistisch-gefühlsmäßigen Methode. Und gerade an diesen Beispielen aus der Schuldformenlehre läßt sich nachweisen, von welch zufälligen Umständen die Art der gefühlsmäßigen Bewertung oft abhängt. Weil nämlich das Charakteristikum der Absicht auf dem Gebiet der emotionalen Kategorie liegt, so fällt nur diese dem Bewerter ins Auge und er übersieht vollständig den Unterschied der Fälle innerhalb der intellektuellen Kategorie, was dann auch eine bewertende Stellungnahme hiezu ausschließt. Und weil das Charakteristikum des einfachen Vorsatzes auf dem Gebiet der intellektuellen Kategorie liegt, faßt der Bewerter nur diese ins Auge, und übersieht vollständig den möglichen Unterschied der Fälle innerhalb der emotionalen Kategorie, zu der er daher auch nicht bewertend Stellung nimmt.

Die zweite Schuldform der herrschenden Lehre ist die Fahrlässigkeit. Diese wird wieder in bewußte und unbewußte Fahrlässigkeit eingeteilt, wogegen zunächst nichts einzuwenden wäre. Eine andere Sache aber ist es, daß zur bewußten Fahrlässigkeit zwei ganz verschiedene Gruppen gerechnet werden: Diejenige, in welcher eine tatsächliche psychische Beziehung zur Tat in der Form der Wissentlichkeit, des Für-möglich-haltens, besteht, und diejenige, in welcher der Täter mit Bestimmtheit annimmt, daß er die Tat nicht verwirklichen werde, so daß er also tatsächlich den Zusammenhang zwischen sich und der Tat verneint. Es wurde oben betont, daß dieser Fall als Mangel einer wirklichen intellektuellen Beziehung aufgefaßt werden muß. Dieser Unterschied wirkt sich systematisch ja auch dahin aus, daß in der einen Gruppe von Fällen, welche richtigerweise zur Wissentlichkeit oder zum Vorsatz gezählt werden müßten, eine Berücksichtigung der emotionalen Kategorie möglich, in der anderen Gruppe dagegen unmöglich ist. Da nun aber die herrschende Lehre auf dem Gebiet der Fahrlässigkeit die emotionale Kategorie, die auf dem Gebiet des Vorsatzes, wie oben dargetan, so ungeheure Bedeutung erlangt, überhaupt nicht berücksichtigen will, so kommt ihr diese Systemwidrigkeit der Zusammenfassung zweier verschiedener Gruppen unter der Bezeichnung der bewußten Fahrlässigkeit überhaupt nicht zum Bewußtsein. Trotzdem rächt sie sich alsbald, weil die Fälle des bloßen Für-möglich-haltens, welche einen Teil des Gebietes der bewußten Fahrlässigkeit der herrschenden Lehre einnehmen, zum andern Teil in das Gebiet des dolus eventualis und der Absicht fallen. Soweit das letztere der Fall ist, kann die Abgrenzung allerdings leicht mit Hilfe der emotionalen Kategorie (Lustbetontsein) durchgeführt werden, soweit es sich dagegen um die Abgrenzung gegenüber dem dolus eventualis handelt, der ja außer durch das Für-möglich-halten noch durch ein der intellektuellen und der emotionalen Kategorie gleicherweise fremdes Element charakterisiert wird, entstehen Schwierigkeiten. Diese müßten natürlich in dem Sinn gelöst werden, daß die Grenze so gezogen wird, daß jeder in Betracht kommende Fall entweder zum dolus eventualis oder zur bewußten Fahrlässigkeit gehört; die Franksche Formel ermöglicht ja auch eine derartige Abgrenzung. Leider haben die Redaktoren des Entwurfs in Übertreibung der kasuistisch-gefühlsmäßigen Methode die Grenze beim dolus eventualis anders gezogen als bei der Fahrlässigkeit, offenbar deshalb, weil das Rechtsgefühl bei Formulierung des einen Paragraphen mehr dieser, bei Formulierung des anderen dagegen mehr jener Theorie zuneigte, und so sind nun Fälle denkbar, welche nach dem Entwurf entweder gleichzeitig als dolus eventualis und als bewußte Fahrlässigkeit erscheinen (der Täter hat zwar darauf vertraut, daß der Erfolg nicht eintreten werde, aber für den Fall des Eintritts war er dennoch mit ihm einverstanden), so wie umgekehrt Fälle, welche zwischen beiden Schuldformen durchfallen (der Täter, der recht ängstlicher Natur ist, hat nicht darauf vertraut, daß der Erfolg ausbleiben werde, für den Fall seines Eintritts ist er aber durchaus mit ihm nicht einverstanden).

Man wird ohne Übertreibung sagen können, daß die Schuldformen der herrschenden Lehre nicht bloß zahlreiche sekundäre Systemwidrigkeiten aufweisen, sondern geradezu ein logisch undurchdringliches Chaos sind, das in seiner Kodifizierung im Entwurf noch viel an Unklarheit und Verworrenheit gewonnen hat.

Was nun die Systemwidrigkeiten bei der Bewertung der einzelnen Typen anbelangt, so wurden sie bereits bei der Kritik des Aufbaus der Typen mitbesprochen, soweit die fehlerhafte Bewertung mit dem fehlerhaften Aufbau ursächlich zusammenhängt. Es bleibt also nur noch ein Hinweis auf diejenigen Fälle übrig, in welchen eine Fehlbewertung des Typus ohne Rücksicht auf seinen Aufbau Platz gegriffen hat. Da die gefühlsmäßig-kasuistische Methode auch die Bewertung jedes einzelnen gefühlsmäßig formulierten Typus für sich allein, also isoliert von den übrigen Typen, und nach dem Rechtsgefühl vornimmt, sind Fehlbewertungen von vornherein sehr wahrscheinlich. Da nun das Rechtsgefühl der Gesetzesredaktoren zwischen den einzelnen Strafrechtstheorien und den einzelnen engeren Strafzwecken, wie Vergeltung, Generalprävention, Spezialprävention, schwankt wie ein Rohr im Winde (was bei dem nicht endenwollenden Streit der Strafrechtsschulen schließlich auch kein Wunder ist), so konnte es nicht ausbleiben, daß bei dem einen Typus diese, bei dem andern wieder jene Theorie der Bewertung zugrunde gelegt wurde. Die Folge davon ist, daß die Bewertung des einen Typus sich in einem reinen Vergeltungsstrafrecht sehr gut ausnähme, während die Bewertung des nächsten wieder in ein Generalpräventionsrecht und die des dritten in ein Spezialpräventionsrecht passen würde. So fügt sich etwa die Bewertung der verminderten Zurechnungsfähigkeit recht hübsch in ein Vergeltungsstrafrecht ein, während die Bewertung des Typus des Gewohnheitsverbrechers, der den ersten schwachen Versuch einer Vertypung der Persönlichkeitskomponente darstellen könnte, sehr schön in ein nach dem Gedanken Ferris aufgebautes Gesetz passen würde. Schade nur, daß beide Bestimmungen in demselben Gesetz stehen, woraus sich einige Schwierigkeiten bei der Beurteilung der vermindert zurechnungsfähigen Gewohnheitsverbrecher ergeben, die unter beide Typen fallen. Die Frage, ob nach dem Entwurf der Richter in einem solchen Falle die Strafe zuerst gemäß § 78 zu erhöhen und dann gemäß § 13 herabzusetzen oder umgekehrt zuerst nach § 13 herabzusetzen und dann nach § 78 zu erhöhen habe, wird wohl ewig ungelöst bleiben. Auch im besondern Teil gibt es Typen, welche die Bewertung im Sinne einer oder einiger bestimmter Kategorien und damit im Sinne bestimmter Strafrechtstheorien deutlich zeigen. So wurde etwa bei der Bewertung des Typus „Mord" wohl an Vergeltung und Generalprävention, bestimmt aber nicht an Spezialprävention gedacht. Die unverhältnismäßig hohe Strafe ohne Rücksicht auf die Persönlichkeitskomponente[1]) ließe sich sonst kaum erklären.

[1]) Daß der schwächliche Versuch, die Persönlichkeitskomponente bei der Abgrenzung zwischen Mord und Totschlag zu berücksichtigen, speziell in der deutschen Fassung des Entwurfs vollständig mißglückt ist, habe ich im „Aufbau des Strafrechtssystems", S. 74 f., nachgewiesen. Wenn man nun die deutsche und die österreichische Fassung vereinigen will, so mag damit der Rechtsvereinheitlichung gedient sein, die Systematik und die Erfassung der Persönlichkeitskomponente wird dadurch aber kaum gefördert.

Daß übrigens auch innerhalb der Kategorie der Vergeltung und der Häufigkeit eine arge Überschätzung unterlaufen ist, zeigt eine systematische Betrachtung sofort: Es gibt Fälle von größerem Vergeltungswert als es die Mordfälle sind und es gibt vor allem zweifellos Typen mit unvergleichlich größerem Häufigkeitswert. Macht sich hier also teilweise eine Überschätzung des Wertes innerhalb der in Betracht gezogenen Kategorien, anderseits wieder eine Vernachlässigung sonst berücksichtigter Kategorien geltend, so zeigen andere Typen wieder bloß die Vernachlässigung systematisch bedeutsamer Kategorien. So wären z. B. manche Sexualdelikte, wie die widernatürliche Unzucht, mit Rücksicht darauf, daß ihr Erfassungswert sehr geringfügig ist, entweder ganz zu streichen oder wenigstens mit milderen Strafen zu bedrohen. Bei manchen politischen Delikten wieder scheint der Opportunitätswert so gut wie gar nicht berücksichtigt worden zu sein: Soll es wirklich wieder dazu kommen, wie dies in Österreich leider schon an der Tagesordnung ist, daß der Staatsanwalt (mit Rücksicht auf das Legalitätsprinzip eigentlich contra legem!) gar nicht erst verfolgt, weil er ohnehin schon weiß, daß die Sache mit Freispruch durch die Geschworenen enden wird, oder daß er einfach nicht zu verfolgen wagt, mit Rücksicht auf eine bestimmte politische Partei oder aus Furcht vor der Presse. Das Ansehen der Rechtsordnung wird durch solche Vorgänge jedenfalls nicht gerade gestärkt. Da ist es doch gleich besser, solche Typen überhaupt nicht aufzustellen.

Der Nachweis, daß ein bestimmter Typus falsch bewertet wurde, läßt sich auf Grund der geltenden Gesetze und Entwürfe aber meist nur sehr schwer führen. Gerade der vollständige Mangel jeder Grundlage, das chaotische Durcheinander einander widersprechender Gedankengänge macht es oft vollständig unmöglich, zu erkennen, wo eigentlich der Urgrund des schließlichen Fehlers liegt. Da die einzelnen Typen vielfach einander durchdringen, ineinander über- und aufgehen, sich gegenseitig ein- oder ausschließen, je nach dem, wie sie gerade vom Rechtsgefühl formuliert und placiert wurden, da der eine Typus diese, der andere wieder jene qualitativ vom ersten verschiedenen Richtlinien aufweist, ist oft wirklich nicht herauszubekommen, ob die endgültige Bewertung des Typus, wie sie in der Strafhöhe zum Ausdruck kommt, bloß vom Standpunkt eines systematisch aufgebauten Gesetzes oder selbst von dem Standpunkt aus, den der Gesetzgeber bei der Bildung gerade dieses Typus eingenommen hat, unrichtig ist.

Was nun diejenigen Systemwidrigkeiten anbelangt, welche dadurch entstehen, daß die herrschende Lehre den Typen eine unrichtige Funktion zuweist, so wurden sie bereits oben bei Erörterung der richtigen Funktion der Typen auseinandergesetzt. Weist man, wie die herrschende Lehre dies tut, den Typen die Funktion ausschließlicher Bewertung zu, so daß sich starre Grenzen zwischen Typus und Straflosigkeit oder Typus und Kontratypus ergeben, so verstößt man dadurch gegen die Systematik, die uns lehrt, daß es in der durch das Strafrecht zu erfassenden Materie keine scharfen Grenzen gibt. Die Zerreißung der Mittelfälle, die durch ihre Zuteilung entweder zum Typus oder zum Kontratypus notwendig gemacht wird, bewirkt, daß diese notwendig systematisch unrichtig beurteilt werden müssen. Das allein schafft bereits eine Systemwidrigkeit, indem an Stelle systematisch richtiger Bewertung eine Systemlosigkeit tritt. Kommt dann noch hinzu, daß die Abgrenzung des Typus nachlässig durchgeführt wurde, so daß Fälle von geringerem Unrechtsgehalt unter den Typus, Fälle von größerem aber unter den Kontratypus fallen, so ist die Systemwidrigkeit besonders deutlich.

5. Strafgesetzestechnik.

a) Ihr Wesen und ihre Aufgabe. Es bestünde die Möglichkeit, alle durch die Rechtstechnik gebildeten Typen einfach aneinander zu reihen und auf diese Weise das Gesetz zu bilden. Ein solches Gesetz wäre nun keinesfalls unrichtig, selbst dann nicht, wenn etwa die einzelnen Typen in buntem Durcheinander und ohne Rücksicht darauf, ob sie auf denselben oder auf ähnlichen Grundtypen erwachsen sind, nebeneinander gestellt würden. Wohl aber würde ein solches Gesetz trotz seiner Richtigkeit einen bedeutenden praktischen Mangel aufweisen: Es wäre ungeheuer umfangreich und äußerst schwer zu handhaben. Schon der Berufsrichter würde sich nur schwer darin zurechtfinden, der Laienrichter stünde einem solchen Gesetz ganz hilflos gegenüber. Daher wird es nötig sein, die durch die Rechtstechnik in Typen gegossene Materie nunmehr zu ordnen, um ein übersichtliches, leicht zu handhabendes Gesetz zu erreichen. Nach der Ordnung der Materie wird weiters darauf zu sehen sein, daß das Gesetz in klarer und möglichst gemeinverständlicher Ausdrucksweise das auseinandersetzt was es meint. Die Ordnung der Typen einerseits, die sprachliche Formulierung jeder einzelnen Bestimmung anderseits ist die Aufgabe der Strafgesetzestechnik. Ihre Ziele sind Kürze, Klarheit und Übersichtlichkeit des Gesetzes. Die Gesetzestechnik ist daher ebenso teleologisch orientiert wie die Rechtspolitik und die Rechtstechnik. Während aber die erste das Material beschafft, die zweite das Material vertypt, besteht die Aufgabe der Gesetzestechnik nur in der Einordnung und sprachlichen Darstellung der von der Rechtstechnik geschaffenen Typen im Gesetz. So wie nun die Rechtstechnik an das ihr durch die Rechtspolitik und die Systematik gebotene Material gebunden ist, dieses nicht ändern, sondern nur verarbeiten darf, so ist die Gesetzestechnik wieder an die Ergebnisse der Rechtstechnik und damit gleichzeitig auch mittelbar an die Systematik gebunden. Die Bindung an die Ergebnisse der Rechtstechnik bedeutet, daß durch die Gesetzestechnik nicht neue Typen geschaffen oder bestehende Typen verändert werden dürfen. Dabei ist insbesondere darauf zu achten, daß nicht durch fehlerhafte Einordnung der einzelnen Bestimmungen unabsichtlich solche neue Typen entstehen oder bestehende verändert werden. Denn in jedem solchen Falle besteht die Gefahr von Systemwidrigkeiten aller Art. Solche Zufallstypen, die nur einer gesetzestechnischen Unvorsichtigkeit ihr Entstehen verdanken, entsprechen ja natürlich ihrem Inhalt nach selten den bei der Typenbildung beobachteten Grundsätzen. Ihre Bewertung entsteht dann gleichfalls sozusagen von selbst und zufallsmäßig und ist daher gleichfalls meist eine Fehlbewertung. Wenn also die Gesetzestechnik die ihr gesteckten Grenzen bewußt oder unbewußt verläßt, besteht genau so die Möglichkeit von Systemwidrigkeiten wie wenn die Rechtstechnik ihre Grenzen durchbricht.

b) Die Ordnung der Typen. Die Aufgabe der Gesetzestechnik besteht nach dem oben Gesagten also zunächst in der Ordnung der Typen. Betrachtet man die zahlreichen von der Rechtstechnik gebildeten Typen, so zeigt sich zunächst, worauf schon früher hingewiesen wurde, daß stets eine ganze Reihe von durch subjektive Merkmale unterschiedenen Typen auf die gleichen objektiven Grundtypen zurückgehen. Daher wird der erste Schritt zur Ordnung der Typen offenbar darin bestehen, daß alle auf den gleichen objektiven Grundtypus zurückgehende Typen nebeneinander gestellt werden. Innerhalb dieser wird dann weiters eine Rangordnung der Typen in der Weise Platz greifen, daß zunächst die nach der Zurechnungsfähigkeitskomponente, dann die nach der Tat- und schließlich die nur nach der Persönlichkeitskomponente unterschiedenen Typen aneinandergereiht werden. Ist dann auf diese Weise die Ordnung innerhalb einer Typengruppe, wie wir alle auf einen gemeinsamen objektiven Grundtypus zurückgehenden Typen nennen wollen, hergestellt, dann erst wird man die einzelnen

Typengruppen selbst nach dem Gesichtspunkt der Ähnlichkeit des Grundtypus nebeneinanderreihen. Man wird also neben die Tötungstypen nicht etwa die Vermögensschädigungstypen, sondern die Körperverletzungstypen stellen usw. Innerhalb eng zusammengehöriger Typengruppen wird man zweckmäßigerweise die auf den schwereren Grundtypus zurückgehende Gruppe zuerst reihen, also die Tötungen vor den Verletzungen, nicht umgekehrt. Als Haupteinteilungsgrund der Typengruppen kann man, so wie die Entwürfe dies ja tun, die Unterscheidung je nach dem Träger des angegriffenen Gutes, ob Allgemeinheit oder Einzelperson, zugrundelegen.

Nun ist aber mit der bisher durchgeführten Ordnung der Typen zwar eine etwas größere Übersichtlichkeit, keineswegs aber auch nur die geringste Verkleinerung des Umfanges des Gesetzes erreicht. Betrachtet man nun die einzelnen Typen genauer, so wird man alsbald erkennen, daß zahlreiche Typen gemeinsame Merkmale aufweisen. Soweit nun diese gleichen Merkmale auch innerhalb jedes einzelnen der in Betracht kommenden Typen ganz die gleiche Bedeutung für die Strafhöhe besitzen, steht nichts im Wege, diese Merkmale herauszuheben und ihre Bedeutung allgemeingültig durch eine einzige Gesetzesstelle darzulegen. Dadurch wird naturgemäß eine ganz gewaltige Verkürzung des Gesetzes ohne Änderung seines Inhalts erreicht. Auf diese Weise gelangt man zu der den geltenden Gesetzen und Entwürfen durchaus bekannten Unterscheidung zwischen dem allgemeinen und dem besonderen Teil des Gesetzes. Der allgemeine Teil enthält alle herausgehobenen Merkmale, alle diejenigen Merkmale, welche jedem Einzeltypus oder doch wenigstens einer großen Zahl von Typen gemeinsam sind und für alle diese Typen die gleiche Bedeutung beanspruchen. Es ist nämlich keineswegs nötig, daß ein Merkmal, das in den allgemeinen Teil aufgenommen werden soll, allen Typen gemeinsam sei; es genügt vielmehr, wenn es zahlreichen Typen gemeinsam ist, falls sich in einfacher und klarer Weise sagen läßt, auf welche Typen es sich bezieht. So finden wir denn auch z. B. in den geltenden Gesetzen und in den Entwürfen meist sämtliche Schuldformen im allgemeinen Teil geregelt, obwohl es viele Delikte gibt, welche nur bei Verübung mit einer bestimmten Schuldform strafbar sind. Ebenso ist etwa im Entwurf der Versuch mit Recht im allgemeinen Teil geregelt, obwohl der Versuch nicht bei allen Delikten strafbar ist. Bei Heraushebung und Versetzung eines Merkmals in den allgemeinen Teil ist jedoch mit größter Vorsicht vorzugehen, weil manchmal ein und dasselbe

Merkmal bei verschiedenen Typen verschiedene Bedeutung für den strafrechtlichen Bekämpfungswert haben kann, und zwar deshalb, weil es in bezug auf irgendeine Kategorie innerhalb eines bestimmten Deliktes anders bewertet worden ist. So ließe sich z. B. das negative Motiv der Gewinnsucht, falls mit seiner Hilfe jedesmal ein besonderer Typus gebildet worden wäre, zwar ohneweiters herausheben und in den allgemeinen Teil versetzen; bei den Typen des Diebstahls und der Unterschlagung jedoch erhält dieses Merkmal einen ungleich größeren Häufigkeitswert, da es geradezu zum typischen Motiv dieser Delikte wird, so daß sein Vorhandensein die Strafbarkeit mehr erhöht als bei den übrigen Delikten. Daher wird man, selbst wenn man im allgemeinen Teil die Bedeutung dieses negativen Motivs für die Strafhöhe ganz allgemein dargelegt hat, es trotzdem bei den genannten Delikten selbständig erwähnen und die dadurch bewirkte besondere Strafhöhe festlegen müssen. Auf diese Weise entstehen „gesetzestechnische Ausnahmen", welche jedoch keineswegs durchaus verwerfliche Ausnahmen von der Systematik darstellen. Im Gegenteil: Gerade um den Erfordernissen der Systematik gerecht werden zu können, mußten diese gesetzestechnischen Ausnahmen geschaffen werden. In einem streng systematisch aufgebauten Gesetz vermögen solche gesetzestechnische Ausnahmen auch keineswegs Verwirrung zu stiften: Die Tatsache ihres Bestehens ist vielmehr für den Richter ein Warnungssignal, daß der betreffende Fall in systematischer Beziehung irgendwelche Besonderheiten aufweisen müsse; es wird ihm nicht schwer fallen, diese Besonderheiten zu entdecken, und er wird auf diese Weise leichter erkennen, auf welche Momente er in dem betreffenden Fall besonders zu achten hat. Bei einigermaßen geschulten Gesetzesanwendern werden solche gesetztechnische Ausnahmen daher nur größere Genauigkeit bei der Gesetzesanwendung gewährleisten.

Was im einzelnen Fall geeignet erscheint, in den allgemeinen Teil aufgenommen zu werden, ergibt sich aus der Natur der Materie. Was zunächst die objektiven Grundtypen betrifft, so wird es genügen, einen davon, etwa den Erfolgstypus, in den besonderen Teil zu stellen; der allgemeine Teil hätte dann zu sagen, um wieviel die Obergrenze herabzusetzen sei, wenn der Erfolg tatsächlich nicht eingetreten ist. Das Maß dieser Herabsetzung dürfte nicht absolut bestimmt werden, sondern vielmehr durch einen Bruchteil der Obergrenze des Erfolgstypus, also etwa ein Drittel oder ein Viertel. Hat man zwei verschiedene Typen geprägt, je nach dem, ob die Handlung mit Gewißheit oder nur mit mehr oder minder großer Wahrscheinlichkeit auf den Erfolg abzielt, so würde es gleichfalls genügen, einen dieser Fälle, also etwa den des sicheren Abzielens in den besondern Teil zu stellen, während die verhältnismäßige Bedeutung des andern im allgemeinen Teil geregelt werden könnte. Ganz analog wäre auf dem Gebiet der subjektiven Typen vorzugehen. Hält man eine typenmäßige Unterscheidung zwischen den Fällen der vollen und der verminderten Zurechnungsfähigkeit für nötig, dann wird sie gleichfalls im allgemeinen Teil geregelt werden können. Was die verschiedenen Tatschuldformen betrifft, so ist die Umschreibung ihrer Form und ihrer Bezeichnung unbedingt im allgemeinen Teil unterzubringen, wie dies in den neueren Gesetzen und Entwürfen auch durchwegs geschieht. Die verhältnismäßige Bedeutung jeder Schuldform für die Strafhöhe wird sich jedoch bereits nicht mehr im allgemeinen Teil sagen lassen. Denn hier ist zu bedenken, daß der Häufigkeitswert je nach dem, auf welchem Grundtypus die Schuldform erwächst, ein so grundverschiedener sein kann, daß eine auch nur annähernd richtige allgemeingültige Vorschrift unmöglich ist. Ebensowenig wird sich im allgemeinen Teil sagen lassen, bei welchen Delikten alle, bei welchen nur manche, und welche Schuldformen zur Bestrafung ausreichen. Denn auch in dieser Richtung wird der Häufigkeitswert eine große Rolle spielen, der verschieden groß sein wird, je nach dem, um welchen Grundtypus es sich handelt. Ebenso wie die Tatschuldtypen werden auch die Persönlichkeitstypen zunächst insoweit ohneweiters im allgemeinen Teil geregelt werden können als es sich um ihre Umschreibung und Darlegung handelt. Soweit es sich jedoch um ihren Einfluß auf die Strafhöhe handelt, wird die Regelung nur unbeschadet zahlreicher gesetzestechnischer Ausnahmen im allgemeinen Teil erfolgen können, worauf bereits früher hingewiesen wurde. Ebenso werden die Kontratypen, soweit solche gebildet wurden, zum größten Teil im allgemeinen Teil Platz finden.

Die Anordnung der herausgehobenen Merkmale im allgemeinen Teil wird selbst wieder in übersichtlicher und leicht faßbarer Form erfolgen müssen. Man wird also stets das logische prius vor dem logischen posterius regeln müssen. Andernfalls entstünde durch die Gesetzestechnik an Stelle größerer Klarheit nur Unklarheit und Verwirrung. Da in einem objektiven System das objektive Unrecht Voraussetzung für die Schuld ist, werden auch alle Fragen, die sich auf das Unrecht beziehen, vor denjenigen Fragen geregelt werden müssen, welche sich auf die Schuld beziehen. Die Entwürfe machen es bekanntlich grundsätzlich umgekehrt, ohne daß man triftige Gründe dafür finden könnte.

Neben den herausgehobenen Merkmalen werden im allgemeinen Teil auch diejenigen Vorschriften zu finden sein müssen, welche die als unerläßlich erscheinenden Anweisungen an den Richter für die Durchführung der Konkretisierung innerhalb und außerhalb der Typen enthalten. Diese Anweisungen werden am besten nicht in einem eigenen Strafzumessungsparagraphen zu regeln sein, sondern vielmehr im Anschluß an die Darlegung der einzelnen Typen. So wird etwa dort, wo von der Herabsetzung der Strafe für den Fall, daß die Handlung nicht mit Sicherheit, sondern nur mit Wahrscheinlichkeit auf den Erfolg abzielt, die Rede ist, der Richter anzuweisen sein, das Maß der Wahrscheinlichkeit, mit welcher der Erfolg zu erwarten steht, entsprechend zu berücksichtigen; wo von der Schuldform des Vorsatzes, der Wissentlichkeit, der Fahrlässigkeit usw. die Rede ist, wird gleichzeitig anzugeben sein, wonach sich die Bestimmung der konkreten Schwere dieser Schuldform richtet. Handelt es sich um Vorschriften, welche an solche Merkmale anknüpfen, die nicht im allgemeinen Teil stehen, so werden sie im Anschluß an das nächstverwandte im allgemeinen Teil aufscheinende Merkmal zu regeln sein. Nehmen wir etwa an, es sei nur ein einziger Typus gebildet worden, der sowohl die Fälle des sicheren als auch diejenigen des nur möglichen Abzielens auf den Erfolg umfaßt und daher nur im besonderen Teil steht. Die Anweisung an den Richter in bezug auf die Berücksichtigung der Wahrscheinlichkeit wird dann am besten im Anschluß an die Unterscheidung zwischen Erfolgs- und Handlungstypus, wovon ja mindestens einer im allgemeinen Teil erwähnt werden muß, vorzunehmen sein. Jedenfalls muß vermieden werden, daß diese Anweisungen in buntem Durcheinander stehen, und insbesondere, daß die Anweisungen in bezug auf die Konkretisierung des objektiven Typus etwa erst nach denjenigen über die Konkretisierung des subjektiven Typus zu stehen kommen. Die Regelung im Anschluß an die betreffenden im allgemeinen Teil geschilderten Merkmale der Typen selbst ist der Regelung in einem eigenen Strafzumessungsparagraphen deshalb vorzuziehen, weil auf diese Weise die Zerreißung einer einheitlichen Materie vermieden wird, so daß auch nicht einmal der Anschein entstehen kann, als ob die richterliche Strafzumessung etwas anderes wäre als die Fortsetzung der Arbeit des Gesetzgebers. Bei der Anordnung, deren sich die Entwürfe bedienen, kann aber tatsächlich die Meinung entstehen, als habe sich der Richter bei der Bestimmung der Strafe innerhalb des gesetzlichen Rahmens nach ganz anderen Gesichtspunkten zu richten, als diejenigen sind, nach welchen der Gesetzgeber die Bestimmung der Höhe der Strafrahmen vorgenommen hat; und diese Meinung wird noch durch die Ausführungen der Begründung erheblich verstärkt.

Nähere Einzelheiten über die Anordnung des Stoffes innerhalb des allgemeinen Teils und auch innerhalb des besonderen Teils ließen sich nur an Hand eines konkreten, nach der systematischen Methode aufgebauten Gesetzes darlegen.

c) Die sprachliche Darstellung des Stoffes. Neben der Anordnung der Typen spielt auch deren sprachliche Darlegung eine wichtige Rolle. Die Sprache des Gesetzes soll vor allem klar sein; es darf keinen Augenblick zweifelhaft sein, was das Gesetz eigentlich zum Ausdruck bringen will. Das bestaufgebaute Gesetz wird praktisch wertlos, wenn es sich so ausdrückt, daß man nicht oder nur mit großer Mühe herausbringt, was da eigentlich gemeint sei. Zum Erfordernis der Klarheit gehört auch die Forderung nach Vermeidung undeutscher sprachwidriger Wendungen. Eine solche Wendung ist z. B. „die Absicht, daß etwas geschehe". Sie findet sich im Strafgesetzentwurf 1927 zu wiederholten Malen. In dem Worte „Absicht" liegt deutlich das Absehen, die auf den Erfolg gerichtete persönliche Bemühung; daher kann sich an diesen Gedanken unmöglich der in der unpersönlichen Wendung „geschehen" liegende Gedanke in Form eines Finalsatzes anschließen. Sprachlich unrichtig ist auch die in den Entwürfen ganz allgemein gebräuchliche Verwendung des Wortes „Handlung" zur Bezeichnung nicht nur der Tätigkeit, sondern auch des durch die Tätigkeit bewirkten Erfolges. Das Substantivum „Handlung" ist von dem intransitiven Wort „handeln" abgeleitet und kann daher niemals die Bedeutung eines Partizipium Perfekti erlangen. Anders das Wort „Tat", das vom transitiven Zeitwort „tun" abgeleitet wird, und daher sehr wohl das durch das Tun Bewirkte, das „Getane" mitumfassen kann. Soweit also Handlung plus Erfolg bezeichnet werden soll, vermag dies nur durch das Wort „Tat", niemals aber durch das Wort „Handlung" zu geschehen.

Nur insoweit es der oberste Grundsatz der Klarheit zuläßt, ist weiters auf eine möglichst gemeinverständliche Ausdrucksweise Wert zu legen. Es ist gewiß richtig, daß ein Gesetz dadurch gewinnt, wenn es volkstümlich in dem Sinn ist, daß jeder einfache Mann aus dem Volke seine Bestimmungen versteht. Wenn aber diese Volkstümlichkeit auf Kosten der Klarheit und der Genauigkeit geht, dann ist dadurch niemand geholfen. Denn wichtiger ist für jeden einzelnen die Rechtssicherheit als das leichte Verständnis des Gesetzes. Nun ist die strafrechtliche Materie heute bereits so kompliziert, das Strafrecht verfügt über eine so große Zahl von termini technici, daß es oft wirklich unmöglich ist, einen Gedanken so auszudrücken, daß auch der Laie sofort auf den ersten Blick weiß, worum es sich handelt. Aber das ist doch schließlich keine Eigenart der juristischen Materie. Jede Fachwissenschaft verfügt über zahllose technische Ausdrücke, in jeder Fachwissenschaft bedeuten Ausdrücke, die im täglichen Leben eine andere oder auch nur vagere Bedeutung haben, ganz bestimmte Begriffe. Man denke etwa an den Unterschied zwischen Gattung und Art in der Zoologie und der Botanik, während im täglichen Leben beide Wörter als gleichbedeutend gebraucht werden. Genau so gebraucht der Laie die Ausdrücke „Eigentum" und „Besitz" als gleichbedeutend, während sie im Zivilrecht zwei grundverschiedene Begriffe zum Ausdruck bringen. Es wäre daher eine durchaus unerfüllbare Forderung, wollte man vom Strafgesetzgeber verlangen, er müsse sorgfältig jeden technischen Ausdruck vermeiden, damit die Volkstümlichkeit des Gesetzes nicht leide. Er kann es einfach nicht, und wo er es der Materie zum Trotz dennoch tut, kommt eine Ungenauigkeit heraus. So etwa, wenn der Entwurf es um jeden Preis vermeiden will, von der rechtswidrigen Verwirklichung des Tatbestandes eines Delikts zu sprechen und daher auch dort, wo er diese meint, von einer mit Strafe bedrohten Handlung spricht. Als Voraussetzung für die Verhängung eines Sicherungsmittels (§ 56) ist dieser Ausdruck so unglücklich wie nur möglich gewählt. Die Handlung eines Zurechnungsunfähigen ist ja niemals mit Strafe bedroht und dennoch kann sie Anlaß zu einem Sicherungsmittel geben. Man ist also, im Anschluß an die Erläuterungen in der Begründung, gezwungen, zwischen einer an sich mit Strafe bedrohten Handlung und einer nur mit Rücksicht auf die Schuld des Täters mit Strafe bedrohten Handlung zu unterscheiden. Das erstere ist nicht nur ein unrichtiger Begriff, da eine Handlung als solche niemals mit Strafe bedroht ist, sondern auch ein vollständig unklarer, da er gar nicht zum Ausdruck bringt, was eigentlich gemeint ist: Man könnte z. B. glauben, an sich mit Strafe bedroht sei eine Handlung auch dann, wenn ihr ein Rechtfertigungsgrund zur Seite steht, denn die Straflosigkeit gehe dann eben erst auf dieses zurück. Ist die Handlung aber gerechtfertigt, dann darf nach der Absicht der Entwurfredaktoren und auch nach theoretisch richtiger Ansicht kein Sicherungsmittel verhängt werden. Der Versuch, den terminus technicus zu vermeiden, weil er dem Laien und also auch dem

Laienrichter unbekannt sein könnte, führt hier also zu einer Ausdrucksweise, die selbst dem Berufsrichter zu schweren Zweifeln Anlaß geben kann. Termini technici in einem Gesetz, speziell in einem Strafgesetz, sind aber auch durchaus kein so großes Hindernis für die Volkstümlichkeit des Gesetzes, wie man häufig annimmt. Denn gerade dadurch, daß sie im Gesetz stehen, werden sie mit der Zeit auch volkstümlich. Kommen sie in der Urteilsbegründung vor, so gelangen sie in die Zeitungen und damit allmählich ins Volk. Sind denn nicht auch die Begriffe der Notwehr und des Notstandes, Ausdrücke, die im täglichen Leben kaum vorkommen, juristisch-technische Begriffe? Und dennoch haben heute die meisten Laien eine annähernd richtige Vorstellung davon, was damit gemeint sei. Ebenso würden sich die Begriffe des objektiven Tatbestandes und der Rechtswidrigkeit bald im Volk einleben, wenn sie nur im Gesetz selbst vorkämen. Wo sich also ein technischer Ausdruck ohne Schaden für die Klarheit und für die Genauigkeit des Gesetzes nicht vermeiden läßt, soll er unbedingt angewendet werden.

Die Frage der richtigen Diktion kann im übrigen nicht in abstracto erörtert werden; vielmehr sind die auftauchenden Probleme ganz verschieden, je nachdem, um die Darstellung welcher Begriffe es sich handelt; sie könnten daher wieder nur an Hand eines konkreten systematisch aufgebauten Gesetzes gründlich erörtert werden.

6. Tertiäre Systemwidrigkeiten.

Echte tertiäre Systemwidrigkeiten können nur dann entstehen, wenn die Gesetzestechnik sich nicht innerhalb der durch Rechtstechnik und Systematik gezogenen Schranken hält. Denn nur in diesem Falle ist es möglich, daß durch die gesetzestechnische Arbeit bewußt oder unbewußt ein neuer, und zwar systemwidriger Typus oder Begriff geschaffen wird; in jedem anderen Fall kann durch gesetzestechnische Fehler nur die Klarheit und Übersichtlichkeit des Gesetzes, nicht aber seine Richtigkeit beeinflußt werden. Diese echten unmittelbaren tertiären Systemwidrigkeiten sind aber in den Gesetzen und Entwürfen verhältnismäßig selten zu finden. Viel häufiger kommt es erst mittelbar, auf dem Umweg über die Theorie, die sich durch die Ungenauigkeiten des Gesetzes täuschen läßt, zur Bildung von Systemwidrigkeiten. Ist die gesetzestechnische Anordnung nämlich unklar, widerspricht sie der systematischen Reihenfolge der Materie, behandelt sie etwa das logische posterius vor dem logischen prius oder wirft sie systematisch grundverschiedene Dinge in einem Paragraphen zusammen, dann kann es leicht vorkommen, daß durch diese unklare Anordnung und Ausdrucksweise des Gesetzes die Strafrechtstheorie irregeführt und zur Bildung systemwidriger Begriffe verleitet wird. Diese zunächst theoretischen Systemwidrigkeiten wirken sich aber in der weiteren Folge stets auch in der Praxis aus, indem aus der falschen Einreihung und Zusammensetzung der Paragraphen praktisch bedeutsame Schlüsse gezogen werden können. Allerdings sind solche mittelbare tertiäre Systemwidrigkeiten nicht die notwendige, sondern bloß die mögliche Folge fehlerhafter Gesetzestechnik. Denn hielte man sich bei der Gesetzesauslegung stets die Systematik vor Augen, dann ließe man sich eben durch gesetzestechnische Ungeschicklichkeiten oder Fehler nicht zur Bildung falscher Theorien und Begriffe verleiten.

Was zunächst die echten tertiären Systemwidrigkeiten anbelangt, so vermag ich vorläufig nur ein einziges Beispiel aus dem Entwurf 1927 hiefür anzuführen[1]). Dort wurde die Verleitung zum Selbstmord mit Strafe bedroht, und zwar geschieht dies durch einen Paragraphen des besonderen Teils. Da die Teilnahme grundsätzlich im allgemeinen Teil geregelt ist, gehört auch diese Vorschrift, weil sie selbstverständlich auch eine Teilnahmevorschrift ist, nur in den allgemeinen Teil. Sie etwa bloß deshalb in den besonderen Teil zu stellen, weil Selbstmord nicht vertypt ist, besteht kein Grund. Nun folgt aus der selbständigen Vertypung der Verleitung zum Selbstmord mit ziemlicher Klarheit die Straflosigkeit der Beihilfe zum Selbstmord und die Begründung weist noch überdies ausdrücklich darauf hin. Dagegen wäre nun an sich nichts einzuwenden, da ja die Beihilfe ganz allgemein geringer bestraft wird als die Verleitung und daher die Straflosigkeit der Beihilfe dort, wo die Verleitung strafbar bleibt, sich immerhin noch rechtfertigen ließe. Da aber die Verleitung zum Selbstmord im besonderen Teil geregelt ist und die Teilnahmevorschriften des allgemeinen Teils sich auf den gesamten besonderen Teil beziehen, so folgt daraus, daß auch die Teilnahme an der Verleitung zum Selbstmord strafbar ist. Das bedeutet also, daß die Beihilfe zur Verleitung zum Selbstmord bestraft wird, während die direkte Bei-

---

[1]) Ich zweifle nicht daran, daß es noch mehr solche Fälle gibt. Es liegt im Wesen der systematischen Methode, daß sie die Notwendigkeit von Fehlern behaupten kann, noch ehe sie Beispiele hiefür gefunden hat; ähnlich wie der Astronom aus der Störung der Bahn der ihm bekannten Gestirne auf das Vorhandensein eines neuen Sternes mit großer Sicherheit schließen kann, noch lange bevor er diesen neuen Stern selbst gesehen hat.

hilfe zum Selbstmord straflos bleibt. Damit ist nun allerdings eine echte Systemwidrigkeit geschaffen. Denn die direkte Beihilfe stellt, da sie dem Enderfolg der Haupttat näher liegt, das generell schwerere Unrecht gegenüber der indirekten mittelbaren Beihilfe zur Verleitung zum Selbstmord dar. Wenn aber weniger schweres Unrecht bestraft wird, während schwereres straflos bleibt, so könnte dies systematisch nur dann gerechtfertigt scheinen, wenn eine der übrigen Kategorien den strafrechtlichen Bekämpfungswert so stark beeinflussen würde, daß das geringere Unrecht den größeren, das größere aber den geringeren Bekämpfungswert aufwiese. Von einer derartigen Verschiedenheit in bezug auf die übrigen Kategorien kann aber in dem angeführten Fall natürlich gar keine Rede sein. Daher bleibt die Systemwidrigkeit bestehen. Es wäre interessant, zu erfahren, ob die Gesetzesredaktoren an diese Konsequenz der Einreihung der Verleitung zum Selbstmord in den besonderen Teil gedacht haben oder ob es sich um eine unbeabsichtigte Wirkung handelt.

Weit zahlreicher sind auch nach dem Entwurf 1927 die Fälle, in welchen eine verwirrende Anordnung der Materie sehr geeignet erscheint, zu mittelbaren tertiären Systemwidrigkeiten Anlaß zu geben. Insbesondere der allgemeine Teil des Entwurfs stellt eine wahre Fundgrube in dieser Richtung dar. Und doch ist gerade der allgemeine Teil für die Gesetzesauslegung von ganz besonderer Wichtigkeit. Hier handelt es sich vielfach darum, die grundsätzliche Auffassung des Gesetzes, seine Stellungnahme zu den verschiedenen theoretischen Streitfragen klar zu ersehen, und gerade das ist aber nicht möglich, wenn die Anordnung der Materie unübersichtlich ist. Auch direkte Fehler können durch solche unrichtige Anordnung entstehen. Tatsächlich hat auch die heutige Strafrechtstheorie diese Gefahren erkannt. So wird der § 2 des österreichischen Strafgesetzbuches, der Strafausschließungsgründe verschiedenster Art, wie Unrechtsausschließungsgründe, Schuldausschließungs- und Entschuldigungsgründe, Notwehr, Zurechnungsunfähigkeit, Notstand, Irrtum, alles durcheinander bringt und unter dem Titel „Gründe, die den bösen Vorsatz ausschließen“, zusammenfaßt, stets als besonders mangelhaft in dieser Richtung auf das schärfste getadelt. Tatsächlich hat er auch gelegentlich verderbliche theoretische Folgen nach sich gezogen[1]). Es soll auch gewiß nicht geleugnet werden, daß dieser § 2 theoretisch

---

[1]) Vgl. die Einteilung der Strafausschließungsgründe bei Eduard Liszt, „Vorlesungen über den allg. Teil des öst. Strafrechts“ S. 176 ff.

äußerst mangelhaft ist. Ganz unangebracht ist es jedoch, wenn man heute mit einem überlegenen Selbstbewußtsein über diesen Paragraphen hinweggehen zu können glaubt. Es besteht nämlich keineswegs ein Grund, sich des seitherigen Fortschrittes zu erfreuen, denn die neuesten Entwürfe machen es nicht um ein Haar besser. Und der § 2 unseres Strafgesetzbuches, der vor 130 Jahren geschaffen wurde, war in Anbetracht des damaligen Standes der Strafrechtswissenschaft immerhin eine Leistung, so fehlerhaft er uns heute auch scheinen mag. Was sich aber die Entwürfe in ganz ähnlicher Materie leisten, das ist vom Standpunkt des heutigen Standes der Wissenschaft das Gegenteil einer Leistung. Dem § 2 des österreichischen Strafgesetzbuches wird es zum Vorwurf gemacht, daß er Unrechtsausschließungs- und Entschuldigungsgründe in dem gleichen Paragraphen unter dem gleichen Titel zusammenfaßt. Genau dasselbe tut der Entwurf 1927, wenn er in § 25 unter der gemeinsamen Bezeichnung „Notstand“ sowohl die Fälle des rechtfertigenden als auch diejenigen des entschuldigenden Notstandes zusammenfaßt. Dies wäre ein schwerer Fehler selbst dann, wenn der sogenannte rechtfertigende Notstand wirklich ein echter Notstand wäre, wie ja die herrschende Lehre sehr zu Unrecht annimmt. Denn auch dann läge eine Wesensverschiedenheit beider Notstandsfälle eben darin, daß der eine das Unrecht, der andere nur die Schuld auszuschließen vermag. Erkennt man aber, wie dies später dargetan werden wird, daß der sogenannte rechtfertigende Notstand, obwohl er sich historisch aus dem Notstandsbegriff entwickelt hat, alles eher als Notstand ist, weil der Grund der Straflosigkeit hier nicht in der Not des Täters, sondern in dem vom Täter ganz unabhängigen Werte der kolloidierenden Güter zu finden ist, dann wird naturgemäß der Fehler besonders arg. Aber auch abgesehen von diesem einen Paragraphen weisen die Entwürfe in bezug auf die Anordnung des allgemeinen Teils fast durchwegs die gleichen Fehler auf, die man an unserem geltenden österreichischen Strafgesetzbuch bemängeln kann. Dieses beginnt bekanntlich in § 1 mit einer Definition des bösen Vorsatzes, also eines Begriffs, der zur Schuld gehört, während vom systematischen Standpunkt aus das Unrecht Voraussetzung der Schuld ist, daher zuerst behandelt werden müßte. Genau das gleiche ist aber auch in den Entwürfen der Fall. Zwar fängt hier nicht schon der § 1 mit einer Definition auf dem Gebiete der Schuld an, weil zuerst die sogenannten Kollisionsnormen (das internationale Strafrecht) und der „Sprachgebrauch“ behandelt werden. Die Entwürfe meinen, damit sehr bedeutsam systematische Ordnung geschaffen zu haben. Nun ist es freilich richtig, daß das internationale Strafrecht nicht mitten in den allgemeinen Teil hineingehört; ob es aber am Anfang oder am Ende des Gesetzes, oder überhaupt im Einführungsgesetz (was ich für am besten halte) oder in einem Anhang am Schlusse des ganzen Gesetzes zu stehen kommt, ist herzlich gleichgültig. Gleich darauf wird aber die Einteilung der strafbaren Handlungen behandelt, eine Einteilung, die man allerdings erst dann verstehen kann, wenn man einige Abschnitte weiter gelesen hat, denn erst dort wird erklärt, was die einzelnen Strafen, deren Art das Wesen der strafbaren Handlung als Verbrechen oder Vergehen bestimmt, zu bedeuten haben. Gleich danach aber wird von der Schuld gesprochen, von Zurechnungsfähigkeit, Vorsatz, Fahrlässigkeit und Irrtum. Dabei findet sich innerhalb der einzelnen Entwürfe nur insofern ein Unterschied, als die einen Vorsatz und Fahrlässigkeiet vor der Zurechnungsfähigkeit, die anderen nach ihr behandeln. Richtig ist nur das erstere, da die Zurechnungsfähigkeit Voraussetzung der Schuld ist; und es ist natürlich keineswegs damit gesagt, daß nur Zurechnungsfähige vorsätzlich oder fahrlässig handeln könnten: Denn selbst wenn nur derjenige schuldhaft handeln kann, der vorsätzlich oder fahrlässig handelt, so darf dieser Satz nicht umgedreht und dahin gedeutet werden, als ob auch jeder, der vorsätzlich oder fahrlässig handelt, notwendig schuldhaft handeln müsse. Gerade weil sich nicht leugnen ließ, daß auch Zurechnungsunfähige zumindesten vorsätzlich (bei der Fahrlässigkeit bestehen ja Zweifel und Meinungsverschiedenheiten aller Art) handeln können, hielten es einige Entwürfe für gut, Vorsatz und Fahrlässigkeit vor der Zurechnungsfähigkeit zu behandeln. Auf diese Weise schufen sie aber eine endlose Verwirrung über das Wesen einerseits der Schuld selbst, andererseits des Vorsatzes und der Fahrlässigkeit und nicht zuletzt auch der Zurechnungsfähigkeit, da ihre Heraushebung aus Vorsatz und Fahrlässigkeit wieder die Mißdeutung im Sinne einer bloßen Strafunfähigkeit (nicht Schuldunfähigkeit) sehr nahe legte. Die Behandlung der gesamten Schuldlehre vor der Lehre vom Unrecht ist aber ganz und gar verfehlt. Wie soll man verstehen können, was Vorsatz ist, wenn man noch gar nicht weiß, worauf er sich bezieht? Wie soll man begreifen, daß ein Vorwurf gemacht wird, wenn man nicht weiß, was zum Vorwurf gemacht werden kann? Wie soll man vollends den Irrtum über Unrechtsausschließungsgründe verstehen, wenn man noch gar nicht weiß, was Unrechtsausschließungsgründe sind? Da heißt es etwa im § 17 des Entwurfs 1927, daß irrtümliche Annahme eines Rechtfertigungsgrundes die Bestrafung wegen vorsätzlicher Begehung ausschließe; was aber ein Rechtfertigungsgrund ist, das erfährt man erst in den §§ 23 ff. In der Tat, der gebildete Laie, der ein solches Gesetz studieren wollte, brächte es nie zustande, weil jeder Paragraph die Kenntnis dessen voraussetzt, was erst in den folgenden Paragraphen gesagt wird. Und ein solches Gesetz erhebt Anspruch darauf, gemeinverständlich und volkstümlich zu werden, und bringt diesem Bestreben die sinnlosesten Opfer, indem es jeden klaren Fachausdruck vermeidet. Und ein solches Gesetz soll von Laienrichtern, von Schöffen und Geschworenen gehandhabt werden, von Menschen also, die im großen und ganzen nicht einmal über die durchschnittliche Bildung des Laien verfügen. Es darf einen wahrlich nicht wundern, wenn bei Übungsarbeiten und bei Prüfungen der durchschnittliche Kandidat den Versuch der Lösung eines Rechtsfalles regelmäßig mit den Worten einleitet: „Wir werden zuerst untersuchen, ob der Täter vorsätzlich oder fahrlässig gehandelt hat, und dann, ob nicht ein Rechtfertigungsgrund vorliegt"! Es wäre aber noch ein kleines Übel, wenn nur die Studierenden irregeführt würden. Doch auch die Strafrechtstheorie selbst gerät durch die fehlerhafte Anordnung des Stoffes fortwährend in Sackgassen. Da streitet man sich heute noch darüber herum, ob die Notwehr objektiv oder subjektiv wirke, das heißt ob auch dann Notwehr anzunehmen sei, wenn der Angegriffene nicht weiß, daß er angegriffen ist. Die Frage ist zu bejahen, weil Notwehr ein Unrechtsausschließungsgrund ist und der objektive Charakter der Tat auf Grund eines objektiven Systems sich niemals durch das Wissen oder Nichtwissen des Täters ändern kann. Die Tatsache aber, daß der Vorsatz in den Gesetzen und Entwürfen vor der Notwehr behandelt wird, legt natürlich den Irrtum nahe, die Notwehr gleichfalls subjektiv aufzufassen und auf das Wissen des Angegriffenen abzustellen. Ähnlich wie bei der Notwehr ist aber auch bei vielen anderen Unrechtsausschließungsgründen sehr bestritten, ob sie objektiver oder subjektiver Natur sind. Es soll nicht behauptet werden, daß diese Streitfragen und die vielfach vorgebrachte unrichtige Lösung ganz allein in der unrichtigen Anordnung des Stoffes im Gesetz ihre Ursache fänden; daneben spielt wohl die Verwirrung, die das ganze Strafgesetz durchzieht, wo alle Augenblicke das grundsätzlich beibehaltene objektive System von einem subjektiven durchdrungen wird, eine große Rolle. Nicht zu leugnen ist aber meines Erachtens, daß diese Verwirrung gerade durch die verkehrte Anordnung des Stoffes im Gesetz selbst noch bedeutend gesteigert wird.

Es handelte sich hier nur darum, die Strafvorraussetzungen nach der systematischen Methode zu bestimmen. Damit war das Thema von vornherein in zweifacher Weise beschränkt. Einerseits sollte über die Strafmittel selbst nichts gesagt werden. Die Lehre von den Strafvoraussetzungen endet damit, daß sie die für jeden Fall richtige Größe des strafrechtlichen Bekämpfungswertes dartut. Die verhältnismäßige Schwere der Strafe ist damit klar bestimmt. Damit ist aber tatsächlich noch nichts über die Frage der Strafarten ausgesagt. Qualitativ verschiedene Strafarten sind natürlich durchaus möglich, doch ist in einem solchen Fall stets darauf zu achten, daß der Gedanke der richtigen Schwere der Strafe nicht darunter leidet. Qualitativ verschiedene Strafarten, die auch in bezug auf die Schwere differieren, müssen daher zueinander in ein bestimmtes stets gleichbleibendes Verhältnis gesetzt werden, soll nicht durch die Bedrohung mancher Typen mit anderen Strafarten der strafrechtliche Bekämpfungswert wieder verschoben werden.

Mit der Beschränkung auf die Lehre von den Strafvoraussetzungen ist auch gesagt, daß über die Sicherungsmittel nicht gesprochen werden sollte. Das System der Sicherungsmittel bildet eigentlich ein selbständiges System neben demjenigen des Strafrechts im engeren Sinne, wenn es auch bis zu einem gewissen Grad auf den gleichen Grundlagen aufbaut.

Sowohl die Lehre von den Sicherungsmitteln als auch diejenige von den Strafmitteln glaubte ich hier nicht näher ausführen zu dürfen, da ich alles wesentliche hierüber bereits in meinem „Aufbau des Strafrechtssystem“ gesagt zu haben glaube und daher gezwungen wäre, meine dortigen Ausführungen zu wiederholen.

III. Von der internationalen Strafrechtsvereinheitlichung.

Denjenigen, der davon überzeugt ist, daß die Strafgesetzbücher der einzelnen Staaten an Richtigkeit und Brauchbarkeit zumindesten vieles, wenn nicht alles zu wünschen übrig lassen, mutet es seltsam an, wenn er erfährt, daß man allen Ernstes bereits daran geht, das Strafgesetz international zu vereinheitlichen. Dies ist aber nun tatsächlich der Fall. Die Association Internationale du Droit Pénal hat die „Unification internationale du droit pénal“ zu einem ihrer Programmpunkte, um nicht zu sagen zum Hauptprogrammpunkt gemacht, und es haben sich bereits zwei Strafrechtskonferenzen, welche von Vertretern verschiedener Staaten beschickt wurden, mit dieser Frage eingehend beschäftigt, nämlich die Kongresse von Warschau und von Rom. Auch der internationale Strafrechts- und Gefängniskongreß, der im August 1930 in Prag tagte, behandelte in der ersten Sektion diese Frage, freilich mit größerer Vorsicht und mit bedeutender Zurückhaltung gegenüber den radikaleren Bestrebungen der Association: Lautete die darauf bezügliche Frage doch lediglich, ob es wünschenswert sei, die Grundprinzipien des Strafrechts international einheitlich zu gestalten, eine Frage, die genau genommen erst die Vorfrage für das Hauptthema darstellt, ob es überhaupt und in welchen Grenzen es möglich ist, nicht nur die Grundprinzipien, sondern das gesamte Strafrecht für alle oder doch für viele Staaten gemeinsam zu gestalten. Diese zweifellos nicht unbeabsichtigte Zurückhaltung des Prager Kongresses wurde denn auch von Rappaport in seinem für diesen Kongreß erstatteten Gutachten in nicht zu verkennender Weise getadelt.

Das seltsam Anmutende ist also bereits Wirklichkeit geworden. Daß dies der Fall ist, dafür waren wohl hauptsächlich zwei Gründe maßgebend. Zunächst besteht in der heutigen Zeit ein gewisser Zug zum Internationalen, ja man könnte fast sagen, daß in der Nachkriegszeit die Internationalität „modern“ geworden sei. Diese Tatsache mag hier bloß festgestellt werden, ohne daß über sie ein Werturteil abgegeben würde. Weiters, und dies mag der wichtigste Grund sein, sind die einzelnen Staaten weit davon entfernt, ihre Gesetze oder Entwürfe für fehlerhaft zu halten. Im Gegenteil: Jeder Staat ist überzeugt, daß er das großartigste Gesetz oder doch wenigstens den großartigsten Entwurf habe, der sich nur überhaupt denken läßt. Hat doch sogar der gemeinsame deutsch-österreichische Strafgesetzentwurf 1927 nicht nur in Österreich durchaus freundliche Aufnahme gefunden, sondern auch in Deutschland nicht diejenige Ablehnung erfahren, die man nach dem Stand der deutschen Wissenschaft füglich hätte erwarten können.

Da die Bestrebungen nach internationaler Strafrechtsvereinheitlichung also Tatsache geworden sind, so scheint eine Untersuchung darüber, ob eine solche Vereinheitlichung überhaupt wünschenswert sei, eigentlich verspätet. Trotzdem kann sie nicht umgangen werden. Sollte sich nämlich ergeben, daß keinerlei bedeutsame Gründe für eine solche Vereinheitlichung sprechen, dann wäre es müßig, den richtigen Weg zu suchen, der dazu führen kann, und alle darauf verwendete Arbeit wäre vergeblich. Tatsächlich lassen sich aber bedeutsame Gründe anführen, welche eine solche Vereinheitlichung als wünschenswert erscheinen lassen. Allerdings möchte ich demjenigen Argument, das von den Autoren jener Pläne und auch auf den Konferenzen in Warschau und in Rom immer wieder ins Treffen geführt wurde, keine allzu große Bedeutung beilegen. Man meint nämlich, ein einheitliches Strafrecht würde einen wichtigen Schritt zur Völkerversöhnung, zur Erhaltung des Weltfriedens und zur Verwirklichung derjenigen Ideen beitragen, für welche sich der Völkerbund einsetzt. Ich glaube nun, daß man den ideellen und den praktischen Wert nach dieser Richtung hin bedeutend überschätzt. Den ideellen, da ich absolut nicht einzusehen vermag, inwiefern die Völkerversöhnung dadurch gefördert werden könnte, daß mehrere Staaten nach dem gleichen Strafgesetz ihre Verbrecher ins Zuchthaus schicken; den praktischen, insoferne ich einigermaßen daran zweifle, ob die Tatsache eines gemeinsamen Strafgesetzbuches imstande wäre, einen eventuell zu befürchtenden Krieg hintanzuhalten.

Kann ich mich also dem wichtigsten Argument der Association nicht anschließen, so will mir doch scheinen, als ob andere, von der Association nicht hervorgehobene Momente den wirklichen Wert einer solchen internationalen Vereinheitlichung zu beweisen imstande wären. Zunächst ist es eine unleugbare Tatsache, daß die Strafrechtswissenschaft der meisten Staaten an dem geltenden Strafgesetzbuch orientiert ist; sie geht von diesem aus, untersucht die einzelnen Probleme fast immer im Anschluß an dieses und zielt meist darauf hin, die Vorzüge und Mängel dieses geltenden Gesetzes darzutun. Ich bin, wie sich schon aus meinen Ausführungen im ersten und zweiten Teil dieses Buches ergibt, weit davon entfernt, diese Methode gutzuheißen, da ich ja von der Ansicht ausgehe, daß eine wirkliche Wissenschaft de lege lata überhaupt nur insoweit möglich ist, als auch de lege ferenda wissenschaftliche Grundsätze eingehalten wurden. Nichtsdestoweniger besteht dieser Brauch, vom geltenden Gesetz auszugehen, und wird trotz meiner gegenteiligen Bemühungen noch lange Zeit weiter bestehen. Diejenige strafrechtliche Literatur nun, welche dergestalt vom geltenden Gesetz ausgeht, wird in den weitaus meisten Fällen nur innerhalb des Geltungsbereiches dieses Gesetzes auf Interesse stoßen, für die Wissenschaft derjenigen Länder, welche andere Strafgesetzbücher besitzen, sind alle diese Gedanken unbrauchbar und daher verloren. Ist aber das Strafgesetzbuch in mehreren Ländern das gleiche, dann wird jedes Wort, das in einem dieser Länder darüber gesagt wird, auch in allen anderen auf Interesse stoßen. Damit wird die durch den Krieg vertiefte und in der

Nachkriegszeit noch keineswegs überwundene Isolierung der Strafrechtswissenschaft der einzelnen Staaten beseitigt und eine gegenseitige Befruchtung in wissenschaftlicher Beziehung in viel höherem Maße ermöglicht als dies bisher der Fall ist. Das gleiche gilt aber auch von der Praxis, insbesondere von den Entscheidungen der höchsten Gerichtshöfe, welche fast überall veröffentlicht werden. Sind gegenwärtig etwa die Entscheidungen des österreichischen Obersten Gerichtshofs in Strafsachen nur für das kleine Gebiet des heutigen Österreichs und für diejenigen ausländischen Gebiete interessant, welche noch nach dem alten österreichischen Strafgesetz urteilen, so werden sie sofort von internationalem Interesse, wenn die Bestimmungen, um deren Auslegung es sich handelt, vielen Staaten gemeinsam sind. Damit wird auf dem Gebiete der Praxis zunächst das gleiche erreicht wie auf rein theoretischem Gebiet, nämlich die Möglichkeit einer gegenseitigen Berücksichtigung und Befruchtung der Rechtssprechung; es hätte aber auch noch einen anderen nicht zu unterschätzenden Vorteil: Während heute unser Oberster Gerichtshof sehr häufig in der Begründung seiner Entscheidungen klare Gedankengänge vermissen und dafür eine gewisse Oberflächlichkeit in der Behandlung der wichtigsten Fragen erkennen läßt, würde man künftig zweifellos jeden Fall gründlich erwägen und vor allem sorgfältig begründen, um sich nicht vor dem gesamten Ausland zu blamieren. Ich glaube ruhig behaupten zu können, daß manche Entscheidung unseres Obersten Gerichtshofs eine bessere Begründung aufweisen würde, wenn man nicht von vornherein überzeugt wäre, daß diese Entscheidungen außerhalb Österreichs ohnehin nicht gelesen werden.

Zu diesen Vorteilen träte ein weiterer, der auf dem Gebiet der internationalen Rechtshilfe liegt. In Auslieferungssachen ergeben sich heute häufig eine Reihe von kaum überwindbaren Schwierigkeiten, welche auch durch das beste Auslieferungsgesetz nicht beseitigt werden können, weil sie eben in der Verschiedenheit der einzelnen Strafgesetzbücher ihren tieferen Grund finden. Jedes Auslieferungsgesetz müßte notwendig an dem Prinzip festhalten, daß nur wegen solcher Taten ausgeliefert wird, welche nach beiden in Betracht kommenden Strafgesetzbüchern strafbar sind; ein anderes Prinzip ist hier eigentlich gar nicht gut möglich. Infolge der Verschiedenheit der Strafgesetze kommt es nun oft vor, daß zwar tatsächlich die betreffende in Betracht kommende Tat nach beiden Strafgesetzen strafbar ist, daß aber die tatsächlichen Merkmale, um derentwillen die Strafbarkeit erfolgt, ganz verschieden sind. In einem

Gesetz begründen etwa die tatsächlichen Merkmale a, b und c die Strafbarkeit, im anderen die tatsächlichen Merkmale a, b und d; der die Auslieferung verlangende Staat umschreibt nun naturgemäß die Tat mit denjenigen Merkmalen, die nach seinem Gesetz von Wichtigkeit sind, und da man die ausländischen Gesetze nicht oder doch nicht gründlich kennt, vergißt man dabei nur allzu oft auf dasjenige Merkmal, das nach dem betreffenden ausländischen Gesetz die Strafbarkeit begründet; in unserm Beispiel würde etwa von dem die Auslieferung verlangenden Staat das Merkmal c angeführt, nicht aber das Merkmal d. Der ersuchte Staat glaubt nun etwa, die dem Verfolgten zur Last gelegte Tat weise das Merkmal d gar nicht auf und verweigert daher die Auslieferung. Die Sache wird dann aber noch dadurch kompliziert, daß naturgemäß im Beweisverfahren des einen Staates nunmehr auch das nach dem Gesetz dieses Staates gar nicht bedeutsame Merkmal „d" bewiesen werden muß, da sonst dem Angeklagten stets die Ausrede zur Verfügung stünde, die Auslieferung sei gar nicht zu Recht erfolgt und er dürfe deswegen nicht verurteilt werden. Ein Beispiel aus der österreichisch-deutschen Praxis mag dies dartun. Ein österreichischer Bürgermeister hatte Gemeindevermögen für eigene Zwecke verwendet und sollte nach Maßgabe des österreichischen Strafgesetzbuchs wegen Verbrechens des Mißbrauches der Amtsgewalt (§ 101) verfolgt werden. (Das Delikt der Untreue kennt das österreichische Gesetz nicht.) Der betreffende Täter befand sich in Deutschland, wurde dort verhaftet und nunmehr verlangte Österreich die Auslieferung, weil dem Täter zur Last gelegt wird, daß er als Beamter von der ihm anvertrauten Gewalt Mißbrauch gemacht habe, um einem andern Schaden zuzufügen (§ 101 ö. StGB.). Das deutsche Strafgesetzbuch kennt aber das Verbrechen des Mißbrauchs der Amtsgewalt nicht, wohl aber ein Delikt der Untreue, das darin besteht, daß man anvertrautes Vermögen zum Schaden des Auftraggebers verwaltet. Von diesen Merkmalen war aber im österreichischen Auslieferungsbegehren nicht die Rede. Genau genommen hätte Deutschland die Auslieferung verweigern können. Es bewilligte sie jedoch trotzdem, da die deutsche Behörde richtig vermutete, um was es sich handle, und zwar „insoferne dem Verfolgten zur Last gelegt wird, daß er als Bevollmächtigter über Vermögensstücke des Auftraggebers absichtlich zum Nachteil desselben verfügt habe". Darob herrschte große Verwirrung bei der österreichischen Anklagebehörde: Kann man darauf hin den Täter überhaupt wegen Mißbrauchs der Amtsgewalt anklagen? Ist das noch dieselbe Tat? Kann man ihn insbesondere wegen eines

Sonderdelikts, eines Amtsdelikts anklagen? Muß im Strafverfahren auch bewiesen werden, daß die Tat auch nach dem deutschen Strafgesetzbuch strafbar wäre? Die Entscheidung all dieser Fragen gehört nicht hieher; das Beispiel zeigt aber recht deutlich, welche Schwierigkeiten da entstehen können. Selbstverständlich wären alle diese Probleme überflüssig in dem Augenblick, wo beide Staaten ein gleichlautendes Strafgesetzbuch hätten.

Daß die internationale Vereinheitlichung des Strafrechts also äußerst wünschenswert und mit großen Vorteilen verbunden wäre, scheint mir erwiesen. Es bleibt somit die zweite Frage zu entscheiden, auf welchem Wege und inwieweit eine solche Vereinheitlichung wirklich durchführbar ist. Der Weg, den die Association eingeschlagen hat, ist im wesentlichen derjenige der Rechtsvergleichung. Man zieht die Gesetze und Entwürfe der beteiligten Staaten heran, vergleicht die einzelnen Bestimmungen und sucht nach Gemeinsamkeiten, um auf diese Weise die Einheitlichkeit herzustellen. Es hat den Anschein, als ob die Association diesen Weg für neu und originell hielte. Dies ist aber keineswegs der Fall. Der Grundgedanke stammt vielmehr bereits von Franz v. Liszt. Das groß angelegte Werk der „Vergleichenden Darstellung des deutschen und des ausländischen Strafrechts" hatte ja nach Liszts Meinung zunächst die Aufgabe, den Boden für die Reform des deutschen Strafrechts zu ebnen. Freilich war von einer internationalen Vereinheitlichung des Strafrechts noch nicht die Rede; doch die leitende Idee war doch die gleiche wie sie der Association vorschwebt, durch Vergleich möglichst vieler verschiedener Gesetze das richtige Gesetz zu finden. Ich halte diesen Weg allerdings für durchaus unrichtig. Ich sehe in diesen Gedankengängen vielmehr einen der wenigen folgenschweren Fehler, die sich in den Ideen des großen Meisters des Strafrechts finden. Mir scheint der Gedanke geradezu absurd, durch Vergleich und Exzerpierung möglichst vieler unrichtiger Gesetze ein neues richtiges zu finden. Es kann und soll gewiß nicht geleugnet werden, daß es de lege ferenda von großem Vorteil sein kann, fremde Gesetze zu kennen; diese Kenntnis ist aber nur dann wertvoll, wenn sie sich auf das fremde Gesetz als ganzes, insbesondere auf die Zusammenhänge zwischen den einzelnen Teilen dieses Gesetzes erstreckt; denn nur dann vermag eine solche Kenntnis unser Eindringen in den Sinnzusammenhang der einzelnen Vorschriften zu fördern und damit methodologisch bedeutsam zu werden. Wenn sich dagegen die rechtsvergleichende Methode darauf beschränkt, einzelne Teile, z. B. die Teilnahmebestimmungen oder den Versuchsparagraphen, aus dem Gesamtzusammenhang herauszureißen und die Bestimmungen der einzelnen Strafgesetze darüber einfach aneinanderzureihen, dann wirkt diese Methode nicht nur in keiner Weise fördernd für die Gesetzgebungsarbeit de lege ferenda, sondern im Gegenteil sogar schädlich. Schon heute besteht ja eines der Grundübel, an welchen Rechtswissenschaft und Gesetzgebung leiden, darin, daß man stets nur einzelne Teile isoliert betrachtet und sich um deren Einordnung in das Gesamtsystem wenig kümmert. Dieser Fehler wird aber bedeutend verstärkt, wenn man nun noch darangeht, zum Beweis der Möglichkeit oder Richtigkeit einer Bestimmung, die in das deutsche Strafgesetz eingeführt werden soll, gleichartige Stellen aus fremden Gesetzen heranziehen. Denn vielleicht können diese Stellen zwar in dem Gesetz, aus welchem sie stammen, systematisch in die Gesamtheit der Bestimmungen eingeordnet werden, weil eben jenes fremde Strafgesetz von einer anderen Grundlage ausgeht, nicht aber in das System des eigenen Strafgesetzes, in welchem sie als eine krasse Systemwidrigkeit wirken müßten. Man nehme doch etwa die Strafzumessungsregeln des Sowjet-Strafgesetzbuchs und verpflanze sie an Stelle der bisherigen Strafzumessungsvorschriften in das österreichische oder in das deutsche Strafgesetzbuch und man wird sich der Richtigkeit meiner Ausführungen sofort bewußt werden.

Von der rechtsvergleichenden Methode ist also weder für die Herstellung irgendeines nationalen, noch auch eines internationalen Strafgesetzbuchs die geringste Förderung zu erwarten, sondern viel eher das Gegenteil. Den Beweis für die Richtigkeit dieser Behauptung sehe ich in den Ergebnissen, welche die Bestrebungen dieser Art bisher gezeitigt haben. Besonders die Warschauer Konferenz zeigt deutlich, daß man auf diese Weise keinerlei befriedigende Ergebnisse erzielen kann. Was tatsächlich bei den Beratungen herauskam, ist ein recht übles Ragout aus denjenigen Strafgesetzbüchern, die zum Vergleich herangezogen wurden, wobei sich die Formulierung immer dem einen oder dem anderen Gesetz mehr oder minder nähert. Da ist zunächst die Teilnahmelehre. Die Formulierung, die diese in Warschau gefunden hat[1]), ist so ungefähr die gleiche, wie diejenige in unserem alten österreichischen Strafgesetzbuch, § 5, Absatz 1. Nun bedenke man: Aus einer ganzen Reihe von Staa-

[1]) Zit. nach Rappaport, „Le problème de l'unification internationale du Droit Pénal", S. 75: „Tous ceux qui ont participé à la tentative ou à la consommation d'un crime ou d'un délit comme institateurs ou auxiliaires seront punis comme s'ils étaient auteurs." Diese Stelle wurde von den Teilnehmern sogar mit Stimmeneinhelligkeit beschlossen.

ten, aus Frankreich, Belgien, Italien und den Staaten der kleinen Entente kommen Vertreter nach Warschau, beraten dort vier Tage lang und das Resultat ist ungefähr dasjenige, welches Martini und Zeiller im Jahre 1800 ohne internationale Konferenz auch schon zustandebrachten. Die Erwartungen müssen schon sehr bescheiden gewesen sein, wenn man ein solches Ergebnis als „alle Erwartungen übertreffend" bezeichnet, wie Rappaport dies tut. Es fehlt dieser Formulierung nur der vorzügliche zweite Absatz des § 5 des österreichischen Strafgesetzes, welcher die Abhängigkeit der Teilnahmehandlung von dem Unrecht der Haupttat und ihre Unabhängigkeit von der Schuld des Haupttäters in einer Weise klarlegt, die in Anbetracht des Standes der Wissenschaft in der damaligen Zeit (der zweite Absatz wurde 1852 von Hye hinzugefügt) geradezu Bewunderung erwecken muß und in so schroffem Gegensatz zur Hilflosigkeit der Redaktoren des deutsch-österreichischen Strafgesetzentwurfs 1927 in der gleichen Materie steht. Ob ein ähnlicher Absatz und ob überhaupt weitere Teilnahmevorschriften noch geplant sind, weiß ich nicht. Wohl aber ist sicher, daß es der Konferenz gar nicht möglich gewesen wäre, in dieser Richtung schon irgend etwas zu bestimmen, weil dies unmöglich ist, solange man über die übrigen Teile des Strafgesetzes und insbesondere über den besonderen Teil noch keine Klarheit hat.

Nicht viel besser als mit der Teilnahme steht es mit dem Versuch. Die Formulierung, welche da gefunden wurde[1]), zeichnet sich zunächst dadurch aus, daß sie weder zur objektiven noch zur subjektiven Versuchstheorie deutlich Stellung nimmt, da das entscheidende Wort (destinés) sowohl in dem einen als auch in dem andern Sinn gedeutet werden kann; jedenfalls liegt eine Deutung im subjektiven Sinn näher, welche auch durch den zweiten Absatz unterstützt wird, der die Fälle des „unmöglichen" (impossible) Versuchs ausdrücklich ausscheidet, was vom Standpunkt einer objektiven Theorie aus unnötig wäre. War die unklare Fassung vielleicht gar beabsichtigt, um auf diese Weise eine verschiedene Rechtssprechung in den einzelnen Staaten auf Grund des gleichen Gesetzes zu ermöglichen? Ganz undenkbar wäre es jedenfalls nicht. Hat doch schon der deutsch-österreichi-

---

[1]) a. a. O., S. 75: „Il y a tentative punissable lorsque la résolution de commettre un crime ou un délit a été manifestée par la mise en oeuvre de moyens destinés à accomplir ce crime ou ce délit et qui n'ont été suspendus ou n'ont manqué leur effet que par des circonstances indépendantes de la volonté de l'auteur.

La tentative du crime et du délit impossible n'est pas frappé d'une peine."

sche Entwurf in dieser Richtung ein Beispiel aufzuweisen: Die Frage der objektiven oder subjektiven Teilnahmetheorie wurde laut Begründung absichtlich nicht klar gestellt, damit die österreichische Praxis weiter objektiv, die deutsche weiter subjektiv urteilen könne. Und das nennt man Rechtsvereinheitlichung. Nun entstehen aber schon aus dem Vergleich der beiden bisher erörterten Paragraphen manche Zweifel und Schwierigkeiten. Die Teilnahme am Versuch ist der Teilnahme an der Vollendung gleichgestellt; der Versuch ist so geregelt, daß die subjektive Versuchstheorie zugrunde gelegt werden kann, wenn nicht geradezu muß; folglich ist die Teilnahme am untauglichen Versuch, der noch kein unmöglicher ist (impossible), und zwar selbst dann, wenn der Teilnehmer weiß, daß der Versuch nicht zur Vollendung führen wird, strafbar. Da die Kommission, die sich mit dem Versuch beschäftigte, sich um die andere, die an der Teilnahme arbeitete, nicht kümmerte, darf das Resultat nicht wundernehmen.

Auch die Notwehrbestimmung weist keinerlei neue Erkenntnisse auf[1]); sie stimmt im wesentlichen mit den fehlerhaften Vorschriften der meisten Strafgesetzbücher überein, welche auf den Wert der Güter (des angegriffenen und des verteidigten) keinerlei Wert legen, und der zweite Absatz, der von der Notwehrüberschreitung handelt, unterscheidet sich nicht zu seinem Vorteil von dem geltenden österreichischen Strafgesetzbuch dadurch, daß auch in diesem Fall das „entweder — oder" betont wird, ohne daß Übergänge anerkannt würden. War die Gemütserregung „stark" (forte émotion), dann ist der Täter straflos, war sie nicht stark, dann trifft ihn die volle Strafe.

Sehr schlecht geraten ist die Notstandsbestimmung, die der Kongreß gefunden hat[2]). Daß man zunächst überhaupt nur den entschuldigenden Notstand regeln wollte (den bloß strafbefreienden, der die Tat als solche bestehen läßt[3]), wäre an sich kein

---

[1]) „Il n'y a pas d'infraction lorsqu'on commet un acte nécessaire pour défendre contre une agression actuelle et illicite un bien quelconque appartenant à soi-même ou à autrui.

En cas d'excès de la légitime défense l'agent sera exempt de peine, s'il a commis son acte sous l'empire d'une forte émotion."

[2]) Est exempt de peine celui qui commet un acte nécessaire pour détourner d'un bien quelconque appartenant à soi-même ou à autrui un danger grave, imminent et autrement inévitable, pourvu que le bien sauvegardé soit au moins équivalent au bien sacrifié.

Ne sera pas considéré comme agissant en état de nécessité, celui qui a le devoir juridique de subir le danger.

[3]) „Est exempt de peine" im Gegensatz zu „il n'y a pas d'infraction" bei der Notwehr.

Mangel; denn der sogenannte rechtfertigende Notstand ist ja, wie später gezeigt werden wird, richtigerweise überhaupt kein Notsand. Die Fassung des Paragraphen zeigt aber, daß nicht etwa diese Erkenntnis für die Ausschaltung des rechtfertigenden Notstandes maßgebend war. Denn das, was dieser Notstandsparagraph enthält, ist in Wahrheit eine ganz unmögliche Mischung beider Notstandsbegriffe: Einerseits darf der Täter nur eine notwendige Handlung zur Abwendung einer Gefahr, die seinem Gut oder dem eines andern droht, setzen, anderseits aber ist es nötig, daß das gerettete Gut mindestens ebensoviel wert ist, wie das geopferte. In diesem Fall liegt aber richtigerweise von vornherein kein Unrecht vor, „il n'y a pas d'infraction", so daß die Tat schon deshalb straflos bleiben müßte, ohne Rücksicht darauf, ob der Täter sich überhaupt in Not befindet und ohne Rücksicht darauf, ob diese Handlung notwendig war oder nicht. Genau genommen sind also durch diesen Paragraphen überhaupt nur diejenigen Fälle als straflos anerkannt, in welchen man gewöhnlich rechtfertigenden Notstand annimmt, der bloß entschuldigende Notstand wird so bestraft, als ob überhaupt kein Notstand vorläge. Das heißt es darf niemand sein eigenes Gut höher schätzen, als das eines anderen, und wenn er es dennoch tut, wird er wegen Verletzung des fremden Gutes so bestraft, als ob er es aus Bosheit oder zu seinem Vergnügen beschädigt hätte und nicht um sein eigenes Gut zu retten. Ich weiß nicht, auf welche Weise dieser Paragraph tatsächlich zustandekam; er erweckt aber sehr den Anschein, als ob er aus einer im Wege der Rechtsvergleichung zustandegekommenen Kompilation des rechtfertigenden und des entschuldigenden Notstandes entstanden wäre.

Die Resultate, zu denen man also bisher mit Hilfe der rechtsvergleichenden Methode gekommen ist, können keineswegs als besonders erfreulich bezeichnet werden. Welchen Nutzen soll eine Strafrechtsvereinheitlichung haben, wenn das Einheitsstrafgesetz an noch mehr inneren Widersprüchen und Systemwidrigkeiten leidet als die bisher bestehenden nationalen Strafgesetze?

Die Methode der Arbeiten der Association leidet aber außer an diesen noch an weiteren methodischen Mängeln. So erklärt die Association ausdrücklich, zu dem Streite der Strafrechtsschulen in keiner Weise Stellung nehmen zu wollen. Dies kann nur dahin verstanden werden, daß man sich über die formellen Grundlagen des zu schaffenden Einheitsstrafgesetzes nicht den Kopf zerbrechen will. Ich bin nun, wie schon oben dargetan, keineswegs der Ansicht, daß ein einheitliches und systematisch richtiges Strafgesetz nur dann zustandekommen kann, wenn man sich einer der bestehenden Schulen vorbehaltlos anschließt. Dies schon deshalb, weil ja auch diese einzelnen Schulen durchaus nicht durchwegs ein widerspruchsloses Gedankengebäude darstellen, sondern sehr oft an mehr oder minder versteckten Systemwidrigkeiten leiden. Schon mein „Aufbau des Strafrechtssystems", der gleichfalls auf keiner bestimmten Schule aufbaut und trotzdem ein innerlich einheitliches widerspruchsloses System bietet, ist der beste Beweis hiefür. Eines aber ist unbedingt notwendig: Klarheit über die Grundlagen. Scheut man in dieser Richtung vor einem klaren Bekenntnis zurück, dann ist alle weitere Arbeit vergeblich und kann bestenfalls ein stümperhaftes Dilettantenwerk ergeben. Wie soll man etwa über die Strafzumessung, ja auch nur über die Strafrahmen sprechen können, wenn man nicht weiß, ob die Strafe in erster Linie nach der Größe der Schuld oder nach der Notwendigkeit der Spezialprävention bemessen werden soll, wenn man nicht weiß, ob ein eigenes System von Sicherungsmitteln den Strafen an die Seite tritt und wo die Grenze zwischen beiden Sanktionen zu laufen hat? Ja, ich möchte sogar behaupten, daß es unmöglich ist, über die Sicherungsmittel zu sprechen, ehe man weiß, wie weit die Anwendungsmöglichkeit der Strafen reicht. Gerade das geschieht aber! Ohne der Frage der Zweispurigkeit der Sanktionen vorzugreifen, ohne über das Wesen der Strafe Klarheit zu haben, will man bereits über die Sicherungsmittel Klarheit gewinnen[1]).

Ein weiterer grundlegender methodischer Fehler bei den Arbeiten der Association besteht darin, daß man den allgemeinen Teil berät und sogar entscheidende Beschlüsse faßt, ehe man vom besonderen Teil noch das geringste weiß, ehe man sich sogar über den formalen Aufbau des besonderen Teils Gedanken gemacht hat. Wenn man erkennt[2]), daß der besondere Teil das Grundgerüst jedes Strafgesetzes sein muß, daß der allgemeine Teil erst durch Heraushebung gewisser allen oder den meisten Delikten gemeinsamer Bestimmungen aus dem besondern Teil entsteht, dann muß man doch für die Methodik de lege ferenda daraus den Schluß ziehen, daß man nicht mit dem allgemeinen Teil beginnen kann. Wie soll man etwa über die Teilnahmelehre etwas sagen können, bevor man weiß, ob die Typen des besonderen Teils so eng gefaßt sind, daß sich Teilnahmebestimmungen als notwendig erweisen, oder vielmehr so weit, daß sie unnötig sind? Und wie soll man über den Versuch sprechen, bevor man weiß, ob nicht überhaupt der ganze besondere Teil

[1]) Vgl. Motion Ferri, Rappaport, a. a. O., S. 76.

[2]) Rappaport hat dies tatsächlich erkannt. Umso unverständlicher ist der Fehler.

rein subjektiv aufgebaut werden soll, so daß sich eine Versuchsbestimmung als gänzlich überflüssig erweist? Und wie soll man vollends die Voraussetzungen der Sicherungsmittel bestimmen können, bevor man weiß, ob die Typen des besonderen Teils tatsächlich so (das heißt rein objektiv) gefaßt sind, daß sie als Voraussetzung der Verhängung sichernder Maßnahmen Verwendung finden können? Wenn man nun, wie die Association dies tut, tatsächlich den verkehrten Weg einschlägt und mit dem allgemeinen Teil beginnt, so ist eine Arbeit auf dem Gebiet des allgemeinen Teils überhaupt nur möglich, wenn man eine ganz bestimmte Formulierung des besonderen Teils stillschweigend voraussetzt. Schafft man also eine eigene Teilnahmebestimmung, einen Tatbestandsausdehnungsgrund[1]), so setzt man dabei stillschweigend voraus, daß die Typen des besonderen Teils so eng gefaßt sind, daß sie auf „Handlungen der Außenzone" nicht Anwendung finden könnten; schafft man einen eigenen Versuchsparagraphen, so setzt man voraus, daß die Tatbestände des besonderen Teils objektiv formuliert sind. Eine Änderung einer dieser Voraussetzungen muß notwendig die ganze auf den allgemeinen Teil aufgewendete Arbeit wieder als illusorisch erscheinen lassen.

Die bisherigen Ausführungen bezwecken zu zeigen, daß die Methode, welche von den Anhängern der internationalen Strafrechtsvereinheitlichung gewählt wurde und welche der kasuistisch-gefühlsmäßigen Methode, nach welcher die nationalen Strafgesetze hergestellt zu werden pflegen, sehr ähnlich ist, nicht geeignet erscheint, zum Ziele zu führen. Es fragt sich nun, welches die richtige Methode ist. Da muß zunächst einmal festgehalten werden, daß ein Strafgesetz, welches sich auf mehrere Staaten erstrecken soll, rein methodologisch betrachtet, genau so ein Strafgesetz ist, wie wenn es nur für einen bestimmten Staat Geltung erhalten sollte. Infolgedessen wird die grundsätzliche Methode, wie sie im II. Teil dieses Buches auseinandergesetzt wurde, in gleicher Weise auch auf ein internationales Strafgesetz Anwendung zu finden haben. Anerkennt man dies als richtig, dann ist alles übrige eigentlich bereits von selbst gegeben.

Die Materialbeschaffung für ein jedes Strafgesetz besorgen in inniger Wechselbeziehung Rechtspolitik und Rechtssystematik. Bei der ersteren kommt es auf die Zweckmäßigkeit, bei der letzteren auf die logische Richtigkeit an. Daraus ergibt sich für die

---

[1]) Vgl. meinen Aufsatz „Grundsätzliches zur Teilnahmelehre", Z. 1928, S. 39 ff. Dagegen neuestens Mezger, Lehrb. d. Strafrechts.

Möglichkeit eines internationalen Strafgesetzes, daß auf rechtspolitischem Gebiet eine Einigung theoretisch möglich ist, auf dem Gebiet der Rechtssystematik dagegen theoretisch notwendig, „weil die Wahrheit nur eine sein kann"[1]). Sind sich daher zwei Staaten auf dem Gebiet der Rechtspolitik (nicht nur der Kriminalpolitik) vollständig einig geworden, dann ist die Rechtsgleichheit, wenigstens was den formellen Aufbau auf den gewählten Grundlagen anbelangt, eine logische Konsequenz. Eine inhaltliche Gleichheit des Gesetzes ist aber auch damit noch nicht notwendig verbunden, da die Bewertung innerhalb einzelner Kategorien in den einzelnen Staaten verschieden sein kann, wie noch später dargetan werden wird. Aber selbst die vollständige Rechtsgleichheit wäre noch nicht notwendig mit einer Gesetzesgleichheit verbunden: Denn insoferne die Rechtstechnik nicht an die Systematik gebunden ist, wäre es sehr wohl denkbar, daß der eine Staat von dem anderen abweicht, und die gleiche Möglichkeit besteht auch auf dem Gebiet der Gesetzestechnik. Umgekehrt kann der Mangel an Einheitlichkeit der rechtspolitischen und systematischen Grundlagen durch Strafrechts- oder Strafgesetzestechnik oberflächlich verdeckt werden, so daß auch die Möglichkeit eines einheitlichen Gesetzes bei gleichzeitiger Verschiedenheit des Rechtes durchaus besteht. Diese Grundgedanken sollen nun im einzelnen des näheren auseinandergesetzt werden.

Es wurde oben gezeigt, daß die erste Frage, die Frage nach den materiellen Grundlagen, welche sich jeder Strafgesetzgeber vorlegen muß, ehe er an den eigentlichen Aufbau des Strafrechtssystems schreitet, rechtssystematischer Natur ist und dahin geht, was in dieser bestimmten rechtlich vorgeformten sozialen Gemeinschaft sozialschädlich ist und daher als Unrecht betrachtet werden kann. Es wurde oben gezeigt, daß diese Frage schlechthin unlösbar bleibt, solange nicht die gesamte übrige Rechtsordnung vollständig fertig geschaffen ist. Denn die Frage, was in einer bestimmten sozialen Gemeinschaft sozialschädlich sein kann, hängt eben von der rechtlichen Regelung des gesamten sozialen Zusammenlebens innerhalb dieser sozialen Gemeinschaft ab. Daraus ergibt sich nun für die Frage der Möglichkeit einer internationalen Strafrechtsvereinheitlichung, daß ein vollständig gleiches Strafrecht von vornherein nur dann möglich ist,

[1]) Damit begründet Roux in seinem Gutachten für den Prager Kongreß die Notwendigkeit einer internationalen Strafrechtsvereinheitlichung; er übersieht aber, daß sein Argument nur auf dem Gebiet der Systematik durchschlagend ist, während es auf rechtspolitischem Gebiet gar nicht auf „Wahrheit" ankommen kann.

wenn die in Betracht kommenden Staaten auch auf allen übrigen Gebieten vollständig gleiches Recht aufweisen. Vollständig gleiches Recht genügt, ein gleiches Gesetz ist nicht notwendig: Bloße rechtstechnische oder gesetzestechnische Verschiedenheiten, welche an dem Inhalt der Rechtsordnung selbst nichts ändern, sondern nur deren Form betreffen, würden in keiner Weise im Wege stehen, da es für die Frage der Sozialschädlichkeit nur auf den Inhalt ankommen kann. Die vollständige Rechtsgleichheit muß sich nicht nur auf das gesamte öffentliche, sondern auch auf das gesamte Privatrecht beziehen. Die Selbstverständlichkeit dieser Voraussetzung wird sofort klar, wenn man etwa den Versuch unternimmt, die Strafrechte zweier Staaten, welche in ihrem übrigen rechtlichen Aufbau vollständig voneinander verschieden sind, zu vereinheitlichen. Jeder wird auf den ersten Blick zugeben, daß etwa ein einheitliches Strafrecht zwischen dem faschistischen Italien einerseits und Sowjet-Rußland anderseits ganz undenkbar wäre. Ebenso undenkbar wäre aber auch ein Einheitsstrafrecht zwischen Deutschland und Sowjet-Rußland, zwischen Deutschland und Amerika oder zwischen Amerika und Sowjet-Rußland. Daß dem so ist, anerkennen ausdrücklich oder stillschweigend auch die Anhänger der Idee einer internationalen Strafrechtsvereinheitlichung, indem sie eine so weitgehende Vereinheitlichung zwischen Staaten ganz verschiedener Struktur gar nicht ins Auge fassen; so werden denn nicht nur Amerika und die Sowjetunion ausgeschieden, sondern überhaupt der gesamte anglo-amerikanische Rechtskreis. Aber mit der Ausscheidung derjenigen Fälle, in welchen die Unmöglichkeit einer Vereinheitlichung besonders klar zu Tage liegt und daher nicht übersehen werden kann, ist theoretisch nichts gewonnen, sondern es wird im Gegenteil die Einsicht in die grundsätzlichen Voraussetzungen der Vereinheitlichung erschwert, wenn man von den krassen Fällen von vornherein absieht, als ob für sie methodisch nicht genau das gleiche gelten müßte wie für die weniger krassen Fälle. Bedenkt man aber etwa die vielen strafrechtlichen Bestimmungen, die sich mit dem Schutz der Verfassung und der Grundlagen des Staates beschäftigen, so wird man leicht erkennen, daß die Strafrechtsvereinheitlichung, die sich bemüht, einen auf dem Gedanken der Diktatur und einen auf dem Gedanken der Demokratie aufgebauten Staat mit dem gleichen Strafrecht auszustatten, ein frommer Wunsch bleiben muß. Gegenüber der Tatsache der verschiedenen rechtlichen Struktur zweier Staaten müssen alle Argumente, welche auf die gleichen kulturellen, moralischen und wirtschaftlichen Anschauungen verweisen, daneben greifen.

Es gibt wohl kaum zwei Staaten auf der ganzen Welt, welche in allen diesen Richtungen so gleichartig sind, wie Deutschland und Österreich und dennoch wird auch ein gemeinsames Strafgesetz dieser beiden Staaten kein gemeinsames Strafrecht bewirken können, solange nicht nur der staatsrechtliche und verwaltungsrechtliche Aufbau, sondern vor allem das Privatrecht grundlegende Verschiedenheiten aufweist. Man hat leider bisher noch wenig Mühe darauf verwendet, diese Konsequenzen des verschiedenen Privatrechts auf dem Gebiete des Strafrechts etwa vom Standpunkt des gemeinsamen Entwurfs aus herauszuarbeiten; aber schon der erste Versuch dieser Art, derjenige von Schlesinger[1]), zeigt, daß man hier auf eine ganze Fülle von Fällen stoßen muß, in welchen infolge des verschiedenen Privatrechts auch die strafrechtliche Beurteilung eine andere sein muß, selbst bei völliger Gleichheit der strafgesetzlichen Bestimmungen. Schlesinger führt seine Untersuchungen nur für das Gebiet der Hehlerei durch; sie müßten aber auf dem Gebiet der übrigen Vermögensdelikte, ferner auf dem Gebiet der an das Familienrecht anknüpfenden Delikte und nicht zuletzt auch bei den vom Staatsrecht abhängigen Delikten zu dem gleichen Ergebnis führen. Bei den an das Staatsrecht anknüpfenden Delikten zeigt sich dies übrigens auch schon rein äußerlich, indem die Diktion eine andere sein müßte, und es wäre unrichtig, etwa den verhältnismäßig geringen Unterschied, der der verschiedenen Benennung zugrunde liegt, vollständig zu vernachlässigen. Je ähnlicher freilich die übrigen Rechtsgebiete mehrerer Staaten geregelt sind, desto größer wird die mögliche Ähnlichkeit der Strafrechte sein können. Es muß jedoch darauf hingewiesen werden, daß der Unterschied zwischen ganz ähnlich und ganz verschieden aufgebauten Rechtsordnungen ein rein quantitativer ist, nicht ein qualitativer. Große Ähnlichkeit und geringe Verschiedenheit ist aber deshalb ganz besonders gefährlich, weil sie sich vielfach im Gesetz gar nicht zu äußern braucht, sondern etwa auf dem Gebiet der im Gesetz überhaupt nicht vorkommenden unbenannten Unrechtsausschließungsgründe oder Unrechtsminderungsgründe bewegen kann. Der Trugschluß von der Gesetzesgleichheit auf die Rechtsgleichheit ist dann natürlich sehr naheliegend.

Die zweite Frage, die sich der Strafgesetzgeber vorzulegen hat, ist diejenige nach den formellen Grundlagen. Diese Frage ist, wie oben ausgeführt wurde, rechtspolitischer Natur. Das bedeutet, daß über sie eine internationale Verständigung ge-

---

[1]) Zentralbl. f. d. jur. Pr., Bd. 46, S. 791 ff.

sucht und gefunden werden könnte. Halten mehrere Staaten die gleiche Lösung für die zweckmäßigste, so ist damit in dieser Richtung die vollständige Einheitlichkeit ermöglicht. Ob eine solche Verständigung tatsächlich erzielbar ist, ist eine andere Frage. Zunächst entsteht hier das kriminalpolitische Problem, welcher der einzelnen näheren Strafzwecke, Vergeltung, Generalprävention, Spezialprävention, zugrunde zu legen ist, welche einzelnen Kategorien für den strafrechtlichen Bekämpfungswert von Bedeutung sein sollen und in welchem gegenseitigen Wertverhältnis sie zueinander zu stehen haben. Bei diesem Punkt müssen sich zum erstenmal die Gegensätze der verschiedenen Schulen radikal auswirken. Die Tatsache, daß bei richtiger Methode de lege ferenda diese Frage, bei der es darauf ankommt, zu dem Streit der Strafrechtstheorien Stellung zu nehmen, verhältnismäßig früh auftaucht, jedenfalls noch lange bevor von Teilnahme- oder Versuchsbestimmungen die Rede sein kann, beweist zur Genüge die oben behauptete Fehlerhaftigkeit der Methode bei den Arbeiten der Association. Immerhin sehe ich eine mögliche Lösung gerade in dem in meinem „Aufbau des Strafrechtssystems“ durchgeführten und des näheren begründeten „Kompromiß“, das in Wahrheit kein Kompromiß oder doch wenigstens keines im schlechten Sinne ist, den einen der möglichen näheren Strafzwecke in den Vordergrund zu stellen und die übrigen ergänzend zu berücksichtigen, wie dies ja auch im zweiten Teil dieses Buches getan wurde. Die logische Intaktheit und die Einheitlichkeit des Systems bleiben auf diese Weise vollständig erhalten, wenn das gegenseitige Wertverhältnis ein fixes ist und durch das ganze System durchgeführt wird, ohne daß die Vertreter der einen oder der anderen Schule auf die Berücksichtigung ihrer Ideen verzichten müßten. Hat man sich aber einmal dahin geeinigt, welche Kategorien überhaupt zu berücksichtigen seien, dann wird auch über deren gegenseitiges Wertverhältnis ein Einverständnis zu erzielen sein. Für unüberwindlich halte ich jedenfalls die in dieser Richtung auftauchenden Schwierigkeiten nicht.

Die weiteren Fragen nach den formellen Grundlagen werden aber verhältnismäßig bedeutend weniger Schwierigkeiten machen. Da ist zunächst die Frage, ob an Einzeltaten oder direkt an Persönlichkeiten anzuknüpfen wäre. Praktisch wird eine Einigung über diese Fragen heute tatsächlich nicht besonders schwierig sein, da ja, wie ich wiederholt darzutun mich bemüht habe, ein Aufbau auf Persönlichkeiten aus vielen Gründen heute noch nicht praktisch in Betracht gezogen werden kann.

Hat man sich über diese Frage geeinigt, so entsteht dann als nächstes Problem, ob die objektive oder die subjektive Seite der Tat zur Grundlage genommen werden soll. Auch über diese kriminalpolitische Frage wird eine Einigung leicht möglich sein. Faktisch haben sich ja die meisten nationalen Strafgesetzgeber diese Frage nicht vorgelegt, jedoch rein gefühlsmäßig für die Anknüpfung an die objektive Tatseite entschieden. Es dürfte daher auch in dieser Richtung eine internationale Einigung nicht allzu schwer fallen, wenn man nur einmal die richtige Fragestellung erkannt hat.

Mit der Entscheidung obiger Fragen ist bereits alles Nötige über das Wesen des Unrechts dargetan. Damit ist aber gleichzeitig auch, wie oben dargetan wurde, die Frage nach dem Wesen der Schuld entschieden. Das wesentliche besteht nur darin, daß man sich zur Erkenntnis durchringt, daß die Frage nach dem Wesen der Schuld bereits systematisch vorentschieden ist, daß man also nicht nach dem Muster der einzelnen nationalen Gesetzgeber dort kriminalpolitische Probleme sucht, wo systematische vorliegen, und nicht mit Zweckmäßigkeitserwägungen arbeitet, wo logische Deduktionen am Platze sind. Kriminalpolitische Fragen könnten hier nur mehr insofern in Betracht kommen, als sich etwa in dem einen oder dem andern Staat eine Abweichung vom System als empfehlenswert erweisen könnte, womit dann die primär systematische Frage auf kriminalpolitisches Gebiet verschoben würde.

Zunächst handelt es sich also darum, zu erkennen, daß das Wesen der Schuld nur in der subjektiven Sozialwidrigkeit gefunden werden kann, keineswegs aber in der Sittenwidrigkeit. Da die Auffassung der Strafrechtsschuld als Vorwurf subjektiver Sozialwidrigkeit nur eine Konsequenz der Erkenntnis ist, daß das Unrecht, das zum Vorwurf gemacht wird, objektive Sozialschädlichkeit ist, so kann über diese Frage keineswegs debattiert werden, ihre Entscheidung ist vielmehr als auf logischen Deduktionen beruhend, eine Selbstverständlichkeit. Etwas anders steht es schon mit der Frage der Schuldkomponenten. Zwar sind auch hier die Zurechnungsfähigkeits- und die Tatkomponente notwendigerweise unentbehrlich, da ohne die erstere unmöglich Schuld vorliegen kann, da kein Vorwurf gegen den zurechnungsunfähigen Täter erhoben werden kann, ohne die letztere aber der Zusammenhang zwischen Tat und Täter vollständig durchbrochen wäre. Auf dem Gebiet der Tatkomponente soll auch noch ausdrücklich darauf hingewiesen werden, daß die viel umstrittene Frage der Berücksichtigung des Rechtsirrtums gleichfalls eine systematische ist und nicht, wie vielfach angenommen wird, eine kriminalpolitische. Die Systematik erfordert diese Berücksichtigung des Rechtsirrtums und dieses Erfordernis fließt direkt aus dem Wesen des Schuldbegriffs, da man unmöglich von subjektiver Sozialwidrigkeit reden kann, wenn der Täter die Eigenschaft seiner Tat als einer sozialschädlichen nicht kennt und nicht kennen kann. Nicht einmal eine Abweichung vom System kann hier in Frage kommen; denn diese würde voraussetzen, daß lediglich eine Grundidee nicht bis zu Ende durchgeführt wird, während es sich hier um die Vernichtung der Grundidee und ihre Ersetzung durch eine andere handeln würde. Es ist daher durchaus müßig, etwa über die Berücksichtigung des Rechtsirrtums zu debattieren, da sie eine logisch abgeleitete Selbstverständlichkeit ist. Wenn daher ein Gesetz den Rechtsirrtum tatsächlich nicht berücksichtigt, so kann das überhaupt nur dann verstanden werden, wenn man annimmt, daß das Bewußtsein des Unrechts oder dessen Möglichkeit unwiderleglich vermutet wird, daß es sich also um eine der zahlreichen gesetzlichen Beweisregeln handelt, auf welche noch hingewiesen werden wird. Anders steht es schon mit der Persönlichkeitskomponente der Schuld. Hier könnte eine Abweichung vom System tatsächlich in Betracht kommen: Es handelt sich eben darum, ob die Konsequenz aus dem Begriff der Schuld als dem Vorwurf subjektiver Sozialwidrigkeit wirklich zur Gänze gezogen werden soll oder ob man sich sozusagen mit einem Teil der subjektiven Sozialwidrigkeit begnügt. Es wurde oben dargetan, daß richtigerweise keine zwingenden Gründe für eine solche Abweichung vom System angeführt werden könnten; diese Feststellung gilt allerdings zunächst nur für den deutsch-österreichischen Rechtskreis. Es wäre durchaus denkbar, daß sich in anderen Staaten wichtige Gründe für eine solche Abweichung finden ließen: So z. B., daß etwa das Strafverfahren derartig gestaltet ist, daß eine Erforschung der Persönlichkeitskomponente sich als unmöglich erweist und daß das Verfahren auch aus irgendwelchen praktischen Gründen nicht die erforderliche Umgestaltung erhalten kann. Ich glaube freilich, daß bei einigem guten Willen auch dieses Hindernis aus der Welt geschafft werden könnte. Der Einwand, daß durch die Berücksichtigung der Persönlichkeitskomponente die Rechtssicherheit nicht genügend gewährleistet werden könnte, scheint mir nach den Bemühungen, welche ich auf die Herausarbeitung dieser Komponente schon in meinem „Aufbau des Strafrechtssystems" verwendet habe, doch nicht mehr ganz durchschlagend zu sein.

Daß auf dem Gebiet der Schuld der verhältnismäßige Wert der Kategorien der Vergeltung, der General- und der Spezialprävention der gleiche sein muß wie auf dem Gebiet des Unrechts, ist gleichfalls ein systematisches Erfordernis, so daß auch in dieser Richtung eine Einigung nicht nur möglich, sondern sogar notwendig ist. Wieder wird es sich lediglich um die Erkenntnis und um die Anerkennung dieser Notwendigkeit handeln.

Manche Fragen, die eigentlich systematischer Natur sind, ergeben sich beim Problem der Möglichkeit einer internationalen Strafrechtsvereinheitlichung erst nach der Bildung der Typen. Die Bewertung jedes Falles innerhalb der einzelnen Kategorien z. B. ist eigentlich eine systematische Frage, sie wirkt sich aber endgültig erst in den Strafrahmen der Typen aus, da ja deren Feststellung unter verhältnismäßiger Berücksichtigung der einzelnen Kategorien erfolgen muß. Da der Vorbildung der Typen (Urtypenbildung) lediglich die Bedeutung eines technischen Hilfsmittel zukommt und erst die endgültige Typenbildung über die Formulierung der Typen entscheidet, wird es unnötig sein, schon in diesem Stadium sich auf Streitfragen einzulassen oder auf bestimmte Ansichten festzulegen. Erst die endgültige Typenbildung gibt Anlaß zu Problemen. Hier können sich notwendige Verschiedenheiten zwischen den einzelnen Staaten ergeben. Nimmt man freilich an, daß die Rechtsordnung aller in Betracht kommenden Staaten vollständig gleich sei, dann können Meinungsverschiedenheiten über die Bewertung innerhalb der Kategorie der Vergeltung nicht entstehen. Anders wird die Sache jedoch bereits, wenn man zunächst an die objektiven Typen die übrigen Kategorien, insbesondere diejenige der Häufigkeit, heranträgt. Hier kann bereits die Systematik eine verschiedene Bewertung der einzelnen Unrechtstypen in den verschiedenen Gesetzen erzwingen. Je nach der nationalen Eigentümlichkeit neigt ja das eine Volk mehr zu diesen, das andere mehr zu jenen Delikten. Um nur ein krasses Beispiel anzuführen, ist ja allgemein bekannt, daß etwa die Juden zu Betrügereien aller Art neigen, während bei diesem Volk Gewalttätigkeiten nur selten vorkommen. Umgekehrt neigen manche Völker wieder zu Gewalttätigkeiten und weniger zu Betrügereien, und auch innerhalb der Gewalttätigkeiten ist nach der Art des Unrechtstypus vielfach ein deutlicher Unterschied erkennbar. Hier ist also tatsächlich ein Punkt, wo sich die nationalen Eigentümlichkeiten Geltung verschaffen. Ganz der gleiche Unrechtstypus wird von dem einen Staat in der Kategorie der Häufigkeit sehr hoch, von dem andern sehr niedrig bewertet werden müssen, ja der Unterschied in der durchschnittlichen Häufigkeit kann sogar so groß sein, daß sich in dem einen Staat eine scharfe strafrechtliche Bekämpfung empfiehlt, während die Tat in dem andern Staat infolge der geringeren Häufigkeit unter dem strafrechtlichen Bekämpfungswert steht, so daß sie überhaupt nicht bestraft zu werden braucht. Auf diesen Punkt weist unter anderem auch Rappaport hin, und er ist in der Tat von größter Wichtigkeit. Nun könnte man ja in allen minder krassen Fällen, in denen der Unterschied sich nur innerhalb der Strafhöhe auszuwirken brauchte, nicht aber zur Straflosigkeit eines Typus in dem einen Staat führen muß, während der andere Staat mit Strafe einschreitet, auf den Ausweg verfallen, in dem einheitlichen Strafgesetz den Strafrahmen für diesen Typus ganz besonders weit zu gestalten, so daß also jeder Staat die Möglichkeit hätte, gerade die der Häufigkeit in seinem Gebiet entsprechende Strafe zu verhängen. Aber abgesehen davon, daß sich dieser Weg schon deshalb nicht empfiehlt, weil weite Strafrahmen stets für die Rechtssicherheit verderblich sein müssen, wäre auf diese Weise auch gar nicht viel gewonnen: Denn unter der Hülle einer Gesetzesgleichheit läge eine Rechtsverschiedenheit verborgen; die richtige Strafe müßte ja bei ein und demselben Fall je nach dem verschiedenen Häufigkeitswert, den er gerade in dem betreffenden Staate aufweist, verschieden ausfallen. Nun wurde aber oben darauf hingewiesen, daß genau die gleiche Schwierigkeit schon infolge der Beweglichkeit der Kategorie der Häufigkeit auch in einem nationalen Strafgesetz auftauchen muß. Freilich wird dort mit Rücksicht auf die größere Ähnlichkeit der kulturellen Verhältnisse und der Temperamente der in einem Staat zusammengefaßten Staatsbürger im allgemeinen der Unterschied im Häufigkeitswert kein so gewaltiger sein wie wenn die Angehörigen ganz verschiedener Nationen in Betracht kommen. Immerhin ist auch innerhalb eines nationalen Strafrechts die gleiche Schwierigkeit, wenn auch in bedeutend verkleinertem Maß, zu finden. Dort wurde nun ihre Überwindung in der Weise vorgeschlagen, daß Hilfstypen zu bilden seien, welche dem Richter die Möglichkeit gewähren, die normalen Strafrahmen zu durchbrechen, wenn der Häufigkeitswert aus besonderen Gründen ein ganz anderer als der vom Gesetzgeber angenommene ist. Es liegt nun nahe, auf gleiche Weise die analoge Schwierigkeit innerhalb eines internationalen Strafrechts zu überwinden. Als der den normalen Strafrahmen des internationalen Strafgesetzes bestimmende Häufigkeitswert wäre der durchschnittliche in sämtlichen Staaten zugrunde zu legen. Die zu bildenden Hilfstypen aber hätten dann im internationalen Strafrecht eine zweifache Aufgabe: erstens zu ermöglichen, daß der durchschnittliche Häufigkeitswert der betreffenden Tat innerhalb dieses bestimmten Staates berücksichtigt werden kann; zweitens den Richter instandzusetzen, den konkreten Häufigkeitswert zu berücksichtigen. Die Hilfstypen würden also hier nicht mehr bloß die Aufgabe haben, der Beweglichkeit der Kategorie der Häufigkeit gerecht zu werden; sie würden vielmehr auch eine Aufgabe auf den Richter übertragen, die der Gesetzgeber hätte lösen können, aber um der Einheitlichkeit des Strafgesetzes willen nicht hat lösen wollen. Die Folge davon wäre nun, daß in denjenigen Staaten, in welchen die betreffende Tat den größten Häufigkeitswert aufweist, die Heranziehung des Hilfstypus geradezu die Regel würde, während in Staaten mit geringem Häufigkeitswert der Hilfstypus fast nie herangezogen werden müßte. Das zeigt bereits, daß auch auf diese Weise durch die Gesetzesgleichheit nicht die Rechtsgleichheit erreicht werden kann. Die Bildung von Hilfstypen zu dem oben genannten Zweck wäre weiter nichts als eine Verschleierung der Tatsache, daß eben doch ein und dieselbe Tat in verschiedenen Staaten einen verschiedenen Strafrahmen verlangt.

Es wurde im zweiten Teil darauf hingewiesen, daß die Kategorie der Häufigkeit auch die Aufstellung von Doppeltypen notwendig machen kann. Die Kombination zweier Typen kommt etwa so häufig vor, daß sich für diese ein Strafsatz als nötig erweist, der höher ist als sich unter Beachtung der Konkurrenzregeln ergäbe. Auch in dieser Richtung können sich nun notwendige Verschiedenheiten zwischen den Strafgesetzen der einzelnen Staaten ergeben. In dem einen Staat erweist sich etwa die Heraushebung einer bestimmten Kombination in der Form eines Doppeltypus als notwendig, weil diese Art von Unrecht besonders häufig vorkommt, in dem andern Staat dagegen nicht. Wieder ließe sich nun zunächst diese systematisch bedingte Verschiedenheit dadurch verschleiern, daß man die Gesetzesgleichheit aufrecht erhält, obwohl ihr eine Rechtsverschiedenheit zugrunde liegt. Es könnten sich etwa sämtliche in Betracht kommenden Staaten dahin einigen, stets einen Doppeltypus in das gemeinsame Strafgesetz aufzunehmen, wenn sich die Notwendigkeit eines solchen auch nur für einen der beteiligten Staaten ergibt. Wieder müßte aber nun die richtige Strafe für den konkreten Einzelfall verschieden ausfallen: Dort, wo die besondere Häufigkeit den Doppeltypus erzwungen hat, müßte die Strafe naturgemäß höher sein als in denjenigen Staaten, welche den Doppeltypus nur um der Gesetzeseinheit willen aufgenommen haben. Es wäre daher auch hier die Gesetzesgleichheit von zweifelhaftem Wert.

Ebenso wie die Kategorie der Häufigkeit kann auch diejenige der Spezialprävention eine verschiedene Behandlung erzwingen. Es wäre durchaus denkbar, daß mit Rücksicht auf die nationalen Eigentümlichkeiten eines bestimmten Volkes dort die Verfolgung eines bestimmten Delikts angezeigt scheint, in einem andern Staat dagegen wieder nicht. Auch in diesem Fall könnte die systematisch erzwungene Rechtsverschiedenheit durch eine Gesetzesgleichheit verdeckt werden: Durch eine entsprechende Gestaltung des Strafrahmens, durch Aufstellung von Typen, deren Notwendigkeit sich nur in einem der beteiligten Staaten ergibt, könnte dieses Resultat erzielt werden.

Weniger Bedeutung könnten in bezug auf die Rechtsvereinheitlichung die übrigen Kategorien erlangen. Zwar kann auch der Erfassungswert je nach der Güte des Strafverfolgungsapparats in den einzelnen Ländern schwanken, doch wird der Unterschied kein so großer sein wie bei der Kategorie der Häufigkeit. Soweit es sich innerhalb des Opportunitätswertes um die Berücksichtigung außenpolitischer Erwägungen handelt, werden diese gerade durch die Rechtsvereinheitlichung an Bedeutung verlieren. Die Verbürgung der Gegenseitigkeit etwa könnte als Strafvoraussetzung fallen gelassen werden, da sie sich infolge Gleichheit des Rechts ganz von selbst ergibt. Soweit es sich freilich um innenpolitische Erwägungen handelt, könnten sich wieder Verschiedenheiten ergeben. Der eine Staat hält es etwa für richtig, gegen revolutionäre Strömungen mit aller Entschiedenheit vorzugehen, der andere sieht in verhältnismäßiger Duldung politischer Gegner das beste Mittel zur Aufrechterhaltung der Ordnung. Es ist klar, daß sich hier erneut die Verschiedenheiten in der politischen Struktur der einzelnen Staaten auswirken. Nur daß hier im Gegensatz zu den früher erwähnten Kategorien der Häufigkeit und der Spezialprävention selbst der Ausweg einer bloßen Gesetzesgleichheit durch entsprechend weite Strafrahmen unzweckmäßig scheint. Denn die Möglichkeit schwerer Strafen gegenüber politischen Verbrechern wirkt auf die zu bekämpfenden Gruppen manchmal fast ebenso aufreizend wie deren wirkliche Verhängung; und werden dann die möglichen Strafen tatsächlich nicht verhängt, so muß das notwendig als Einbekenntnis der Schwäche angesehen werden, was nur dazu beitragen kann, das Ansehen des Staates zu untergraben, also gerade das Gegenteil von dem bewirken würde, was die Strafdrohung erreichen soll.

Genau so wie auf dem Gebiet der objektiven Typen können sich derartige Verschiedenheiten auch auf dem Gebiet der subjektiven Typen ergeben. Soweit die Kategorie der Vergeltung in Betracht kommt, wird freilich bei vollständiger Gleichheit aller übrigen Gesetze auf dem Gebiet der subjektiven Typen genau so wenig eine Verschiedenheit entstehen können, wie auf demjenigen der objektiven Typen. Das Bild ändert sich aber sofort wieder, wenn man nunmehr auch bei den subjektiven Typen die übrigen maßgebenden Kategorien, insbesondere diejenige der Häufigkeit, mitberücksichtigt. So wie auf dem Gebiet des Unrechts die Häufigkeit der Begehung der einzelnen Typen in verschiedenen Staaten eine sehr verschiedene sein kann, so wird dies in vermutlich noch größerem Ausmaß auch bei den Schuldtypen zutreffen. Innerhalb der Zurechnungsfähigkeitskomponente wird sich der Unterschied noch am wenigsten auswirken. Ich glaube nicht, daß bestimmte Staaten mehr vermindert Zurechnungsfähige aufweisen als andere; höchstens könnte eine bestimmte Art von verminderter oder fehlender Zurechnungsfähigkeit in einem Staat häufiger vorkommen als in einem anderen. Ich denke da vor allem an Trunkenheit und Trunksucht sowie an Rauschgiftsucht, die ja tatsächlich nicht überall in gleicher Weise verbreitet sind. Doch schon innerhalb der Tatkomponente mögen sich Unterschiede deutlich bemerkbar machen, wenn auch ihre Feststellung heute noch auf Grund ganz unsicherer Schätzungen erfolgen muß, da die Kriminalstatistik hier nur wenig wertvolle Dienste zu leisten vermag. Es wäre aber durchaus denkbar, daß etwa das eine Volk mehr zu Fahrlässigkeitsdelikten neigt als das andere oder daß umgekehrt die vorsätzliche Begehung bestimmter Delikte in dem einen Staat ungleich häufiger vorkommt als in dem andern. Am meisten wird sich der Unterschied in der Häufigkeit auf dem Gebiet der Persönlichkeitskomponente fühlbar machen und hier wieder auf der ersten Stufe, derjenigen des Motivs. Das Handlungsmotiv hängt ja mit dem Volkscharakter besonders innig zusammen und so ist es begreiflich, daß z. B. aus Leidenschaft verübte Taten in südlich gelegenen Ländern bedeutend häufiger vorkommen als in nördlichen. Die verschiedene Häufigkeit der subjektiven Typen muß sich zunächst ganz analog der verschiedenen Häufigkeit der objektiven auswirken. Einerseits wird die Strafhöhe für die einzelnen Schuldtypen nicht in jedem Lande die gleiche sein können, sondern dort, wo sie häufiger vorkommen, entsprechend größer; anderseits wird es auch wieder möglich sein, daß ein Typus, der in dem einen Land wegen geringer Häufigkeit straflos bleiben kann, in dem andern mit

Strafe bedroht werden muß. Wieder gäbe es in den weniger krassen Fällen, in welchen bloß das Maß des strafrechtlichen Bekämpfungswertes ein verschiedenes wäre, den Ausweg, durch entsprechend weite Strafrahmen oder durch Hilfstypen den Bedürfnissen aller beteiligten Staaten entgegenzukommen, und wieder wäre damit bloß eine Gesetzesgleichheit hergestellt, die Rechtsverschiedenheit aber bliebe bestehen.

Was nun die übrigen Kategorien anbelangt, so können sie ebenso wie auf dem Gebiet der objektiven Typen auch auf demjenigen der subjektiven zu verschiedener Höhe des strafrechtlichen Bekämpfungswertes führen. Die Problemstellung ist dabei ganz analog wie bei der Kategorie der Häufigkeit: Meist wird sich eine oberflächliche Gesetzesgleichheit herstellen lassen, hinter welcher die Rechtsverschiedenheit verborgen steckt.

Was nun diejenigen Fragen betrifft, welche primär auf strafrechtstechnischem Gebiete liegen, so vermag eine rein rechtstechnische Verschiedenheit stets nur das Gesetz, nicht aber das Recht zu ändern. Es wurde ja im II. Teil dargelegt, daß meist mehrere rechtstechnische Wege zur Typenbildung zur Verfügung stehen. So besteht z. B. auf dem Gebiet der objektiven Typen die Möglichkeit, entweder die Fälle des sicheren und die des nur möglichen Abzielens der Handlung auf den Erfolg zu einem einzigen Typus zusammenzufassen oder zwei verschiedene Typen zu formulieren. Hat nun der Gesetzgeber des einen Staates sich für den einen Weg entschieden, der Gesetzgeber des anderen Staates dagegen für den andern, so entstehen bereits zwei verschiedene Gesetze, die jedoch beide auf dem gleichen Recht beruhen. Denn die vom Gesetzgeber nicht durchgeführte Unterscheidung müßte dann eben der Richter bei der Konkretisierung des Vergeltungswertes innerhalb des Typus durchführen.

Genau die gleiche Sachlage findet sich auf dem Gebiet der subjektiven Typen. Hier kann etwa auf dem Gebiet der Zurechnungsfähigkeitskomponente das Gesetz des einen Staates die Fälle der verminderten Zurechnungsfähigkeit zu einem eigenen Typus zusammenfassen, das Gesetz des andern Staates dagegen nicht. Infolge der zahlreichen Möglichkeiten der Vertypung der Tatkomponente sind hier rechtstechnische Unterschiede der verschiedensten Art zwischen den einzelnen Gesetzen möglich. Das eine Gesetz faßt etwa Vorsatz und Wissentlichkeit in einen Typus zusammen, das andere trennt sie. Das eine Gesetz bildet auf dem Gebiet der emotionalen Kategorie drei verschiedene Typen, Lustbetontsein, Indifferenz und Unlustbetontsein, das andere Gesetz wieder nur zwei, Lustbetontsein und Unlustbetontsein, während das dritte vielleicht innerhalb der emotionalen Kategorie überhaupt keine Typen bildet. Ebenso sind verschiedenartige Vertypungen auf dem Gebiet der Persönlichkeitskomponente möglich. Man kann drei Motivtypen bilden, positive, indifferente und negative, oder nur zwei, positive und negative; man kann auch innerhalb der positiven oder negativen Motive bestimmte herausheben und zur Bildung eigener Typen verwenden. Ebenso ist auf dem Gebiet der zweiten Stufe der Persönlichkeitskomponente, wie im zweiten Teil ausgeführt wurde, eine verschiedene Art der Typenbildung möglich. Aber genau so wie auf dem Gebiet der objektiven Typen können auch auf demjenigen der subjektiven solche rechtstechnische Verschiedenheiten nur die Gesetzesgleichheit, nicht aber die Rechtsgleichheit beeinträchtigen. Je weniger Typen der Gesetzgeber gebildet hat, desto mehr Arbeit bleibt eben dem Richter, der die möglichen, aber nicht durchgeführten Typen im Sinne des Gesetzes zu ergänzen hat. Rein theoretisch aber müßte jeder konkrete Fall nach all diesen verschiedenen Gesetzen in vollständig gleicher Weise gelöst werden. Freilich wird praktisch die Wahrscheinlichkeit einer richtigen Lösung auf Grund desjenigen Gesetzes größer sein, das die größere Anzahl von brauchbaren Typen gebildet hat.

Mit Rücksicht darauf, daß rechtstechnische Verschiedenheiten nicht das Recht, sondern nur das Gesetz beeinflussen, so daß die Frage, welcher systematisch mögliche Weg auf dem Gebiete der Typenbildung beschritten wird, von verhältnismäßig geringer Bedeutung ist, wird übrigens gerade auf diesem Gebiet eine internationale Einigung bei einigem guten Willen nicht allzu schwer erzielt werden können.

Was nun die mögliche Einigung auf gesetzestechnischem Gebiete betrifft, so muß wieder unterschieden werden, ob es sich um systematisch bedingte gesetzestechnische Verschiedenheiten handelt oder um solche, welche primär auf gesetzestechnischem Gebiete liegen. Im ersteren Falle ist die Rechtsverschiedenheit nicht zu vermeiden und man könnte höchstens wieder mit einiger Mühe eine Gesetzesgleichheit zustandebringen. Im letzteren Falle dagegen kann es sich wieder nur um Gesetzesverschiedenheit handeln, während die Rechtsgleichheit durch rein gesetzestechnische Besonderheiten nicht berührt werden kann. Ein Beispiel für die erste Gruppe läge etwa dann vor, wenn die besondere Häufigkeit eines bestimmten Motivs in dem einen Staat die Heraushebung des durch dieses Motiv charakterisierten Typus aus dem allgemeinen Teil und seine besondere Erwähnung im besonderen Teil zum Zwecke entsprechend höherer Strafbarkeit erzwingt. Hier geht die Tatsache, daß dieser Typus im besonderen Teil auftauchen muß, darauf zurück, daß sein Häufigkeitswert in dem einen Staat ein anderer ist als in dem andern; dadurch ist aber eine andere Größe des strafrechtlichen Bekämpfungswertes bedingt, die ihrerseits wieder zu einer Rechtsverschiedenheit führen muß.

Handelt es sich dagegen um primär gesetzestechnische Fragen, so bleibt auch bei verschiedener Entscheidung die Rechtsgleichheit unberührt: Wenn etwa der eine Staat den objektiven Erfolgstypus in den besonderen Teil stellt, den entsprechenden Handlungstypus dagegen in den allgemeinen Teil, der andere Staat wieder umgekehrt den Handlungstypus im besonderen Teil regelt, die verhältnismäßige Bedeutung des tatsächlichen Erfolgseintritts aber im allgemeinen Teil festlegt, so haben beide Staaten nichtsdestoweniger genau dasselbe Strafrecht, wenn auch das Strafgesetz in dem einen Staat anders aussieht als in dem andern.

Wieder wird mit Rücksicht auf die verhältnismäßig geringe Bedeutung der Entscheidung rein gesetzestechnischer Fragen eine internationale Einigung auf diesem Gebiet nicht schwer fallen.

Es zeigt sich also, daß schon bei der Bestimmung der Strafvoraussetzungen sich die verschiedensten und zum Teil nur schwer zu lösenden Probleme für die Rechtsvereinheitlichung ergeben müssen. Dazu kommen nun noch die zahlreichen Fragen, die sich auf dem Gebiet der Strafmittel selbst sowie auf dem Gebiet der sichernden Maßnahmen einstellen. Was die Frage der Strafmittel betrifft, so sind die hier auftauchenden Probleme, wie ich in meinem „Aufbau des Strafrechtssystems" nachgewiesen habe, allerdings zum größten Teil kriminalpolitischer Natur, so etwa die Frage nach der Wahl der Strafarten. Insoweit dies der Fall ist, besteht stets theoretisch die Möglichkeit einer Einigung. Wie gering aber praktisch die Wahrscheinlichkeit ist, tatsächlich eine solche Einigung zu erzielen, zeigen am besten die vergeblichen Verhandlungen zwischen Deutschland und Österreich in der Frage der Todesstrafe. Freilich kann die Entscheidung solcher kriminalpolitischer Fragen, wie ich gleichfalls in meinem „Aufbau des Strafrechtssystems" nachgewiesen habe, teils systematisch begrenzt sein, teils selbst wieder zu systematischen Konsequenzen führen. Eine systematische Grenze besteht z. B. insofern, als ja die Strafhöhe durch den in der Lehre von den Strafvoraussetzungen gefundenen strafrechtlichen Bekämpfungswert eindeutig bestimmt ist und nicht etwa durch die Wahl verschiedener Strafarten wieder verändert werden darf. Systematische Konsequenzen wieder können sich insofern ergeben, als die Frage, nach welchen Gesichtspunkten qualitativ verschiedene Strafarten eingeteilt werden sollen, unter welchen Voraussetzungen die eine, unter welchen die andere Strafart Anwendung zu finden habe, sich gleichfalls auf Grund systematischer Erwägungen entscheiden läßt. Soweit es sich um solche systematische Grenzen und Konsequenzen handelt, ist eine Verschiedenheit bei Gleichheit der kriminalpolitischen Entscheidung über die Grundfragen nicht möglich.

Auf das Gebiet der Sicherungsmittel, das ja, wie oben erwähnt, eigentlich ein eigenes System neben dem Strafrecht darstellt, soll hier nicht näher eingegangen werden, da die Erörterung aller damit im Zusammenhang stehenden Probleme viel zu weit führen müßte.

Die methodisch richtige Untersuchung der Fragenkomplexe, welche bei der Erörterung über die Möglichkeit einer internationalen Strafrechtsvereinheitlichung auftauchen müssen, haben somit zu dem Ergebnis geführt, daß eine vollständige internationale Vereinheitlichung des Strafrechts auch nur zwischen ganz wenigen Staaten so gut wie ausgeschlossen erscheint: Voraussetzung dafür wäre ja doch eine vollständige Gleichheit des gesamten übrigen Rechts. Da man sich aber doch wohl keineswegs der Utopie hingeben kann, die einzelnen Staaten würden jemals zu einer vollständigen Rechtsgleichheit, die ja auch eine vollständige Gleichheit im staatsrechtlichen Aufbau enthalten würde, gelangen können, so scheint auch eine völlige Strafrechtsvereinheitlichung so gut wie ausgeschlossen. Was praktisch überhaupt in Betracht kommen könnte, wäre lediglich eine teilweise Gleichheit. Dabei sind theoretisch wieder mehrere Formen möglich: Entweder vollständige Gesetzesgleichheit bei Rechtsverschiedenheit oder vollständige Rechtsgleichheit bei Gesetzesverschiedenheit, oder schließlich bloß teilweise Gleichheit sowohl auf dem Gebiete des Gesetzes als auch des Rechts.

Wurde nun auch der zweifellose Wert einer vollständigen Rechts- und Gesetzesgleichheit in der Einleitung zu dieser Untersuchung dargetan, so folgt daraus noch nicht mit Notwendigkeit, daß auch die teilweise Gleichheit von Vorteil wäre. Vielmehr wird dieser Punkt eine gesonderte Untersuchung erfordern.

Was zunächst die Gesetzesgleichheit bei Rechtsverschiedenheit anbelangt, so möchte ich ihren Wert durchaus bestreiten. Ja ich möchte sogar so weit gehen, zu behaupten, daß sie nicht nur nicht wertvoll, sondern geradezu gefährlich sei. Ein wichtiger Vorteil, der sich aus einer wirklichen Rechtsgleichheit zwischen mehreren Staaten ergäbe, nämlich die Möglichkeit einer internationalen Zusammenarbeit sowohl der Wissenschaft als auch der Praxis, würde nämlich nicht nur ausgeschaltet, sondern geradezu in sein Gegenteil verkehrt, wenn an Stelle der Rechtsgleichheit die bloße Gesetzesgleichheit träte. Die Neigung der Wissenschaft, in ihren Problemstellungen vom geltenden Gesetz auszugehen, müßte dann notwendig zu einer Fülle von Mißverständnissen führen. Aus der Tatsache der Rechtsverschiedenheit würde sich notwendig eine verschiedene Auslegung ein und desselben Gesetzes ergeben, je nach der Verschiedenheit des Rechts, welches diesem Gesetz zugrunde liegt. Ein Rechtfertigungsgrund etwa, der sich auf Grund der einen Rechtsordnung ergäbe, würde auf Grund der anderen nicht zutreffen, ein Strafminderungs- oder Strafausschließungsgrund des einen Rechts würde auf das andere nicht ohne weiteres Anwendung finden können. Da die Rechtsverschiedenheit aber oft sehr verborgen liegen kann und durch die Gleichheit des Gesetzes noch mehr verhüllt wird, so besteht die große Gefahr, daß etwa die wissenschaftliche Arbeit eines Gelehrten des einen Staates ohne weiteres als auch für jeden andern über das gleiche Gesetz verfügenden Staat gültig aufgefaßt wird, und je feiner die rechtlichen Unterschiede sind, desto größer wird die Gefahr, daß sie verkannt werden. Was für das Gebiet der theoretischen wissenschaftlichen Forschung gilt, beansprucht analoge Bedeutung für das Gebiet der Praxis. Auch hier besteht die große Gefahr, daß etwa das Gericht des einen Staates unbedachtsam die Entscheidungen des Gerichts eines anderen Staates zum Vorbild nimmt, Entscheidungen, die vielleicht in dem Staat, in welchem sie gefällt wurden, richtig, in dem Staat dagegen, der sie als Vorbild benützt, infolge der Verschiedenheit anderer Rechtsgebiete, die sich auf das Strafrecht auswirkt, ebenso unrichtig sind. Es sei hier daran erinnert, daß sich ein Fall dieser Art bereits in Öterreichs ereignet hat, wo Ende des vorigen Jahrhunderts der Oberste Gerichtshof einen schweren Fehler beging, indem er eine Entscheidung des Deutschen Reichsgerichts unbedachtsam abschrieb, noch dazu samt der ganzen Begründung. Es handelte sich um die Frage, ob jemand, der nach den Vorschriften des bürgerlichen Rechts rechtmäßiger Eigentümer einer Sache geworden war, sich dadurch der Hehlerei schuldig machen könne, daß er diese Sache, von der er im nachhinein erfuhr, daß sie gestohlen sei, behielt. Die Frage war nach dem österreichischen Recht zu verneinen, mit Rücksicht auf den aus den Vorschriften des bürgerlichen Rechts fließenden Rechtfertigungsgrund. Der Oberste Gerichtshof verurteilte aber mit der Begründung, der gestohlenen Sache hafte ein Mangel an und dieses vitium rei inhaerens könne erst dann getilgt werden, wenn die Sache an den Eigentümer zurückgelangt sei. Diese Entscheidung samt Begründung war einer Entscheidung des Deutschen Reichsgerichts nachgebildet, welche allerdings für ein Gebiet erflossen war, in dem noch das Gemeine Recht galt. Und nach diesem wie nach dem römischen Recht, auf welchem es beruht, ist es allerdings richtig, daß kein Rechtfertigungsgrund vorliegt. Dieser Fall, der damals in Österreich zu einer ebenso nutzlosen als langwierigen Kontroverse über das Verhältnis zwischen Privatrecht und Strafrecht geführt hat, würde aber kein Einzelfall bleiben, wenn wirklich die Rechtsverschiedenheit zwischen zwei Staaten durch eine oberflächliche Gesetzesgleichheit verdeckt würde. Und ich kann heute schon sagen, daß er sich gelegentlich wiederholen wird, wenn der gemeinsame deutsch-österreichische Strafgesetzentwurf Gesetz wird, noch ehe das bürgerliche Recht zwischen Deutschland und Österreich vereinheitlicht ist.

Auch der zweite Vorteil, der sich bei vollständiger Rechts- und Gesetzesgleichheit ergibt, die Erleichterung der internationalen Rechtshilfe, würde bedeutend abgeschwächt, wenn es sich um eine bloße Gesetzesgleichheit bei Rechtsverschiedenheit handelte. Ist nicht nur das Recht, sondern auch das Gesetz verschieden, so können sich Schwierigkeiten in der Anführung der die Strafbarkeit begründenden Merkmale ergeben; ist das Gesetz aber gleich, das Recht jedoch verschieden, so können ganz analoge Schwierigkeiten bei Anführung der die Strafbarkeit ausschließenden Merkmale entstehen. Ja man wird bei bloßer Gesetzesgleichheit viel leichter übersehen, daß etwa in dem einen Staat ein Rechtfertigungsgrund die Strafbarkeit ausschließt, als im Falle einer Verschiedenheit der Gesetze, da diese ja zur Aufmerksamkeit mahnt, während jene zur Sorglosigkeit geradezu auffordert. Man wird also ruhig behaupten können, daß bloße Gesetzesgleichheit bei Rechtsverschiedenheit besser zu vermeiden sei, und zwar selbst dann, wenn sich die Rechtsverschiedenheit nur auf ein verhältnismäßig kleines Gebiet bezieht, da ja auch schon auf diesem kleinen Gebiet schwere Fehler unterlaufen können.

Anders steht es mit der Rechtsgleichheit bei Gesetzesverschiedenheit. Sie gewährt tatsächlich alle diejenigen Vorteile, welche auch von einer völligen Rechts- und Gesetzesgleichheit zu erwarten sind. Ja sie wäre vielleicht sogar noch besonders vorteilhaft, indem sie der Wissenschaft und der Praxis den Blick dafür öffnet, daß das Strafgesetzbuch allein nicht alles enthält, was für das Strafrecht von Bedeutung ist; durch diese Erkenntnis könnte dann eine gewisse Vertiefung der Gesetzesauslegung erreicht werden. Nun wurde aber oben gezeigt, daß die Schwierigkeit, welche sich einer völligen Rechts- und Gesetzesvereinheitlichung entgegenstellt, gerade auf dem Gebiet des Rechtes liegt, daß es gerade die Rechtsvereinheitlichung, nicht die Gesetzesvereinheitlichung ist, welche so gut wie ausgeschlossen erscheinen muß. Praktisch ist daher mit der Erkenntnis, daß Rechtseinheit bei Gesetzesverschiedenheit vorteilhaft wäre, wenig gewonnen.

Es fragt sich nun, inwieweit eine teilweise Vereinheitlichung gutzuheißen wäre. Diese Frage ist aber eigentlich durch die vorherbehandelten so gut wie entschieden. Soweit es sich um bloß teilweise Rechtsvereinheitlichung handelt, ist damit gleichfalls nicht viel gewonnen. Ja die teilweise Gleichheit des Rechts bei teilweiser Verschiedenheit weist sogar gegenüber der völligen Rechtsungleichheit ein Mehr an Gefahren auf. Gerade wenn der größte Teil des Rechts gleich ist, liegt der Trugschluß besonders nahe, auch die wenigen Teile, welche ungleich sind, so zu behandeln als ob sie gleich wären, und je geringer das Gebiet der Rechtsverschiedenheit ist, desto näher liegt dieser Fehler. Die bloß teilweise Gesetzesgleichheit bei vollständiger Rechtsgleichheit ist aber naturgemäß ebensowenig ein Übel, sondern vielmehr ein Vorteil wie selbst die vollständige Gesetzesverschiedenheit bei Rechtsgleichheit es wäre. Was nun den kumulierten Fall einer teilweisen Rechtsgleichheit verbunden mit teilweiser Gesetzesgleichheit anbelangt, so ist zunächst dazu zu sagen, daß er, soweit es sich um bloße teilweise Rechtsgleichheit handelt, ein Übel, soweit es sich um bloße teilweise Gesetzesgleichheit handelt, unschädlich wäre. Gerade die Tatsache der Kombination beider Möglichkeiten kann aber an sich wieder Schaden bewirken. Dadurch wird nämlich die Verwirrung in der Gesetzesauslegung noch bedeutend gesteigert, da man im Einzelfall nie weiß, ob und inwieweit dem gleichen Gesetz wirklich gleiches Recht entspricht, oder ob man nicht vielmehr aus der Verschiedenheit des Gesetzes schon auf eine Verschiedenheit des Rechts schließen müsse. Die Gefahr internationaler Mißverständnisse in Theorie und Praxis wird dadurch bedeutend erhöht. Ich kann daher auch Pella und Rappaport keineswegs zustimmen, wenn sie meinen, daß man bei der internationalen Strafrechtsvereinheitlichung schrittweise vorgehen müsse, und daß die Einigung, die über einzelne Punkte erzielt worden sei, bereits einen großen Fortschritt darstelle. Dieser Meinung muß ich vielmehr vom systematischen Standpunkt aus die Forderung entgegensetzen: „Alles oder nichts“.

IV. Von gesetzlichen Beweisregeln und Präsumptionen.

Es gibt in der Rechtswissenschaft gewisse Fortschritte gegenüber dem vorigen Jahrhundert, welche als ganz besondere Errungenschaften bei jeder Gelegenheit gepriesen werden. Dazu gehört auf dem Gebiete des Prozeßrechts zweifellos das Prinzip der freien Beweiswürdigung. Schon der Studierende blickt mit einem gewissen Hochmut des Klügeren auf die alten Zeiten zurück, in welchen noch „durch zweier Zeugen Mund allerorts die Wahrheit kund" wurde; ganz unfaßbar will es uns heute scheinen, daß der Richter einst gezwungen war, entgegen seiner festen Überzeugung jemand für den Täter zu halten, wenn die gesetzlichen Voraussetzungen für den vollen Beweis gegeben waren, und umgekehrt freizusprechen oder wenigstens von der Instanz zu entbinden, wenn dies nicht der Fall war, mochte er persönlich noch so sehr davon überzeugt sein, daß der Angeklagte und kein anderer das Verbrechen begangen habe. Der Fortschritt gegenüber jenen Zeiten scheint in der Tat ein ganz gewaltiger zu sein. Und wer heute zu jener überwundenen Periode der gesetzlichen Beweisregeln zurückkehren wollte, würde als unsinnig verlacht werden. Dennoch ist wahrlich kein Grund zu stolzem Jubel vorhanden. Gewiß, der Grundsatz der gesetzlichen Beweisregeln war unsinnig und unbrauchbar. Aber bringen wir doch einmal den Mut auf zu fragen, ob das, was an seine Stelle getreten ist, sich so glänzend bewährt. Was heute das Beweisrecht beherrscht, ist nämlich nicht mehr und nicht weniger als die vollkommene Regellosigkeit oder deutlicher gesagt, die volle Willkür, das schrankenlose Richterkönigtum, wie es die Radikalen als Zukunftsideal und die Konservativen als Schreckgespenst an die Wand malen. Dieses schrankenlose Ermessen des Richters bringt aber auch das unausbleibliche Übel mit sich, daß die Rechtssicherheit so gut wie überhaupt keine Garantien findet. In bezug auf die Beweisfrage ist der Angeklagte dem Richter vollständig ausgeliefert und diese Tatsache wird durch diejenigen Prozeßordnungen noch bedeutend gesteigert, welche Rechtsmittel wegen unrichtiger Beweiswürdigung für ausgeschlossen erklären[1]). Und wer die Praxis aufmerksam verfolgt, kann feststellen, daß die Gerichte die Freiheit in diesem einen Punkt ganz gehörig ausnützen: Taucht irgendwo eine

[1]) So die österreichische Strafprozeßordnung für das Verfahren vor den Gerichtshöfen erster Instanz.

schwierige Rechtsfrage auf oder würde das Beweisergebnis ein Urteil erzwingen, das den Richtern nicht angemessen erscheint, sofort wird die ganze Sache auf das Gebiet des Beweisrechts abgeschoben und gewisse Tatsachen werden als erwiesen angenommen, ganz allein zu dem Zweck, um bestimmte Rechtsfolgen eintreten lassen zu können[1]). Gerade dem gewissenhaften Richter ist aber im übrigen mit der schrankenlosen Freiheit, die ihm da das Gesetz läßt, recht wenig gedient: Fehlt ihm doch auf diese Weise überhaupt jeder Anhaltspunkt, so daß er oft rein gefühlsmäßig entscheiden wird. Und doch gibt es schon eine reichhaltige Literatur über den Wert der einzelnen Beweismittel, insbesondere die Zeugenaussage hat bereits bedeutsame wissenschaftliche Bearbeitung erfahren. Aber diese Literatur ist gerade dem in der Praxis Tätigen durchaus unbekannt: Einerseits werden die Juristen während ihres Universitätsstudiums in keiner Weise gezwungen, sich mit solchen Fächern, wie etwa Psychologie der Zeugenaussage, zu beschäftigen (häufig haben sie nicht einmal Gelegenheit dazu, weil derartige Vorlesungen an manchen Universitäten gar nicht gehalten werden), anderseits enthält das Gesetz gar keinen Hinweis auf die Wichtigkeit dieser oder jener Umstände bei der Bewertung von Zeugenaussagen oder andern Beweismitteln, so daß der Durchschnittsmensch unter den Richtern, Staatsanwälten und Verteidigern sich nicht verpflichtet fühlt, sich über diese Materie wissenschaftlich aufzuklären. Es bleibt daher fast immer bei einer rein gefühlmäßigen Bewertung der einzelnen Beweismittel und dabei unterlaufen oft eine Reihe von Irrtümern, von denen einige geeignet erscheinen, das Vertrauen in die Rechtspflege ganz gewaltig zu erschüttern. Gerade in politisch so sehr bewegten Zeiten wie den heutigen kann es leicht vorkommen, daß sich der Richter bei solch gefühlsmäßiger Entscheidung ganz unbewußt von seiner eigenen politischen Überzeugung leiten läßt, daß er etwa einem Zeugen, der sein Parteigenosse ist, mehr Glauben schenkt als einem solchen, der ein Angehöriger einer gegnerischen Partei ist. Ich halte zwar den Vorwurf bewußter Klassenjustiz oder Parteijustiz wenigstens für Österreich, wo ich die Verhältnisse überblicken kann, für eine Verleumdung,

[1]) Daß die österreichische Praxis solche Gepflogenheiten aufweist, haben mir viele erfahrene Praktiker, Staatsanwälte, Richter und Verteidiger übereinstimmend bestätigt. Da durch die Verschiebung der Rechtsfrage auf das Gebiet des Beweises dem Angeklagten auch jedes Rechtsmittel abgeschnitten wird, stellt ein solches Vorgehen einen schweren Mißbrauch dar und es wäre zu wünschen, daß es als solcher empfunden wird.

daß sich aber Fälle unbewußter Parteijustiz gelegentlich ereignen, wird kein objektiver Beobachter zu bestreiten vermögen. Aber selbst wenn solche Fälle tatsächlich niemals vorkommen, so wäre doch schon das Bewußtsein, es könnte der Fall eintreten, daß der Richter einem Zeugen nur deshalb mehr Glauben schenkt als einem anderen, weil er einer bestimmten Partei angehört, für sich allein wenig geeignet, dem Volk Vertrauen zur Rechtspflege beizubringen. Häufig greift der Richter, dem das Gesetz keinerlei Anhaltspunkte für die Frage der Beweiswürdigung gewährt, in dem Gefühl seiner Unsicherheit nach solchen Stützpunkten, die sehr fragwürdiger Natur sind: Er glaubt etwa einem Zeugen deshalb nicht, weil dieser schon vorbestraft ist, oder er erklärt die Aussage einer Prostituierten von vornherein als unglaubwürdig. Nun ist es ja gewiß richtig, daß sowohl die Tatsache einer schweren Vorstrafe (insbesondere wenn diese etwa wegen falscher Zeugenaussage erfolgte) als auch die Ausübung eines bestimmten Berufes ein Indiz für die geringere Glaubwürdigkeit eines Zeugen sein kann, aber doch nur ein schwaches Indiz, das durch ein einziges gegenteiliges in seiner Beweiskraft abgeschwächt oder vernichtet werden kann. Selbst wenn ein Zeuge wegen falscher Zeugenaussage schon vorbestraft ist, kann er in einem andern Fall durchaus glaubwürdig sein, wenn etwa jene starken Motive, die ihn das erste Mal zu einer falschen Aussage verleitet haben, diesmal nicht vorhanden sind. Bei der Neigung der Praxis zum Schematismus besteht jedoch die große Gefahr, daß sich allmählich ein ganzes System solcher äußerst anfechtbaren Indizien für den größeren oder geringeren Wert eines Beweismittels entwickelt und das Resultat ist dann oft ganz ähnlich demjenigen, das sich auf Grund gesetzlicher Beweisregeln ergäbe.

Ist also das Prinzip der freien Beweiswürdigung ohne jeden festen Anhaltspunkt für den Richter, wie es heute Theorie und Praxis beherrscht, mit ganz bedeutenden Nachteilen verbunden, so sucht man vergeblich die Vorteile, welche solche Schäden aufzuwiegen imstande wären. Auf dem Gebiet der Strafzumessung, wo die radikale Richtung gleichfalls das schrankenlose richterliche Ermessen als Allheilmittel preist, steht dem gewaltigen Minus der Vernichtung der Rechtssicherheit doch wenigstens auch ein theoretisches Plus gegenüber: die Möglichkeit vollständiger Individualisierung der Strafen trotz der Mangelhaftigkeit des Gesetzes. Ein ähnlicher Vorteil kommt aber auf dem Gebiet des Beweisrechtes überhaupt nicht in Frage, denn hier gibt es keine Zwischenstufen, sondern nur ein „aut— aut": Entweder die Beweise reichen aus, um den Täter zu verurteilen, oder sie reichen nicht aus, dann muß der Angeklagte freigesprochen werden. Das schrankenlose richterliche Ermessen hat hier also wirklich nur Nachteile. Es kann daher nicht genug begrüßt werden, wenn neuestens Rittler[1]) auf diesen Übelstand hinweist und die Notwendigkeit betont, auch auf dem Gebiet des Beweisrechts jene Anhaltspunkte zu schaffen, deren der Richter bedarf, soll an Stelle der Willkür und der gefühlsmäßigen Entscheidung die Ordnung und die Entscheidung nach bestimmten wissenschaftlich anerkannten Gesichtspunkten erfolgen. Nur genügt es meines Erachtens durchaus nicht, wenn die Theorie solche Anhaltspunkte schafft, die Prozeßordnung selbst aber ganz unverändert bleibt; vielmehr müßten die theoretischen Arbeiten soweit fortgeführt werden, daß die Möglichkeit besteht, sie im Gesetz selbst zu verwerten. Denn nur wenn das Gesetz selbst den Richter zwingt, diese und jene Umstände zu erwägen, darf nach den Erfahrungen der heutigen Praxis damit gerechnet werden, daß die Arbeit der Theorie nicht vergebens war und von der Praxis einfach ignoriert wird, wie dies auf dem Gebiet des Beweisrechtes bis heute ja leider der Fall war. Gewiß werden sich einer solchen Arbeit bedeutende Schwierigkeiten in den Weg stellen. Diese sind aber nicht rechtssystematischer oder rechtspolitischer Natur; denn tatsächlich ist heute die wissenschaftliche Forschung über den Wert der einzelnen Beweismittel schon so weit gediehen, daß das Material für eine gesetzliche Regelung als vorhanden angesehen werden kann. Vielmehr liegen die Schwierigkeiten ausschließlich auf rechtstechnischem Gebiet; es ist schwierig, diejenigen Begriffe zu bilden, welche als feste Anhaltspunkte dienen könnten und gleichzeitig imstande wären, in ein Gesetz aufgenommen zu werden, und es ist um so schwieriger als ja das Ergebnis des Beweisverfahrens immer nur ein Freispruch oder ein Schuldspruch werden kann, ohne daß es Mittelfälle gäbe. Doch weist auch in dieser Richtung der Gedanke „in dubio pro reo" den Weg. Die Schwierigkeiten sind aber durchaus nicht unüberwindlich und die Ausführungen Rittlers geben der wissenschaftlichen Arbeit in dieser Richtung bereits manche wertvolle Grundlagen, auf welchen weiter aufgebaut werden könnte. Das wesentliche ist jedenfalls, daß die Richtung für die wissenschaftliche Arbeit auf dem Gebiet des Beweisrechts gewiesen ist: Schaffung fester Anhaltspunkte für den Richter und damit Einschränkung des schrankenlosen Ermessens, das zu gefühlsmäßigen und daher gänzlich unbefriedigenden Entscheidungen führen muß.

---

[1]) Rittler, Schweizer Zeitschrift für Strafrecht, Jg. 43, spricht allerdings nur vom Indizienbeweis.

Es ist nun seltsam, daß dieses zu Unrecht so sehr gerühmte Prinzip der freien Beweiswürdigung in Verbindung mit der Ablehnung gesetzlicher Beweisvermutungen tatsächlich nur auf einem kleinen Teil des Gebietes durchgeführt ist, auf welchem es zur Geltung kommen könnte. Damit ein bestimmter Mensch einer bestimmten Tat schuldig gesprochen und entsprechend bestraft werden könne, bedarf es eines vierfachen Beweises: 1. muß bewiesen werden, daß der Angeklagte wirklich der Täter der betreffenden Tat ist; 2. daß alle diejenigen Tatsachen gegeben sind, welche die Tat als Unrecht von ganz bestimmter Art und ganz bestimmter Schwere erscheinen lassen; 3. daß diejenigen Tatsachen vorliegen, welche den Täter als in bestimmtem Grad schuldig erscheinen lassen; 4. daß alle diejenigen Umstände gegeben sind, welche abgesehen von Unrecht und Schuld die Strafbarkeit beeinflussen. Hat man das Gebiet dessen, was im Strafverfahren bewiesen werden muß, auf diese Weise geteilt, dann ist leicht zu erkennen, daß sich die freie Beweiswürdigung auf Grund der geltenden Gesetze und der Entwürfe eigentlich nur auf die erste Gruppe erstreckt. Nur in der Frage, ob der Angeklagte der Täter sei oder nicht, ist der Richter an keinerlei gesetzliche Präsumptionen gebunden. Nur ganz ausnahmsweise finden sich auch in dieser Richtung in den älteren Gesetzen noch Beweisvermutungen, doch ist selbst da nicht mit absoluter Sicherheit zu erkennen, ob und inwieweit es sich um solche handelt. So findet sich in § 5 des österreichischen Strafgesetzbuches die Vorschrift, daß derjenige wegen „Teilnahme" zu bestrafen sei, der sich mit dem Täter vor der Tat über einen Anteil am Gewinn und Vorteil der Tat einverstanden hat. Den Sinn dieser Vorschrift wird man wohl in Übereinstimmung mit der herrschenden Lehre dahin deuten dürfen, daß das Gesetz in diesem Einverständnis ein unwiderlegliches Indiz dafür sieht, daß sich der betreffende dem Täter in irgendeiner Weise behilflich gezeigt hat; denn umsonst wird kein Verbrecher einem andern etwas aus seiner Beute zukommen lassen. Bei anderer Auslegung wäre auch die Strenge der Strafdrohung (der betreffende wird wie ein Täter bestraft) nicht recht erklärlich, da es sich doch bei seinem Tun eigentlich nur um das Versprechen handelt, künftig eine „Teilnehmung" (Hehlerei) zu begehen, welche selbst mit einer geringeren Strafe bedroht ist als die Haupttat. Der erwähnte Fall ist aber selbst in unserem 130 Jahre alten österreichischen Strafgesetzbuch ein Ausnahmefall.

Anders wird die Sache schon, wenn wir uns dem zweiten Punkt zuwenden, den der Richter zu beweisen hat, den Tatsachen, welche ergeben, daß die verübte Tat ein Unrecht von bestimmter Art und bestimmter Schwere darstellt. Hier begegnen wir bereits zahlreichen gesetzlichen Beweisregeln, welche die richterliche Beweistätigkeit in hohem Maße beschränken. Da finden wir zunächst sowohl in den geltenden Gesetzen als auch in den neueren Entwürfen bei den sogenannten Vermögensdelikten wiederholt die Vorschrift, daß derjenige zu bestrafen sei, der eine fremde Sache einem andern wegnimmt, entzieht oder sie beschädigt. Nun ist der Entzug sowie die Beschädigung einer fremden Sache zweifellos stets Unrecht, wenn dadurch das Eigentumsrecht eines anderen verletzt wird, also selbst dann, wenn etwa der Wert dieser Sache von vornherein ersetzt wird oder die Sache für den Eigentümer oder Besitzer infolge besonderer Umstände tatsächlich keinen Wert hat. In all diesen Fällen liegt jedoch zweifellos Unrecht ganz geringen Grades vor, das mit den hohen Strafen, mit welchen solche Taten bedroht sind, in krassem Widerspruch steht. Verständlich werden diese hohen Strafen erst dann, wenn man annimmt, daß die Entziehung beziehungsweise Beschädigung der Sache gleichzeitig mit einer Vermögensbeschädigung für den Betroffenen verbunden ist, indem ihm eben jener Vermögenswert, welcher in der Sache steckt, dadurch entzogen wird. Nur in diesem Falle kann das Unrecht als so schwer angesehen werden, daß die im Gesetz für solche Taten angedrohten Strafen als einigermaßen angemessen erscheinen. Der Gesetzgeber wollte also offenbar die Vermögensschädigung durch Wegnahme, Entziehung oder Beschädigung einer Sache treffen und nur wenn diese Vermögensschädigung erwiesen wäre, läge der Beweis vor, daß Unrecht von solcher Art und solcher Schwere verübt wurde, wie es sich der Gesetzgeber bei Fixierung der Strafe für diese Fälle vorgestellt hat. Wenn statt dessen der Tatbestand der betreffenden Delikte so formuliert ist, daß der Nachweis genügt, es sei eine Sache entzogen bzw. beschädigt worden, so benügt sich das Gesetz mit einem allerdings sehr bedeutsamen Indiz für die geschehene Vermögensschädigung, ohne den Beweis dieser selbst zu fordern. Und selbst wenn im konkreten Fall der Beweis erbracht werden könnte, daß tatsächlich keine Vermögensschädigung vorliegt, so wäre dieser Beweis genau genommen gar nicht zulässig: Das Gesetz präsumiert unwiderleglich eine bestimmte Schwere des Unrechts, wenn die Entziehung oder Beschädigung einer Sache gegeben ist. Es handelt sich hier also ganz einfach um eine gesetzliche Beweisregel, welche sich ihrem Wesen nach von den alten gesetzlichen Beweisregeln in keiner Weise unterscheidet. So wie in den alten Prozeßordnungen unwiderleglich vermutet wurde, der Angeklagte sei der Täter, wenn zwei einwandfreie Zeugen bekundeten, ihn bei der Tat gesehen zu haben, weil in der großen Mehrzahl der Fälle die Aussage zweier solcher Zeugen tatsächlich die Überzeugung von der Richtigkeit der zu beweisenden Tatsache bildete, so wird in den modernen Gesetzen unwiderleglich vermutet, es liege so geartetes und so schweres Unrecht vor, wie es die Vermögensschädigung darstellt, sobald feststeht, daß eine Sache entzogen oder beschädigt wurde, weil in der großen Mehrzahl der Fälle tatsächlich in diesem Fall auch eine Vermögensschädigung gegeben ist. So wie es nun unter der Herrschaft der alten Prozeßordnungen möglich war, daß trotz der Aussage zweier einwandfreier Zeugen nicht nur die Wahrheit nicht feststand, sondern der Richter überzeugt sein mußte, daß das Gegenteil der Wahrheit entspreche, ohne daß er daraus die Konsequenzen ziehen konnte, so ist es auch heute möglich, daß trotz Vernichtung oder Entziehung einer Sache keine Vermögensschädigung vorliegt, ohne daß der Richter dieser Tatsache Rechnung tragen könnte: Er muß tatsächlich den Angeklagten verurteilen als ob die Vermögensschädigung erfolgt wäre. Die moderne Theorie und Praxis kennt zur Genüge die Schwierigkeiten, die sich auf diese Weise ergeben, da es selbstverständlich jedem Richter widerstrebt, in solchen Ausnahmefällen der gesetzlichen Präsumption Geltung zu verschaffen. Die sogenannten Äquivalenzfälle bei Diebstahl und Veruntreuung gehören hieher, ohne das Gebiet der Ausnahmefälle zu erschöpfen; denn auch abgesehen davon kommt es gelegentlich vor, daß eine entwendete Sache für den Bestohlenen keinerlei Wert repräsentiert, und zwar selbst dann, wenn sie für den Täter wertvoll ist[1]). Gelegentlich läßt sich zwar aus den übrigen Bestimmungen des Gesetzes mit einiger Mühe und nicht ohne daß man Gegenargumente zu befürchten hätte, der Schluß ziehen, daß das im Tatbestand selbst nicht vorkommende Merkmal der Vermögensschädigung zu ergänzen sei, daß also der Richter trotz der Formulierung des Tatbestandes so vorzugehen habe, als ob er anders, das heißt richtig formuliert wäre[2]). Aber auch der umgekehrte Fall ist möglich. So wie es unter der Herrschaft der alten gesetzlichen Beweisregeln geschehen konnte, daß der Richter trotz Mangels der gesetzlichen Beweise die Gewißheit

---

[1]) Einen interessanten Fall dieser Art aus der österreichischen Praxis schildert und bespricht Flandrak, Öst. Gerichtszeitung 1931.

[2]) So läßt sich das fehlende Merkmal der Vermögensschädigung im österr. Recht bei Diebstahl auf Grund des § 173, bei Diebstahl und Veruntreuung auf Grund der Vorschriften über die tätige Reue hineininterpretieren; bei der Sachbeschädigung dagegen könnte man sich höchstens auf die Analogie aus Diebstahl und Veruntreuung stützen; allerdings ein sehr wenig stichhaltiges Argument!

erlangte, der Angeklagte sei der Täter, so ist es möglich, daß sich als sicher ergibt, der Angeklagte habe einen andern am Vermögen geschädigt, ohne daß jedoch die Entziehung oder Vernichtung einer Sache vorläge. Auch Fälle dieser Art sind der Theorie und der Praxis nicht unbekannt. Im deutschen Recht freilich wird die Mehrzahl dieser Fälle durch den rein auf das Vermögen abgestellten Typus der Untreue erfaßt; im österreichischen Recht dagegen fehlt ein derartiger Tatbestand und die Vermögensschädigung durch untreue Verwaltung bleibt daher überhaupt straflos, wenn der Täter nicht gerade ein Beamter im Sinne des § 101 ist, in welchem Falle wegen Mißbrauchs der Amtsgewalt eingeschritten werden kann. Aber auch im deutschen Recht machte sich bei den Fällen der Hehlerei ein analoger Mangel bemerkbar; deren Tatbestand stellt ja gleichfalls auf eine Sache ab und nicht auf einen Wert, wie es dem Sinn des Unrechtstypus entspräche, und so mußten sich Schwierigkeiten ergeben, wenn jemand zwar nicht die gestohlene Sache wohl aber deren Erlös an sich genommen hatte. In dieser Richtung hat nun allerdings der Entwurf Abhilfe zu schaffen gesucht, ohne daß dessen Regelung gerade als vorbildlich angesehen werden dürfte. Statt nämlich einfach auf den Vermögenswert abzustellen, ergeht er sich in sinnloser Kasuistik, beginnt mit der gestohlenen Sache, läßt diese durch den Erlös ersetzen und setzt diesem wieder die dafür angeschaffte Sache gleich, so daß also der Täter, der das Gesetz kennt, durch wiederholte Transaktionen demjenigen, zu dessen Gunsten er gestohlen, dennoch Straflosigkeit sichern kann.

Fragt man sich nun, warum auch die Verfasser der modernen Entwürfe an solchen Beweisregeln weiterfesthalten, statt klipp und klar zu sagen, worauf es ankommt, so dürfte der Hauptgrund darin gelegen sein, daß sich die Gesetzgeber einerseits der systematischen Grundlage überhaupt gar nicht bewußt geworden sind, anderseits aber auch den Schwierigkeiten der Strafrechtstechnik nicht gewachsen waren. Einerseits war es wohl die Unklarheit über das Wesen des Unrechts, darüber, was überhaupt als Unrecht aufgefaßt werden könne, daß es die Sozialschädlichkeit sei, welche das Strafrecht zu bekämpfen habe[1]). Da man nicht wußte, daß es de lege ferenda auf die Sozialschädlichkeit ankomme, konnte man auch nicht erkennen, welche Merkmale tatsächlich für das Unrecht bedeutsam seien und daß die Vermögensschädigung ungleich schwereres Unrecht

[1]) Die Unklarheit in dieser Richtung verdanken Fehltypen, wie ich sie oben und noch ausführlicher in meinem „Aufbau des Strafrechtssystems“, S. 119 ff., geschildert habe, in welchen die Nachtat an Stelle der Haupttat vertatbestandlicht wurde, ihre Entstehung.

darstellen müsse als die Besitzstörung. So begnügte man sich einfach damit, gedankenlos die bisherigen Formulierungen zu übernehmen und dort, wo sich in der Praxis Mängel gezeigt hatten, durch ergänzende Tatbestände diesen so gut als möglich abzuhelfen, ohne des Übels Grund auch nur zu suchen[1]). Aber selbst wenn man darauf gekommen wäre, daß die Vermögensschädigung das einzig wesentliche ist, wäre man wohl über die Schwierigkeiten der technischen Begriffsbildung nicht hinweggekommen. Die Vermögensschädigung als solche unter Strafe zu stellen, ging ja nicht an; ein solcher Typus wäre viel zu weit gefaßt, er würde dadurch eine wichtige Funktion, diejenige, eine Garantie für die Rechtssicherheit zu liefern, verlieren. Folglich, so meinte man, bliebe nichts übrig, als gewisse typische Arten der Vermögensschädigung als solche zu vertypen und den „kleinen" Fehler der eben in der dadurch zustandegekommenen gesetzlichen praesumptio juris et de jure liegt, mit in Kauf zu nehmen[2]). Mir will aber scheinen, als ob die einzig richtige und gleichzeitig die allereinfachste Lösung des Dilemmas darin gefunden werden könnte, daß man Tatbestände formuliert, in welchen das Merkmal der Vermögensschädigung als ausschlaggebendes vorkommt, die aber des näheren charakterisiert und voneinander unterschieden werden, je nach dem, auf welche Weise diese Vermögensschädigung erfolgt, so daß etwa der Tatbestand der Sachbeschädigung lauten würde: „Wer einen anderen dadurch am Vermögen schädigt, daß er eine Sache beschädigt oder zerstört." Die heutigen Gesetzesverfasser aber sehen den Wald vor lauter Bäumen nicht, was freilich ein Charakteristikum der gefühlsmäßig-kasuistischen Methode ist. Bei richtiger Tatbestandsformulierung fiele die praesumptio juris et de jure weg und es wäre gleichzeitig deutlich ersichtlich, daß das Maß des Unrechts von dem Maße der Vermögensschädigung abhängt, was aus den Tatbeständen der geltenden Gesetze und der Entwürfe gleichfalls nicht zu entnehmen ist.

Handelte es sich in den angeführten Fällen um eine gesetzliche Präsumption, welche bewirkt, daß in den Ausnahmefällen die Schwere des Unrechts der verübten Tat nicht richtig eingeschätzt werden kann, so fehlt es auch nicht an solchen gesetzlichen Vermutungen, bei deren Vorhandensein der Gesetzgeber

[1]) Ich habe diese ganze unwissenschaftliche Methode in meinem „Aufbau des Strafrechtssystems" an Hand des 26. Abschnitts des Entwurfs charakterisiert.

[2]) Ich gebe da im wesentlichen Argumente wieder, welche mir von einem Mitarbeiter am Entwurf 1927 in einer mündlichen Diskussion entgegengehalten wurden.

überhaupt erst Unrecht, dann aber gleich besonders schweres Unrecht annimmt. Hieher gehören diejenigen Tatbestände, welche Unrecht und Strafbarkeit einer unzüchtigen Handlung an eine bestimmte Altersgrenze desjenigen knüpfen, mit welchem sie vorgenommen wurde, also in erster Linie die Tatbestände der Notzucht im österreichischen Recht (§ 127, 2. Fall), der Unzucht mit Kindern nach § 176, Z. 3, des RStGB. und der analoge Tatbestand der Strafgesetzentwürfe (im Entwurf 1927 ist es § 286). Das wirklich zu bekämpfende Unrecht in allen diesen Fällen besteht darin, daß Handlungen, welche auf die Erregung sexueller Lust gerichtet sind, mit Personen vorgenommen werden, denen entweder die körperliche oder die geistige Reife oder auch beide fehlen, so daß diese Personen dadurch an Leib und Seele Schaden nehmen. Die Unzucht mit unreifen Personen also stellt das Unrecht dar; was aber der Tatbestand voraussetzt, ist lediglich ein bestimmtes Alter dieser Personen, z. B. ein Alter unter 14. Jahren. In der Regel der Fälle kann man nun, wenigstens innerhalb des Geltungsbereiches unseres Strafgesetzbuchs annehmen, daß die nötige Reife mit Vollendung des 14. Lebensjahres eintritt, und für diesen Normalfall trifft daher die gesetzliche Präsumption zu. Aber selbstverständlich kommt es häufig genug vor, daß, obwohl diese Altersgrenze erreicht ist, die körperliche und insbesondere die geistige Reife noch mangelt, und auch der umgekehrte Fall, daß die Reife vorhanden ist, obwohl das 14. Lebensjahr noch nicht erreicht ist, wird sich gelegentlich ereignen. Gerade in den Grenzfällen, in welchen der Betreffende nur einige wenige Tage oder Wochen von seinem 14. Geburtstag entfernt ist, wird die gesetzliche Beweisregel oft zu unangemessenen Ergebnissen führen. Im Gegensatz zu den früher besprochenen Fällen fehlt aber hier tatsächlich jede Möglichkeit, auf dem Wege der Gesetzesinterpretation dasjenige Merkmal einzuführen, auf das es tatsächlich ankommt. War das Mädchen noch so sehr körperlich und geistig entwickelt, derjenige, der mit ihr den Beischlaf vornimmt, wird wegen eines schweren Verbrechens bestraft, wenn sie am Tage der Tat noch nicht 14 Jahre alt war. Noch stärker als in dem früher erörterten Fall wirkt sich hier auch der Umstand aus, daß diese gesetzliche Beweisregel gleichzeitig dort eine scharfe Grenze ziehen will, wo nach der Natur der Materie eine solche nicht gezogen werden kann. Denn es ist ja begreiflich, daß der Unrechtsgehalt der Tat um so größer sein wird, je größer die Unreife des Kindes ist und desto geringer, je mehr sich der physische und psychische Zustand des Betroffenen dem Normalfall des völlig Geschlechtsreifen nähert. Die strafrechtstechnische Fehlerhaftigkeit bewirkt hier also gleichzeitig einen schweren Verstoß gegen die Systematik. Fragt man sich nun wieder, was denn der Grund dafür sein könnte, daß der Gesetzgeber an das Alter statt an die tatsächliche Reife, auf welche allein es ankommt, abstellt, so kann dieser Grund nur darin gefunden werden, daß der Gesetzgeber offenbar wieder das Merkmal der Reife für zu vage hielt und daher der Meinung war, daß ein Tatbestand, der auf dieses Merkmal zugeschnitten wäre, der Rechtssicherheit zu geringe Garantien böte. Eine solche Überängstlichkeit des Gesetzgebers gerade in diesem einen Fall ist aber wirklich nicht recht begreiflich und sie wird um so unbegreiflicher, wenn man bedenkt, daß etwa der nämliche Entwurf 1927, der in dem einen Paragraphen auf die Rechtssicherheit so sorgfältig Bedacht nimmt, sich an anderer Stelle nicht scheut, ganz vage Merkmale wie etwa „unverhältnismäßig großer Schaden" oder „nicht zumutbar" verwendet, aber auch dem Richter bei der Strafzumessung ganz gewaltige Ermessensfreiheit läßt[1]). Ich glaube, daß die Rechtssicherheit tatsächlich sehr wenig Schaden leiden würde, wenn man an Stelle des allerdings äußerst präzisen Merkmals „14 Jahre alt" das weniger genaue aber dafür das Wesentliche klar zum Ausdruck bringende Merkmal der Unreife setzen würde. Und selbst wenn die Garantie für die Rechtssicherheit durch diese Änderung etwas geringer würde, so wäre dieser kleine Nachteil bedeutend aufgewogen durch den großen Vorteil, daß ungerechte Entscheidungen vermieden werden könnten und daß die dem Wesen der Materie entsprechende Abstufbarkeit im Unrechtsgehalt je nach dem Maße der Unreife durchgeführt werden könnte.

Ein weiterer Fall einer klaren gesetzlichen Beweispräsumption findet sich bei den Körperverletzungen der geltenden Strafgesetzbücher. Nach § 152 des österreichischen Strafgesetzbuchs liegt unter anderem auch dann schwere Körperverletzung vor, wenn die Verletzung eine Berufsunfähigkeit in der Dauer von 20 Tagen nach sich gezogen hat, und nach § 155 b eine sehr schwere Körperverletzung, wenn die Berufsunfähigkeit 30 Tage lang währte. Es ist ganz klar, daß die Dauer der Berufsunfähigkeit hier bloß ein unwiderlegliches Indiz für die Schwere der zugefügten Verletzung darstellen soll; in diesem Sinne wurde das Merkmal auch von der österreichischen Theorie übereinstimmend ausgelegt. Ebenso klar aber ist, daß es sich hier um ein ganz besonders unglücklich gewähltes Indiz handelt. Denn die

[1]) Noch krasser tritt der Widerspruch zwischen Überängstlichkeit und Sorglosigkeit in bezug auf die Rechtssicherheit im Entwurf 1925 zutage, der im übrigen dem Richter geradezu schrankenlose Gewalt einräumt und ihm manchmal nicht die geringsten Anhaltspunkte gewährt.

Frage, ob der Betroffene an der Ausübung des Berufes verhindert wird oder nicht, hängt außer von der Art und Schwere der erlittenen Verletzung auch von der Art des Berufes ab, welchen er ausübt. Eine Verletzung an der Hand bedeutet für denjenigen, der mit den Händen arbeiten muß, also z. B. für Handwerker aller Art, Berufsunfähigkeit bis zur Heilung dieser Verletzung; während ein geistiger Arbeiter oder ein Beamter durch ganz die gleiche Verletzung an der Ausübung seines Berufes nicht behindert wird. Im übrigen bringt diese Beweisvermutung alle diejenigen Nachteile mit sich, welche schon oben, aus Anlaß ähnlicher Fälle dargelegt wurden; wieder können auf diese Weise unbestreitbar leichte Verletzungen als schwere erscheinen und umgekehrt, und außerdem ist die Möglichkeit einer allmählichen Abstufung des Unrechtsgehalts je nach der konkreten Schwere des Unrechts behindert, wenn nicht gar ausgeschlossen. Dieses letztere Moment fällt gerade nach dem österreichischen Strafgesetzbuch besonders schwer ins Gewicht, da dieses die leichte Körperverletzung bloß als geringfügige Übertretung, die schwere dagegen als Verbrechen behandelt. Ist also der Verletzte bloß 19 Tage berufsunfähig gewesen, so kann und wird der Täter regelmäßig nach der Praxis der österreichischen Gerichte bloß zu einer geringfügigen Geldstrafe verurteilt werden, war der Verletzte aber auch nur einen Tag länger berufsunfähig, so liegt ein Verbrechen vor und die ordentliche Strafe ist Kerker von 6 Monaten bis zu einem Jahr, bei erschwerenden Umständen sogar bis zu 5 Jahren. Daß dieses Ergebnis nur sehr wenig befriedigend ist, wurde von der Theorie auch nicht verkannt und die Entwürfe haben daher mit Recht auf ein ähnliches Kriterium verzichtet. Wenn unser Strafgesetzbuch zu einem so fragwürdigen Indiz seine Zuflucht nahm, so dürfte der Grund wieder darin zu finden sein, daß man durch die Exaktheit dieses Kriteriums eine größere Garantie für die Rechtssicherheit schaffen wollte. Fast das gleiche positive Ergebnis läßt sich aber erreichen, wenn im Gesetz lediglich gesagt wird, daß die Verletzung schwer sein müsse, und nun beispielsweise einige solche Fälle aufgezählt werden, in welchen sie tatsächlich schwer ist, nicht aber solche, in welchen die Vermutung dafür spricht, daß sie schwer sein könnte.

Das Reichsstrafgesetz hält sich allerdings von dem angeführten Fehler frei[1]). Dafür finden sich in § 223a bei der gefähr-

[1]) Damit soll aber nicht gesagt werden, daß der § 224 RStGB. ganz tadellos sei. Die taxative kasuistische Aufzählung der Fälle der schweren Körperverletzung ist ja auf jeden Fall gesetzestechnisch verfehlt. Immerhin enthält § 224 im Gegensatz zum österreichischen Strafrecht nur solche Fälle, in welchen die Körperverletzung tatsächlich schwer ist, nicht solche, in welchen ein Indiz dafür spricht, daß sie schwer sei.

lichen Körperverletzung ganz analoge Fehler. Gefährliche Körperverletzung liegt vor, wenn der Angriff mittels einer Waffe, insbesondere eines Messers oder eines anderen gefährlichen Werkzeugs unternommen wird. Der Gedanke ist dabei der, daß in solchen Fällen, selbst wenn die Verletzung, die tatsächlich eintrat, eine leichte war, jedenfalls die Gefahr einer schweren Verletzung vorlag, was ja auch der Titel des Paragraphen „Gefährliche Körperverletzung" zum Ausdruck bringt. Statt aber zu sagen, die Strafe habe entsprechend höher auszufallen, wenn die Art der Begehung einer leichten Verletzung den Erfolg einer schweren Verletzung in mehr oder minder hohem Maße erwarten ließ, in welchem Falle auch die in der Natur der Materie liegende Abstufbarkeit der Gefährlichkeit gebührend berücksichtigt worden wäre, stellt das Gesetz wieder gewisse Indizien auf, bei deren Vorliegen die Gefährlichkeit angenommen werden muß, mag auch der konkrete Fall noch so sehr anders gelegen sein. Es ist ja nicht zu bezweifeln, daß selbst die gefährlichste Waffe im konkreten Falle in einer Weise gebraucht worden sein kann, daß damit keinerlei oder keine bedeutende Gefahr verbunden ist. Die Entwürfe haben daher sehr mit Recht in diesem Falle eine andere Formulierung angenommen. Besonders interessant ist in dem angeführten Beispiel, daß hier offenbar der Gesetzgeber von einer Ansicht ausgeht, von der die herrschende Lehre noch immer nichts wissen will, nämlich davon, daß die Schwere des Unrechts von der Größe der Wahrscheinlichkeit abhängt, mit welcher der Erfolg aus der Handlung zu erwarten ist. Ein ganz analoger Fall, in welchem gleichfalls dieser Gedanke in Form einer Präsumption bereits berücksichtigt wurde, findet sich im österreichischen Strafgesetzbuch bei den qualifizierten Diebstahlsfällen: Wenn der „Diebstahl in Gesellschaft eines oder mehrerer Diebgenossen" (§ 174, II a) als besonders schwer angesehen wird, so liegt der Grund wohl vornehmlich darin, daß in diesem Fall das Gelingen der Tat viel wahrscheinlicher ist als wenn sie einer allein unternimmt. Die Praxis des österreichischen Obersten Gerichtshofs zeigte übrigens stets Verständnis für diese ratio legis, indem sie den Paragraphen auch dann anwendete, wenn einer der Diebsgenossen wegen mangelnden Alters oder wegen Zurechnungsunfähigkeit nicht strafbar war, jedoch immerhin über genügend Verstand verfügte, um zu erkennen, worum es sich handelte: Denn in diesem Fall vermochte er ja tatsächlich zur sicheren Vollstreckung fast ebensoviel beizutragen, wie wenn er mit zurechenbarem Vorsatz gehandelt hätte.

Es gibt noch eine ganze Gruppe von Delikten, welche auch von der Theorie längst als eigenartige Gruppe erkannt ist, bei welchen es sich geradezu bewußt um die Statuierung solcher gesetzlicher Beweisregeln in bezug auf die Frage, ob die Handlung überhaupt mit Rücksicht auf ihr Abzielen auf einen bestimmten Erfolg Unrecht ist, handelt. Es sind dies die sogenannten abstrakten Gefährdungsdelikte, deren Tatbestand dadurch charakterisiert wird, daß er eine tatsächliche Gefährdung gar nicht voraussetzt, sondern lediglich solche Handlungen unter Strafe stellt, welche in der Regel eine Gefahr mit sich bringen. Wenn auch das Hauptgebiet dieser Delikte das Verwaltungsrecht darstellt, so fehlen sie doch auch im Strafgesetzbuch nicht. Insbesondere unser altes österreichisches Strafgesetzbuch enthält eine ganze Reihe solcher abstrakter Gefährdungsdelikte und auch die strafrechtlichen Nebengesetze sind voll davon. So wird etwa nach § 338 öStGB. derjenige bestraft, der in Flüssen und Teichen, wo solches verboten ist, badet oder zur Winterszeit außer den dazu bestimmten Strecken auf dem Eise schleift, nach § 339 die unverheiratete Frauensperson, die es unterläßt, der Behörde von einer erfolgten Geburt Anzeige zu machen, nach dem österreichischen Giftgesetz derjenige, welcher einem anderen, der zum Bezug nicht berechtigt ist, Rauschgifte überläßt usw. In allen diesen Fällen handelt es sich darum, daß unwiderlegliche Vermutungen dafür aufgestellt werden, daß eine Gefährdung, sei es des eigenen Lebens oder des Lebens oder der Gesundheit eines andern vorliegt. Es ist auch allgemein bekannt, daß diese abstrakten Gefährdungsdelikte der Gesetzesauslegung und der Theorie mancherlei Schwierigkeiten bereiten. Kommt es doch gelegentlich vor, daß Handlungen, welche typischerweise gefährlich sind, im konkreten Fall ganz ungefährlich oder sogar nützlich sein können. Die Überlassung eines Rauschgiftes an einen zum Bezug nicht Berechtigten ist zwar in der Regel mit einer Gefahr für dessen körperliche Sicherheit verbunden, in gewissen Ausnahmefällen aber kann sie dem Betreffenden das Leben retten. In den weitaus meisten Fällen dieser Art wäre es nun tatsächlich ohne irgendwelchen Schaden für die Rechtssicherheit und ohne Erschwerung der Arbeit der Gerichte möglich, an Stelle des abstrakten Gefährdungsdelikts ein konkretes zu setzen und damit die gesetzliche Präsumption aus der Welt zu schaffen. So könnte man im Giftgesetz statt einfach denjenigen mit Strafe zu bedrohen, der einem andern, der zum Bezuge nicht berechtigt ist, Rauschgifte überläßt, bestimmen, daß derjenige bestraft wird, der die Gesundheit eines andern dadurch gefährdet, daß er Rauschgifte an jemanden abgibt, der zu deren Bezug nicht berechtigt ist. Nur in wenigen Fällen wird sich ergeben, daß es schwer durchführbar ist, auf das unwiderlegliche Indiz zu verzichten.

Aber nicht nur auf dem Gebiet der kleinen Übertretungskriminalität gibt es sogenannte abstrakte Gefährdungsdelikte, selbst unter den Verbrechen finden sich welche. Hieher gehört z. B. der Zweikampf. Wenn ein Gesetz den Zweikampf schlechthin mit Strafe bedroht ohne zu verlangen, daß die konkrete Art dieses Zweikampfes so beschaffen sein müsse, daß dadurch wenigstens für einen der beiden Kämpfer wirklich eine Gefahr entsteht, so stellt es gleichfalls eine unwiderlegliche Präsumption für das Vorhandensein des Unrechts, noch dazu eines ziemlich schweren Unrechts auf. Die gesetzliche Unrechtspräsumption wird nicht ausgeschaltet, sondern lediglich abgeschwächt, wenn ein Gesetz, wie das österreichische in § 158, nur den Zweikampf mit tödlichen Waffen als Verbrechen bedroht. Selbst wenn tödliche Waffen verwendet werden, können im konkreten Fall die Kautelen derartige sein, daß von einer wirklichen Gefahr nicht die Rede sein kann. Selbstverständlich wäre es ohne jede Gefahr für die Rechtssicherheit und selbst ohne jede strafrechtstechnische Schwierigkeit möglich, die konkrete Gefährdung zum Tatbestandsmerkmal des Zweikampfes zu machen. Wenn dies nicht geschieht, so kann der Grund auch nicht wie in den im folgenden zu erörternden Fällen darin gefunden werden, daß eine Verschiebung des Wertindexes in der Weise stattfand, daß der Zweikampf als solcher bereits als sozialschädlich empfunden würde ohne Rücksicht auf die konkrete Gefahr. Denn die ratio legis ist hier so durchsichtig und es ist so klar, daß der Zweikampf nicht um seiner selbstwillen, sondern nur um der in ihm häufig gelegenen Gefahr willen als sozialschädlich erscheinen kann und daher zu Unrecht gestempelt werden könnte, daß auch der Laie diesen Umstand nicht übersehen kann. Vielmehr handelt es sich dann, wenn der Zweikampf oder gar jede unschädliche Mensur ohne jede Berücksichtigung der konkreten Gefahr auch in den modernen Gesetzen und Entwürfen mit Strafe bedroht wird, meist um einen bewußten Fehler, der in einer politischen Gehässigkeit gegenüber bestimmten Bevölkerungsschichten seinen Grund findet.

Stellt man sich nun auf den meines Erachtens richtigen Standpunkt, daß das primär Sozialschädliche und daher auch das primär Unrechtmäßige stets nur der Erfolg sein kann und daß die Handlung immer nur dann und insoweit Unrecht ist, als sie auf einen sozialschädlichen Erfolg abzielt, dann muß man auch sämtliche Fälle reiner Tätigkeitsdelikte in die Kategorie der gesetzlichen Beweispräsumptionen rechnen: Die Vornahme einer bestimmt gearteten Handlung gilt dem Gesetzgeber als unwiderleglicher Beweis dafür, daß diese Handlung auf einen sozialschädlichen Erfolg abzielt. In den meisten Fällen dieser Art, so etwa bei der Blutschande, liegt der Grund dafür, daß man auch de lege ferenda wohl oder übel zu einer solchen Präsumption greifen muß, darin, daß sich der Erfolg, auf welchen es tatsächlich ankommt, sprachlich sehr schwer fassen läßt, daß also eine strafrechtstechnische Schwierigkeit besonderer Art vorliegt, die nicht oder doch nur schwer, unter Aufopferung der Präzision des Gesetzes und damit Schädigung der Rechtssicherheit, überwunden werden kann. Häufig kommt dazu, daß in solchen Fällen tatsächlich schon eine gefühlsmäßige Verschiebung des Wertakzents vom Erfolg auf die Handlung eingetreten ist, über die der Gesetzgeber nicht ohne weiteres hinweggehen kann, so beim Meineid und bei der falschen Zeugenaussage. Doch hielte ich es auch in diesem Falle für durchaus möglich, daß der betreffende Paragraph etwa die Fassung erhielte: Wer die Rechtspflege dadurch schädigt, daß er..., wodurch zum Ausdruck gebracht wäre, daß der Richter in jedem konkreten Fall zu prüfen hätte, ob der Meineid oder die falsche Zeugenaussage tatsächlich eine Schädigung der Rechtspflege mit sich gebracht hat oder nicht. Bei einigem guten Willen und entsprechender Mühewaltung ließe sich meines Erachtens der größte Teil dieser reinen Tätigkeitsdelikte in Erfolgsdelikte umwandeln, wodurch wieder einerseits die gesetzliche Beweisregel für die Schwere oder überhaupt für das Vorhandensein des Unrechts ausgeschaltet, anderseits die Möglichkeit einer Abstufung in der Schwere des Unrechts der betreffenden Handlung geschaffen würde.

Aber nicht nur unter denjenigen Merkmalen, welche von der herrschenden Lehre allein als Tatbestandsmerkmale bezeichnet zu werden pflegen, weil sich auch das Verschulden auf sie zu erstrecken hat, sondern auch unter den sogenannten objektiven Bedingungen der Strafbarkeit oder der erhöhten Strafbarkeit finden sich Merkmale, welche, ohne direkt die Schwere des Unrechts mitzubestimmen, doch Indizien für eine besondere Schwere oder für eine besondere Art des Unrechts darstellen sollen[1]). So wird nach § 73 des öStGB. der Aufstand zu dem schwereren Verbrechen des Aufruhrs, wenn zur Wiederherstellung der Ordnung eine außerordentliche Gewalt eingesetzt werden muß. Es ist klar, daß der Sinn dieser Vorschrift

---

[1]) Vgl. meine „Lehre vom Tatbestand", S. 24 ff.; hiezu die Ausführungen Rittlers in der Frank-Festschrift, 2. Bd.

dahin geht, daß die Einsetzung einer außerordentlichen Gewalt den Beweis dafür liefere, daß der Widerstand ganz besonders bedrohliche Formen angenommen habe. Wieder handelt es sich also um eine gesetzliche Beweisregel für die Schwere des Unrechts mit all ihren Nachteilen. Denn wenn ein überängstlicher Beamter schon bei der kleinsten Ansammlung Militär ausrücken und Maschinengewehre aufstellen läßt, so muß der Richter nunmehr Aufruhr annehmen, auch wenn tatsächlich der Widerstand gegen die Staatsgewalt ganz und gar nicht schwerwiegender Art war. Und umgekehrt können die schwersten Ausschreitungen nicht als Aufruhr gewertet werden, wenn etwa derjenige, welcher über die Einsetzung einer außerordentlichen Gewalt zu entscheiden hat, sich weigert, dieses Mittel anzuwenden, etwa deshalb, weil die Ruhestörer ihm politisch nahestehen. In dem angeführten Beispiel ist es allerdings schwer, irgendein der Natur der Materie entsprechendes und der Rechtssicherheit genügendes Kriterium zu finden und dies mag die Stellungnahme unseres Strafgesetzbuchs begreiflich machen. Es fragt sich aber, ob de lege ferenda überhaupt eine ähnliche Unterscheidung notwendig ist, ob man nicht vielmehr kleinere Ruhestörungen überhaupt nur gering bestrafen, bei größeren, mit Gewalttätigkeiten verbundenen Aufständen aber ein einheitliches Delikt bilden soll, dessen konkreter Unrechtsgehalt dann je nach der tatsächlichen Schwere des Unrechts abgestuft werden kann.

In gewissem Sinne kann man von gesetzlichen Beweisregeln auch überall dort sprechen, wo das Gesetz die feineren Unterschiede in der Schwere des Unrechts vernachlässigt und die selteneren Fälle daher nach den Normalfällen bewertet. Es wurde oben gezeigt, daß sich die Schwere des Unrechtsgehalts einer Handlung unter anderen auch danach richtet, mit welcher Wahrscheinlichkeit diese Handlung einen bestimmten Erfolg erwarten läßt. Da diese Wahrscheinlichkeit bis in die Nähe des Nullpunktes sinken kann, so müßte durch entsprechend niedrige Untergrenzen oder, bei bloßen Handlungstypen, durch Weglassung der Untergrenzen die Berücksichtigung dieser Grenzfälle ermöglicht werden. Wenn nun aber das Gesetz dies nicht tut, sondern diese Grenzfälle ebenso behandelt wie die Normalfälle, das heißt ihren Unwert so festsetzt, als ob die Wahrscheinlichkeit des Erfolgseintritts groß und nahe an der Grenze der Gewißheit stünde, so ist damit genau genommen auch schon wieder eine praesumptio juris et de jure geschaffen.

Das gleiche Ergebnis kommt auch dadurch zustande, daß die meisten Gesetze im Anschluß an eine fehlerhafte Lehre zwischen den Normalfällen, in welchen der volle tatbestandliche Unrechtsgehalt zur Geltung kommt, und denjenigen Fällen, in welchen das Unrecht vollständig ausgeschlossen wird, keine Mittelstufen zulassen. Diese Mittelstufen sind dann, wenn sie faktisch vorkommen, gleichsam infolge einer gesetzlichen Beweisregel entweder wie das eine oder wie das andere Extrem aufzufassen, ohne daß der Richter die Möglichkeit hätte, dem tatsächlich vorhandenen Unrechtsgehalt durch eine entsprechend geminderte Strafe Rechnung zu tragen. Wenn etwa nach den Vorschriften des Entwurfs 1927 die Notstandstat nur dann gerechtfertigt, also überhaupt nicht Unrecht ist, wenn das gerettete Gut unverhältnismäßig wertvoller ist als das preisgegebene, so wird damit gleichsam de jure präsumiert, daß alle übrigen Fälle so gelegen seien, daß der volle Unrechtsgehalt des Typus zur Geltung kommt. Tatsächlich ist aber der Unrechtsgehalt einer solchen Handlung, welche gleichzeitig ein Gut rettet, indem sie ein anderes verletzt, bedeutend geringer, ja er kann sogar gleich Null sein, wenn das gerettete und das geopferte Gut gleichen Wert aufweisen; selbst der Fall kann sich ereignen, daß richtigerweise positiv gewertet werden muß, weil das gerettete Gut zwar um vieles, aber doch nicht unverhältnismäßig wertvoller ist als das geopferte. Solche in Wahrheit rechtlich wertbetonte Handlungen müssen aber nach dem Entwurf als schweres Unrecht gewertet werden, da es dem Richter verwehrt wird, die tatsächlichen Wertverhältnisse zu berücksichtigen.

In allen diesen Fällen könnten die gesetzlichen Beweisregeln und alle mit ihnen verbundenen Nachteile und Ungerechtigkeiten mit Leichtigkeit ausgemerzt werden. Denn sie finden hier ihren tieferen Grund nicht in strafrechtstechnischen Schwierigkeiten, sondern vielmehr in der Unkenntnis der Erfordernisse der Strafrechtssystematik.

Gesetzliche Beweisvermutungen, die sich auf die Schwere des Unrechts beziehen, bewirken zwangsläufig eine analoge Präsumption in bezug auf die Schwere der Schuld, wenn sie sich auf solche Merkmale des Unrechtstypus beziehen, welche nach den Vorschriften des betreffenden Gesetzes vom Verschulden umfaßt sein müssen. Präsumiert das Gesetz unwiderleglich Vermögensschaden, sobald eine fremde Sache widerrechtlich beschädigt wurde, so muß es ebenso die Vermögensschädigungsabsicht präsumieren, sobald die Absicht, eine fremde Sache zu beschädigen, nachgewiesen ist. Und gilt die Tatsache, daß das Mädchen, mit welchem der Beischlaf vollzogen wurde, noch nicht 14 Jahre alt war, als Beweis für seine

Unreife, so muß auch der Vorsatz, mit einem Mädchen unter 14 Jahren den Beischlaf zu vollziehen, als Beweis für den Vorsatz gelten, mit einem unreifen Mädchen zu verkehren. Die gesetzliche Beweisregel bringt aber auf der subjektiven Seite genau so wie auf der objektiven nicht nur eine Vereinfachung, sondern auch eine Verschiebung des Beweisobjekts mit sich: Denn dadurch, daß es objektiv nur auf das Alter, nicht auf die tatsächliche Unreife ankommt, muß auch subjektiv nur die psychische Einstellung des Täters zum Alter, nicht zur Unreife untersucht werden. Und in dieser Richtung ergeben sich dann Schwierigkeiten verschiedenster Art, da es häufig vorkommen mag, daß sich der Täter wohl über die Reife des Mädchens, mit welchem er verkehren wollte, nicht aber über das Alter und speziell das Alter von 14 Jahren Gedanken gemacht hat[1]).

Ebenso darf bei den abstrakten Gefährdungsdelikten das Verschulden nur auf die gesetzlich umschriebenen Handlungen, nicht auf deren tatsächliche Sozialschädlichkeit bezogen werden. Auf diese Tatsache will wohl auch unser österreichisches Strafgesetzbuch in § 233 hinweisen; die Theorie hat diese Stelle aber vielfach dahin mißverstanden, daß in ihr gleichsam ein Bekenntnis zur reinen Erfolgshaftung erblickt wurde, und erklärt, bei solchen abstrakten Gefährdungsdelikten sei Schuld im Sinne von Vorsatz oder Fahrlässigkeit überhaupt nicht notwendig. Ebenso muß bei den reinen Tätigkeitsdelikten die Schuld auf die Tätigkeit selbst und nicht auf deren Erfolg bezogen werden; es besteht daher z. B. auch gesetzlich keine Möglichkeit, darauf Rücksicht zu nehmen, daß jemand durch eine falsche Zeugenaussage nur ein Fehlurteil verhindern wollte, sowie ja auch nach Ansicht der Gesetze und der Interpretation objektiv die Tatsache, daß durch die falsche Zeugenaussage ein Fehlurteil verhindert wurde, nicht in Betracht gezogen werden darf. Auch wo durch die scharfe und gleichzeitig unrichtige Abgrenzung von Recht und Unrecht im Gesetz unwiderlegliche Unrechtspräsumptionen zustandekommen, wie in dem oben erörterten Beispiel des Notstandes, wirken sich diese sekundär als Schuldpräsumptionen aus. Hat jemand durch eine Tat ein Gut verletzt und ein gleich wertvolles gerettet, so muß sein beides umfassender Vorsatz genau so als schuldhaft angesehen werden, wie wenn er überhaupt bloß ein Gut verletzen hätte wollen, weil ja auch objektiv die Rettung des Gutes für die Schwere des Unrechts nicht in Betracht gezogen werden darf.

---

[1]) Vgl. hiezu meinen Aufsatz „Juristisch bedeutsame, für den Täter unwichtige Tatumstände" in MoSchrKrPs., Jg. 19, S. 449 ff.

Außer denjenigen gesetzlichen Beweisregeln auf dem Gebiete der Schuld, welche sich lediglich als Konsequenzen von Beweispräsumptionen auf dem Gebiete des Unrechts darstellen, gibt es auch solche, welche primär auf dem Gebiete der Schuld entstehen.

Eine solche Präsumption stellt zunächst auf dem Gebiete der Zurechnungsfähigkeitskomponente die fixe Strafmündigkeitsgrenze dar. Wenn das Gesetz etwa Menschen unter 14 oder unter 16 Jahren überhaupt nicht bestrafen will, so geht es von der Annahme aus, daß man in diesem Alter eben noch nicht über die die Zurechnungsfähigkeit begründenden Fähigkeiten (das Unrecht der Tat einzusehen und dieser Einsicht gemäß zu handeln) verfügt. In der Regel mag diese Vermutung das Richtige treffen, es sind aber natürlich auch Ausnahmefälle denkbar, in welchen man dann notwendig zu einem fehlerhaften Ergebnis gelangt. Es ist aber sehr bemerkenswert, daß die neueren Jugendgerichtsgesetze und Entwürfe im engsten Anschluß an die Theorie die in den fixen Altersgrenzen liegende Präsumption bereits so stark abschwächen, daß sie praktisch nur mehr wenig schadet: Zwischen das Gebiet der Strafunmündigkeit und dasjenige der vollen Strafmündigkeit schiebt sich nämlich ein Gebiet der bedingten Strafmündigkeit ein (meist das Alter zwischen 14 und 18 Jahren), wo der Richter in jedem Einzelfall zu prüfen hat, ob die nötigen psychischen Fähigkeiten bei dem Täter vorliegen. Damit wird nun zunächst die unwiderlegliche Präsumption, soweit jenes Gebiet der bedingten Strafmündigkeit reicht, zu einer unschädlichen widerleglichen abgeschwächt; anerkennt man obendrein noch die Kategorie der verminderten Zurechnungsfähigkeit, so ist dann bereits eine sehr weitgehende Individualisierung möglich. Freilich die in der Strafunmündigkeitsgrenze und auch die in der vollen Strafmündigkeitsgrenze liegende unwiderlegliche Vermutung bleibt erhalten, und gerade insoweit es sich um die Abgrenzung zwischen Jugendlichen und voll Strafmündigen handelt, wird sie gelegentlich recht unangenehm empfunden. Freilich muß zugegeben werden, daß auf diesem Gebiet eine völlige Ausschaltung jeder Präsumption nur schwer durchführbar zu sein scheint, da irgendeine feste Grenze aus Gründen der Rechtssicherheit sehr wünschenswert ist. Man könnte die Präsumption allerdings dadurch bedeutend abschwächen, daß man die Grenzen möglichst weit hinausschiebt; soweit es sich um die Grenze gegenüber der vollen Strafmündigkeit handelt, geht das Bestreben ja tatsächlich auch dahin; soweit es sich freilich um die Grenze gegenüber der Strafunmündigkeit handelt, ist man eher geneigt, die Altersgrenze immer mehr hinaufzusetzen. Dieser Zug zur Milde mag vom menschlichen Standpunkt aus begreiflich erscheinen: Rein theoretisch aber ermöglicht er, daß sich die Präsumption häufig in der Richtung einer unrichtigen Milde auswirken muß. Je höher die Grenze gezogen wird, desto häufiger wird es vorkommen, daß ein nach dem Gesetz noch Strafunmündiger schon über die Fähigkeiten verfügt, welche zur Zurechnungsfähigkeit gefordert werden. Eine Hinaufsetzung der Altersgrenze über 14 Jahre scheint mir jedenfalls sehr bedenklich zu sein.

Weiters gibt es im besonderen Teil sowohl der Gesetze als auch der Entwürfe ein spezielles Delikt, welches sich von dem Grunddelikt nur durch ein scheinbar objektives Merkmal unterscheidet, das aber in Wahrheit nichts weiter ist, als eine gesetzliche Präsumption für das Vorhandensein eines geringeren Grades von Zurechnungsfähigkeit. Es ist dies das Delikt des Kindesmordes. Wenn die Tötung des Kindes durch die Mutter „bei" oder „in" der Geburt aus den Fällen des gemeinen Mordes herausgehoben und bedeutend milder beurteilt wird, so kann der Grund hiefür nur darin liegen, daß das Gesetz unwiderleglich vermutet, die Mutter sei infolge des Geburtsaktes in einem Zustand verminderter Zurechnungsfähigkeit, der sowohl ihre intellektuellen Fähigkeiten als auch ihre Widerstandskraft bedeutend herabsetze. Diese Auslegung des Kindesmordes kann heute auch als herrschende Lehre gelten. Nun ist es ja gewiß richtig, daß in der Regel der Fälle eine derartige Herabsetzung der Zurechnungsfähigkeit mit dem Geburtsakt Hand in Hand geht. Es kann aber auch der Fall sein, daß der Geburtsakt die Mutter in keinerlei abnormalen Geistes- oder Gemütszustand versetzt und es sind genügend Fälle bekannt, in welchen Frauen unmittelbar nach der Geburt ihrer normalen Arbeitstätigkeit nachgingen, als ob nicht das mindeste geschehen wäre. In solchen Fällen führt die gesetzliche Präsumption zu einer unangebrachten Milde der Behandlung. Es ist aber auch umgekehrt möglich, daß die gleiche Herabsetzung der Zurechnungsfähigkeit, wie sie regelmäßig mit dem Geburtsakt verknüpft ist, infolge heftiger Gemütserregungen, die etwa auf erlittene schwere Kränkung zurückgehen, auftritt, ohne daß diese Fälle in den geltenden Gesetzen irgendwie privilegiert wären. In den Entwürfen freilich kann die Herabminderung der Zurechnungsfähigkeit, falls sie eine erhebliche ist, stets berücksichtigt werden, da dort die Kategorie der verminderten Zurechnungsfähigkeit, die den geltenden Gesetzen noch fremd ist, Anerkennung findet. Um so weniger begreift man aber dann, welchen Sinn noch die Hervorhebung eines speziellen Falles dieser Art haben soll und warum man sich des strafrechtstechnisch so anfechtbaren Mittels einer Präsumption bedient, wo doch ohne eine solche der Fall viel einfacher und richtiger entschieden werden könnte. In den geltenden Gesetzen konnte man noch die Erklärung finden, daß das Gesetz eben eine allgemeine Kategorie der verminderten Zurechnungsfähigkeit nicht anerkenne und eine solche Kategorie auch infolge der notwendigen Unsicherheit des Kriteriums und der damit verbundenen Gefahr für die Rechtssicherheit nicht empfehlenswert sei und man daher in demjenigen Fall, wo die verminderte Zurechnungsfähigkeit typisch sei, mit Hilfe einer Präsumption ihre Berücksichtigung ermöglichen müsse. Für die Entwürfe gibt es aber schlechthin keine andere Erklärung als die, daß man sich nicht viel Gedanken über den Grund dieses Paragraphen machte, sondern ihn einfach aus den geltenden Gesetzen übernahm. In einem richtig aufgebauten Gesetz könnte der spezielle Tatbestand des Kindesmordes überhaupt verschwinden; will man ihn aber durchaus beibehalten, dann wäre es auch nicht schwer, die Präsumption aufzulösen und an ihrer Stelle das zu sagen, worauf es wirklich ankommt.

So wie es scheinbar objektive Merkmale gibt, welche in Wahrheit ein unwiderlegliches Indiz für ein bestimmtes Maß von Zurechnungsfähigkeit darstellen, so gibt es auch Merkmale gleichfalls scheinbar objektiver Natur, welche in Wahrheit als Indizien für eine bestimmte Tatschuldform oder für eine besondere Intensität einer Tatschuldform gelten müssen. Ein Fall dieser Art findet sich im österreichischen Strafgesetzbuch, § 155, a). Dort heißt es nämlich, daß die schwere Körperverletzung besonders schwer (mit schwerem und verschärftem Kerker von 1 bis 5 Jahren) zu bestrafen sei, „wenn die obgleich leichte Verletzung mit einem solchen Werkzeuge, und auf solche Art unternommen wird, womit gemeiniglich Lebensgefahr verbunden ist, oder auf andere Art die Absicht, einen der im § 152 erwähnten schweren Erfolge herbeizuführen, erwiesen wird“. Hier ist also mit einer nicht zu übertreffenden Deutlichkeit dargetan, daß das Gesetz in der Tatsache, daß sich der Täter eines gefährlichen Werkzeuges oder sonst einer gefährlichen Angriffsart bedient hat, einen unumstößlichen Beweis dafür erblickt, daß er mit der Absicht gehandelt habe, dem Opfer eine schwere Verletzung beizubringen. Vergeblich sind die gelegentlichen Bemühungen der Theorie, diese Gesetzesstelle dahin umzudeuten, als ob auch dann, wenn der Angriff in der erwähnten gefährlichen Weise erfolgt ist, noch obendrein der Beweis der Absicht, eine schwere Verletzung zuzufügen, erbracht werden müßte; denn der klare Wortlaut des Gesetzes läßt keinen Zweifel darüber, daß das Gesetz diesen Beweis eben schon in der gefährlichen Art des Angriffs findet. Besonders interessant in dieser Richtung ist jedoch die Ansicht von Hoegel, weil dieser klar erkannte, daß es sich hier um eine gesetzliche Beweisregel handle. Da der Paragraph aber aus einer Zeit stammt, zu welcher im Prozeßrecht noch nicht der Grundsatz der freien Beweiswürdigung anerkannt war, meint Hoegel, daß mit der Einführung dieses prozessualen Prinzips der Beweisvermutung des § 155, a) derogiert worden sei. Wollte man diese Argumentation wirklich für durchschlagend halten, dann müßte das gleiche natürlich auch für alle übrigen Fälle gesetzlicher Beweisregeln im materiellen Strafrecht gelten und die Folgen wären geradezu unabsehbar. Die Schlußfolgerung Hoegels ist aber in der Tat durchaus nicht zwingend. Die Strafprozeßreform bezweckte offenbar gar keine Reform des materiellen Rechts, sondern der Grundsatz der freien Beweiswürdigung sollte zunächst den Richter nur von den in der Prozeßordnung enthaltenen Beweisregeln befreien, bezog sich daher primär nur auf das Gebiet des Beweises der Täterschaft. Hoegel selbst hätte dies wohl zugeben müssen, wenn er erkannt hätte, daß der Fall des § 155, a) durchaus kein Einzelfall ist, sondern ein Beispiel aus zahlreichen gleichartigen Fällen, das nur dadurch ausgezeichnet ist, daß hier das Gesetz selbst durch die Aufnahme des Wortes „erwiesen" die gesetzliche Beweisregel als solche besonders leicht erkennbar macht.

Neben diesem von der Theorie in seiner Eigenart schon erkannten Fall gibt es in unserem österreichischen Strafgesetzbuch noch einen zweiten sehr klaren Fall dieser Art, in welchem gleichfalls ein objektives Merkmal lediglich als gesetzliche Präsumption einer besonderen Intensität der verbrecherischen Absicht des Täters Sinn erhalten kann. Es ist dies der letzte Fall des § 174, I., d), Diebstahl, verübt mit Überwindung eines beträchtlichen, die Sache gegen Wegnahme schützenden Hindernisses. Die Eigenart dieses Merkmals wird von der Theorie und der Praxis meistens verkannt, es wird vielfach als ein den spezifischen Unrechtstypus mitbildendes objektives Tatbestandsmerkmal aufgefaßt; sinnvoll wird es aber nur als unwiderlegliches Indiz für die Festigkeit des verbrecherischen Willens.

Die Entwürfe haben nun freilich in der Regel derartige Beweispräsumptionen fallen gelassen. Es will mir aber scheinen, als ob dies mehr auf Zufall denn auf bewußte Überlegung und klare Erkenntnis des Wesens solcher Merkmale zurückzuführen wäre. Werden doch in § 69 des Entwurfs 1927 als Strafzumessungsgründe unter anderen auch die angewendeten Mittel angeführt, wobei die Begründung betont, es handle sich hier um ein Merkmal, das symptomatischen Wert für die Täterpersönlichkeit habe. Freilich darf man die Ausführungen der Begründung zu den Entwürfen im allgemeinen und zum Entwurf 1927 im besonderen nicht allzu genau nehmen; leisten sie sich doch oft Dinge, die vom wissenschaftlichen Standpunkt aus gänzlich unhaltbar sind. Wollte man aber tatsächlich der Begründung in diesem Punkt Glauben schenken, so würde es sich um ein klares Analogon zu dem vielumstrittenen § 155, a), des österreichischen Strafgesetzbuchs handeln. Der Unterschied läge lediglich darin, daß im geltenden österreichischen Gesetz die Art der Begehung als Beweis der Absicht, im Entwurf aber als Beweis einer verwerflichen Gesinnung und Willensrichtung des Täters zu gelten hätte, wobei ich die Stellungnahme des österreichischen Strafgesetzes noch immer für vernünftiger halte als diejenige des Entwurfs; denn ob die Art der Begehung wirklich den Schluß auf den verwerflichen Charakter rechtfertigt, ist noch von sehr vielen anderen Umständen abhängig: Der Täter wird vielleicht gelegentlich mit größtem Widerwillen gerade zu bestimmten Mitteln greifen, weil er auf andere Weise sein Ziel nicht erreichen kann.

Am zahlreichsten sind diejenigen gesetzlichen Beweisregeln, welche sich auf die Persönlichkeitskomponente beziehen. Nun werden ja die von mir als Persönlichkeitskomponente der Schuld bezeichneten Momente von der herrschenden Lehre offiziell überhaupt nicht zur Schuld gerechnet und am allerwenigsten will man zugeben, daß sie schon de lege lata als zur Schuld gehörig aufgefaßt werden können oder gar müssen. Dennoch halte ich meine Ansicht über die Persönlichkeitskomponente dem Grundgedanken nach schon de lege lata für richtig, ja ich wage es sogar, soweit zu gehen, zu erklären, daß die Persönlichkeitskomponente bewußt oder unbewußt für die Schwere der Schuld berücksichtigt wurde, seit es überhaupt den Schuldbegriff gibt. Theoretisch wird dies begreiflich, wenn man, den Ausführungen des II. Teiles gemäß, erkennt, daß Schuld im Sinne des Strafrechts nichts weiter sein kann als der Vorwurf subjektiver Sozialwidrigkeit und daß zur subjektiven Sozialwidrigkeit eben auch die Persönlichkeit des Täters insoweit gehört, als sie mit der von ihm verübten Tat im Zusammenhang steht. Den Beweis für die Richtigkeit meiner Ansicht sehe ich aber darin, daß schon in den ältesten Rechten, die noch im Zeichen der zu Unrecht so genannten Erfolgshaftung standen, sich Merkmale finden, welche nur als Symptome für den größeren oder geringeren Anteil der Persönlichkeit des Täters an seiner Tat bewertet werden können, so etwa die Tatsache, daß in manchen alten deutschen Rechten das schwerere Verbrechen des Mordes angenommen wurde, wenn der Täter die Spuren seiner Tat verwischt hatte, dagegen das leichterere Verbrechen des Totschlags, wenn er sich offen zu seiner Tat bekannte. Weiters hat Tesar[1]) mit Recht darauf hingewiesen, daß die bedeutende Strafschärfung bei Rückfall überhaupt nur dann zu verstehen sei, wenn man in ihm eine (unwiderlegliche) Präsumption für einen besonders antisozialen Charakter sehe, und es wird später zu zeigen sein, daß auch, ganz ähnlich wie Tesar und Kollmann meinten, tatsächlich die sogenannten Schuldformen zum Teil nichts weiter sind als gesetzliche Präsumptionen für die Schwere der Persönlichkeitskomponente.

Es ist nun auch gewiß kein Zufall, daß auf dem Gebiet der Persönlichkeitskomponente die geltenden Gesetze fast ausschließlich, die Entwürfe in weitem Umfang, mit Präsumptionen und gesetzlichen Beweisregeln arbeiten. Gerade auf diesem Gebiet stellen sich ja, wie oben angedeutet wurde, der strafrechtstechnischen Begriffsbildung ganz besondere Schwierigkeiten in den Weg. Bei dem Stand der Strafrechtswissenschaft zur Zeit der Abfassung unseres österreichischen Strafgesetzbuchs, aber auch des Reichsstrafgesetzbuchs, war es nahezu ausgeschlossen, der Persönlichkeitskomponente auf andere Weise überhaupt Herr zu werden, ohne die Rechtssicherheit völlig preiszugeben. War doch nicht einmal noch der Anfang einer juristisch brauchbaren Typisierung dieses Gebiets gemacht. Daß die Arbeit in dieser Richtung auch heute noch nicht sehr weit vorgeschritten ist, davon geben die Entwürfe Zeugnis, indem sie, obwohl im allgemeinen Teil in der Strafzumessungslehre der Richter ganz allgemein die Anweisung erhält, die Persönlichkeit des Täters für die Strafhöhe mitzuberücksichtigen, trotzdem noch sehr häufig zu Beweisvermutungen ihre Zuflucht nehmen müssen, um die Persönlichkeitskomponente der Schuld möglichst vollständig erfassen zu können. Es soll jedoch nicht verkannt werden, daß die Entwürfe, und zwar auch der im übrigen so sehr mißratene Entwurf 1927, in dieser Richtung immerhin einen gewissen Fortschritt gegenüber dem geltenden

---

[1]) Tesar, „Die symptomatische Bedeutung des verbrecherischen Verhaltens".

Recht aufweisen, was im folgenden noch des näheren dargetan werden wird.

Einer der wichtigsten Fälle einer gesetzlichen Beweisregel für die Schwere der Persönlichkeitskomponente ist die Bewertung des Rückfalls als eines besonderen Erschwerungsgrundes. Es ist ein Verdienst der symptomatischen Richtung, dieses Wesen des Rückfalls endgültig aufgeklärt zu haben. Tatsächlich ließe sich die hohe Rückfallsstrafe auf keine andere Weise erklären. Nun ist aber der gewöhnliche, sogenannte ungleichartige Rückfall, ein äußerst fragwürdiges Indiz für die Schwere der Persönlichkeitskomponente. Diese Fragwürdigkeit wird noch erhöht, wenn man bedenkt, daß innerhalb eines auf dem Grundsatz der Einzeltat aufgebauten Strafrechts die Persönlichkeit des Täters immer nur insoweit von Bedeutung werden kann, als sie mit eben dieser Einzeltat im Zusammenhang steht. Zwei grundverschiedene Taten, aus zwei ganz verschiedenen Motiven oder Neigungen heraus entstanden, vermögen daher, selbst wenn jede für sich ein schweres Verbrechen darstellt, niemals den Beweis zu erbringen, daß die Persönlichkeitskomponente bei der zweiten verübten Tat besonders groß ist. Ich halte es für nicht übertrieben zu behaupten, daß der ungleichartige Rückfall als Indiz für die Größe der Persönlichkeitskomponente in der Mehrzahl der Fälle zu einem unrichtigen Ergebnis führen muß. Da aber eine gesetzliche Präsumption um so weniger Berechtigung hat, je seltener sie zu dem richtigen Ergebnis führt, scheint der ungleichartige Rückfall von vornherein ganz ungeeignet zu sein, die ihm zugedachte Funktion zu erfüllen, selbst wenn man nicht grundsätzliche Bedenken gegen Präsumptionen auf dem Gebiet des Strafrechts hätte. Etwas anders steht es mit dem gleichartigen Rückfall. Faßt man freilich diesen Begriff dahin, daß der Täter die gleiche Tat wiederholt haben müsse, so ist er gleichfalls wertlos und durchaus ungeeignet, ein Indiz für die Persönlichkeitskomponente abzugeben. Denn ein und dieselbe Tat kann aus den verschiedensten Motiven und Neigungen heraus verübt werden. Vielmehr wird man richtigerweise unter gleichartigem Rückfall die Verübung eines sei es auch tatbestandlich verschiedenen Verbrechens zu verstehen haben, wenn dieses nur auf dem gleichen Motiv beruht wie das vorhergehende. Ist die eine Tat ein Diebstahl aus Gewinnsucht, die zweite eine Brandstiftung oder Tötung aus Gewinnsucht, so müßte meines Erachtens gleichartiger Rückfall angenommen werden. Dieser gleichartige Rückfall ist nun allerdings viel eher dazu geeignet, als unwiderlegliches Indiz für die Größe der Persönlichkeitskomponente der Schuld Verwendung zu finden. Freilich ist auch er nicht untrüglich. Es kann sich der Fall ereignen, daß jemand mehrere Male stiehlt und dennoch kein Zustandsverbrecher ist, selbst wenn das Motiv in allen Fällen das gleiche ist, z. B. die Gewinnsucht. Denn dieses Handlungsmotiv kann seinerseits wieder auf den verschiedensten Grundmotiven beruhen[1]). Ein krasser Fall dieser Art hat sich in Österreich ereignet. Ein junger Mann stand zum dritten Mal wegen Diebstahl vor Gericht. Das erstemal war er durch seinen Vater dazu verleitet worden, das zweitemal durch seine Geliebte und das dritte Mal durch Not, da er arbeitslos war. Gewinnsucht als Handlungsmotiv lag stets vor, ebenso die in manchen Gesetzen verlangte Bereicherungsabsicht. Dennoch kann dieser Mann nicht als Zustandsverbrecher im eigentlichen Sinn angesehen werden, er verfügt tatsächlich über keine stärkere antisoziale Neigung als der Durchschnittsmensch und in seiner Lage wären wohl manche anständige Menschen gleichfalls zu Verbrechern geworden. Es ist nun interessant, daß schon unser altes österreichisches Strafgesetzbuch den ungleichartigen Rückfall kaum verwertet. Wohl aber kommt der gleichartige Rückfall in seiner primitivsten Form, das heißt als Wiederholung des gleichen Verbrechens, als Symptom für die Größe der Schuld wiederholt vor. So unter den Erschwerungsumständen des § 44, c): „Wenn der Verbrecher wegen eines gleichen Verbrechens schon gestraft worden"; weiters bestimmt § 176, I., b), daß der Diebstahl ohne Rücksicht auf den gestohlenen Betrag zum Verbrechen werde, wenn der Täter schon zweimal wegen Diebstahls bestraft worden sei. In verfeinertem Maße bringt das österreichische Gesetz über die bedingte Verurteilung, das unter anderem den bedingten Strafnachlaß regelt (Gesetz vom 20. Juli 1920), denselben Gedanken zum Ausdruck, indem es die Vorschrift enthält, daß der Widerruf des bedingten Strafnachlasses trotz Verübung einer neuerlichen strafbaren Handlung unterbleiben könne, wenn diese ihrer Natur nach geringfügig sei und nicht auf derselben schädlichen Neigung beruhe. Hier ist die im Rückfallsbegriff liegende gesetzliche Präsumption bereits so sehr abgeschwächt, daß von ihr genau genommen nicht mehr viel übrig bleibt: Dieselbe schädliche Neigung, nicht bloß das Handlungsmotiv, zeigt ja tatsächlich, daß die Persönlichkeitskomponente eine gewisse Größe aufweist. Auch die Entwürfe haben sich in bezug auf den Rückfall einer gefährlichen Präsumption enthalten. Es genügt dort nicht mehr, daß jemand gewisse Vorstrafen aufweist, damit er als

---

[1]) Vgl. „Aufbau des Strafrechtssystems", S. 224 ff.

Gewohnheitsverbrecher aufgefaßt werden könne, vielmehr sind die Vorstrafen nur eine unbedingte Voraussetzung dafür, daß die Frage, ob es sich um einen Gewohnheitsverbrecher handelt, überhaupt aufgeworfen werden kann (vgl. § 78 des Entwurfs 1927). Das bedeutet, daß die Vorstrafen tatsächlich den Charakter einer praesumptio juris et de jure für eine besondere Größe der Persönlichkeitskomponente verloren haben. Ihre Funktion ist in den Entwürfen lediglich die eines Sicherheitsventils zugunsten des Angeklagten, damit der Richter nicht leichtfertig annehme, es handle sich um einen Gewohnheitsverbrecher. Die Wirkung ist nun freilich die, daß eine Präsumption im umgekehrten Sinn entsteht, insofern nämlich durch diese Regelung unwiderleglich vermutet wird, es könne sich um keinen Gewohnheitsverbrecher handeln, wenn er nicht schon die vorgeschriebene Anzahl von Vorstrafen aufweise, was in der Mehrzahl der Fälle, keineswegs aber immer zutreffen wird. Doch ist diese Überängstlichkeit zugunsten des Angeklagten dadurch erklärlich, daß die Rechtsfolgen für den als Gewohnheitsverbrecher deklarierten Angeklagten im Entwurf besonders schwere sind, nämlich außer der schweren Strafe noch eine eventuell immerwährende Sicherungsverwahrung, und der Entwurf anderseits nicht imstande war, in klarer und die Rechtssicherheit befriedigender Weise die Voraussetzungen für die Schwere der Persönlichkeitskomponente zu umschreiben.

Vom Gesichtspunkte der gesetzlichen Beweisregeln aus gehören die Merkmale der Gewerbs- und der Gewohnheitsmäßigkeit nicht in dieselbe Kategorie wie der Rückfall. Zwar sind auch diese Merkmale nicht, wie vielfach irrtümlich angenommen wird, Merkmale des objektiven Tatbestandes, sondern sie beziehen sich auf die Persönlichkeitskomponente der Schuld genau so wie der Rückfall. Im Gegensatz zu diesem stellen sie aber nicht oder doch nur in ganz geringem Ausmaß gesetzliche Präsumptionen dar. Denn überall dort, wo Gewerbs- oder Gewohnheitsmäßigkeit tatsächlich gegeben sind, liegt auch eine besondere Schwere der Persönlichkeitskomponente vor; ja Gewerbs- und Gewohnheitsmäßigkeit sind eigentlich nur gewisse allgemein anerkannte Ausdrücke für die Umschreibung dieser besonderen Größe. Wenn man sie heute ganz allgemein für ziemlich fest umschriebene Begriffe ansieht, welche die Rechtssicherheit zur Genüge gewährleisten, so liegt der Grund dafür nur darin, daß sie einerseits schon rege wissenschaftliche Bearbeitung erfahren haben, anderseits auch schon eingelebt sind, so daß Schwankungen im Inhalt dieser Begriffe kaum mehr zu verzeichnen sind. Freilich umfassen Gewerbs- und Gewohnheitsmäßigkeit keineswegs alle Fälle einer großen Persönlichkeitskomponente, sondern nur gewisse extreme Fälle. Dies zeigt sich ja deutlich in der heute schon mehrfach angenommenen Terminologie, wonach die Gewohnheitsverbrecher nur eine spezielle, durch besondere Intensität der antisozialen Neigung gekennzeichnete Gruppe innerhalb der Zustandsverbrecher darstellen. Wenn also ein Gesetz auf das Merkmal der Gewerbs- oder Gewohnheitsmäßigkeit abstellt und an deren Vorhandensein besonders schwere Strafen oder überhaupt erst die Strafbarkeit eines sonst straflosen Verhaltens knüpft, so liegt darin nur insofern ein Fehler, als die weniger intensiven Grade großer Persönlichkeitskomponente, das heißt also, die Fälle der einfachen Zustandsverbrecher, dabei überhaupt vernachlässigt werden. Sie werden dann praktisch so behandelt, als ob ihre Persönlichkeitskomponente nur die durchschnittliche Schwere hätte, kommen also dabei zu gut weg. Dies wird besonders in denjenigen Fällen deutlich, wo bei Mangel der Gewerbs- oder Gewohnheitsmäßigkeit überhaupt keine Strafbarkeit gegeben ist, wie in manchen Fällen des Wuchers oder bei der Kuppelei. Ein Wucherer, der zwar schon als Zustandsverbrecher aber doch noch nicht als gewerbsmäßiger Wucherer erscheint, bleibt dann überhaupt straflos, was zweifellos seinem Verschulden nicht entspricht. Insofern also eigentlich bei Mangel des Merkmals der Fall so aufzufassen ist, als ob überhaupt keine große Persönlichkeitskomponente vorläge, liegt in dem Merkmal allerdings auch eine kleine gesetzliche Präsumption versteckt.

Die geltenden Gesetze und die Entwürfe enthalten dann noch eine Reihe anderer Präsumptionen für eine besondere Größe oder umgekehrt für eine besondere Geringfügigkeit der Persönlichkeitskomponente der Schuld, welche alle von recht zweifelhaftem Wert sind. Dazu gehört zunächst ganz allgemein das Verhalten des Täters nach der Tat. Nur teilweise gehört in diese Gruppe die echte tätige Reue des österreichischen Strafgesetzbuchs, die in der Wiedergutmachung des schon eingetretenen Schadens besteht. Ihre Wirkung besteht nach dem österreichischen Strafgesetz in der Straflosigkeit dessen, der sich eines Diebstahls oder einer Veruntreuung schuldig gemacht hat, wenn er den Schaden vollständig ersetzt hat, ehe die Behörde zur Kenntnis der Tat und des Täters gelangt ist. Teilweise mag dabei wohl der Gedanke mitspielen, daß die faktische Wiedergutmachung den unumstößlichen Beweis dafür liefere, daß der Täter ein Augenblicks- oder Gelegenheitsverbrecher war und daß die Persönlichkeitskomponente der Schuld daher sehr geringfügig war. Zum Teil liegt der Grund für die strafaufhebende Wirkung der tätigen Reue aber wohl auch in dem Gedanken, der der Erfolgshaftung und den objektiven Bedingungen der Strafbarkeit oder der erhöhten Strafbarkeit, soweit sich diese auf einen schwereren Erfolg beziehen, zugrunde liegt, nämlich, daß das Reaktionsbedürfnis sowohl der Allgemeinheit als auch des Verletzten entsprechend geringer ist, wenn ohnehin kein faktischer Schaden vorhanden ist. Anders schon, wenn ein Gesetz es nicht auf die faktische Schadensgutmachung abstellt, sondern sich mit der Bemühung, den Schaden gutzumachen, begnügt. Dann handelt es sich wirklich um ein reines Indiz für die Geringfügigkeit der Persönlichkeitskomponente der Schuld. Das Gesetz präsumiert unwiderleglich, daß die Tat dem ständigen Charakter des Täters nicht entspreche, wenn er den Schaden nach Kräften gutgemacht hat. In dieser Form findet sich das Merkmal sowohl im geltenden österreichischen Recht als auch in den Entwürfen. Im geltenden Gesetz ist es zunächst unter den Milderungsgründen zu finden, § 46, g): „Wenn der Täter den verursachten Schaden gutzumachen, oder die weiteren üblen Folgen zu verhindern mit tätigem Eifer sich bestrebet hat." Weiters wird in dem schon erwähnten österreichischen Gesetz über die bedingte Verurteilung der Richter angewiesen, bei der Frage, ob bedingter Strafnachlaß zu gewähren sei, auch in Erwägung zu ziehen, ob der Täter den Schaden nach Kräften wieder gutgemacht habe. Interessant ist, daß in diesem Gesetz die erwähnte Vorschrift sich unmittelbar neben der Anweisung findet, den Charakter des Täters zu berücksichtigen. Dadurch wird die klare Erkenntnis des Wesens dieses Merkmals eher gehemmt als gefördert, da aus der Formulierung keineswegs hervorgeht, daß auch das Bemühen, den Schaden wieder gutzumachen, lediglich ein Hilfsmittel für die Erkennung des Charakters darstellen soll, sondern dieses Merkmal gleichsam unabhängig von der Charakterprüfung selbständige Kraft erhält. In ähnlicher Formulierung findet sich das Merkmal auch in den Entwürfen, so im Entwurf 1927, § 69, letzter Absatz, wo der Richter angewiesen wird, zu berücksichtigen „das Verhalten des Täters nach der Tat, insbesondere, ob er sich bemüht hat, den Schaden wieder gutzumachen, der durch die Tat entstanden ist". Hier könnte nun das Wesen dieses Merkmals als eines Symptoms für die Größe der Persönlichkeitskomponente klar zum Ausdruck kommen, da ja der einleitende Absatz des § 69 in deutlicher Weise auf diese Persönlichkeitskomponente verweist, indem er auf die verwerfliche Gesinnung oder Willensrichtung des Täters abstellt. Leider wird diese klärende Wirkung dadurch in hohem Maße gehemmt, wenn nicht überhaupt illusorisch gemacht, daß die weiteren Absätze desselben Paragraphen auch solche Merkmale enthalten, welche entweder zur Zurechnungsfähigkeitskomponente (so das Maß der Einsicht und der Einfluß krankhafter Störungen) oder zur Tatkomponente (die Nachhaltigkeit des zur Tat aufgewendeten Willens und die angewendeten Mittel) gehören, ja sogar solche, welche vernünftigerweise mit der Schuld des Täters überhaupt nichts zu tun haben können, wie die persönlichen und wirtschaftlichen Verhältnisse zur Zeit der Aburteilung. Tatsächlich ist aber das Merkmal der Schadensgutmachung deshalb als Symptom für den Charakter nicht besonders geeignet, weil eine Schadensgutmachung überhaupt nur bei ganz bestimmten Delikten möglich ist. Wo sie aber unmöglich ist, wäre ein Bemühen in dieser Richtung nicht ein Symptom für eine geringe Größe der Persönlichkeitskomponente, sondern höchstens für den Mangel an Zurechnungsfähigkeit. Wie soll sich etwa der Täter einer Blutschande bemühen, den Schaden wieder gutzumachen? Auch wer einen Menschen getötet hat, wird sich vernünftigerweise sagen müssen, daß er den Schaden nicht mehr gutmachen kann, weil er nicht die Fähigkeit besitzt, Tote zu erwecken. Versagt aber das Merkmal von vornherein bei einer Reihe von Delikten, so ist dadurch notwendig eine ungleichmäßige Behandlung der einzelnen Delikte bedingt, welche nicht durch einen verschiedenen Unrechts- oder Schuldgehalt irgendwie gerechtfertigt erscheint. Außerdem ist das Indiz wie alle Indizien nicht untrüglich, da selbst das Bemühen, den Schaden wieder gutzumachen, im konkreten Fall alles eher beweisen kann, als den Mangel eines antisozialen Charakters; ist es doch möglich, daß der Täter ausschließlich aus der Erwägung heraus handelt, daß er ohnedies nicht mehr unentdeckt bleiben kann, und sich daher wenigstens einen wichtigen Milderungsgrund sichern will. Tatsächlich entbehrt das Merkmal in der Form einer gesetzlichen Beweisregel jeder Existenzberechtigung; wird es nur beispielsweise angeführt, als eines der Indizien, welche auf einen mehr oder minder antisozialen Charakter hindeuten können, so wird es allerdings vom theoretischen Standpunkt aus unschädlich, ist aber meines Erachtens selbst in dieser Form entbehrlich und keineswegs empfehlenswert. Wer die Praxis aufmerksam beobachtet, wird wissen, daß sie bei ihrem Hang zum Schematismus und zur Oberflächlichkeit gern geneigt ist, auch bloß demonstrative Aufzählungen als taxative zu behandeln, und daß daher Gefahr besteht, sie werde aus einem widerleglichen Indiz ein unwiderlegliches machen.

Der Schadensgutmachung nahe verwandt ist das Geständnis, womöglich noch das „reuevolle" Geständnis als Symptom für einen wenig antisozialen Charakter des Täters. Es wird vom österreichischen Strafgesetzbuch noch als Milderungsgrund angeführt. In der österreichischen Praxis wird es dazu verwendet, um auf den Angeklagten einen gehörigen Druck auszuüben, indem ihm mit der nötigen Energie klargemacht wird, daß ein Geständnis einen sehr wichtigen Milderungsgrund darstelle; denn gesteht der Beschuldigte, so wird die Arbeit des Untersuchungsrichters, des Staatsanwalts und des erkennenden Gerichts natürlich bedeutend erleichtert. Übrigens wird das Geständnis in der österreichischen Praxis bei der Strafzumessung auch tatsächlich zum ausschlaggebenden Strafzumessungsgrund erhoben; insbesondere hat sich der Usus fori gebildet, bedingten Strafnachlaß oder bedingte Verurteilung auf keinen Fall zu gewähren, wenn der Beschuldigte geleugnet hat. Auf das Motiv des Geständnisses oder des Leugnens, das viel bedeutsamer wäre als das Geständnis oder das Leugnen selbst, legt man nicht den mindesten Wert, denn seine Erforschung würde ja Zeit kosten. Der Charakter eines Geständnisses als einer gesetzlichen Beweisregel wird also von der österreichischen Praxis noch besonders betont. Heute ist man sich in der Theorie darüber klar, daß aus dem Geständnis selbst in der Mehrzahl der Fälle keinerlei Schluß auf den Charakter des Täters gezogen werden kann; die Praxis lehrt ja auch, daß der Beschuldigte faktisch meist nur dann gesteht, wenn er nicht mehr anders kann, wenn die Beweise für ihn erdrückend geworden sind, nicht aber, wenn ihn innerliche Reue dazu drängt. Die Entwürfe haben daher auch mit Recht dem wenig erfreulichen Dasein dieser gesetzlichen Präsumption ein Ende bereitet.

Neben denjenigen Präsumptionen, welche sich auf die gesamte Persönlichkeitskomponente beziehen, fehlt es in den geltenden Gesetzen und in den Entwürfen auch nicht an solchen, welche nur einen Teil der Persönlichkeitskomponente, nämlich das Motiv, erfassen sollen. Ein besonders deutlicher Fall dieser Art besteht in der Straflosigkeit der Begünstigung durch nahe Angehörige. Wer in einer derartigen Vorschrift einen bloßen Strafausschließungsgrund sähe, der mit der Schuld des Täters nichts zu tun habe, würde das Wesen des Merkmals schwer verkennen. Sinn erhält es vielmehr nur dann, wenn man annimmt, das Gesetz erblicke in der Tatsache, daß ein naher Angehöriger die Begünstigung vornahm, den unwiderleglichen Beweis dafür, daß die Tat aus einem bestimmten positiven Motiv (Liebe zu Verwandten oder Ehegatten) unternommen wurde. Diesem positiven Motiv legt der Gesetzgeber die Kraft bei, den Tatschuldgehalt völlig oder doch so sehr aufzuwiegen, daß die Schuld unter das durch Strafe zu bekämpfende Maß sinkt. Für die Mehrzahl der Fälle mag die Präsumierung eines positiven Motivs tatsächlich zum richtigen Ergebnis führen. Es braucht aber kaum erwähnt zu werden, daß sich häufig auch Fälle ereignen, in welchen die gesetzliche Beweisregel zu einer unangebrachten Milde führt. Nicht immer ist das Motiv der Begünstigung eines nahen Angehörigen positiver Natur. Man denke nur an die Fälle der Verbrecherfamilien, wo etwa ein Bruder den anderen nicht aus brüderlicher Liebe begünstigt, sondern weil er sich entsprechenden Anteil an der Beute erhofft usw. Die Entwürfe haben dies auch erkannt und daher die Präsumption entsprechend abgeschwächt: Der Richter soll nicht mehr gezwungen sein freizusprechen, aus der zwingenden Vorschrift ist eine fakultative geworden. Aber auch das ist nicht der richtige Weg. Bedenkt man, daß das Wesen dieses Merkmals auch von der Theorie meist verkannt wird und daß das Gesetz dem Richter keinerlei Anhaltspunkte dafür gewährt, in welchen Fällen er bestrafen soll, obwohl es sich um einen nahen Angehörigen handelt, so ergibt sich, daß die Regelung des Entwurfs gleichfalls eine sehr wenig befriedigende ist: Sie vermindert die Rechtssicherheit, ohne dadurch an Präzision zu gewinnen. Der einzig richtige Vorgang wäre, im Gesetz zu bestimmen, daß die Begünstigung immer dann straflos bleiben solle, wenn sie ausschließlich aus einem positiven Motiv heraus begangen worden sei. Damit wären auch diejenigen Fälle getroffen, in welchen das positive Motiv vorhanden ist, obwohl es sich nicht um nahe Angehörige handelt, wie z. B. in denjenigen Fällen, wo jemand seine Geliebte aus positivem Motiv begünstigt.

Weniger deutlich in ihrer Eigenart erkennbar, nichtsdestoweniger aber gleichfalls der Gruppe der gesetzlichen Präsumptionen angehörig, sind diejenigen Fälle, in welchen eine Tat, deren Unrechtsgehalt zweifellos ziemlich groß ist, überhaupt nicht vertypt und nicht mit Strafe bedroht wird, weil der Gesetzgeber präsumiert, daß die Schuld des Täters, sei es infolge eines besonders starken Motivs, sei es mit Rücksicht auf die Persönlichkeits- oder Zurechnungsfähigkeitskomponente, sich unterhalb der durch Strafe zu bekämpfenden Schuld halte. Hieher gehören z. B. meines Erachtens die Fälle des Entweichens eines Gefangenen und des Selbstmordes. Es hat der Theorie gelegentlich Schwierigkeiten bereitet, zu erklären, wieso die Teilnahme an einer Tat strafbar sein könne, deren Verübung selbst straflos sei. Des Rätsels Lösung ist aber sehr einfach, wenn man einerseits erkennt, daß die Teilnahme nicht ihre Strafbarkeit, sondern lediglich ihr Unrecht aus der Haupttat bezieht, anderseits, daß die Gründe für die Unterlassung der Vertypung auch auf dem Gebiete der Schuld liegen können. Wenn nun das Gesetz dem Gefangenen, der sich selbst befreit, nicht mit Strafe bedroht, so geht es offenbar davon aus, daß jedem Menschen ein so starker Trieb zur Freiheit eigen ist, daß er ihm nicht widerstehen kann, daß daher ein notstandsähnlicher Fall vorliegt. In der Annahme, daß immer und notwendig diese Voraussetzungen gegeben seien, liegt nun allerdings wieder eine gesetzliche Beweisregel, die nur deshalb zu keinen schweren Ungerechtigkeiten führt, weil sie tatsächlich in der weitaus überwiegenden Anzahl der Fälle das Richtige trifft. Für notwendig halte ich die Heraushebung dieses Falles allerdings auch nicht, da ja in einem richtig aufgebauten Strafrecht das Motiv ohnehin stets zu berücksichtigen wäre.

Ganz ähnlich ist die Sachlage bei Selbstmord. Dieser weist genau den gleichen Unrechtsgehalt auf wie die Tötung auf Verlangen; in beiden Fällen wird zwar nicht das Interesse des Einzelnen an seinem Leben verletzt, wohl aber das Interesse der Allgemeinheit an der Unversehrtheit jedes einzelnen ihrer Mitglieder. Wenn trotzdem die Tötung des Einwilligenden mit Strafe bedroht wird, der Selbstmord dagegen nicht, so liegt die Erklärung dafür darin, daß der Selbstmörder meist in einem Zustand stark verminderter Zurechnungsfähigkeit handelt oder daß ihn ein so mächtiges Motiv zur Verübung des Selbstmordes treibt, daß der Fall wieder demjenigen eines Notstandes ganz ähnlich wird. Wenn nun das Gesetz den Selbstmörder ganz allgemein straflos läßt, so präsumiert es offenbar, daß die eine oder die andere oder auch beide Voraussetzungen für eine entsprechend gemilderte und daher nicht mehr durch Strafe zu bekämpfende Schuld vorhanden seien[1]).

Ob die Sachlage bei der Kuppelei ganz analog den angeführten Fällen aufzufassen sei, bezweifle ich jedoch. Eine Analogie wäre nur dann zu konstruieren, wenn man in der Kuppelei tatsächlich nur Beihilfe zur Ausübung fremder Unzucht sehen würde; in diesem Fall gerät man allerdings in die schwierige Lage, nachweisen zu müssen, daß die Ausübung des außerehelichen Beischlafes rechtswidrig sei; denn nur wenn sie dies ist, könnte die Tatsache ihrer Straflosigkeit aus ähnlichen Erwägun-

---

[1]) Es soll damit nicht gesagt werden, daß nicht nebenbei auch andere Erwägungen für die Straflosigkeit des Selbstmörders herangezogen werden könnten, wie z. B. das von Stooß erwähnte Moment, daß auf jemanden, der zu einer solchen Tat entschlossen ist, die Strafdrohung keine Wirkung ausüben werde. Doch auch so aufgefaßt, liegt in der allgemeinen Straffreiheit eine gesetzliche Präsumption.

gen und mit Hilfe der gleichen gesetzlichen Präsumptionen abgeleitet werden, wie bei Selbstmord und Entweichen eines Gefangenen. Verneint man aber, was ich für richtig halte, die Frage der Rechtswidrigkeit des außerehelichen Beischlafes, dann kann man die Kuppelei aus dem Gesichtspunkt der Beihilfe überhaupt nicht erklären. Meines Erachtens wäre es auch richtiger, die Kuppelei in bezug auf die Art der Sozialschädlichkeit nicht den Unzuchtsdelikten, sondern etwa dem Wucher an die Seite zu stellen: Ihr Wesen liegt nämlich darin, daß man von jemand eine unverhältnismäßige Gegenleistung dafür verlangt, daß man ihm hilft, einen Trieb zu befriedigen, der fast ebenso gebieterisch ist wie der Trieb nach Essen und Trinken. Die Auffassung der Kuppelei als Sittlichkeitsdelikt beruht in der Vermengung des Antisozialen mit dem Unmoralischen.

Geht man nun von der im vorhergehenden als richtig dargetanenen Auffassung der Schuld als subjektiver Sozialwidrigkeit aus und erkennt man, daß infolgedessen die Schuldgröße von der Schwere sowohl der Zurechnungsfähigkeits- als auch der Tat- und insbesondere auch der Persönlichkeitskomponente abhängt, so wird deutlich, daß jede nur teilweise Erfassung der subjektiven Sozialwidrigkeit im Gesetz entweder eine Abweichung vom System oder aber eine mehr oder minder starke Präsumption für den Rest darstellt, für denjenigen Teil, dessen faktische Größe nicht beachtet wird. Berücksichtigt ein Gesetz also bloß die psychische Beziehung des Täters zur Tat und sieht es Vorsatz stets als die schwerere, Fahrlässigkeit stets als die leichtere Schuld an, so kann dies ganz im Einklang mit der Auffassung Tesars und der symptomatischen Richtung in der Weise gedeutet werden, daß das Gesetz unwiderleglich präsumiere, bei Vorsatz sei die Schuld stets größer als bei Fahrlässigkeit; dies ist aber nur ceteris paribus, das heißt bei gleichbleibender Größe der Persönlichkeitskomponente der Fall; es kann sich ereignen, daß die vorsätzliche Begehung infolge besonderer Geringfügigkeit der Persönlichkeitskomponente einen geringeren Gesamtschuldgehalt aufweist als die Fahrlässigkeit bei größerer Persönlichkeitskomponente. In diesem Sinne kann man also überall dort, wo das Gesetz die Berücksichtigung der tatsächlichen Größe der Persönlichkeitskomponente nicht ermöglicht, sondern sich mit Vorsatz und Fahrlässigkeit begnügt, gleichfalls von einer gesetzlichen Beweisregel sprechen. Der Gedankengang, der dieser Beweisvermutung zugrunde liegt, zeigt sich besonders deutlich bei Kadečka[1]), der sich die Präsumption des Gesetzes

[1]) Vgl. hiezu Kadečka, Juristische Blätter, Jg. 57, Nr. 10.

gleichsam vollständig zu eigen macht, indem er erklärt, die vorsätzliche Begehung beweise stets einen größeren Charakterdefekt als die fahrlässige. Auch im Entwurf 1927 findet sich noch manches Relikt dieser Auffassung; so wenn in § 69, der nach seinem einleitenden Absatz rein auf die Persönlichkeitskomponente abzustellen scheint, gleich im nächsten Absatz darauf hingewiesen wird, der Richter solle die Nachhaltigkeit des zur Tat aufgewendeten Willens prüfen; die Begründung erklärt dann ausdrücklich, daß dieses Merkmal (das natürlich der Tatkomponente angehört) ein Indiz für die Beschaffenheit des Charakters darstelle.

Die bisher besprochenen Beweisvermutungen bezogen sich sämtlich auf die Schwere des Unrechts oder der Schuld. Daneben tauchen aber gelegentlich in den geltenden Gesetzen und in den Entwürfen auch solche Beweisregeln auf, welche sich auf andere für die Strafhöhe bedeutsame Umstände beziehen. Wenn die gesetzlichen Präsumptionen dieser Art bei weitem nicht so häufig sind, so liegt der Grund dafür zunächst darin, daß den angeführten Momenten ja überhaupt im Vergleich zu Unrecht und Schuld geringere Bedeutung zukommt; außerdem handelt es sich aber zum Teil auch um solche Momente, welche ihrer Natur nach der Erfassung auf dem Wege von Präsumptionen Widerstand entgegensetzen. Die größere oder geringere Notwendigkeit der Generalprävention läßt sich beim besten Willen nicht durch Indizien erfassen und ebenso ist es mit der Spezialprävention, soweit diese nicht ohnehin schon durch die Berücksichtigung der Persönlichkeitskomponente der Schuld mit erfaßt ist. Dagegen finden sich gesetzliche Beweisregeln bereits wieder dort, wo es sich um die Erfassung von rein außerstrafrechtlichen Gesichtspunkten, z. B. solchen politischer Natur, handelt. Hieher gehört zunächst die häufig vorkommende Vorschrift, wonach gewisse Delikte, welche gegen fremde Staaten gerichtet sind, nur dann bestraft werden sollen, wenn die Gegenseitigkeit verbürgt und kundgemacht ist. Diese Verbürgung der Gegenseitigkeit ist weiter nichts als ein unwiderlegliches Symptom für das Bestehen so guter Beziehungen zwischen den beiden Staaten, daß eine gegenseitige Hilfe in der Bekämpfung von Angriffen angezeigt erscheint. Das angeführte Beispiel ist aber in anderer Hinsicht noch besonders interessant: Es gehört zu den wenigen Fällen, in welchen auch de lege ferenda wichtige Gründe für die Beibehaltung der gesetzlichen Beweisregel sprechen. Wollte man hier nämlich das Indiz in das dadurch Indizierte auflösen, so müßte man im Gesetz geradezu sagen, daß Delikte gegen fremde Staaten nur dann verfolgt werden sollen, wenn die politischen Beziehungen zu diesen Staaten entsprechend gute sind. Die Folge davon wäre aber, daß jede Nichtverfolgung eines derartigen Delikts im konkreten Fall von dem betroffenen Staat als unfreundlicher Akt aufgefaßt werden müßte, was zu politischen Verwicklungen Anlaß geben könnte, deren Folgen schwerer wären, als die durch das Indiz bewirkte Ungenauigkeit. Dazu kommt noch, daß Indizien, die sich nicht auf die Schwere des Unrechts oder der Schuld beziehen, niemals zu Ungerechtigkeiten führen können, wenn sie infolge Vorliegens eines Ausnahmefalles zu verkehrten Resultaten führen, sondern höchstens zu Ungenauigkeiten oder Unzweckmäßigkeiten.

Die bisher angeführten Fälle von gesetzlichen Beweisregeln in den geltenden Strafgesetzbüchern und in den Entwürfen, sollen keineswegs eine abschließende, sondern lediglich eine beispielsweise Aufzählung darstellen. Wollte man sich die Mühe nehmen, jeden einzelnen Paragraphen sorgfältig nach mehr oder minder verborgenen gesetzlichen Präsumptionen zu untersuchen, so ließe sich die Zahl der Beispiele zweifellos noch bedeutend vermehren.

Man könnte nun einwenden, daß die angenommene Analogie der angeführten Fälle mit denjenigen der alten gesetzlichen Beweisregeln überhaupt gar nicht bestehe: Aufgabe der Beweisführung sei es ja eben, bloß diejenigen Merkmale als vorhanden festzustellen, welche nach den Vorschriften des materiellen Strafgesetzes als Strafvoraussetzungen in Betracht kommen; ob diese Merkmale wirklich das ausdrücken, was sie bei richtiger Gesetzesformulierung ausdrücken sollten, sei dem gegenüber ganz nebensächlich. Da somit Gegenstand des Beweises zum Beispiel lediglich die Frage sei, ob eine fremde Sache beschädigt worden sei, und diese Frage nach den Grundsätzen der freien Beweiswürdigung zu lösen sei, so könne unmöglich davon gesprochen werden, daß hier noch eine präsumptio juris et de jure bestehe. Denn auf die Vermögensschädigung komme es eben nach dem Gesetz überhaupt nicht an. Eine solche Auffassung wäre aber doch eine rein formalistische, die an dem Wortlaut des Gesetzes klebt ohne bis zu dessen Sinn vorzudringen. In genau der gleichen Weise könnte man nämlich auch dort, wo es sich um die Frage handelt, ob der Beschuldigte der Täter sei, gesetzliche Beweisregeln umdeuten. Bestimmt eine Prozeßordnung etwa, daß zu verurteilen sei, sobald zwei so und so beschaffene Zeugen Tat und Täter bestätigten, so könnte man in folgender Weise argumentieren: Die Prozeßordnung bestimmt ja gar nicht, daß derjenige bestraft werden soll, welcher der

Täter ist; sie bestimmt vielmehr, daß derjenige zu bestrafen ist, welcher von zwei so und so beschaffenen Zeugen als der Täter bezeichnet wird; ob diese Zeugen aber wirklich die gesetzlichen Voraussetzungen erfüllen, dies kann der Richter wieder nach seinem Ermessen beurteilen, folglich besteht ohnehin der Grundsatz der freien Beweiswürdigung. Mit Recht hat die Prozeßrechtswissenschaft jedoch niemals einen solchen Irrweg eingeschlagen. War doch klar, daß der Sinn des Gesetzes eben nur darin gefunden werden könne, daß im Falle der Aussage zweier einwandfreier Zeugen der Täter als überführt gelten könne[1]). Ebenso kann aber hinter der äußeren Form der tiefere Sinn bei den Beweisvermutungen, die sich im materiellen Strafgesetz finden, leicht festgestellt werden. Wenn die Theorie trotzdem nicht mit derselben Leichtigkeit zu dieser Erkenntnis kam, so liegt der Grund einerseits darin, daß die Beweisvermutungen des materiellen Strafrechts als solche aus dem Wortlaut des Gesetzes nicht so klar erkenntlich sind, anderseits in der Verwirrung, welche über die Grundbegriffe des Strafrechts in der Theorie noch vielfach herrscht. Weiß man nicht, was Unrecht ist oder was nach dem Sinne des Strafrechts zum Unrecht gestempelt werden kann, so ist es schwer zu erkennen, ob das, was sich in einem Paragraphen findet, ein Merkmal ist, welches direkt zum Unrecht gehört oder ein solches, welches das Unrecht bloß indiziert. Ist man sich nicht recht klar darüber, worin eigentlich die Strafrechtsschuld besteht und was demgemäß ihre Voraussetzungen sein müssen, so ist es wieder nicht leicht zu erkennen, ob ein Merkmal die Schwere der Schuld mitbestimmt oder als Symptom für eine besonders geartete oder besonders schwere oder leichte Schuld aufzufassen ist. Die Tatsache, daß viele für die Schuldschwere symptomatische Merkmale entweder als zum objektiven Tatbestand gehörig angesehen oder für reine Strafbarkeitsbedingungen oder Strafausschließungsgründe gehalten werden, zeigt am besten, wo der Urquell aller Fehler entspringt.

Ist die Analogie zwischen den alten gesetzlichen Beweisregeln und den unwiderleglichen Präsumptionen der materiellen Strafgesetze aber eine vollständige, dann wird es möglich sein, den Gang der Entwicklung für die einzelnen Teile der Beweisführung miteinander zu vergleichen, um die Tendenz der Entwicklung für die Zukunft feststellen zu können. Da zeigt sich nun, daß in der alten Zeit die Methodik für den Beweis einer=

[1]) Es mag hinzu kommen, daß der Wortlaut der Prozeßordnung diesen Sinn auch deutlich zum Ausdruck brachte.

seits der Täterschaft, anderseits der Schwere des Unrechts und der Schuld durchaus die gleiche war. Man denke etwa nur an die alten germanischen Rechte. Ob jemand der Täter sei oder nicht, das mußte, ganz analog den gesetzlichen Beweisregeln der späteren Prozeßordnungen, dadurch erwiesen werden, daß entweder Glaubwürdigkeitszeugen oder Tatzeugen in bestimmter Anzahl für oder gegen den Verdächtigen auftraten. War etwa die nötige Anzahl von Eideshelfern vorhanden, dann mußte der Richter dementsprechend entscheiden, selbst gegen seine bessere Überzeugung. Und genau das gleiche war der Fall in bezug auf den Beweis der Schuld: Die Tatsache, daß der Täter den Erfolg verursacht hat, wurde als voller Beweis seines Vorsatzes und seiner Schuld angesehen. Die Tatsache, daß er sich nach der Tat in bestimmter Weise verhalten, die Spuren der Tat verwischt oder sich zur Tat bekannt hatte, wurde als Beweis für seinen mehr oder minder schädlichen Charakter angesehen (die Analogie zur Schadensgutmachung und zum Geständnis als Milderungsgrund in den späteren Rechten ist ganz auffallend). Immer wurden nur die typischen Fälle als solche geregelt, die atypischen Fälle vernachlässigt. Es entspricht dies durchaus der Eigenart des primitiven Denkens, das nur die Regel erkennt und die Ausnahmen übersieht. Die Folge dieser Erfassung bloß der typischen Fälle war naturgemäß eine fehlerhafte Behandlung aller atypischen: Weil in der Regel nur ein glaubwürdiger Mann Eideshelfer fand, glaubte man auch dem Lügner, der die nötige Anzahl von Glaubwürdigkeitszeugen aufzutreiben vermochte. Weil in der Regel das Verursachte auch gewollt war, legte man die verursachte Tat auch dann zur Last, wenn sie nicht gewollt war. Mit dem Fortschreiten der Kultur und mit zunehmender Verfeinerung der Intelligenz und der Einsicht in das Geschehen und Wesen der Dinge zeigt sich eine ganz allmähliche Entwicklung, die dahin geht, immer mehr und mehr auch die atypischen Fälle zu umfassen. Schon das Sonderverfahren gegen denjenigen, der auf handhafter Tat ertappt wurde, stellt in gewisser Beziehung eine solche Verfeinerung dar: Dieses Verfahren war eine Ausnahme von der Regel, wonach man sich durch Eideshelfer von jeder Beschuldigung reinigen konnte. Und eine ebensolche Verfeinerung stellte es dar, wenn die Verursachung allein nicht mehr als ausreichend zur Erhebung eines Schuldvorwurfs angesehen wurde, wenn man den Nachweis des bösen Willens forderte oder den Beweis des mangelnden bösen Willens zuließ und das Ungefährwerk von der ordentlichen Strafe ausnahm. Allmählich bildete sich dann, vielleicht schon unter dem Einfluß des römischen Rechts, innerhalb des Ungefährswerks wieder die Unterscheidung zwischen noch schuldhafter Fahrlässigkeit und vollkommener Schuldlosigkeit heraus. Eine weitere Erfassung atypischer Fälle kam dann erst im Laufe des 19. Jahrhunderts zustande, als die Theorie dazu gelangte, allmählich das Bewußtsein der Rechtswidrigkeit zum Vorsatz, die Möglichkeit dieses Bewußtseins zur Fahrlässigkeit zu fordern[1]). Und wenn man schließlich außerdem noch die Vorwerfbarkeit der Tat als solche verlangte, so bedeutet dies nichts weiter, als daß man auf dem Gebiet der Schuldlehre grundsätzlich jede Präsumption verwarf und zur Erkenntnis gelangt war, daß jeder Einzelfall seiner Individualität nach zu behandeln sei[2]). Die gleiche Entwicklung zeigt sich auch auf dem Gebiet des Unrechts. Während lange Zeit hindurch die Verwirklichung eines bestimmten Unrechtstypus als unwiderleglicher Beweis für den tatsächlichen Unrechtsgehalt der Tat angenommen wurde, gelangte man erst allmählich zur Erkenntnis und zur Herausarbeitung der Ausnahmefälle, der Rechtfertigungsgründe, und diese selbst setzten sich nur ganz allmählich durch. Zwar ist die Notwehr seit der Carolina ein allgemein anerkannter Rechtfertigungsgrund, ob aber die Fälle der Güterkollision auch ohne ausdrückliche Bestimmung des Gesetzes als übergesetzlicher rechtfertigender Notstand aufgefaßt werden können, ist noch recht umstritten. Allerdings ist die Entwicklung auf dem Gebiet des Unrechts im allgemeinen noch lange nicht so weit wie auf dem Gebiet der Schuld. Zwar wurde durch die Anerkennung von „Ausnahmen vom Tatbestand", von Unrechtsausschließungsgründen, mancher atypische Fall getroffen, doch wurden dadurch, daß zwischen den Fällen der vollen Geltung des tatbestandlichen Unrechtsgehalts und denjenigen des vollen Ausschlusses des Unrechts keine Zwischenstufen anerkannt werden, daß man also „Unrechtsminderungsgründe" nicht zulassen will, in umgekehrter Weise abermals gesetzliche Präsumptionen geschaffen, wie dies oben dargelegt wurde. Immerhin ist der Gang der Entwicklung gekennzeichnet, und wenn sich auch heute die von mir nachgewiesenen Unrechtsminderungsgründe[3]) noch geringer Anerkennung erfreuen, so zweifle ich doch nicht daran, daß sie sich diese in der verfeinerten Form, in welcher der Gedanke in meinen späteren Arbeiten zum Ausdruck kommt, mit der Zeit erringen werde.

---

1) Vgl. meinen „Aufbau des Strafrechtssystems", S. 166 ff.

2) Darüber, daß auch mit der Vorwerfbarkeit noch nicht das entscheidende Merkmal gefunden worden war, vgl. „Aufbau des Strafrechtssystems", a. a. O.

3) Vgl. hiezu meine „Lehre vom Tatbestand", S. 70 f.

Nur auf dem Gebiet des Beweises der Täterschaft trat an Stelle der allmählichen Entwicklung die brüske Umkehrung des herrschenden Grundsatzes in sein gerades Gegenteil: An Stelle der starren gesetzlichen Beweisregeln trat das schrankenlose richterliche Ermessen mit all seinen Vorteilen und Nachteilen. Aber schon sehen wir, daß sich hier eine äußerst gesunde rückläufige Bewegung ankündigt, eine Bewegung, die zwar keineswegs auf eine Wiederherstellung der alten Präsumptionen hinzielt, wohl aber darauf, dem Richter feste Anhaltspunkte zu bieten, damit er innerhalb seines freien Ermessens die nötigen Stützpunkte finden kann. Die Tatsache und die Art dieser rückläufigen Bewegung, wie sie sich in den Ausführungen von Rittler ankündigt, sollte aber auch allen denjenigen zur Warnung dienen, denen das Analogon zur freien Beweiswürdigung auf dem Gebiete des Unrechts und der Schuld, das schrankenlose richterliche Ermessen, das Richterkönigtum, in der Strafzumessung als Ideal erscheint: Auch hier müßte sich über kurz oder lang die Erkenntnis einstellen, daß dann, wenn das Ermessen des Richters nicht gewisse feste Anhaltspunkte findet, das Höchstmaß an Individualisierung mit der Vernichtung der Rechtssicherheit und mit der Preisgabe des einzelnen an die richterliche Willkür erkauft wäre.

Da alle gesetzlichen Präsumptionen notwendig an die typischen Fälle anknüpfen und die atypischen Ausnahmefälle außer Betracht lassen, so muß ein Gesetz, das häufig mit solchen Präsumptionen arbeitet, notwendig an einer gewissen Starrheit leiden, an der Unfähigkeit, sich dem Einzelfall anzupassen. Diese Starrheit der Gesetze, die schon Cicero mit dem berühmten Satz „summum ius saepe summa iniuria“ gekennzeichnet hat, bringt allerdings als einzigen Vorteil ein hohes Maß an Rechtssicherheit mit sich, an Schutz gegen richterliche Willkür. Am deutlichsten wird dies an dem oben erörterten Beispiel der Altersgrenzen von 14 Jahren bei den verschiedenen Unzuchtsdelikten. Würde die Gesetzesstelle auf die Unreife abstellen, so wäre mit dem Aufgeben der Starre naturgemäß auch ein gewisses richterliches Ermessen und damit eine Minderung des Schutzes gegen richterliche Willkür verbunden. Aber ein Schutz, der stets um den Preis der Genauigkeit und meist um den Preis der Gerechtigkeit erkauft ist, scheint mir doch zu teuer erkauft, wenn die Möglichkeit besteht, ohne bedeutende Verminderung des Rechtsschutzes gleichzeitig der Genauigkeit und vor allem der Gerechtigkeit Genüge zu tun. Ob dies der Fall ist, das ist eine strafrechtstechnische Frage. Sie kann meines Erachtens in den meisten Fällen bejaht werden. Sie kann zur allgemeinen Befriedigung gelöst werden, wenn ein Gesetz einerseits auf Präsumptionen verzichtet, anderseits aber das, worauf es wirklich ankommt, mit möglichst klaren Worten umschreibt. Anerkennung der unumschränkten Abstufbarkeit des Unrechts und der Schuld und damit Aufgabe der berüchtigten Starrheit des Gesetzes einerseits, gewisse feste Stützpunkte für den Richter anderseits, die ihm bei seinem Ermessen klar den Weg weisen, das muß das Ziel des künftigen Strafgesetzbuchs sein. Mit der Starrheit des Gesetzes wird auch die Richtigkeit jenes Satzes von Cicreo dahin schwinden: Das Gesetz wird die Möglichkeit gewähren, jedem Einzelfall gerecht zu werden. Damit schwindet auch einer der wichtigsten Gründe, mit dem heute immer wieder die Notwendigkeit der Schwurgerichte einerseits, der Laienbeteiligung im allgemeinen anderseits zu beweisen versucht wird: Vermag sich das Gesetz jedem Einzelfall anzupassen, dann braucht es nicht mehr durchbrochen werden, und dann sind Einrichtungen, welche auf eine solche Durchbrechung hinarbeiten, überflüssig und schädlich. Ein solches Gesetz kann aber gleichzeitig der Rechtsicherheit so viel bieten als unumgänglich notwendig ist, wenn es die festen Stützpunkte für das richterliche Ermessen gleichzeitig zu Mindesterfordernissen für die Strafbarkeit überhaupt oder für eine gewisse Strafhöhe macht, wie dies im zweiten Teil dieser Arbeit dargetan wurde.

Freilich, eines ist bei einem so aufgebauten Strafgesetz doch unvermeidlich: Daß gelegentlich ein Strafwürdiger der verdienten Strafe entrinnt. Dies ist eine Folge der Beachtung des Erfordernisses der Rechtssicherheit. Aber kommt es nicht auch bei den heutigen gefühlsmäßig-kasuistisch aufgebauten, mit Präsumptionen aller Art arbeitenden und an unerträglicher Starre leidenden Strafgesetzen trotz subjektiver Versuchstheorie und trotz der Auslegung aller Vorschriften möglichst zu ungunsten des Angeklagten recht häufig, viel häufiger als dies der Fall sein müßte, vor, daß ein Schuldiger der Strafe entgeht? Aber selbst wenn wirklich auf Grund eines systematisch aufgebauten Gesetzes die Zahl derjenigen, welche durch die Maschen des Gesetzes schlüpfen, zahlreicher wäre, glaube ich dennoch, daß dieses Übel durch die gewaltigen Vorteile eines biegsamen, der Individualisierung im höchsten Maße zugänglichen und gleichzeitig der Rechtssicherheit Genüge leistenden Gesetzes vielfach aufgewogen würde.

V. Vom Rechtsgefühl.

Die Entstehung der kasuistisch-gefühlsmäßigen Methode fällt mit der endgültigen Überwindung der Begriffsjurisprudenz und ihrer Ersetzung durch die sogenannte Interessenjurisprudenz zusammen. Über der Erkenntnis, daß das gesamte Recht und folglich letzten Endes auch jeder Teil des Rechts teleologisch orientiert sei, vergaß man vollständig, daß die Rechtsordnung eine Einheit, ein widerspruchsloses Ganzes sein müsse. Man glaubte nunmehr, alle einzelnen Fragen, auch diejenigen, welche bereits systematisch vorentschieden waren, nach Zweckmäßigkeitsgesichtspunkten entscheiden zu können. Da man aber zur Zeit, als die Hilfswissenschaften des Strafrechts überhaupt noch nicht bestanden oder erst im Begriffe waren, geschaffen zu werden, wirkliche Grundlagen für die Entscheidung nach Zweckmäßigkeitsgesichtspunkten überhaupt noch nicht hatte, so verlegte man sich aufs Raten, auf rein gefühlsmäßige Abschätzung. Und so trat allmählich an Stelle des Denkens, für welches man noch kein Material hatte, das Gefühl, für welches man kein Material brauchte. Insbesondere auf dem Gebiete der Strafrechtswissenschaft trat die kasuistisch-gefühlsmäßige Methode ihren Siegeszug an, und wohin sie kam, dort vernichtete sie die Wissenschaft und ersetzte sie durch Dilettantismus.

Das Rechtsgefühl als oberste Instanz in strafrechtswissenschaftlichen Fragen ist heute allgemein beliebt und erfreut sich weitgehender Anerkennung. In der letzten Zeit erscheint kaum ein Buch, kaum ein Aufsatz, in dem ihm nicht eine entscheidende Rolle zukäme, und in wissenschaftlichen Debatten kann man mit einiger Sicherheit damit rechnen, daß der Gegner, sobald er sich durch wissenschaftliche Argumente in die Enge getrieben fühlt, das Rechtsgefühl ins Treffen führt. Das Rechtsgefühl ist der „deus ex machina", der mit unfehlbarer Sicherheit auftritt, sobald sich ein dogmatisches Problem als unlösbar erweist; und da dies naturgemäß sehr häufig der Fall ist, weil die meisten dogmatischen Streitfragen auf Systemwidrigkeiten des Gesetzgebers zurückgehen, welche unlösbare Scheinprobleme schaffen, so hat es sich nicht über ein geringes Betätigungsfeld zu beklagen. Kaum irgendeine neue Ansicht auf strafrechtlichem Gebiet entsteht heute, ohne daß der Urheber sich auf das Rechtsgefühl beriefe, und je weniger die betreffende Ansicht wissenschaftlicher Prüfung standzuhalten vermag, desto mehr wird ihre Übereinstimmung mit dem Rechtsgefühl betont. Das Rechtsgefühl ist das Allheilmittel einer an Altersschwäche leidenden Wissenschaft. Es hilft über die sonst unvermeidliche

Erkenntnis hinweg, daß die heutige Strafrechtswissenschaft nicht nur sich im Zustande einer Krise befindet, sondern in den letzten Zügen liegt.

Nur dieser traurige Zustand, in welchem sich die heutige Strafrechtswissenschaft befindet, macht es überhaupt notwendig, sich mit dem Rechtsgefühl auseinander zu setzen. Eine gesunde lebensstarke Wissenschaft würde ein derartiges Argument ja gar nicht ernst nehmen, würde es, wo es vorkäme, für den schüchternen Versuch eines Anfängers halten, irgendeiner unhaltbaren Lehre eine wenn auch schwache Stütze zu schaffen. Denn daß das Rechtsgefühl keinen Anspruch darauf erheben kann, als wissenschaftliches Argument gewertet zu werden, daß es vielmehr ein äußerst minderwertiger Ersatz wissenschaftlicher Argumentation ist, sollten eigentlich selbst seine Anhänger zugeben.

Wenn nun von einem Autor das Argument des Rechtsgefühls herangezogen wird, so meint er damit keineswegs sein eigenes; vielmehr ist stets ausdrücklich oder stillschweigend an das „Rechtsgefühl des Volkes" gedacht. So hat es heute den Anschein, als ob man sich darüber einig wäre, daß alleinige Aufgabe der Strafrechtsreform die Schaffung eines Gesetzes sei, das dem Rechtsgefühl des Volkes entspreche, und tatsächlich wird in den Begründungen zu den einzelnen neueren Entwürfen, insbesondere aber in der Begründung zum Entwurf 1927, zu wiederholten Malen auf das Rechtsgefühl des Volkes Bezug genommen, ja man kann ruhig sagen, daß dieses Argument geradezu das häufigste ist, das sich in der Begründung findet.

Nehmen wir nun zunächst einmal an, es gäbe wirklich so etwas wie ein Rechtsgefühl des gesamten Volkes. Dann könnte dieses in zweifacher Weise de lege ferenda als Richtschnur genommen werden: Entweder derart, daß man prüft, ob das Strafrechtssystem als ganzes diesem Rechtsgefühl entspreche, oder so, daß man diese Frage in jedem Einzelfall, sozusagen bei jedem einzelnen Paragraphen, aufwirft. Die erstere Methode ist die weitaus ungefährlichere: Denn auf diese Weise kann niemals ein unrichtiges, sondern höchstens ein unzweckmäßiges Gesetz zustandekommen. Man kann ganz allgemein sagen, daß die Richtigkeit des Strafgesetzes durch die Berücksichtigung des Rechtsgefühls keinen Schaden leiden kann, soweit es nur in bezug auf rein kriminalpolitische Fragen herangezogen wird, während die systematischen Fragen nach logischen Gesetzen geregelt werden. Würde man diese Einschränkung machen, so daß also der streng systematischlogische Bau des Strafrechtsgebäudes vom Rechtsgefühl unangetastet bliebe, dann könnte ich das Argument zwar auch nicht gutheißen, aber doch wenigstens widerspruchslos hinnehmen, vorausgesetzt immer, daß es wirklich ein Rechtsgefühl des Volkes gäbe. Tatsächlich geht man aber nicht so vor und man kann es auch gar nicht: Steht man doch auf dem unrichtigen Standpunkt, daß de lege ferenda alle Probleme rechtspolitischer Natur seien, hat man doch die Bedeutung und vor allem die Tragweite der Strafrechtssystematik de lege ferenda überhaupt noch nicht erfaßt. Und so wählt man stets die zweite Methode, bei jeder einzelnen Frage, bei jedem einzelnen Paragraphen, unbekümmert um die Erfordernisse der Systematik das Rechtsgefühl zurate zu ziehen. Diese Methode könnte aber nur unter einer Voraussetzung zu dem Ergebnis eines wirklich einheitlichen logisch-widerspruchslosen Gesetzes führen: Dann nämlich, wenn das Rechtsgefühl nach logisch-systematischen Grundsätzen arbeiten würde. Im Wesen des Gefühls liegt es aber, daß dies gar nicht der Fall sein kann; und warum es tatsächlich niemals der Fall ist, das soll im folgenden erörtert werden.

Zuvor muß aber noch die Frage entschieden werden, ob das, was als Rechtsgefühl des Volkes ausgegeben wird, diese Bezeichnung überhaupt verdient, ob es wirklich das Rechtsgefühl des Volkes *ist*. Zu einer Zeit, wo der Staat aus einem national, kulturell, wirtschaftlich und soziologisch im Wesen gleichartigen Volk bestand, mochte wohl auch *bis zu einem gewissen Grade* ein einheitliches Rechtsgefühl innerhalb des Staatsvolkes vorhanden sein. In den kleinen altgermanischen Volksstaaten gab es wohl tatsächlich ein solches im Volk lebendes Recht, ein Recht, von dessen Grundgedanken alle Volksgenossen in gleicher Weise durchdrungen waren: Waren doch auch die kulturellen und wirtschaftlichen Ansichten im wesentlichen die gleichen, ebenso wie die Volkszugehörigkeit die gleiche war. Daher konnte man auch damals ohne geschriebenes Gesetz ganz gut sein Auslangen finden, ohne daß die Rechtssicherheit irgendwie gefährdet war: Denn jeder hielt das Gleiche für recht und das Gleiche für unrecht. Daß dem heute nicht mehr so ist, das beweist allein schon die Tatsache, daß niemand daran zweifelt, es sei ein geschriebenes Gesetz zum Schutz der Rechtssicherheit notwendig: Gäbe es ein einheitliches Rechtsgefühl, dann brauchte man keine Angst vor dem schrankenlosen richterlichen Ermessen haben: Denn der Richter gehört ja genau so zum Volk wie jeder andere, in ihm würde dasselbe Rechtsempfinden wirksam werden wie in jedem Volksgenossen. Wir wissen aber heute ganz gut, daß diese Meinung für die heutige Zeit ganz unhaltbar ist, wenn wir es auch gelegentlich nicht eingestehen wollen. Es wäre gewiß äußerst wünschenswert, wenn jedes Staatsvolk eine in sich geschlossene homogene Masse darstellte, wenn jeder Volksgenosse mit dem andern eines Sinnes wäre. Aber es ist nun einmal nicht der Fall. Ganz abgesehen davon, daß es auch heute noch viele Staaten gibt, in welchen verschiedene Nationen zusammenwohnen, welche ihrer ganzen Kultur, ihrer sittlichen, religiösen und wirtschaftlichen Einstellung nach sehr verschieden voneinander sind — stellen diese nationalen Minderheiten in manchen Staaten, wie in der Tschechoslowakei, doch ganz bedeutende Größen dar, die an Zahl dem Mehrheitsvolk nur wenig nachstehen — aber selbst in solchen Staaten, welche im wesentlichen eine national einheitliche Bevölkerung aufweisen, wie Deutschland und Österreich, sind die Gegensätze innerhalb der einzelnen Gruppen von Staatsangehörigen ganz gewaltig. Gibt es doch in den genannten Staaten große politische Parteien, welche immer wieder betonen, daß sie sich keineswegs mit dem übrigen Staatsvolk einig fühlen, sondern vielmehr mit den Gesinnungsgenossen fremder Nationen. Wie wenig man von einem einheitlichen Rechtsgefühl eines bestimmten national gleichartigen Volkes sprechen kann, das zeigt nur zu deutlich die Einstellung der einzelnen Parteien zu den politischen Verbrechen. Man kann ruhig sagen, daß es schlechthin kein politisches Verbrechen gibt, das nicht von den Parteigenossen des Täters zumindesten als verzeihlich, wenn nicht gar als rühmliche Heldentat angesehen wird, während die politischen Gegner die Todesstrafe für gerade noch ausreichend erachten, um dieses scheußlichste aller Verbrechen zu sühnen, und zwar selbst dann, wenn sie im übrigen die Todesstrafe ablehnen. Ein Freispruch von einem politischen Delikt war am 15. Juli 1927 der Anlaß, daß eine erbitterte Volksmenge den Wiener Justizpalast in Brand setzte und Gewalttaten aller Art verübte. „Das Rechtsgefühl des Volkes hat sich Luft gemacht", riefen die Parteigenossen der Brandstifter. Aber jener Freispruch, der den Anlaß zu den Gewalttaten gab, war nicht etwa von Berufsrichtern, auf Grund des Gesetzes gefällt worden, sondern von Geschworenen, von Volksrichtern, welche nach dem österreichischen Prozeßrecht zwar theoretisch, nicht aber praktisch an das Gesetz gebunden sind und die in Hunderten von Fällen bewiesen haben, daß sie auch gegen das Gesetz zu urteilen bereit sind, wenn es ihrem Rechtsgefühl entspricht. Und gerade nach Ansicht derjenigen, welche in den Gewalttaten des 15. Juli nur einen Ausbruch des beleidigten Rechtgefühls des Volkes sahen, haben die Geschworenen die Funktion, das starre und veraltete Gesetz im Sinne des im Volke lebenden Rechtsgefühls zu korrigieren! Ein seltsames Rechtsgefühl, das erst freispricht und dann über den Freispruch so empört ist, daß es alles krumm und klein schlägt[1]). Wie man angesichts solcher krasser Fälle noch die Fiktion von dem einheitlichen Rechtsgefühl des ganzen Volkes aufrecht erhalten kann, ist mir ein Rätsel. Aber wenn sich auch der Unterschied in der gefühlsmäßigen Beurteilung gewisser Ereignisse bei den politischen Delikten besonders bemerkbar macht, so darf er doch nicht bei den anderen Delikten übersehen werden. Es ist nun einmal nicht zu leugnen, daß Angriffe gegen fremdes Vermögen von den Besitzenden viel schwerer qualifiziert werden als von den Besitzlosen, daß Religionsdelikte von dem überzeugten Freidenker ganz anders beurteilt werden als von dem tiefreligiösen Menschen, daß Gewalttaten von dem friedliebenden Bürger schärfer verurteilt werden als von dem kampfgewohnten Boxer oder Ringkämpfer usw. So verschiedenartig in jeder Hinsicht heute die in einem Staatswesen zusammengeschlossenen Menschen sind, so verschiedenartig ist auch ihr Rechtsgefühl; von einem einheitlichen Rechtsgefühl eines bestimmten Volkes zu reden ist daher eine Fiktion übelster Sorte. Wenn daher heute Strafrechtsgelehrte oder Gesetzesredaktoren vom Rechtsgefühl des Volkes sprechen, so identifizieren sie bewußt oder unbewußt sich selbst mit dem Volk. Es gilt hier mehr als anderswo das Wort Goethes: „Was Ihr den Geist der Zeiten heißt, das ist im Grund der Herren eigner Geist, in dem die Zeiten sich bespiegeln."

Daß nun jeder einzelne Mensch über ein Rechtsgefühl verfügt, kann nicht geleugnet werden: Jeder normale Mensch nimmt tatsächlich zu jeder Rechtsfrage, welche ihm entgegentritt, rein gefühlsmäßig Stellung. Diese Tatsache kann nicht geleugnet werden und die tägliche Erfahrung sowie die Selbstbeobachtung lehrt uns ihre Richtigkeit. Fraglich kann nur sein, ob dieses Rechtsgefühl, wenn es in der oben besprochenen Art zur Entscheidung von Einzelfällen herangezogen wird, wirklich ein brauchbares Kriterium darstellt. Ich glaube nun, daß diese Frage verneint werden muß, und zwar sowohl dann, wenn es sich um die Entscheidung eines konkreten Einzelfalles als ins-

---

[1]) Es soll nicht behauptet werden, daß es wirklich nur das beleidigte Rechtsgefühl war, das zu jenen Gewalttaten führte. Aber selbst die zielbewußte Hetze der Presse hätte jenen Erfolg nicht zeitigen können, wenn sich nicht tatsächlich das Rechtsgefühl weiter Kreise gegen das Urteil empört hätte. Eine andere Sache ist es freilich, daß dieses Rechtsgefühl selbst zum großen Teil durch die wochenlange Hetze der Parteiblätter hervorgerufen wurde.

besondere, wenn es sich um die Bewertung abstrakter Typen handelt.

Es soll nun zunächst untersucht werden, inwiefern das Kriterium für die Entscheidung konkreter Einzelfälle brauchbar ist.

Es ist eine heute allgemein bekannte Tatsache, daß ein und dieselbe Erscheinung der Außenwelt von verschiedenen Menschen verschieden gesehen wird. Die Psychologie ist dieser Tatsache durch die Unterscheidung zwischen Perzeption und Apperzeption gerecht geworden. In den psychologischen Vorlesungen und Lehrbüchern wird dazu häufig ein Beispiel angeführt, in welchem gezeigt wird, was verschiedene Menschen je nach ihrem Beruf beim Anblick eines Waldes besonders ins Auge fassen: Obwohl auf alle die gleiche Erscheinung der Außenwelt wirkt, wird der Dichter andern Umständen seine Aufmerksamkeit zuwenden als der Förster oder der Naturforscher. Da somit das, worauf sich die Aufmerksamkeit konzentriert, verschieden ist, wird notwendig auch die gefühlsmäßige Bewertung eine andere sein, da eben jeder tatsächlich etwas anders bewertet. Damit wäre aber zunächst für das Gebiet der rechtlichen Bewertung nur soviel festgestellt, daß mehrere Menschen denselben Fall von verschiedenen Gesichtspunkten aus betrachten und daher werten können, daß eben eine einheitliche rechtliche Bewertung durch Personen verschiedener Nationen, verschiedener Berufsschichten usw. nicht möglich ist. Insoweit ist also lediglich eine Erklärung für unsere obige Behauptung geboten, daß ein einheitliches Rechtsgefühl des Volkes unmöglich ist. Es wäre jedoch ein Fehler, zu glauben, daß ein und derselbe Mensch ein und dieselbe Erscheinung der Außenwelt unter allen Umständen und zu jeder Zeit in gleicher Weise sieht, daß er stets die gleichen Merkmale apperzipiert. Oder sollte es etwa unmöglich sein, daß ein Maschineningenieur gelegentlich einmal außerhalb seines Berufes eine Lokomotive lediglich nach ästhetischen Gesichtspunkten betrachtet, sich über die Schönheit und Wucht ihrer äußeren Erscheinung freut, ohne darauf zu achten, ob sie in technischer Hinsicht besonders leistungsfähig sei. Freilich wird der Unterschied in der Apperzeption bei ein und demselben Menschen niemals so groß sein, wie bei zwei verschiedenen, womöglich noch beruflich verschiedenen Menschen, aber möglich ist er immerhin. Das verschiedene Sehen bewirkt aber bereits eine verschiedene Bewertung, weil sich diese naturgemäß an diejenigen Merkmale anschließt, auf welche sich die Aufmerksamkeit besonders richtet. Noch viel deutlicher als auf intellektuellem Gebiet zeigt sich aber der Unterschied auf dem emotionalen Gebiet selbst. Selbst wenn an der gleichen Sache stets die gleichen Merkmale apperzipiert werden, kann die gefühlsmäßige Bewertung dieser Merkmale eine ganz verschiedene sein, je nachdem, in welcher Stimmung sich der betreffende Mensch gerade befindet. Jeder wird diese Erfahrung durch Selbstbeobachtung bestätigt finden. Bin ich in der richtigen Stimmung, dann vermag selbst die unerquicklichste Jazzmusik, die mir sonst ein Greuel ist, erheiternd auf mich zu wirken. Umgekehrt ist es möglich, daß ich mich bei der großartigsten Oper von Wagner langweile, wenn ich nicht in der Stimung bin, so schwere Musik auf mich wirken zu lassen. Übertragen wir nunmehr das Gesagte auf den Fall der Entscheidung eines konkreten Einzelfalles nach dem Rechtsgefühl. Zunächst wird je nach der momentanen Stimmung das eine oder das andere Merkmal sich mehr in das Gedächtnis des Beobachters drängen. Je nachdem, welches Merkmal das ist, wird die Entscheidung dann in dem einen oder in dem andern Sinn ausfallen, da eben jenes Merkmal zusammen mit der jeweiligen Stimmung die Art der gefühlsmäßigen Wertung bestimmt. Daß dem so ist, zeigt deutlich jede Gerichtsverhandlung, am deutlichsten diejenige, bei der es sich darum handelt, auf Laienrichter zu wirken. Die Bemühungen der Parteien, des Staatsanwalts und des Verteidigers, gehen ja gerade dahin, stets dasjenige Merkmal besonders zu unterstreichen, das bei gefühlsmäßiger Bewertung die erwünschte Entscheidung herbeiführen muß. Nehmen wir etwa an, A habe den B auf grausame Weise ermordet, weil dieser seine Frau verführt oder vergewaltigt habe. Der Staatsanwalt wird mit größter Energie immer wieder auf die verwerfliche Begehungsweise der Tat hinweisen, der Verteidiger wird nicht ermüden, das begreifliche Motiv der Tat in den Vordergrund zu stellen. Denn je nachdem, welches Merkmal sich den Geschworenen besonders einprägt, wird die Entscheidung für oder gegen den Angeklagten ausfallen. Und wenn unsere Strafprozeßordnung vorschreibt, daß dem Angeklagten bzw. dem Verteidiger das letzte Wort gebührt, so liegt der Grund offenbar darin, daß man den Angeklagten begünstigen wollte, da das zuletzt vorgetragene Argument immer mehr wirkt als die früheren, da es frischer im Gedächtnis haftet. Aber auch die Stimmung, in der sich der Richter befindet, ist ein nicht zu unterschätzendes Moment. Beim Berufsrichter freilich wird in dieser Richtung weniger zu befürchten sein. Denn erstens ist er ohnehin an das Gesetz gebunden, zweitens hat er in seinem Beruf gelernt, seine Gefühle zu beherrschen und sie stets unter die Kontrolle seines Verstandes zu stellen. Anders wieder beim Laienrichter, insbesondere wenn dieser, wie der österreichische

Geschworene, faktisch an das Gesetz nicht gebunden ist. Er wird nur allzuhäufig seine schlechte Stimmung den Angeklagten entgelten lassen, seine gute Laune aber dem Angeklagten zugute kommen lassen; nicht etwa bewußt, sondern ohne sich selbst darüber klar zu werden: Die wenigsten Menschen schaffen sich ja Klarheit über die Gründe ihrer Gedanken oder Gefühle und die wenigsten verfügen über die nötige Selbstbeobachtung, um überhaupt darauf zu kommen, daß hier eine verstandesgemäß zu überwindende Gefahr liegt. Daher bemühen sich die Verteidiger auch stets, die Geschworenen in die richtige Stimmung zu versetzen, die ein für den Angeklagten günstiges Urteil wahrscheinlich macht. Aber selbst bei hochgebildeten Menschen, die gewohnt sind, sich über ihre Gefühle und Motive Rechenschaft zu geben, kommen gelegentlich Entscheidungen aus der Stimmung heraus vor. Oder sollte die Angst der Prüfungskandidaten vor der schlechten Laune des Prüfers wirklich nur ein durch Generationen von Studenten genährtes Hirngespinst sein? Es ist klar, daß die dargelegte Fehlerquelle um so größer sein wird, je mehr der betreffende Mensch Stimmungen zugänglich ist, je weniger er imstande ist, sich zu beherrschen und objektiv, unbeeinflußt von der Situation des Augenblickes zu urteilen. Ganz ausschalten läßt sich die Fehlerquelle aber bestimmt niemals. Wir sehen also, daß das Rechtsgefühl auch ein und desselben Menschen schon für die Entscheidung ein und desselben konkreten Falles ein ganz unzulängliches Kriterium ist. Denn genau so, wie mir ein und dieselbe Oper gefällt oder mißfällt, je nachdem, in welcher Stimmung ich sie mir anhöre, genau so werde ich bei rein gefühlsmäßiger, durch den Verstand nicht kontrollierter Bewertung ein und denselben Rechtsfall strenger oder milder beurteilen, je nachdem, ob ich in schlechter oder in guter Laune bin, ob mir infolge meiner momentanen Stimmung gerade eine solche Tat als mehr oder minder begreiflich oder umgekehrt als besonders verwerflich erscheint. Zeigt sich das Rechtsgefühl also schon als untauglich, im konkreten Fall eine einheitliche Entscheidung herbeizuführen, so wird die Unbrauchbarkeit des Kriteriums noch bedeutend klarer zutage treten, wenn wir uns nun der Untersuchung zuwenden, ob bei der Bewertung abstrakter Typen mit Hilfe des Rechtsgefühls zu irgendeinem Ergebnis gekommen werden kann.

Soll ein abstrakter Typus bewertet werden, so ist die erste Voraussetzung hiefür, daß der Bewertende überhaupt imstande ist, einen abstrakten Typus zu denken. Hier stößt man jedoch schon auf die erste Schwierigkeit. Nur die allerwenigsten Menschen sind überhaupt fähig, vollständig abstrakt in reinen

Begriffen zu denken. Für die meisten ist ein reiner Begriff überhaupt unfaßbar, sie vermögen nur in konkreten Vorstellungen zu denken oder sie konkretisieren den Begriff wenigstens teilweise. Die Folge davon ist nun, daß jedesmal, wenn ein abstrakter Begriff in Betracht käme, eine konkrete Vorstellung gebildet wird, welche die Merkmale des betreffenden Begriffes trägt, aber selbstverständlich nicht nur diese, sondern auch einige darüber, eben jene konkretisierenden Merkmale, welche aus dem Begriff eine Vorstellung machen. Die weitere Folge ist nun, daß sich das Objekt der Bewertung verschiebt; denn nicht mehr die begriffswesentlichen Merkmale allein, sondern diese in Verbindung mit den konkretisierenden Merkmalen werden bewertet, nicht der Begriff, sondern die Vorstellung ist Objekt der Bewertung. Damit ist an sich schon die Notwendigkeit einer Ungenauigkeit gegeben. Es ist aber natürlich sehr leicht möglich, daß gerade die nicht begriffswesentlichen Merkmale der Vorstellung am meisten die Aufmerksamkeit auf sich ziehen und daß dann tatsächlich gerade diese Merkmale für die Bewertung der Vorstellung ausschlaggebend werden. In der großen Mehrzahl der Fälle ist sich nun aber der Bewertende keineswegs darüber im klaren, daß sich das Objekt der Bewertung verschoben hat, daß er eine konkrete Vorstellung bewertet hat, während er einen Begriff zu bewerten glaubte. Er überträgt daher ohne weiteres das gefällte Werturteil auf den Begriff selbst und verleiht diesem Urteil leichtfertig Gültigkeit für alle möglichen Vorstellungen, welche sich auf Grund des scheinbar bewerteten Begriffes bilden lassen. Im Alltagsleben kann man schon in den einfachsten Fällen derartige Fehler jederzeit nachweisen. Man fragt etwa jemanden, ob er Bäume schön findet. Der Durchschnittsmensch kann den abstrakten Begriff „Baum" nicht denken; er stellt sich daher einen bestimmten Baum vor, etwa eine Eiche oder eine Linde im vollen Blätterschmuck, und fällt nun über diese Vorstellung ein Werturteil, das er bedenkenlos verallgemeinert, und beantwortet daher die gestellte Frage kurzerhand mit „ja". Der Betreffende ist dann sehr erstaunt, wenn man ihm das Bild eines dürren, seines Blätterschmuckes beraubten äußerst armselig wirkenden Baumes vorzeigt und ihm sagt, er habe eben erklärt, daß auch dieser Baum schön sei. Selbstverständlich werden intelligente, geistig geschulte Menschen in dem vorgebrachten Beispiel seltener „hereinfallen", sondern häufig die nach dem abstrakten Begriff gestellte Frage sogleich konkretisieren und ihre Antwort dementsprechend einschränken, etwa: „Ja, aber nur unter bestimmten Voraussetzungen." Bei der bedeutend schwierigeren juristischen Materie wird sich jedoch die Zahl der Irrtümer bedeutend mehren und selbst juristisch gut geschulte Menschen machen sich, wie später noch gezeigt werden wird, recht häufig eines ähnlichen Fehlers schuldig. Die „Danebenwertung", die durch Verdrängung eines abstrakten Begriffes durch eine konkrete Vorstellung entsteht, ist meines Erachtens einer der wichtigsten Gründe dafür, daß in manchen Streitfragen über die Bewertung bestimmter Typen niemals Einigkeit erzielt werden kann. Hieher gehört z. B. das vielumstrittene Problem der Abtreibung. Die Anhänger der unbedingten Straflosigkeit haben meist einen jener Fälle im Auge, in welchen die Sachlage einem Notstand recht ähnlich sieht: Etwa die arme Mutter, die schon sechs Kinder hat und ein siebentes bekommen soll, während der Mann arbeitslos und ohne Verdienst oder ein Säufer ist, der seinen ganzen Lohn vertrinkt. Die Anhänger der absoluten Strafbarkeit denken wieder an den Fall der vornehmen Dame, die lediglich aus Bequemlichkeit, um in ihren Vergnügungen nicht gestört zu werden, keine Kinder haben will. Gerade wenn rein gefühlsmäßig für oder gegen die Strafbarkeit der Abtreibung Stellung genommen wird, liegt der Grund der verschiedenen Bewertung häufig in der Verschiedenheit des Objekts der Bewertung: Denn indem man den abstrakten Typus „Abtreibung" zu bewerten glaubt, bewertet man tatsächlich das Motiv, welches in dem konkreten vorgestellten Abtreibungsfall das ausschlaggebende war[1]).

Kann somit als feststehend angesehen werden, daß in den weitaus meisten Fällen an Stelle des abstrakten Begriffs eine konkrete Vorstellung bewertet und das darüber gefällte Werturteil dann verallgemeinert wird, so ist es klar, daß dieses Urteil für alle diejenigen konkreten Fälle, welche nicht dem vorgestellten und tatsächlich bewerteten entsprechen, notwendig ein Fehlurteil sein muß. Erfolgt daher die Bewertung der einzelnen Typen strafbaren Verhaltens de lege ferenda auf diese Weise, so ist damit schon gesagt, daß die im Gesetz zum Ausdruck kommende Bewertung stets nur für einen Teil der Fälle insofern „richtig" sein kann, als sie dem Wertsystem des Bewertenden, also hier des Gesetzgebers, entspricht. Nun ist aber, wie oben gezeigt wurde, auch die Bewertung eines konkreten Einzelfalles selbst keineswegs unter allen Umständen die gleiche,

---

[1]) Es soll keineswegs behauptet werden, daß die Ersetzung des abstrakten Typus durch einen konkreten Fall der einzige Grund für die Verschiedenheit der Ansichten in der Abtreibungsfrage sei; es ist nur ein wenn auch wichtiger Grund neben manchen anderen, zu denen etwa grundsätzliche Weltanschauungsfragen gehören.

sondern es sind auch in dieser Richtung zahlreiche gefühlsmäßige Fehlerquellen nachweisbar. Die Möglichkeit unrichtiger, das heißt dem Wertsystem des Bewertenden selbst nicht entsprechender Resultate ist daher bei der Bewertung eines abstrakten Typus eine doppelte.

Nun ist aber auch das Maß der Konkretisierung des zu bewertenden abstrakten Begriffes keineswegs immer das gleiche, wie ja auch das Maß der notwendigen Konkretisierung einerseits bei jedem Menschen verschieden groß, anderseits auch bei demselben Menschen nicht immer gleich groß ist. Dem einen genügt etwa eine Konkretisierung des Begriffes „Baum“ bis zu Laubbäumen oder Nadelbäumen, der andere muß weiter konkretisieren bis zu einem individuell ganz bestimmten Baum. Auf juristischem Gebiet genügt dem einen die Annahme eines bestimmten Handlungsmotivs, während der andere weiter konkretisiert und auch ein bestimmtes Entstehen dieses Motivs mit in Betracht zieht, usw. Auf diese Weise können die einzelnen bei gefühlsmäßiger Bewertung unterlaufenden Fehler vielfach verschlungen sein und ineinander übergehen, so daß häufig die verstandesgemäße Entwirrung auf unüberwindliche Schwierigkeiten stößt.

Steht somit fest, daß in den meisten Fällen an Stelle eines abstrakten Begriffes eine konkrete Vorstellung bewertet wird, so kommt nun alles darauf an, nach welchen Gesichtspunkten diese konkrete Vorstellung gebildet wird, die den Begriff ersetzt, nach welcher Richtung die konkretisierenden Merkmale gefunden werden. Diese Frage ist nun freilich allgemeingültig überhaupt nicht zu beantworten, weil es in hohem Maß auf die konkreten Umstände ankommt, unter welchen der psychologische Vorgang vor sich geht. Wenn ich mir etwa in dem Augenblick, wo ich dies niederschreibe, einen konkreten Baum vorstellen soll, so wird dieser, wenn ich meiner Phantasie freien Lauf lasse, immer ein dürrer schneebedeckter Baum sein. Der Grund hiefür liegt darin, daß es eben schneit und daß die Bäume auf dem Wiener Gürtel, die ich von dem Fenster meiner Wohnung aus sehen kann, eben dieses Aussehen haben. Ganz analog wie in diesem aus dem Alltagsleben entnommenen Beispiel hängt auch die Art der Konkretisierung eines juristisch-abstrakten Begriffes ganz von den konkreten Umständen ab. Spricht man etwa von „Mord“, so wird der Hörer stets an denjenigen konkreten Mordfall denken, der sich seinem Gedächtnis am meisten eingeprägt hat. War er etwa selbst Zeuge einer solchen Tat, so wird unfehlbar diese mit all ihren Einzelheiten in seiner Seele lebendig werden; hat er vor kurzem in der

Zeitung von einem bestimmten Mordfall gelesen, so wird er sich diesen vorstellen, hat er von mehreren gelesen, so denjenigen, der ihn am meisten interessiert hat. Vielfach tritt auch eine teilweise Abstrahierung ein, indem aus mehreren im Gedächtnis lebenden Mordfällen das allen diesen Fällen Gemeinsame herausgenommen und zu einem neuen Teilbegriff des Mordes zusammengefaßt wird, der dann mit dem Gesamtbegriff identifiziert wird. Gerade dieser Fall ist für den Gesetzgeber ganz besonders kritisch: Denn nur allzuhäufig ist sich gerade der intelligente Mensch dessen bewußt, daß er abstrahiert, übersieht aber, daß er nur teilweise abstrahiert und setzt dann mit ruhigem Gewissen den nur aus wenigen konkreten Fällen abstrahierten Teilbegriff an Stelle des Gesamtbegriffes.

Wenn keinerlei konkrete Umstände eine Konkretisierung des abstrakten Typus in ganz bestimmter Richtung veranlassen oder fördern, wird im allgemeinen der häufigste, der typischeste Fall das Vorstellungsbild bestimmen. Doch wird bei den weniger intelligenten Menschen die Häufigkeit nach dem subjektiven Erleben beurteilt werden: Von allen ihm bekannt gewordenen Mordfällen wird er den häufigsten heraussuchen oder mit Hilfe einer teilweisen Abstraktion einen Durchschnittsfall bilden; bei dem aufmerksamen und intelligenten Menschen dagegen wird im größerem Ausmaß die objektive Häufigkeit entscheidend sein und die Zahl der konkreten Fälle, aus denen er abstrahiert, entsprechend wachsen. Demgemäß wird der bei solchem Vorgehen entstehende Fehler bald größer, bald geringer, ebenso werden diejenigen Fälle, welche unrichtig entschieden werden, bald zahlreicher, bald weniger zahlreich sein; ein Fehler aber unterläuft stets dabei und eine wirklich dem Wertsystem des Bewertenden in allen Fällen entsprechende Wertung ist auf die Weise niemals zu erzielen. Bedenkt man nun, daß diejenigen Umstände, welche für die Konkretisierung nach einer bestimmten Richtung hin ausschlaggebend sind, in jedem einzelnen Fall, bei jedem einzelnen Typus verschieden sein können, so ist klar ersichtlich, wie wenig geeignet die ganze Methode ist, eine einheitliche und allen Einzelfällen gerecht werdende gesetzliche Regelung zu schaffen.

Es sollen nun an Hand der geltenden Gesetze und insbesondere des Strafgesetzentwurfs 1927 einige Beispiele vorgeführt werden, bei welchen offenbar einer der geschilderten Fehler unterlaufen ist. Der Entwurf 1927 eignet sich hiezu deshalb ganz besonders, weil bei diesem Gesetzeswerk gar kein Zweifel darüber bestehen kann, daß es in allen seinen Teilen rein gefühlsmäßig aufgebaut wurde, daß die Redaktoren sozusagen bei jedem einzelnen Paragraphen ihr Rechtsgefühl und nur dieses zu Rate gezogen haben. Die Begründung zum Entwurf selbst verweist ja häufig darauf und die Redaktoren haben nie bestritten, daß das Rechtsgefühl für sie das ausschlaggebende Argument gewesen sei. Mit Rücksicht auf die zahlreichen Fehler verschiedenster Art, die der Entwurf aufweist, läßt sich freilich nicht immer mit Sicherheit feststellen, daß es sich gerade um einen Fehler bestimmter Art handelt. Dieser Vorbehalt muß gemacht werden, damit nicht etwa, wenn in einem der nachstehend gebrachten Beispiele bewiesen werden könnte, daß der zweifellos vorhandene Fehler einen anderen Grund habe, damit die gesamte Beweisführung als hinfällig bezeichnet werden könnte.

Zunächst mag ein großer Teil der im vorhergehenden Teil behandelten Fälle, in welchen es sich um gesetzliche Präsumptionen handelt, durch den oben geschilderten Fehler bei gefühlsmäßiger Entscheidung entstanden sein. Freilich geht es nicht an, sämtliche Präsumptionen auf diese Weise zu erklären. Hieher gehören vielmehr nur die unbewußten Präsumptionen, das heißt diejenigen Fälle, in welchen sich der Gesetzesredaktor selbst gar nicht darüber im klaren ist, daß er eine Präsumption schafft. In den Fällen bewußter Präsumptionen dagegen handelt es sich darum, daß der Gesetzgeber bewußt eine Regelung schafft, von der er ganz genau weiß, daß sie nur in einem Teil der Fälle zu dem erwünschten Ergebnis führt. Der Grund für die Schaffung solcher bewußter Präsumptionen kann in der vielfach zu findenden Irrmeinung gelegen sein, Aufgabe des Gesetzgebers sei es bloß, die typischen, häufig vorkommenden Fälle im voraus zu regeln. (Tatsächlich ist es natürlich Aufgabe des Gesetzgebers, alle Fälle im vorhinein zu regeln, die voraussehbar sind, und sich ihrer Natur nach im vorhinein regeln lassen.) Für die Schaffung bewußter Präsumptionen können schließlich auch Bedenken praktischer Natur maßgebend sein: Man setzt leicht nachweisbare Merkmale an Stelle schwer nachweisbarer, auf die es wirklich ankommt, um das Verfahren zu erleichtern usw. Bei den unbewußten Präsumptionen handelt es sich aber wohl stets darum, daß der Gesetzgeber bei der Regelung eines abstrakten Typus einen konkreten Fall im Auge hat und nunmehr den gesamten Typus in einer Weise regelt, die nur für den konkreten vorgestellten Fall paßt. Da man aber den einzelnen in den Gesetzen und den Entwürfen vorkommenden Präsumptionen nicht immer deutlich ankennt, auf welche Weise sie zustande gekommen sind, so ist man im Einzelfall auf Mutmaßungen verwiesen, wenn nicht etwa die Motive zum Gesetz in deutlicher

Weise in die eine oder die andere Richtung weisen. Meistens sind es die Beispiele, welche die Begründung für die einzelnen Fälle anführt, die einen nahezu sicheren Schluß auf die Gedankengänge des Gesetzgebers zulassen: Denn als Beispiel werden gewöhnlich diejenigen konkreten Fälle ausgewählt, die dem Gesetzgeber bei der Regelung des abstrakten Typus als Muster vorschwebten.

Um eine unbewußte Präsumption dürfte es sich vor allem bei der von der deutschen Fassung des Entwurfs gewählten Unterscheidung zwischen Mord und Totschlag handeln; denn es ist doch kaum anzunehmen, daß man sich in einem so wichtigen Fall, in welchem es gerade nach dem deutschen Entwurf um das Leben des Täters geht, bewußt mit einer Regelung begnügt hätte, welche nur einem Teil der Fälle gerecht werden könnte. Vorsätzliche Tötung mit Überlegung ist Mord, ohne Überlegung Totschlag. Der dieser Regelung zugrunde liegende Gedanke ist der, daß die Überlegung stets auf eine größere Stärke der Persönlichkeitskomponente und somit auf größere Schuld schließen lasse. Der Gesetzgeber hatte dabei offenbar einen Fall im Auge, in welchem etwa ein Raubmörder des langen und breiten überlegt, wie er seine Tat am besten durchführen könnte. Es sollte ja, wie die Begründung sagt, bewirkt werden, daß für den Mord nur die allerschwersten Fälle übrig bleiben, in denen der Täter ein Menschenleben kalten Herzens vernichtet. Daß vorsätzliche Tötung mit Überlegung auch aus durchaus positivem Motiv möglich ist, haben die Verfasser ganz einfach übersehen, weil sie stets nur einen bestimmten Fall oder doch wenigstens eine ganz bestimmte Gruppe von Fällen im Auge hatten.

Ein ähnlich klarer Fall einer unbewußten Präsumption ist der schon erwähnte Fall der schweren Körperverletzung des österreichischen Strafgesetzbuchs (§ 155 a): Hier zeigt gleich der Gesetzeswortlaut selbst, daß der Gesetzgeber lediglich an den typischen Fall gedacht hat, in welchem die Verwendung eines Messers oder eines anderen gefährlichen Werkzeuges tatsächlich den Schluß rechtfertigt, der Täter habe eine schwere Verletzung zufügen wollen. Schließlich könnten auch die Fälle des dolus indirectus im österreichischen Strafgesetz hieher gezählt werden.

Zahlreich sind im Entwurf diejenigen Fälle, in welchen man nur mehr mit einer gewissen Einschränkung von Präsumptionen sprechen kann, in welchen aber der bei gefühlsmäßiger Wertung abstrakter Typen typische Fall der Unterschiebung eines konkreten Falles durch die Ausführungen der Begründung ganz klar zutage kommt. Einen Fall dieser Art stellt die Verleitung zum Selbstmord im Strafgesetzentwurf (§ 248) dar. Bei der Verleitung zum Selbstmord könne es sich, meint die Begründung, um Willensbeugungen schlimmster Art handeln. Ganz abgesehen davon, daß die später angeführten Beispiele keine Willensbeugungen im eigentlichen Sinn darstellen, sondern lediglich Willensbeeinflussungen (sonst läge ja ohnehin das Vergehen der Nötigung vor), so führt die Begründung nun einige Fälle von besonders schwerem Unrechts- und Schuldgehalt an: So zunächst das amerikanische Duell. Nun könnte die Erkenntnis, daß dieses sehr strafwürdig sei, naturgemäß nur dazu führen, eben dieses mit einer hohen Strafe zu bedrohen. Die Verallgemeinerung wird aber dadurch wesentlich erleichtert, daß der Begründung sogleich einige andere gleichfalls schwere Fälle einfallen, wie z. B. wenn der Entschluß zum Selbstmord dadurch wachgerufen wurde, daß ein Unglücksfall oder eine drohende Beeinträchtigung der Ehre vorgespiegelt wird. In diesen Fällen unterscheide sich die Tat kaum wesentlich vom Mord, meint die Begründung; und man muß daher wirklich noch froh sein, daß man nicht die ganze Verleitung zum Selbstmord dem Mord einfach gleichgestellt hat! Die angeführten wirklich schweren Fälle genügen nun der Begründung als Beweis für die Strafwürdigkeit aller Fälle, in welchen Verleitung zum Selbstmord vorliegt, und es scheint, daß man überhaupt nicht daran gedacht hat, daß nun das amerikanische Duell, auf das man es offenbar vor allem abgesehen hatte, das gleiche Vergehen darstellt, wie etwa der Fall, in welchem jemand einem unheilbar Kranken aus Mitleid den Rat gibt, Selbstmord zu verüben. Da nun aber doch scheinbar eine dunkle Ahnung von der grundsätzlichen Verschiedenheit der hier in eins zusammengefaßten Fälle besteht, so hilft man sich mit einer gewaltigen Strafschärfung für „besonders schwere Fälle", die der Totschlagstrafe gleichkommen kann (bis zu 10 Jahren Zuchthaus). Diese besonders schweren und besonders leichten Fälle sind überhaupt ein äußerst naheliegendes, freilich auch äußerst verwerfliches Mittel, um die sonst unausbleiblichen Gewissensbisse wegen fahrlässiger Typisierung und Zusammenfassung grundverschiedener Fälle unter einem Paragraphen loszuwerden. Die häufige Anwendung des Mittels im Entwurf ist aber deshalb psychologisch sehr interessant, weil sie zeigt, wie sehr eine dunkle Ahnung der methodologischen Unzulänglichkeit die Redaktoren beunruhigt. Man könnte fast meinen, sie wüßten ohnehin ganz gut, daß mit der gefühlsmäßigen Entscheidung kein ordentliches Gesetz zustande kommen könne, sie wollten sichs nur nicht eingestehen, seien aber auf jeden Fall bestrebt, „den daraus entstehenden Schaden nach Kräften wieder gutzumachen". So wird denn dem Richter die Korrektur dieser Fehler überlassen. Die Redaktoren scheinen von den Richtern also doch wohl eine höhere Meinung zu haben als von sich selbst, da sie ihnen die Lösung einer Aufgabe zu⸗trauen, der sie sich selbst nicht gewachsen zeigten.

Auf eine unbewußte Präsumption scheint mir auch die Rege⸗lung der Sachbeschädigung zurückzugehen, obwohl es einem eigentlich recht schwer ankommt, zu glauben, daß die Redak⸗toren des Entwurfs, welche bei den ganz ähnlichen Fällen des Diebstahls und der Unterschlagung auf die Äquivalenzfälle Bedacht genommen haben, bei der Sachbeschädigung einfach darauf vergessen haben sollten. Es scheint dies aber dennoch der Fall zu sein, denn sonst wäre es schlechterdings nicht ein⸗zusehen, warum der fehlende Vermögensschaden zwar bei Dieb⸗stahl und Unterschlagung, nicht aber bei Sachbeschädigung eine Rolle spielen sollte. Weder ein rechtspolitischer (obwohl die Frage natürlich eine systematische ist!), noch ein gefühlsmäßiger Grund ließe sich dafür anführen; auch daß die Äquivalenzfälle bei der Sachbeschädigung ungleich seltener vorkämen als bei den beiden anderen Delikten, kann wohl nicht behauptet wer⸗den, so daß auch der letzte Scheingrund für eine andersartige Behandlung, die Möglichkeit der Vernachlässigung seltener Fälle, in Wegfall kommt. Es wird also doch wohl angenommen werden müssen, daß die Gesetzesredaktoren bei dem Begriff „Sachbeschädigung" stets nur die Vorstellung eines typischen Falles dieses Delikts, des Falles nämlich, in welchem die Sach⸗beschädigung das Mittel einer Vermögensschädigung ist, vor Augen hatten.

Inwieweit der gleiche Fehler dem Typus der „dauernden Entziehung von Sachen" zugrunde liegt, kann nicht mit Sicher⸗heit gesagt werden. Durch diese Gesetzesstelle werden nämlich wieder Fälle, in welchen Vermögensschädigung vorliegt, mit solchen, in welchen dies nicht der Fall ist, zusammen behandelt (Entzug einer Sache von Vermögenswert; Entzug von kom⸗promittierenden Briefen). Da der Entwurf in dem gleichen Abschnitt, in welchem dieser Tatbestand zu finden ist, eine scharfe Trennung zwischen Diebstahl und Unterschlagung einer⸗seits, die er als Vermögensdelikte auffaßt, der unberechtigten Aneignung anderseits, deren Unterscheidungsmerkmal gegen⸗über den genannten Delikten eben in dem Mangel des Charak⸗ters eines Vermögensdeliktes besteht, durchführt, kann man doch nicht gut annehmen, daß der Entwurf eine Unterscheidung, die er in den vorangehenden Paragraphen macht, in dem un⸗

mittelbar darauffolgenden bewußt wieder fallen läßt. Die Sachlage dürfte also doch wohl die sein, daß sich mit dem Begriff der dauernden Entziehung von Sachen die Vorstellung solcher Fälle verband, in welchen diese gleichzeitig eine Vermögensschädigung ist, und die von der Begründung angeführten Beispiele bestärken auch diese Ansicht.

Ein ganz zweifelloser Fall einer unbewußten Präsumption liegt auch in dem einen Falle des § 174, II, d), des österreichischen Strafgesetzbuches vor, wo dem Einbruchsdiebstahl diejenigen Fälle gleichgestellt werden, in welchen der Täter die Sache „mit Überwindung eines beträchtlichen, die Sache gegen Wegnahme schützenden Hindernisses" an sich gebracht hat. Der Gesetzgeber dachte dabei nur an solche Fälle, in welchen ein besonders energischer Wille zur Überwindung dieses Hindernisses notwendig ist.

Wie sehr der gleiche Fehler auch darin liegt, daß die Typen die Funktion ausschließlicher Bewertung erhalten, läßt sich schwer nachweisen. Ich bin freilich überzeugt, daß die Gesetzgeber wirklich der Meinung sind, mit Hilfe der tatbestandlichen Bewertung in Verbindung mit der Anerkennung von Rechtfertigungsgründen könnten alle Fälle richtig entschieden werden, und daß sie dabei an die Fälle der Unrechtsminderung einfach nicht gedacht haben. Dieses Übersehen wird ja freilich noch in weitgehendem Maße dadurch gefördert, daß durch die ganze Problemstellung in der strafrechtlichen Literatur die Aufmerksamkeit von diesen Fällen abgelenkt wird. Leichter läßt sich der Nachweis auf dem Gebiet der Bewertung der Schuldformen führen. Wenn man die Schuld im Falle vorsätzlicher Verübung stets für größer hält als im Falle fahrlässiger Begehung, so liegt der Grund zweifellos darin, daß man bei dem Begriff der vorsätzlichen Begehung stets an den Bösewicht denkt, der aus negativem Motiv handelt und mehr oder weniger Zustandsverbrecher ist, bei der Fahrlässigkeit dagegen stets an den Fall, in welchem jemand den aus seiner Tat entstandenen Schaden bereut und selbst darüber ganz bestürzt und verzweifelt ist (z. B. die Mutter, die aus Nachlässigkeit ihr Kind umkommen läßt). Nur wenn man stets solche Fälle im Auge hat, ist es möglich, ganz allgemeingültig zu behaupten, der Vorsatz beweise immer einen größeren Charakterdefekt als die Fahrlässigkeit, wie dies kürzlich erst Kadečka getan hat[1]). Die ganze Richtung der Symptomatiker mußte einen solchen Fehler begünstigen. Tatsächlich finden wir auch im Strafgesetzentwurf 1927 deut-

---

[1]) a. a. O.

liche Beweise für sein Vorhandensein. Obwohl der Entwurf in § 69 die Berücksichtigung des Charakters (offenbar neben den Schuldformen) dem Richter anbefiehlt, finden wir in dem gleichen Paragraphen der Tatkomponente angehörige Merkmale, welche nur in den typischen, keineswegs aber in allen Fällen einen Schluß auf eine verwerfliche Gesinnung oder Willensrichtung des Täters zulassen: So die Nachhaltigkeit des auf die Tat aufgewendeten Willens, die angewandten Mittel und die verschuldeten Folgen der Tat. Hier wird es ganz deutlich, daß dem Gesetzgeber offenbar Fälle vorschwebten, wie der des bestialischen Raubmörders, der sein Opfer durch Messerstiche förmlich zerfleischt oder sonst grausam quält usw. Daneben wurden diejenigen Fälle übersehen, in welchen bloß deshalb verwerfliche Mittel angewendet werden, weil kein anderes zum Ziele führen kann, während der Täter selbst darüber entsetzt ist, in welcher Weise er seine Tat vollbringen muß.

Besonders aufschlußreich für die Fehlerhaftigkeit rein gefühlsmäßiger Bewertung ist die Regelung des Versuchs im Strafgesetzentwurf. Hier hat nämlich bei zwei ganz ähnlichen Fragen das Rechtsgefühl ganz entgegengesetzte Entscheidungen hervorgebracht, was offenbar darauf zurückzuführen ist, daß sich bei der einen Frage die Aufmerksamkeit auf das eine Merkmal, bei der anderen Frage aber auf ein anderes Merkmal konzentrierte. Soweit es sich um das Problem „objektive oder subjektive Versuchstheorie?" handelte, faßte man nur den bösen Vorsatz des Täters ins Auge; demgemäß fiel die gefühlsmäßige Bewertung aus. Es mußte natürlich dem Rechtsgefühl widersprechen, von zwei Tätern, die beide mit dem gleichen bösen Vorsatz gehandelt haben, den einen nur deshalb straflos zu lassen, weil das, was objektiv geschehen ist, noch keine tatbestandsmäßige Ausführungshandlung ist. Daher entschied man sich für die subjektive Versuchstheorie. Bei dem Problem jedoch, ob der Versuch milder bestraft werden sollte als die vollendete Tat, konzentrierte sich die Aufmerksamkeit auf das objektive Geschehen, und demgemäß lautete die Lösung: Es widerspreche dem Rechtsgefühl, so meinte man, wenn die gleiche Strafe verhängt werde, ohne Rücksicht darauf, ob wirklich etwas geschehen sei oder nicht. Daher wurde der Versuch grundsätzlich milder bestraft als die Vollendung, häufig sogar vollständig straflos gelassen. Man kann sich nun kaum einen ärgeren Verstoß gegen die primitivsten Gesetze der Logik vorstellen als diese Regelung des Versuchs: Einmal soll es beim Versuch nur auf den Vorsatz ankommen, was objektiv geschehen ist, ist gleichgültig; dann aber wieder soll gerade der Vorsatz unbeachtlich sein, es soll vielmehr nur auf das ankommen, was objektiv geschehen ist. Nur die vollständige Ausschaltung des Verstandes durch das Rechtsgefühl konnte eine derartige Regelung bewirken. Vom psychologischen Standpunkt aus ist die Verschiedenheit der gefühlsmäßigen Bewertung in beiden Fällen übrigens sehr begreiflich: Die Fragestellung selbst leitete ja die Aufmerksamkeit in dem einen Fall auf den bösen Vorsatz, in dem anderen auf das objektive Geschehen hin, und so wurde denn die gefühlsmäßige Bewertung in dem einen Fall an jenen, in dem andern an dieses herangetragen.

Aber nicht nur unmittelbar in der Gesetzgebung selbst, sondern auch in der Theorie, welche dem Gesetzgeber vorarbeitet, finden sich zahlreiche Beispiele dafür, daß an Stelle eines abstrakten Typus ein mehr oder minder konkreter Fall der Beurteilung zugrunde gelegt wird. Aus diesem konkreten Fall werden dann wieder rein gefühlsmäßig alle möglichen Konsequenzen abgeleitet, ohne daß man darauf achtet, ob die Folgerungen gerade aus solchen Merkmalen gezogen werden, welche dem zugrunde liegenden Typus wesentlich sind, oder vielmehr aus solchen, welche dem unterschobenen konkreten Fall anhaften. Selbstverständlich sind solche Folgerungen dann arge Trugschlüsse und sie führen statt zu einer Klärung zu einer ständigen Verwirrung der Probleme, zu deren Lösung sie beitragen sollen. Wer die ganze strafrechtliche Literatur aufmerksam verfolgt, könnte ganze Bände mit Beispielen für solche Fälle füllen. Hier soll nur auf zwei besonders markante Fälle hingewiesen werden. Einer gehört dem Ideenkreis der mittelbaren Täterschaft an, der andere demjenigen der Schuldformenlehre.

Als einer der wichtigsten Gründe für die Beibehaltung des Begriffes der mittelbaren Täterschaft wird gewöhnlich ins Treffen geführt, man könne unmöglich denjenigen als Täter bezeichnen, dessen Handlung eine rechtliche Null sei; und dies sei beim Geisteskranken der Fall. Ganz abgesehen davon, daß dies nur vom Standpunkt der Imperativentheorie oder überhaupt eines subjektiven Systems aus richtig wäre, so hat man dabei immer nur einen bestimmten Fall der mittelbaren Täterschaft vor Augen, denjenigen nämlich, in welchem der unmittelbar Ausführende überhaupt schuldlos handelt; die Fälle, in welchen dem Ausführenden Fahrlässigkeit zur Last fällt, dem Veranlasser aber Vorsatz, wo ganz allgemein gleichfalls mittelbare Täterschaft angenommen wird, übersieht man dabei einfach. Insoweit könnte sich die Beweisführung allerdings auch noch auf verstandesgemäßem Gebiet bewegen. Sie wird jedoch sofort ins Gefühlsmäßige übertragen, wenn man erklärt, es widerspreche dem allgemeinen Rechtsgefühl, denjenigen bloß als Anstifter zu behandeln, der sich eines „willenlosen" Werkzeuges zur Ausführung bedient hat. Wieder träfe das Argument, wenn es überhaupt stichhältig wäre, nur auf diejenigen Fälle zu, welche man im Auge hatte, in welchen der Ausführende wirklich ein willenloses Werkzeug gewesen ist, was schon bei Fahrlässigkeit (etwa gar bewußter Fahrlässigkeit) des Ausführenden nicht der Fall ist, und noch weniger natürlich bei den von der überwiegenden Meinung noch immer anerkannten Fällen des dolosen Werkzeugs, in denen der Begriff der mittelbaren Täterschaft lediglich dazu dient, schwere rechtstechnische und gesetzestechnische Fehler in ihren Konsequenzen zu mildern.

Noch lehrreicher sind die der Schuldformenlehre angehörigen Beispiele. Wenn man die Vorschriften des Entwurfs 1927 über Vorsatz und Fahrlässigkeit aufmerksam liest, fällt einem auf, daß der Entwurf, der sonst immer nur von der Verwirklichung des Tatbestandes spricht und die Schuldformen stets auf die Verwirklichung des Tatbestandes bezieht, bei der Definition der Absicht plötzlich an Stelle des Tatbestandes den Erfolg als Objekt der Schuld bezeichnet. Vorsätzlich handelt nach § 17 derjenige, welcher den Tatbestand mit Wissen und Willen verwirklicht, auch bei der Definition des eventuellen Vorsatzes und bei der Erklärung des Wortes „wissentlich" in § 18/1 wird auf den Tatbestand abgestellt. In § 18/2 aber heißt es plötzlich, daß absichtlich derjenige handle, dem es darauf ankomme, den Erfolg herbeizuführen. Nun kann natürlich nicht geleugnet werden, daß Absicht auch in bezug auf Modalitäten der Handlung möglich ist, daß sie auch bei sogenannten erfolglosen reinen Tätigkeitsdelikten vorkommen kann. Der Gesetzgeber hat also offenbar wieder nur an den typischen Fall gedacht und diesen der Formulierung zugrunde gelegt. In der Schuldformenlehre wird nun allerdings das einseitige Abstellen auf den Erfolg durch die ganze Entwicklung der wissenschaftlichen Arbeit auf diesem Gebiet bedeutend erleichtert. Begann doch der ganze Streit um Vorstellungs- und Willenstheorie und um die Abgrenzung und Definition des dolus eventualis auch mit der Streitfrage, ob nur die Handlung oder auch der Erfolg gewollt sein könne. Dadurch war die Aufmerksamkeit der Wissenschaft auf den Erfolg konzentriert. So darf es auch nicht wundernehmen, wenn in vielen Abhandlungen über den dolus eventualis immer nur ein einzelner Fall, nämlich der Erfolgs-Dolus eventualis behandelt wurde; und als man gelegentlich erkannte, daß dolus eventualis auch in bezug auf Modalitäten möglich sei, konnte man allen Ernstes daran zweifeln, ob dieser Fall ebenso zu behandeln sei wie der bisher allein berücksichtigte Normalfall. Mir will nun scheinen, als ob auch bei der stets rein gefühlsmäßigen Bewertung des dolus eventualis der gleiche Fehler unterlaufen wäre. Ich habe in meinem Aufbau des Strafrechtssystems[1]) den Nachweis versucht, daß unter dem Begriff des dolus eventualis, wenn man ihn so faßt, wie er heute von der überwiegenden Meinung formuliert wird, also nach der Frankschen Formel, zwei grundverschiedene Typen vereinigt werden, nämlich erstens solche Fälle, in welchen man dolus eventualis deshalb annimmt, weil dem Täter seiner ganzen Charakteranlage nach die Begehung einer solchen Tat mit direktem Vorsatz zugetraut werden kann, und zweitens solche Fälle, in welchen den Täter ein besonders mächtiges Motiv zur Herbeiführung desjenigen Erfolges drängt, auf welchen es ihm ankommt und mit welchem der tatbestandsmäßige Erfolg mehr oder minder wahrscheinlich Hand in Hand geht. In der ersten Gruppe von Fällen ist die Schuld infolge der naturgemäß gegebenen besonderen Größe der Persönlichkeitskomponente stets sehr groß, bei der letzteren Gruppe von Fällen kann sie aber äußerst gering sein, dann nämlich, wenn das starke Motiv ein indifferentes oder gar ein positives ist. Untersucht man nun die Beispiele, die da für den dolus eventualis gebracht werden, so ist leicht zu erkennen, daß man fast immer nur die erste Gruppe von Fällen im Auge hatte; nur für diese läßt sich ja auch die grundsätzliche Gleichstellung in der Bewertung mit den Fällen des direkten Vorsatzes, ja selbst mit den schwersten Fällen dieser Art, rechtfertigen. Dagegen habe ich kein einziges krasses Beispiel für die zweite Gruppe von Fällen finden können, etwa den Fall, in welchem der Täter, um eine ihm als Andenken liebgewordene und obendrein sehr wertvolle Sache aus einer nicht gegenwärtigen Gefahr zu retten, eine Handlung unternimmt auf die Gefahr hin, daß dadurch ein Mensch verletzt werde. Denn für diese Fälle würde bei rein gefühlsmäßiger Bewertung eine Gleichstellung mit der fahrlässigen Verübung viel eher am Platze scheinen[2]). Es dürfte also wohl richtig sein, wenn man annimmt, die Anhänger des dolus eventualis und seiner Gleichbehandlung mit dem direkten Vorsatz hätten bei der gefühlsmäßigen Bewertung eine bestimmte Gruppe von konkreten Fällen dem abstrakten Typus unterschoben.

---

[1]) Vgl. S. 181 ff.

[2]) Engisch, a. a. O., will diese Fälle wirklich zur Fahrlässigkeit rechnen.

Auch sonst glaube ich, den erwähnten typischen Fehler auf dem Gebiete der Schuldformenlehre nachweisen zu können. Es wurde im zweiten Teil auf den seltsamen Widerspruch hingewiesen, der in der herrschenden Schuldformenlehre darin besteht, daß beim einfachen Vorsatz lediglich die intellektuelle Kategorie (das Wissen um die Tatbestandsverwirklichung) von Bedeutung ist, während es auf die emotionale (ob dem Täter diese Tatverwirklichung bloß gleichgültig oder in hohem Maße unerwünscht ist) überhaupt nicht ankommt, während es bei der Absicht in der herrschenden Lehre wieder nur auf die emotionale Kategorie ankommt (die Lustbetonung), während die intellektuelle ganz gleichgültig ist. Ich glaube nun, daß die Erklärung hiefür darin gefunden werden kann, daß man beim Vorsatz stets nur solche Beispiele vor Augen hat, in welchen dem Täter die Tatbestandsverwirklichung gleichgültig ist, nicht aber solche, bei welchen sie ihm im hohen Grade unerwünscht ist, bei der Absicht dagegen nur solche Fälle, wo der Täter die Tatbestandsverwirklichung entweder für gewiß oder doch für in hohem Grade wahrscheinlich hält[1]). So wird in beiden Fällen stets nur eine bestimmte Gruppe von konkreten Fällen gefühlsmäßig bewertet, während man den abstrakten Typus zu bewerten glaubt. In beiden Fällen wird das Zustandekommen des Fehlers wieder dadurch begünstigt, daß naturgemäß die Aufmerksamkeit gerade auf das charakteristische Merkmal der beiden Schuldformen (einerseits das Wissen, anderseits das Erwünschtsein) konzentriert wird, so daß man gar nicht daran denkt, auch auf anderen Gebieten Unterschiede zu suchen und die tatsächlich vorhandenen daher einfach übersieht.

Ich glaube ohne Übertreibung sagen zu können, daß die rein gefühlsmäßige Bewertung aller Einzelfälle zusammen mit den dadurch hervorgerufenen Fehlern eines der wichtigsten Hemmnisse ist, welche einer gedeihlichen Entwicklung nicht nur der Strafrechtswissenschaft, sondern der Rechtswissenschaft überhaupt und damit auch einer richtigen Formulierung der Gesetze entgegenstehen.

Hält sich nun der Gesetzgeber von jeder gefühlsmäßigen Bewertung de lege ferenda fern und vermeidet er es auch, solche wissenschaftliche Ansichten zur Grundlage zu nehmen, welche als einziges Argument für ihre Richtigkeit das Rechtsgefühl anzuführen vermögen, dann können derartige Fehler nicht vorkommen. Geht der Gesetzgeber nach streng wissen-

---

[1]) Den Beweis liefert wieder Engisch, der die Fälle ganz geringer Wahrscheinlichkeit aus dem Gebiet der Absicht ausscheidet.

schaftlicher Methode vor, dann verhindert die Strafrechtssystematik von vornherein den größten Teil der möglichen Fehlentscheidungen, die übrigen aber werden wenigstens in ihren Wirkungen bedeutend abgeschwächt. Wissenschaftlich und systematisch denken bedeutet ja gleichzeitig abstrakt denken. Erkennt man, worauf es bei der Typenbildung eigentlich ankommt, hat man sich etwa zur Überzeugung durchgerungen, daß die Sozialschädlichkeit im Sinne einer bestimmten rechtlich geordneten sozialen Gemeinschaft für die Schwere des Unrechts allein bedeutsam ist, dann führt dies von selbst dazu, daß bei jedem zu bildenden Typus jedes einzelne Merkmal im Hinblick auf seine Bedeutung für die Sozialschädlichkeit geprüft wird, und daß danach alle diejenigen Merkmale eines konkreten Falles, für welche diese Frage verneint werden muß, aus dem Unrechtstypus ausgeschieden werden. Selbst wenn also zunächst bei der Typenbildung sich an Stelle des abstrakten Typus ein konkreter Fall einschleicht, so werden eben jene konkretisierenden Merkmale, welche wesensverschieden sind, auf rein verstandesmäßigem Wege wieder ausgeschieden werden. Es kann also schon z. B. nicht vorkommen, daß bei der Bewertung eines abstrakten Unrechtstypus tatsächlich das Motiv bewertet wird, das im konkreten Falle vorliegt, der dem abstrakten Typus unterschoben wurde. Denn dieses Merkmal würde bei Prüfung nach den Grundsätzen der Strafrechtssystematik sofort als Fremdkörper erkannt und daher wieder ausgeschieden werden. Eine Fehlermöglichkeit bleibt sonach nur insoweit bestehen, als es etwa möglich wäre, daß zu dem abstrakten Unrechtstypus, um dessen Bewertung es sich handelt, ein weiteres nicht essentielles Merkmal hinzukommt, das selbst wieder zum Unrecht gehört. Aber auch diese Gefahr ist bei systematischem Aufbau bedeutend geringer als im Falle gefühlsmäßiger Bewertung. Denn durch die vorangegangene verstandesgemäße Ausmerzung von nicht zur selben systematischen Sphäre gehörenden Merkmalen ist die Aufmerksamkeit bereits auf das Vorhandensein von Accidentalia konzentriert und es wird daher kaum möglich sein, daß ein solches unerkannt bleibt. Doch selbst wenn dies der Fall wäre, wären die Folgen in einem nach streng systematischen Gesichtspunkten aufgebauten Strafrecht nicht sehr verhängnisvoll: Die Strafrechtssystematik lehrt uns ja die Unmöglichkeit eines starren Systems, sie zeigt uns, daß den einzelnen Typen niemals die Funktion absoluter Bewertung zukommen kann, sondern daß sie nur Sinn erhalten als feste Stützpunkte innerhalb einer Fülle möglicher Übergänge und gleichzeitig als Garantien für die Rechtssicherheit. Ein Fehler in der Vertypung kann daher niemals so katastrophale Folgen haben, wie in den mit zahllosen Präsumptionen und selbst Fiktionen arbeitenden starren Systemen, die bei rein gefühlsmäßiger Bewertung stets entstehen müssen.

Aber nicht nur der Gegenstand der Bewertung wird geklärt, wenn an Stelle des gefühlsmäßigen Vorgehens die wissenschaftlich systematische Methode tritt, sondern auch die Bewertung selbst wird aus einer rein subjektiv zufälligen in eine objektiv gesetzmäßige verwandelt. Die Bewertung erfolgt eben dann nach streng wissenschaftlichen Gesichtspunkten und ist daher unabhängig davon, ob der Bewertende diesem oder jenem Moment größere Bedeutung beimißt und in welcher Stimmung er sich gerade befindet. Damit werden auch diejenigen Fehler ausgeschaltet, welche bei gefühlsmäßiger Einschätzung eines konkreten Einzelfalles immer wieder vorkommen. Der oben erwähnte Fall des Versuches etwa, in welchem bei gefühlsmäßiger Bewertung einmal gleiche Strafbarkeit des bösen Vorsatzes ohne Rücksicht auf das objektive Geschehen, dann wieder bedeutend mildere Strafbarkeit oder gar Straflosigkeit des Versuches herauskommt, je nachdem, ob man die Aufmerksamkeit mehr auf den Täter oder mehr auf die Tat selbst konzentriert, wäre leicht und ohne jeden Zweifel zu lösen: Es wäre selbstverständlich, daß nach dem subjektiven System nur der Entschluß des Täters, nach dem objektiven aber primär das tatsächliche Geschehen für das Unrecht von Bedeutung ist, die Entscheidung könnte also kaum zu einer Streitfrage Anlaß geben.

Geht nun der Gesetzgeber wirklich nach streng wissenschaftlicher Methode vor, so ist die Folge davon nicht etwa ein Gesetz, das dem Rechtsgefühl absolut nicht gerecht zu werden vermöchte, sondern vielmehr das gerade Gegenteil: Ein streng systematisch-logisch aufgebautes Gesetz kommt dem Rechtsgefühl in viel höherem Grade entgegen als ein rein gefühlsmäßig aufgebautes. So seltsam dies auf den ersten Blick scheinen mag, so läßt es sich doch geradezu logisch nachweisen. Es wurde oben dargetan, daß bei gefühlsmäßiger Bewertung eines abstrakten Typus sich fast immer ein mehr oder minder konkretisiertes Beispiel für diesen dem Bewertenden unterschiebt; wird nun tatsächlich dieses Beispiel bewertet, so ist die notwendige Folge davon, daß die gleiche gefühlsmäßige Bewertung, wenn man von den Schwankungen in bezug auf denselben konkreten Fall absieht, nur bei denjenigen konkreten Fällen Platz greifen kann, welche dem tatsächlich Bewerteten zumindesten ganz ähnlich sind, niemals aber bei denjenigen dem gleichen abstrakten Typus unterfallenden Fällen, welche in ihren konkreten Merkmalen von dem tatsächlich bewerteten Fall abweichen; solche Fälle müssen dann immer nach dem gefühlsmäßig aufgebauten Gesetz in einer Weise entschieden werden, welche dem Rechtsgefühl nicht entspricht, weil eben an diese Fälle gar nicht gedacht worden ist, als man den Typus gefühlsmäßig bewertete. Ist aber das Gesetz nach streng systematischen Gesichtspunkten aufgebaut, dann können, wie oben dargetan, solche Unterschiebungen eines konkreten Falles nur in sehr beschränktem Ausmaß auftreten und selbst wenn sie vorkommen, haben sie keine besonders üblen Folgen, weil eben die einzelnen Typen keine ausschließliche Bewertung darstellen, sondern nur Stützpunkte und Mindestgarantien für die Rechtssicherheit darstellen, so daß also jeder konkrete Fall seiner Eigenart entsprechend entschieden werden kann. So ist es klar, daß auf Grund des systematisch aufgebauten Gesetzes jeder Fall in einer Weise entschieden werden kann, die dem Rechtsgefühl bedeutend näher kommt, als wenn das Gesetz selbst gefühlsmäßig aufgebaut wurde. Ein Gesetz freilich, das dem Rechtsgefühl voll und ganz gerecht würde, ist gänzlich undenkbar, und zwar deshalb, weil, wie oben dargetan wurde, die gefühlsmäßige Bewertung ein und desselben konkreten Falles je nach den Umständen, dem Objekt der Aufmerksamkeit und der Stimmung des Bewertenden eine verschiedene sein kann. Immerhin läßt sich der paradox anmutende Satz aufstellen, daß gerade die fanatischen Anhänger der Idee des Rechtsgefühls sich ängstlich davor hüten müßten, ein Gesetz rein gefühlsmäßig aufzubauen, weil es in diesem Falle dem Rechtsgefühl am allerwenigsten gerecht zu werden vermag. Wer daran noch immer zweifeln sollte, dem empfehle ich, die Probe aufs Exempel zu machen: Er nehme etwa 100 konkrete Strafrechtsfälle her, ganz wahllos, wie sie ihm die Praxis zuträgt, und entscheide diese zuerst bloß nach dem Rechtsgefühl, sodann nach dem Strafgesetzentwurf 1927, ferner nach dem geltenden deutschen oder nach dem geltenden österreichischen Strafgesetzbuch und schließlich nach meinem „Aufbau des Strafrechtssystems". Er wird finden, daß die gefühlsmäßig gefundene Entscheidung in den weitaus meisten Fällen in Widerspruch steht mit der Entscheidung nach dem Entwurf, in vielen Fällen in Widerspruch mit der Entscheidung nach den geltenden Gesetzen und nur in ganz wenigen Fällen in Widerspruch mit der Entscheidung nach meinem System. Und doch ist der Entwurf geradezu bewußt gefühlsmäßig und unter Außerachtlassung der Logik aufgebaut, in den geltenden Gesetzen aber bildet das Rechtsgefühl eine große, wenn auch lange noch keine so ausschlaggebende Rolle wie im Entwurf, in meinem System aber ist das Rechtsgefühl bewußt ausgeschaltet worden[1]).

VI. Vom Notstand.

1. Allgemeines.

Wenn irgendein Teilgebiet der Strafrechtswissenschaft besonders geeignet zu sein scheint, die Unzulänglichkeit der üblichen Methoden durch seine eigene Unvollkommenheit zu erweisen, so ist es das Notstandsproblem. Hier finden sich alle methodologischen Fehler vereinigt, an welchen die Strafrechtswissenschaft krankt. Der kasuistisch-gefühlsmäßige Aufbau der Strafgesetze, der weder das Wesen des Unrechts noch das der Schuld scharf herauszuarbeiten vermochte und sich über die wichtigsten Voraussetzungen einerseits der Schwere des Unrechts, anderseits der Schwere der Schuld im unklaren geblieben ist, vermochte überhaupt nicht zu einer Erfassung derjenigen Fälle zu führen, welche wir heute als Notstand zu bezeichnen pflegen. Der heutige Notstandsbegriff ist daher nicht etwa als eine logische Konsequenz aus bestimmten Grundprinzipien abgeleitet, sondern er ist auf Grund praktischer Einzelerfahrungen rein gefühlsmäßig aus der Zahl der strafbaren Handlungen herausgehoben worden. Man machte ganz einfach die Erfahrung, daß eine ganze Reihe von Fällen nicht strafwürdig sei, obwohl scheinbar alle bekannten Verbrechensvoraussetzungen vorlagen. Nun suchte man dieser merkwürdigen Erscheinung auf den Grund zu kommen und dabei gelangte man zu dem scheinbar allen diesen Fällen gemeinsamen Merkmal der „Not" des Täters. Auf dieses Merkmal der Not zu kommen, war nicht schwierig, denn einerseits ist es dasjenige Merkmal, welches sich der Aufmerksamkeit am meisten aufdrängt, anderseits war man durch den Begriff der Notwehr schon früher darauf aufmerksam geworden. So nahm also die Notstandslehre von der Not des Täters ihren Ausgang. Da man aber bald erkennen mußte, daß die Not ein sehr dehnbarer Begriff sei, ging man daran, weitere einschränkende Merkmale herauszuarbeiten, so

[1]) Ich bin gegenwärtig damit beschäftigt, eine Sammlung solcher Fälle mit den nötigen theoretischen Erklärungen zusammenzustellen und werde sie nach Abschluß der Vorarbeiten veröffentlichen. Ich hoffe damit klarer als durch theoretische Ausführungen den Wert des Strafgesetzentwurfs 1927 beweisen zu können.

die Unmittelbarkeit der drohenden Gefahr, die Tatsache, daß sie nicht anders abwendbar sei, und schließlich noch, daß die Not keine „selbstverschuldete" sein dürfe. Betrachtet man diese einzelnen Voraussetzungen des Notstandes, so ist es nicht schwer, auch wenn man die Dogmengeschichte dieses Begriffes überhaupt nicht kennt, zu erkennen, daß diese einzelnen Merkmale unmöglich auf dem Wege logischer Deduktionen aus irgendwelchen strafrechtlichen Grundprinzipien heraus gewonnen sein können. Weder irgendein herkömmliches noch irgendein von mir skizziertes System führt gerade zu diesen Merkmalen. Die angeführten Notstandsvoraussetzungen wurden vielmehr rein gefühlsmäßig gewonnen. Und dabei schlichen sich naturgemäß alle die Fehler ein, welche mit gefühlsmäßiger Entscheidung abstrakter Typen, wie oben dargetan, fast notwendig verbunden sind, vor allem der Fehler der mangelhaften Abstraktion. Tatsächlich hatte man zunächst immer nur jene Gruppe von Notstandsfällen im Auge, welche man heute als bloß entschuldigenden oder bloß strafbefreienden Notstand (der die Rechtswidrigkeit des Verhaltens bestehen läßt) zu bezeichnen pflegt. Und wo sich wirklich einmal ein Beispiel einschlich, das nach dem heutigen Stand der Lehre als rechtfertigender Notstand aufgefaßt werden müßte, entging die Möglichkeit, den Fall schon auf der objektiven Seite zu erledigen, dadurch der Aufmerksamkeit, daß das charakteristische Merkmal der Not, das ja auch in diesen Fällen bestand (sonst hätte man sie ja gar nicht als Notstand erfaßt) die Aufmerksamkeit sozusagen magnetisch auf sich zog. Erst Rudolf Merkel war es vorbehalten, die Verschiedenheit der beiden Gruppen des Notstandes klar zu erkennen. Er zeigte, daß in der einen Gruppe, die man seither als Fälle des rechtfertigenden Notstandes bezeichnet, der Grund der Straflosigkeit des Täters bereits auf objektivem Gebiet liege und darin zu finden sei, daß es im Falle einer Güterkollision dem Sinn der Rechtsordnung entsprechen müsse, daß das höherwertige Gut auf Kosten des minderwertigen gerettet werde. Diese „Güterabwägungstheorie", welche einen gewaltigen Fortschritt darstellte, wenn sie auch noch lange nicht das Wesen der Materie vollständig zu erfassen vermochte, eroberte sich allmählich fast allgemeine Anerkennung. Heute kann sie tatsächlich bereits als herrschende Lehre gelten und auch die neueren Entwürfe haben sie, freilich meist in sehr abgeschwächter Form übernommen (so auch der Entwurf 1927). Merkels Untersuchungen hatten aber noch nach einer anderen Richtung hin größte Bedeutung. Durch den Nachweis, daß bei einem Teil der Notstandsfälle die strafbefreiende Wirkung durch den verschiedenen Wert der kollidierenden Güter zustande kommt, war dieser Gruppe von Notstandsfällen gleichzeitig auch der richtige Platz innerhalb des Strafrechtssystems angewiesen worden, nämlich in der Kategorie der Rechtfertigungsgründe. Freilich stellen diese Rechtfertigungsgründe selbst wieder in der heutigen Strafrechtswissenschaft alles eher als eine systematische Einheit dar, da ja auch sie nicht in Verfolgung irgendeines Prinzips, sondern rein gefühlsmäßig-kasuistisch aus dem Gebiete des strafbaren Unrechts ausgeschieden wurden. Immerhin vermochte man jetzt wenigstens die eine Gruppe von Notstandsfällen in eine schon bekannte strafrechtliche Kategorie einzuordnen.

Schlimmer stand es schon mit den restlichen Notstandsfällen. Hier herrscht heute noch große Ratlosigkeit. Die „Irrfahrten des Notstands im Strafrechtssystems", über welche Baumgarten gelegentlich spottete, werden leicht erklärlich, wenn man bedenkt, daß diese Strafrechtssysteme der herrschenden Lehre eben gar keine Systeme sind, sondern ein durch zahllose Fiktionen mühsam zusammengeleimtes Konglomerat von einzelnen vielfach in sich selbst widerspruchsvollen Bestandteilen. Vergeblich bemühte man sich, in einem dieser Pseudosysteme irgendein Prinzip zu finden, aus dem heraus die Straflosigkeit der übrigen Notstandsfälle restlos begreiflich gemacht werden könnte. Denn unglücklicherweise waren nämlich sämtliche bisherigen Systeme an diesem Grund, der in der Berücksichtigung nicht nur der Persönlichkeitskomponente, sondern auch der erweiterten Tatkomponente gelegen ist, vorbeigegangen. Daß dies geschah, liegt wieder in dem schon axiomatisch gewordenen Irrtum begründet, die strafrechtlichen Typen müßten die Funktion ausschließlicher Bewertung haben. Da es nach Merkels Untersuchungen so ziemlich feststand, daß nur ein Teil der Notstandsfälle in die Kategorie der Rechtfertigungsgründe gehören könnte, blieben für den Rest von vornherein nur die beiden Kategorien der Entschuldigungsgründe und der bloßen Strafausschließungsgründe übrig. Der erste Weg war konsequenterweise denjenigen verschlossen, für welche sich das Wesen der Schuld in einer psychischen Beziehung des Täters zur Einzeltat (sei es zum Tatbestand allein oder auch zu dessen Bewertung) erschöpfte. Denn ist die Schuld lediglich die subjektive Widerspiegelung der Tat, dann ist es ganz ausgeschlossen, die Notstandsfälle als Schuldausschließungsgründe anzusehen, da ja in all diesen Fällen die psychische Beziehung des Täters zur Tat gegeben ist. (Der Ausweg, den schon verschiedene ältere Autoren versuchten, die Notstandsfälle als

Unterfälle der Zurechnungsunfähigkeit anzusehen, wird wohl heute mit recht nicht mehr ernstlich in Betracht gezogen.) So finden wir denn auch etwa bei Beling den Notstand, soweit er nicht Unrechtsausschließungsgrund ist, als bloßen Strafausschließungsgrund angeführt. Nun ist aber mit dieser Bezeichnung vom systematischen Standpunkt aus faktisch noch gar nichts gewonnen. Strafausschließungsgründe im weiteren Sinn sind auch Unrechts- und Schuldausschließungsgründe. Handelt es sich aber um einen Strafausschließungsgrund im engeren Sinn, dann müßte dargetan werden, auf welches Grundprinzip des Strafrechts er zurückgeht, soll nicht das Wort den Mangel eines Gedanken decken. Die in Betracht kommenden Prinzipien könnten aber nur auf dem Gebiete der übrigen für den strafrechtlichen Bekämpfungswert bedeutsamen Kategorien liegen, und zwar kämen hier offenbar nur General- oder Spezialprävention in Betracht, denn daß der Notstand mit der Kategorie der Erfassung oder gar mit der politischen Kategorie nichts zu tun hat, scheint von vornherein klar zu sein. Weder vom Gesichtspunkt der Generalprävention noch von demjenigen der Spezialprävention aus läßt sich aber die Straflosigkeit der Notstandstat erklären. Wenn auch die Furcht vor der Strafe insbesondere in schweren Notstandsfällen wenig abhaltende Wirkung äußern wird, ganz ausgeschaltet wird diese Wirkung aber keineswegs, und es gibt auch außerhalb der Notstandsfälle genug Situationen im menschlichen Leben, in welchen man sich um die Strafe wenig kümmert, ohne daß das Gesetz deswegen von Strafe absähe. Ebenso kann auch ein Notstandstäter Spezialprävention notwendig haben, und wenn man sich dazu entschließt, auch die Notstandstat zu bestrafen, dann müßte auch die Spezialprävention darauf gerichtet sein, künftig Notstandstaten zu verhindern; eine Erklärung der Straflosigkeit des Notstandes aus dem Gedanken der Spezialprävention wäre also ein petitio principii. Es ergibt sich daher, daß der Ausdruck „Strafausschließungsgrund" in unserem Falle tatsächlich nichts anderes ist, als eine Verlegenheitsbezeichnung für etwas, was in keine der strafrechtlichen Kategorien paßt. Die Kategorie der bloßen Strafausschließungsgründe ist ja heute leider eine Art von Sammelbecken geworden für alle Fälle, denen man ratlos gegenübersteht. Die Erklärung des nicht rechtfertigenden Notstandes als Strafausschließungsgrund kommt also dem Einbekenntnis gleich, keine Erklärung dieser Fälle gefunden zu haben.

Leichter hatten es die Anhänger des Begriffes der Charakterschuld. Diese konnten scheinbar ohne jede Schwierigkeit die

Natur des Notstandes als eines Schuldausschließungsgrundes begreifen: Liegt die Schuld im antisozialen Charakter, der durch die Tat geoffenbart wird, dann fällt es nicht schwer, zu erklären, warum der Notstand straflos sei: Eine im Notstand verübte Tat offenbart eben keinen antisozialen Charakter, da in diesen Fällen der verbrecherische Entschluß so gut wie ausschließlich durch täterfremde Momente zustande kommt. Freilich steckt in dieser Schlußfolgerung wieder eine unwiderlegliche Vermutung verborgen: Es ist nicht zu leugnen, daß der Fall eintreten kann, daß ein Notstandstäter sehr glücklich darüber ist, daß er sich im Notstand befindet, weil er auf diese Weise dem schon lange verhaßten Feind schaden kann. In diesem Fall trifft tatsächlich der Schluß nicht zu, daß die Tat keinen schlechten Charakter offenbare. Noch schwerer ist aber folgendes Bedenken: Es gibt auch außerhalb des Notstandes genügend Fälle, in welchen die Tat keinen Schluß auf einen verwerflichen Charakter zuläßt, so in allen Fällen des ausgesprochenen Augenblicksverbrechers. Denkt man an besonders krasse Fälle dieser Art, so wird man den Unterschied zwischen diesen und dem Notstand kaum finden können: Es bleibt unbegreiflich, warum nur in der einen Gruppe von Fällen vollständige Straflosigkeit, in der anderen Gruppe aber Strafbarkeit angebracht scheinen sollte. Ganz zu befriedigen vermag also auch diese Lösung nicht, wenn sie auch weit besser ist als die Auffassung des Notstandes als eines bloßen Strafausschließungsgrundes.

Wer freilich Charakterschuld bloß im Sinne einer Zurechnung zum Charakter auffaßt, das heißt zwar nur auf die psychische Beziehung des Täters zur Tat Wert legt, die Bedeutung dieser psychischen Beziehung aber damit erklärt, daß sie einen mehr oder minder verwerflichen Charakter offenbare, wie dies etwa Tesar und Kollmann und gelegentlich auch Kadečka tun, der hat mit der Erfassung des Notstandes als eines Schuldausschließungsgrundes genau dieselben Schwierigkeiten wie derjenige, welcher das Wesen der Schuld in der Beziehung zur Einzeltat erblickt. Denn wenn Vorsatz und Fahrlässigkeit immer einen Schluß auf den antisozialen Charakter rechtfertigen, bleibt es ein Rätsel, warum dies ausgerechnet in den Notstandsfällen nicht der Fall sein soll, obwohl doch hier gleichfalls Vorsatz vorliegt.

Durch eine ad hoc geschaffene Theorie vermag Goldschmidt das Problem des Notstandes restlos zu erklären, und nicht nur dieses, sondern auch dasjenige der unbewußten Fahrlässigkeit. Diese Theorie von den Pflichtnormen hält tatsächlich jeder immanenten Kritik stand. Gegen die Zweiteilung der Normen in Rechtsnormen und Pflichtnormen habe ich allerdings grundsätzliche Bedenken. Sie scheint mir aus den Grundprinzipien des Strafrechts kaum logisch deduzierbar zu sein. Außerdem führt sie auf manchem anderen Teilgebiet des Strafrechts zu merkwürdigen Ergebnissen oder wenigstens zu neuen Problemen. Ein abschließendes Urteil über Goldschmidts Lehre wäre aber meines Erachtens erst dann möglich, wenn sie zu einem gesamten Strafrechtssystem ausgebaut würde. Vorläufig will es mir scheinen, als ob es doch der verkehrte Weg wäre, vom Notstand ausgehend ein System zu schaffen, das zum Notstand paßt, statt umgekehrt den Notstand aus dem bereits vorhandenen System heraus zu entwickeln.

Tatsächlich wäre es nicht schwierig gewesen, die richtige Lösung des Notstandsproblems selbst auf unrichtigem Wege zu finden, hätte man nur die Gedankengänge Merkels konsequent bis zu Ende verfolgt. Bei richtiger Problemstellung — und Merkel hatte das Problem im wesentlichen richtig gestellt — führt ja die Lösung jeder Einzelfrage ganz von selbst zu den strafrechtlichen Grundprinzipien zurück. Man gelangt dann entweder zur vollständigen Lösung des Problems oder doch wenigstens bis zu dem Punkt, an welchem sich zeigt, daß es unlösbar ist und warum es unlösbar ist. Das Notstandsproblem ist aber tatsächlich lösbar, und zwar gerade durch die konsequente Fortführung der Gedankengänge Merkels. Dies soll im folgenden gezeigt werden.

2. Der sogenannte rechtfertigende Notstand.

Seine Grundlage bildet nach der heute überwiegenden Meinung das Prinzip der Güterabwägung: Es entspricht dem Geiste der Rechtsordnung, daß ein höherwertiges Gut auf Kosten eines minderwertigen gerettet werden darf. Ehe man alle Konsequenzen aus diesem Gedanken ziehen kann, ist es nötig, ihn selbst mit der nötigen Klarheit herauszuarbeiten, um so mehr, als sich Bedenken, welche gelegentlich gegen das Prinzip gerichtet worden sind, meines Erachtens nur gegen dessen mißverständliche oder wenigstens unvollständige Darlegung richten können. Zunächst wäre es unrichtig und müßte zu ganz verkehrten Ergebnissen führen, wollte man unter „Gütern“ die abstrakten Schutzobjekte der einzelnen Delikte des besonderen Teiles verstehen. Auf diese Weise stünden sich nämlich alle Rechtsgüterverletzungen, die unter denselben Tatbestand fallen, in Bezug auf die Schwere vollständig gleich. Nun liegt es aber im Wesen des Tatbestandes als eines abstrakten Unrechtstypus, daß eine ganze Fülle verschiedener konkreter

Fälle unter denselben Tatbestand subsumiert werden können. Diese konkreten Fälle weisen aber häufig auch einen verschiedenen Schweregrad des Unrechts auf. Die meisten Tatbestände lassen sich ja ganz einfach nicht so formulieren, daß darunter nur Unrecht von ganz gleicher Schwere fiele. Es wurde ja oben gezeigt, daß das Maß des Unrechtsgehalts einer Handlung von dem Grade der Wahrscheinlichkeit abhängt, mit welcher der Erfolg aus ihr zu erwarten steht. Dieses Merkmal ist aber seiner Natur nach unbegrenzt abstufbar, so daß es unmöglich wäre, für jeden denkbaren Grad der Wahrscheinlichkeit einen eigenen Typus zu schaffen. Aber selbst wenn man, konsequent vom Gesichtspunkt der Güterabwägung ausgehend, nur die tatbestandlichen Erfolge ins Auge faßt, ist es praktisch unmöglich, lediglich Erfolge von ganz gleicher Schwere unter einem Typus zu vereinigen. Die Erfolge „Körperverletzung" und „Sachbeschädigung" etwa sind ihrer Natur nach genau so unbegrenzt abstufbar wie die Wahrscheinlichkeit des Erfolgseintrittes bei der Handlung. Selbst wenn ein Gesetz hundert verschiedene Tatbestände der Körperverletzung schaffen wollte, würden wieder unter jeden einzelnen dieser Typen Erfolge von verschiedener Schwere subsumiert werden können. Daraus ergibt sich zur Genüge die Unmöglichkeit, das abstrakte Rechtsgut, das durch den Körperverletzungsparagraphen geschützt wird, mit dem abstrakten Gut, das durch den Sachbeschädigungsparagraphen geschützt wird, in Vergleich zu setzen. Wollte man etwa die Frage so stellen: „Was wiegt schwerer, der abstrakte Typus der Körperverletzung oder der abstrakte Typus der Sachbeschädigung?", so wäre diese Frage schlechterdings nicht zu beantworten. Denn ob die Antwort in dem einen oder in dem anderen Sinn ausfiele, sie müßte stets für eine Reihe von Fällen zu Fehlresultaten führen. Erklärt man etwa die Körperverletzung für schwerwiegender, dann ergäbe sich, daß man das wertvollste und unersetzlichste Kunstwerk vernichten darf, um eine unscheinbare Schramme zu vermeiden; erklärt man umgekehrt die Sachbeschädigung für schwerwiegender, dann ergäbe sich, daß man einem Menschen ein Bein brechen darf, um eine Streichholzschachtel vor dem Untergang zu retten. Nicht die abstrakten Rechtsgüter, deren Schutz der betreffende Typus bezweckt, dürfen also miteinander in Vergleich gesetzt werden, sondern die konkreten Werte, um die es sich im gegebenen Falle handelt; es ist die Schwere der im gegebenen Falle in Betracht kommenden konkreten Erfolge zu untersuchen und gegeneinander abzuwägen. Die Untersuchung dieser Schwere ist freilich nicht so ganz einfach. Schon wenn es sich um den

Wert abstrakter Güter handelt, könnte nur eine ganz oberflächliche Betrachtungsweise ohne weiters an die Höhe der angedrohten Strafe anknüpfen. Gerade bei den durchaus willkürlich und rein gefühlsmäßig formulierten Deliktstypen der geltenden Strafgesetze und der Entwürfe müßte ein solches Verfahren zu bedeutsamen Fehlentscheidungen führen. Sind doch vielfach ganz prinzipienlos, rein zufällig, in die Deliktstypen Teile der Persönlichkeitskomponente mit aufgenommen, was sich natürlich in einer Änderung der Strafsätze auswirken muß. Aber selbst bei einem streng systematisch aufgebauten Strafgesetz wäre der Schluß von der Strafdrohung auf die Schwere der abstrakten Güterverletzung nicht ohne weiters zu ziehen. Wie im II. Teil gezeigt wurde, wird der strafrechtliche Bekämpfungswert jedes Typus ja auch durch Kategorien mitbestimmt, welche mit der Schwere des Unrechts weder direkt noch indirekt (über die subjektive Widerspiegelung) etwas zu tun haben, so durch die Kategorie der General- und der Spezialprävention. Auch kann sich selbst in einem systematisch aufgebauten Strafgesetz die Notwendigkeit ergeben, selbständige Deliktstypen unter Zuhilfenahme des Motivs zu bilden, wie dies oben dargetan wurde. Da jedoch in einem systematisch aufgebauten Gesetz die verhältnismäßige Bedeutung der einzelnen Kategorien für den strafrechtlichen Bekämpfungswert eine konstante, das heißt für alle Deliktstypen gleiche ist, da sich ferner auch die verhältnismäßige Bedeutung des Motivs aus den Vorschrifen des allgemeinen Teils ohne Schwierigkeit ergibt, so kann es vom Standpunkt eines solchen Gesetzes aus tatsächlich nicht schwer fallen, im Einzelfall von der angedrohten Strafe so viel abzuziehen als unter Berücksichtigung der übrigen für den strafrechtlichen Bekämpfungswert des betreffenden Deliktstypus bedeutsamen Merkmale abgezogen werden muß. Da in einem systematisch aufgebauten Strafgesetz die Obergrenzen der Strafrahmen im Hinblick auf den schwersten noch unter diesen Typus subsumierbaren Fall gezogen sind, fällt es nunmehr auch nicht schwer, den Wert des konkreten Falles zu bestimmen. Je nachdem, ob er sich dieser Obergrenze mehr oder minder nähert, wird sein Wert bzw. Unwert verschieden ausfallen. Ein weiteres wichtiges Hilfsmittel liefern dann die Untergrenzen, soweit solche vorhanden sind, und schließlich auch die Obergrenzen des nächst leichteren Typus. Nehmen wir an, das Gesetz kenne einen Typus der Körperverletzung und einen Typus der Mißhandlung, so ist der Unrechtsgehalt eines bestimmten konkreten Körperverletzungserfolges leicht zu bestimmen, indem man einerseits untersucht, wie sehr er sich von dem schwersten Fall der Körperverletzung unterscheidet, anderseits, inwieweit er sich von dem schwersten Fall der Mißhandlung unterscheidet. Größere Schwierigkeiten bereiten nur diejenigen Fälle, in welchen es sich um nicht vertypte Erfolge handelt. Aber auch hier ist die Aufgabe vom Standpunkt eines systematisch aufgebauten Gesetzes aus nicht allzu schwer zu lösen. Die Strafrechtssystematik zeigt uns ja in jedem einzelnen Fall deutlich, warum er nicht vertypt wurde. Sie zeigt uns insbesondere, daß der Mangel der Vertypung nicht notwendig auf die geringere Schwere des Unrechts zurückzuführen sein muß. So ist etwa mit Hilfe der Strafrechtssystematik der Unrechtsgehalt eines Selbstmordes leicht als der gleiche zu erkennen, wie der Unrechtsgehalt einer Tötung mit Einwilligung, obwohl der letztere Fall fast überall vertypt ist und bestraft wird, der erstere fast nirgends. Die Strafrechtssystematik zeigt uns hier einerseits, daß der Unrechtsgehalt der gleiche sein muß, da in beiden Fällen bloß das direkte Interesse der Allgemeinheit am Leben des Einzelnen verletzt wird, nicht aber das indirekte Interesse, das darin besteht, daß der Einzelne in seinem Interesse zu leben geschützt wird, da dieses natürlich wegfällt, wenn der Betreffende selbst sterben will. Die Strafrechtssystematik zeigt uns aber anderseits auch den Grund oder wenigstens die ratio legis für die Straflosigkeit des Selbstmordes, die vornehmlich auf der subjektiven Seite des Delikts liegt.

Auf Grund eines der heute geltenden Gesetze oder eines der Entwürfe, die rein gefühlsmäßig aufgebaut sind, wird die Aufgabe, den Wert oder Unwert eines konkreten Erfolges zu bestimmen, allerdings sehr schwer, wenn nicht gar unlösbar sein. Die vollständige Willkürlichkeit bei der Festsetzung der Strafrahmen macht eben die notwendigen Untersuchungen kaum möglich. Man weiß ja im Einzelfall nie, wieviel von der Strafdrohung auf reelle Gründe, wieviel auf ein Fehlgehen des Rechtsgefühls der Redaktoren zurückgeführt werden muß. Die faktische Unmöglichkeit mag wohl auch Eberhard Schmidt[1]) dazu verleitet haben, diesen Weg als überhaupt unrichtig zu bezeichnen. E. Schmidt meint, auf der Grundlage eines Gesetzes, das den rechtfertigenden Notstand nicht ausdrücklich anerkenne, sei die ganze Frage eine solche der Rechtsergänzung, nicht der Rechtsentfaltung, es dürfe daher überhaupt auf das Gesetz nicht Rücksicht genommen, sondern lediglich nach der „Angemessenheit" (Zwecktheorie) entschieden werden. Demgegenüber ist daran festzuhalten, daß es vom Standpunkt

[1]) „Der übergesetzliche Notstand", *Z. 49*, S. 350 ff.

eines systematisch aufgebauten Gesetzes aus überhaupt keine Rechtsergänzung gibt, sondern nur eine Rechtsentfaltung, da jedes einzelne auftauchende Problem nach den dem Gesetze zugrunde liegenden Prinzipien entschieden werden kann und muß. Wenn freilich ein Gesetz, wie die geltenden Gesetze und noch viel mehr die Entwürfe, keine Grundprinzipien aufweist, ist es auch nicht möglich, nach diesen zu entscheiden, und es bleibt daher nichts übrig als „Rechtsergänzung", die dann nichts anderes ist als eine kasuistische Entscheidung des Einzelfalles und in ihrer Prinzipienlosigkeit allerdings eine „angemessene" Ergänzung des gleichfalls prinzipienlosen Gesetzes darstellt.

Ein weiterer sehr bedeutsamer Fehler, durch welchen der richtige Grundgedanke der Güterabwägungstheorie stark beeinträchtigt wird, liegt in der vollständigen Vernachlässigung der subjektiven Unrechtselemente bei der Güterabwägung. In dieser Richtung ist sich wieder einmal die gesamte Theorie einig; es ist gewiß seltsam , daß selbst der Vorkämpfer der Lehre von den subjektiven Unrechtselementen, Mezger, für den Fall der Güterabwägung nur den objektiven Wert der Güter berücksichtigt wissen will. Es ist schwer, den Trugschluß aufzudecken, auf Grund dessen diese Meinung zustande kommen konnte. Vielleicht war der Gedankengang etwa folgender: Die Güterkollision erhält ihre Bedeutung durch die Erwägung, daß es dem Sinn der Rechtsordnung entsprechen müsse, wenn in Kollisionsfällen das wertvollere Gut auf Kosten des weniger wertvollen gerettet werde. Die Frage, welches Gut wertvoller sei, müsse aber natürlich nach objektiven Gesichtspunkten gelöst werden, subjektive Werturteile der Beteiligten hätten da nichts dreinzureden. Folglich kämen auch subjektive Unrechtselemente nicht in Betracht. Vielleicht geht Hand in Hand mit dieser etwas leichtfertigen Schlußfolgerung die Verkennung des Güterbegriffs und seiner Funktion im Strafrecht. Der Begriff des „Guts" ist lediglich ein Hilfsbegriff, der es uns erleichtern soll, den sozialen Wert oder Unwert bestimmter auf ein bestimmtes Ziel gerichteter Handlungen gedanklich und sprachlich zu erfassen. Wir sagen: Ein Gut ist in dem und dem Ausmaß verletzt worden, wenn wir sagen wollen, es sei ein Erfolg von diesem oder jenem sozialen Unwert entstanden. „Gut" ist etwas nur, insofern als ein soziales Interesse daran besteht und in dem Maße dieses Interesses. Das soziale Interesse kann aber, wie schon oben erwähnt, ein direktes oder ein indirektes oder beides zugleich sein: Direkt, insofern die Erhaltung eines bestimmten Sachwertes oder eines ideellen Wertes an sich für die soziale Gemeinschaft von Bedeutung ist; indirekt, insofern die Erhaltung eines solchen Wertes nur insoweit sozialbedeutsam ist, als der jeweilige Träger dieses Wertes ihn erhalten will; das Interesse der Allgemeinheit liegt dann eigentlich darin, daß der Wille des jeweiligen Einzelindividuums respektiert wird. Das Gut besteht eigentlich in der Respektierung des Willens. Häufig treten beide geschilderte Fälle nebeneinander: So besteht etwa ein direktes Interesse der Allgemeinheit an dem Leben des Einzelnen, insofern ja die Macht und Bedeutung der Gemeinschaft durch jedes Einzelindividuum gesteigert wird, aber auch ein indirektes Interesse daran, daß jeder in seinem Interesse zu leben geschützt wird, weil eine soziale Gemeinschaft nur dann existieren kann, wenn jedem Mitglied der Schutz gewisser Interessen garantiert wird. Es liegt also in diesem Falle genau genommen ein doppeltes Gut vor, das des Lebens schlechtweg und das des Interesses des Einzelnen an seinem Leben. Die herrschende Lehre aber wirft beides zusammen, sieht etwa in der Tötung des Nichteinwilligenden nur eine einzige Güterverletzung, nämlich die Vernichtung des Gutes des Lebens, und weiß daher mit der Einwilligung des Verletzten theoretisch nichts anzufangen. In Wahrheit ist die Tötung des Einwilligenden Unrecht, aber sie ist nicht das gleiche Unrecht wie die Tötung ohne Einwilligung, sondern Unrecht von bedeutend geringerer Schwere, weil sie eben bloß das Interesse der Allgemeinheit an dem Leben des Einzelnen, nicht dasjenige der Allgemeinheit am Schutz des eigenen Interesses jeder Einzelperson zu leben darstellt. Ist nun aber die Tötung des Einwilligenden und analog natürlich auch die Verletzung des Einwilligenden ein viel geringeres Unrecht als die Tötung oder die Verletzung ohne Einwilligung, dann ergibt sich daraus zwingend, daß die beiden grundverschiedenen Fälle auch im Falle einer Güterkollision nicht ganz gleich gewertet werden dürfen. Dies wird sofort klar, wenn man an Stelle des wenig deutlichen Ausdruckes der Güterabwägung den oben vorgeschlagenen klaren Ausdruck der Abwägung des sozialen Wertes oder Unwertes der in Betracht kommenden Erfolge gebraucht. Der Erfolg „Tötung eines Einwilligenden" weist einen viel geringeren Unrechtsgehalt auf als der der Tötung eines Nichteinwilligenden. Nehmen wir nun etwa an, in einem großen Gebäude sei ein gewaltiger Brand ausgebrochen. Die Rettungsmannschaft habe nur die Möglichkeit, entweder ein unersetzliches Gemälde eines großen Meisters zu retten oder einen Kranken, der im gleichen Stockwerk darniederliegt. Legt nun der Kranke Wert auf seine Errettung, will er leben, dann würde ich durchaus im Einklang mit der allgemeinen Meinung nicht zögern, zu erklären, daß sein Tod das ungleich größere Übel wäre gegenüber der Vernichtung des Gemäldes. Will er jedoch selbst sterben, will er sich etwa in Anbetracht der Aussichtslosigkeit seiner Krankheit selbst gerne opfern, dann würde ich die Rettung des Bildes auf Kosten des Lebens des Kranken nicht für Unrecht halten. In Grenzfällen wird mir jedoch selbst die herrschende Lehre zustimmen müssen. Nehmen wir an, zwei Touristen hingen so unglücklich an einem Seil, daß nur entweder der eine oder der andere gerettet werden kann. Die Rettungsmannschaft habe also nur die Wahl, welchen von beiden sie retten soll, falls sie nicht lieber beide zugrunde gehen lassen will. Es ist doch selbstverständlich, daß der Zweifel entschieden ist, wenn der eine von Beiden zugunsten des anderen sterben will. Die Rettung gerade dessen, der sterben will auf Kosten des anderen, der leben will, würde ich für Unrecht halten. Es wird also für alle Fälle der Güterkollision zu beachten sein, daß die Einwilligung des Trägers eines der beiden in Betracht kommenden Rechtsgüter stets für die Frage der Rechtmäßigkeit und der Schwere des Unrechts von Bedeutung ist, und zwar deshalb, weil die Güterverletzung nicht die gleiche ist, wenn der Träger des Gutes in dessen Verletzung oder Vernichtung einwilligt.

Wenn die herrschende Lehre nun zwar auch von der Berücksichtigung der Einwilligung für die Schwere der in Betracht kommenden Erfolge absolut nichts wissen will, so scheint sie ein gewisses Gefühl der Beunruhigung über diesen Punkt doch nicht recht loszuwerden: Denn dem Merkmal der Einwilligung wird stets gleichfalls Bedeutung beigelegt, zwar nicht innerhalb, wohl aber neben der Güterabwägungstheorie[1]). Da das Merkmal aber von der herrschenden Lehre nicht systematisch in die Grundidee eingebaut oder aus ihr heraus entwickelt, sondern rein gefühlsmäßig hinzugefügt wird, so greift sie dabei auch recht häufig daneben, und verlangt es in einer Richtung, in welcher die Einwilligung faktisch nichts zu suchen hat, und vernachlässigt sie dafür dort, wo sie von Bedeutung wäre. Dies zeigen recht deutlich die von E. Schmidt im Anschluß an Reichsgerichtsentscheidungen behandelten Fälle der Unterbrechung der Schwangerschaft zum Zwecke der Errettung des Lebens der Mutter. Da in diesem Falle aber nicht, wie gemeiniglich angenommen wird, nur einer, sondern tatsächlich gleich zwei Kollisionsfälle vorliegen, soll die schwierige Kombination

[1]) E. Schmidt, a. a. O., führt die Notwendigkeit der Mitberücksichtigung der Einwilligung als Beweis dafür an, daß die Güterabwägungstheorie für sich allein den rechtfertigenden Notstand nicht zu erklären vermöge!

zunächst in ihre einzelnen Bestandteile aufgelöst werden. Zunächst liegt innerhalb der Güter der Mutter die gleiche einfache Kollision vor, wie in allen Fällen, wo es sich um einen ärztlichen Eingriff handelt. Zur Abwendung eines größeren Übels (des Todes) soll ein kleineres Übel (Eingriff in die körperliche Unversehrtheit, Körperverletzung) zugefügt werden. Daß es sich tatsächlich um einen echten Fall von Güterkollision handelt, wird sofort klar, wenn man sich die Person dessen, dem der Tod droht, verschieden denkt von der Person dessen, dem das Übel zugefügt werden soll, also z. B.: Dem A droht der Tod, wenn nicht dem B Blut abgenommen und dem A zugeführt wird. Läge der Fall zunächst so, dann wäre nach unseren obigen Ausführungen die Einwilligung sowohl des A als auch des B für die Frage des rechtlichen Wertes oder Unwertes einer Tat, die den A durch das dem B abgenommene Blut rettet, von großer Bedeutung. Will etwa A sterben, während B sich mit Händen und Füßen gegen die Blutentnahme wehrt, dann ist die Rechtmäßigkeit dieser Tat schon sehr in Frage gestellt. Umgekehrt ist wieder kein Zweifel an dem großen sozialen Wert dieser Tat, wenn B gerne Blut abgibt, um A zu retten, A dagegen durchaus nicht sterben will. Willigen beide ein oder willigen beide nicht ein, so ist die Tat zwar rechtmäßig, aber immerhin nicht so wertbetont[1]) wie im Falle der Einwilligung des B in die Verletzung, der Nichteinwilligung des A in den Tod. Wenn nun A und B identisch sind, wenn es sich also darum handelt, daß A verletzt (z. B. operiert[2]) werden soll, damit er selbst gerettet werde, so ist dadurch die Sachlage nicht wesentlich geändert. Wieder ist die Einwilligung des A für jeden der beiden Erfolge von Bedeutung und die herrschende Lehre hat das rein gefühlsmäßig auch anerkannt. Zwar wird auch hier schon die Klarheit der Fragestellung durch deren gefühlsmäßigen Ursprung stark beeinträchtigt, so daß stets nur gefragt wird, ob der Patient mit der Operation einverstanden ist, während die Gegenfrage, ob er eventuell mit seinem Tod einverstanden ist, doch systematisch genau so bedeutsam wäre: Immerhin sieht man daraus, daß manche Entwürfe sogar den

[1]) Hierüber und über die Bedeutung des positiven Wertes später.

[2]) Die Ansicht, die Operation sei überhaupt keine Körperverletzung, ist mir natürlich nicht unbekannt. Sie ist ein Notbehelf de lege lata. De lege ferenda ist selbst mit der gesetzlichen Feststellung, die Operation sei keine Körperverletzung, wissenschaftlich nichts gewonnen. Denn nun kommt es darauf an, den Grund dafür zu erforschen. Gerade weil man sich aber über den Grund nicht im klaren ist, greift man zu einer gesetzlichen Formulierung, welche jede Erörterung über ihren Grund abschneidet!

Arzt, der gegen den Willen des Patienten eine rettende Operation vornahm, wegen Körperverletzung bestrafen wollten, daß man über die grundsätzliche Bedeutung der Einwilligung nicht hinwegkonnte. Auch der neueste Entwurf, der vom Jahre 1927, bestraft die Operation gegen den Willen des Patienten, allerdings nicht mehr als Körperverletzung. So richtig nun die Berücksichtigung der Einwilligung des Patienten ist, so unrichtig ist es, ihr unter allen Umständen alleinige Bedeutung für die Frage, ob Unrecht vorliege oder nicht, beizulegen. Trotz mangelnder Einwilligung kann der operative Eingriff rechtlich wertbetont sein, wenn der Eingriff selbst ganz harmlos, die drohende Gefahr aber etwa der Tod ist. Es ist eben in jedem konkreten Fall der Unwertgehalt des einen sowie des anderen in Betracht kommenden Erfolges unter Berücksichtigung der Einwilligung zu bestimmen und beide sind dann miteinander zu vergleichen. Das Vorgehen des Entwurfs 1927, den Arzt, der gegen den Willen des Patienten operiert, wegen eigenmächtiger Heilbehandlung zu bestrafen, ist zwar ganz verkehrt, nichtsdestoweniger aber von großem, theoretischem Interesse: Es zeigt nämlich, daß hier in einem Einzelfall eine Erkenntnis aufgedämmert ist, welche schon lange Gemeingut der herrschenden Lehre sein sollte, nämlich, daß das indirekte Interesse, welches die soziale Gemeinschaft daran hat, daß jemand in seiner Willenssphäre geschützt wird, nicht mit dem direkten Interesse der Gemeinschaft an der Erhaltung eines bestimmten Gutes zusammengeworfen werden darf; daß man hier genau genommen von zwei verschiedenen Gütern sprechen müßte, weil an demselben Objekt ein doppeltes soziales Interesse besteht. Ganz verkehrt ist es aber natürlich, daraus die Konsequenz zu ziehen, jede Durchbrechung der geschützten Willenssphäre des Einzelnen als ein gegen den freien Willen gerichtetes Delikt (z. B. als eigenmächtige Heilbehandlung) zu bestrafen; denn auch dieser Schutz der Willenssphäre ist kein absoluter und muß sich in Kollisionsfällen einen Vergleich mit anderen Interessen gefallen lassen. Noch verkehrter, allerdings auch für die gefühlsmäßig-kasuistische Methode charakteristisch, ist es aber, wenn man, wie der Entwurf 1927, nur einen speziellen Fall dieser Art, also etwa die Operation gegen den Willen des Patienten, mit Strafe bedroht, dagegen etwa die Rettung des widerstrebenden Selbstmörders wieder als selbstverständlich straflos anerkennt. Übrigens gebe ich den Redaktoren des Entwurfs zu bedenken, ob sie nicht konsequenterweise auch den Diebstahl, die Unterschlagung und überhaupt alle Vermögensverschiebungsdelikte als gegen die Willensfreiheit und nicht gegen das Vermögen gerichtete Delikte ansehen müßten. Denn auch bei diesen kommt es ja lediglich auf den Schutz der Willenssphäre des Einzelnen an.

Wenn nun ein Eingriff in den Körper der Mutter zum Zwecke der Rettung des Lebens der Mutter unter Vernichtung des Lebens des Fötus erfolgen soll, so liegt eine doppelte Kollision vor: Einerseits kommen in Betracht die Erfolge des körperlichen Eingriffs und des Todes bei der Mutter selbst; anderseits aber ist mit der Rettung der Mutter vor dem Tode auch der Tod des Fötus verbunden. Gegenüber dem oben erörterten vereinfachten Fall liegt die Komplikation also offenbar darin, daß dem Erfolg „Tod der Mutter" auf der einen Seite, auf der anderen nicht nur der Erfolg „Verletzung der Mutter", sondern auch noch der Erfolg „Tod des Fötus" gegenübersteht. Daraus ergibt sich schon, daß die rein objektive Lage eine recht kritische ist, daß man unmöglich von vornherein und ohne nähere Prüfung erklären könnte, der Tod der Mutter sei unbedingt das größere Übel. Berücksichtigt man nun aber auch noch die Einwilligung, so kann der problematische Fall allerdings meist leicht geklärt werden. In der Regel wird die Mutter in ihre Verletzung einwilligen, in den Tod dagegen nicht, und ich möchte fast sagen, daß erst diese Einwilligung in den einen, die Nichteinwilligung in den anderen Erfolg ein klares Bild von dem überwiegenden Wert der Abwendung des Todes der Mutter liefert. Würde dagegen etwa die Mutter umgekehrt in den Eingriff nicht einwilligen, sondern sterben wollen (z. B. um dem Kind das Leben zu retten), dann wäre die Abwendung des Todes der Mutter schon nicht mehr positiv zu werten. Das Moment der Einwilligung wäre theoretisch natürlich auch für den Erfolg „Tod des Fötus" von Bedeutung. Der Fötus ist aber außerstande einzuwilligen; daher wird der Fall stets so aufzufassen sein, als ob der Fötus nicht einwilligte. Keineswegs kann die Einwilligung der Mutter diejenige des Fötus ersetzen: Denn dies würde ein Recht der Mutter über Leben und Tod des Fötus voraussetzen, welches ihr gerade durch den Abtreibungsparagraphen abgesprochen wird[1]).

Wir haben also gesehen, daß die herrschende Lehre ein für die Güterabwägung wichtiges und bedeutsames Merkmal aus dieser ausscheidet und ihm als einem Merkmal eigener Art, das

[1]) Nur die Verkennung der Einwilligung im Sinne eines privatrechtlichen Rechtsgeschäftes ließe diese Irrmeinung überhaupt aufkommen. Die Einwilligung in die Tötung kann aber so wenig ein privatrechtliches Rechtsgeschäft sein, als die Tötung selbst Gegenstand eines solchen Geschäftes sein kann. Näheres über die Einwilligung später (VII. Teil).

angeblich mit dem Grundgedanken der Güterabwägung nichts mehr zu tun hätte, einen Teil der ihm zukommenden Bedeutung verleiht. Genau das gleiche ist der Fall mit einem weiteren Merkmal, welches sich streng systematisch aus dem Grundgedanken der Güterkollision entwickeln läßt, nämlich mit dem Merkmal des Ausmaßes der Gefahr des Eintrittes der in Betracht kommenden Erfolge. Es tritt in der herrschenden Notstandslehre in dem Gewand der „Unmittelbarkeit der Gefahr" auf: Notstand, auch rechtfertigender, wäre nur möglich, so lehrt man, wenn die Gefahr, welche durch die Notstandshandlung abgewendet werden soll, eine unmittelbar bevorstehende sei. Periculum imminens müßte vorliegen, sonst wäre die Notstandstat nicht am Platze. Wieder handelt es sich um ein rein gefühlsmäßig statuiertes Merkmal und diese Tatsache ist auch meines Wissens nicht bestritten worden[1]). In Wahrheit handelt es sich bei diesem Merkmal um die Einführung eines dem Wesen der Güterkollision entsprechenden Moments in der äußerst naiven und unbeholfenen Form einer gesetzlichen Präsumption.

Es wurde oben (II. Teil) gezeigt, daß der rechtliche Wert oder Unwert einer Handlung nur bestimmt werden kann unter Berücksichtigung der Wahrscheinlichkeit, mit welcher der Erfolg, auf den sie abzielt, zu erwarten steht; es wurde dort auch bereits festgelegt, daß der rechtliche Wert einer Handlung, welche auf mehrere Erfolge gleichzeitig abzielt, nur dann festgestellt werden kann, wenn man die Wahrscheinlichkeit sämtlicher in Betracht kommender Erfolge mitberücksichtigt. Daraus ergibt sich für die Fälle der Güterkollision zwingend, daß nicht nur der Wert der in Betracht kommenden Erfolge zu berücksichtigen ist, sondern auch die Wahrscheinlichkeit, mit welcher jeder von ihnen zu erwarten ist. In den als Notstand in Betracht kommenden Fällen ist nun die Sachlage stets die, daß eine Handlung vorgenommen werden soll, welche mit einer gewissen Wahrscheinlichkeit die Rettung eines Gutes „a", das sich in Gefahr befindet, und gleichzeitig mit einer gewissen Wahrscheinlichkeit die Vernichtung des Gutes „b", das sich in Gefahr befinden kann, aber nicht muß, erwarten läßt. Die beiden in Betracht kommenden Erfolge, welche den rechtlichen Wert der Handlung bestimmen, sind demnach: 1. Rettung des Gutes „a", 2. Vernichtung des Gutes „b". Will man nun zunächst den Wert der beiden Erfolge ermitteln, so muß man sich

[1]) E. Schmidt gibt es unumwunden zu, daß er dieses Moment, das angeblich den Grundgedanken der Güterkollision fremd ist, rein aus dem Rechtsgefühl, aus den „herrschenden Kulturanschauungen unserer Zeit und unseres Volkes" heraus ableitet.

davor hüten, den ersten, nämlich die Rettung des Gutes „a“, falsch zu bewerten. Dieser hat nämlich nicht ohne weiteres und unter allen Umständen den positiven Wertindex, welchen das gerettete Gut aufweist; hätte also etwa das Gut a den Wert 5, so bedeutet das nicht, daß seine Rettung unter allen Umständen mit 5 bewertet werden muß. 5 könnte der Wert der Rettungshandlung nur dann betragen, wenn das Gut a sicher vernichtet worden wäre. Dagegen beträgt der Wert der Rettungshandlung nur mehr 2½, wenn ohne sie das Gut a bloß mit 50 % Wahrscheinlichkeit zugrunde gegangen wäre. Der Wert der Rettungshandlung steigt also mit der Größe der Gefahr, welche dem geretteten Gut gedroht hat, mit der Wahrscheinlichkeit, mit welcher der Untergang des geretteten Gutes zu erwarten war. Der Wert der Rettungshandlung ist aber anderseits auch wieder abhängig von der Größe der Wahrscheinlichkeit, mit welcher von ihr die Beseitigung jenes Zustandes zu erhoffen ist, welcher als mehr oder minder große Gefahr für das Gut a erscheint; je größer diese Wahrscheinlichkeit, desto größer der positive Wert der Rettungshandlung. Der Wert der Rettungshandlung setzt sich also aus zwei Wahrscheinlichkeitskomponenten zusammen: Die erste bezieht sich auf die Größe der Gefahr, in welcher das zu rettende Gut schwebt, die zweite auf die Größe der Wahrscheinlichkeit der Beseitigung dieser Gefahr. Man kann die erste Wahrscheinlichkeitskomponente als den Wert des in Betracht kommenden Erfolges (nämlich „Rettung“) mitbestimmend auffassen und gelangt so zu einer Variabilität des Erfolgswertes, der sich dann sekundär auf die ihn herbeiführende Handlung auswirkt. Man kann aber ebenso von vornherein beide Wahrscheinlichkeitskomponenten direkt für die Bewertung der Rettungshandlung heranziehen. Das Resultat ist in beiden Fällen natürlich das gleiche, der Unterschied liegt nur in der theoretischen Formulierung des Weges, auf welchem man dazu kommt.

Der Vorgang, welcher den Wert der Notstandshandlung in bezug auf das zu vernichtende Gut b bestimmt, ist ein ganz analoger. Nehmen wir zunächst den einfacheren Fall an, wonach sich dieses Gut überhaupt nicht in Gefahr befindet, sondern erst durch die Notstandshandlung in Gefahr gebracht wird. In diesem Fall ist der Wert (oder hier besser der Unwert) der Handlung in bezug auf diesen Erfolg durch den Unwert der Vernichtung des Gutes, der in diesem Fall dem negativen Wert des Gutes gleichkommt, sowie durch die Wahrscheinlichkeit bestimmt, mit welcher dieser Erfolg zu erwarten ist. Anders dagegen schon, wenn das Gut b, welches durch die Notstandshandlung vernichtet werden soll, an sich schon in Gefahr war. In diesem Fall wird durch die Handlung die schon bestehende Wahrscheinlichkeit lediglich erhöht. Es wäre daher unrichtig, den Unwert der ganzen Wahrscheinlichkeit, mit welcher infolge der Vornahme der Handlung nunmehr die Vernichtung des Gutes b zu erwarten steht, der Handlung aufzulasten; vielmehr wird die Handlung nur durch denjenigen Unwert beschwert, welchem die Differenz zwischen der durch die Handlung herbeigeführten und der schon vor der Vornahme der Handlung bestehenden Gefahr entspricht. Genau so wie die Rettungshandlung in bezug auf das Gut a an Wert gewinnt, je größer die Gefahr ist, in welcher sich das Gut a befindet, genau so verliert die Vernichtungshandlung in bezug auf das Gut b an Unwert, je größer die Gefahr ist, in welcher sich das Gut b ohnehin schon befunden hat. In dem Grenzfall, in welchem der Untergang des Gutes b mit Sicherheit auch schon vor der Vornahme der Handlung zu erwarten stand, verliert diese vollständig ihren Unwert. Die Vernichtung von etwas, was mit Sicherheit zugrundegeht, kann nicht als Unrecht angesehen werden. Dieser Satz gilt allerdings nur mit zwei Einschränkungen. Zunächst muß unbedingt daran festgehalten werden, daß nur die absolute Gewißheit des Untergangs den Unwert der Vernichtungshandlung aufzuheben vermag. Absolut sicher ist ein Ereignis aber fast niemals, insbesondere wenn es nicht unmittelbar bevorsteht, da in der Zwischenzeit noch manches unerwartete Ereignis rettend einzugreifen vermag. Weiters ist Voraussetzung für die Gültigkeit des Satzes, daß in dem Interwall, das zwischen der Vernichtung durch die Handlung und der Vernichtung ohne diese liegt, das Vernichtete keinerlei sozialen Nutzen hätte schaffen können. Mit diesen Einschränkungen, wovon die erste allerdings genau genommen nur eine Präzisierung ist, halte ich den Satz jedoch unbedingt aufrecht.

Zusammenfassend kann also erklärt werden, daß im Falle einer Kollision von Gütern zur Bewertung der Notstandshandlung außer dem Wert oder Unwert der in Betracht kommenden Erfolge auch die Wahrscheinlichkeit zu berücksichtigen ist, mit welcher sie zu erwarten sind, wobei unter der Wahrscheinlichkeit in bezug auf den Erfolg „Rettung" auch die Größe der Gefahr zu beachten ist, aus welcher errettet werden soll, unter der Wahrscheinlichkeit in bezug auf den Erfolg „Vernichtung" auch die Gefahr, in welcher sich das zu vernichtende Gut auch ohne Vornahme der Notstandshandlung befindet. Es sind also außer dem Wert der Erfolge zwei Doppelwahrscheinlichkeiten oder vier Wahrscheinlichkeiten zu berücksichtigen. Die herrschende Notstandslehre berücksichtigt hievon jedoch faktisch nur eine einzige und diese in mangelhafter Form und begründet deren Berücksichtigung obendrein rein gefühlsmäßig statt systematisch-logisch. Die tatsächlich berücksichtigte Wahrscheinlichkeit ist diejenige, mit welcher die Vernichtung des zu rettenden Gutes zu erwarten ist, die Größe der Gefahr, in welcher sich dieses Gut befindet. Daß diese Gefahr eine besonders große sein müsse, das will die herrschende Lehre durch das Erfordernis ausdrücken, daß diese Gefahr unmittelbar bevorstehend, unmittelbar drohend sein müsse. Es ist ja klar, und ich selbst habe auf diesen Umstand zu wiederholten Malen aufmerksam gemacht und ihn auch im Aufbau meines Systems (so bei der Unterscheidung zwischen Täterschaft und Teilnahme) benutzt, daß unter sonst gleichen Umständen die Wahrscheinlichkeit eines Erfolgseintrittes um so geringer wird, je größer der Zeitraum ist, welcher uns von dem Augenblick des möglichen Eintrittes des Erfolges trennt. Je näher ein Ereignis ist, desto gefährlicher wird die Situation, desto größer die Wahrscheinlichkeit eines Schadens, weil gleichzeitig die Möglichkeit, daß irgendwas dazwischen kommt, entsprechend abnimmt. Welchen andern Sinn sollte das Merkmal des unmittelbaren Bevorstehens der Schädigung auch haben? E. Schmidt, der sich bemüht, in diesem Merkmal ein dem Ideenkreis der Güterabwägung fremdes, lediglich aus dem allgemeinen Rechtsgefühl bezogenes, zu erblicken, müßte an Hand der von ihm vorgeführten Beispiele eigentlich selbst zur richtigen Erkenntnis gelangen; es ist geradezu erstaunlich, wie es ihm möglich war, an der richtigen Lösung haarscharf vorbeizukommen, und ich kann mir diese Tatsache nicht anders erklären, als daß er eben doch zu sehr im Bannkreis der kasuistisch-gefühlsmäßigen Methode und des geltenden Gesetzes steht, um die Konsequenzen aus seinen eigenen Beispielen zu ziehen. Da sagt er zunächst, jedermann würde Notstand zubilligen, wenn jemand ein fremdes Glas dazu benützt, um es einem Stänkerer, der ihn bedroht, an den Kopf zu werfen, und diesen so abzuwehren; dies jedoch nur unter der Voraussetzung, daß der Angriff des Stänkerers ein gegenwärtiger sei; wenn dagegen auch mit absoluter Sicherheit ein Angriff des Stänkerers in etwa einer Stunde zu erwarten sei, so wäre die sofortige Benutzung des Glases zu dem gleichen Zweck nicht durch Notstand zu entschuldigen, eben weil der Angriff kein gegenwärtiger sei. Das Merkmal der Gegenwärtigkeit des Angriffs entspreche eben unseren Kulturanschauungen! Nun hat E. Schmidt vorher die ganze Zeit von der Unterbrechung der Schwangerschaft zum Zwecke der Rettung des Lebens der Mutter auf

Kosten des Fötus und deren Qualifikation als rechtfertigenden Notstand gesprochen. Nun folgt doch aus seinem obigen Beispiel mit logischer Notwendigkeit der Schluß, daß eine solche Schwangerschaftsunterbrechung auch erst im letzten Moment zulässig wäre, also erst dann, wenn der Tod der Mutter schon unmittelbar bevorsteht. Denn wenn noch ein paar Monate bis zur Geburt Zeit ist, kann man doch unmöglich behaupten, die Gefahr sei eine gegenwärtige. E. Schmidt kann nun ganz im Einklang mit der gesamten Lehre dieser Konsequenz nicht anders entrinnen, als dadurch, daß er sie einfach ableugnet; er leugnet sie, ohne einen stichhaltigen Grund dafür anführen zu können. Denn der einzige Grund, den man überhaupt heranziehen kann, ist weit davon entfernt zu beweisen, daß die Gefahr auch schon Monate vorher eine gegenwärtige ist; vielmehr beweist er nur, daß die Gefahr auch schon Monate vorher fast ebenso groß und fast ebenso sicher ist wie später unmittelbar vor der Geburt: Der Grund nämlich, der da besagt, man könne ja auch schon Monate vorher mit einer an Gewißheit grenzenden Wahrscheinlichkeit die Entwicklung der Dinge voraussagen! Gerade dieses Argument sollte aber doch jedem mit einer nicht zu überbietenden Deutlichkeit beweisen, daß es eben gar nicht auf die Gegenwärtigkeit der Gefahr ankommen könne, sondern lediglich auf deren Größe, die mit der Gewißheit ihrer Unabwendbarkeit wächst, also auf die Wahrscheinlichkeit, mit welcher das Übel zu erwarten steht, nicht aber auf die Zeit, wann es zu erwarten ist! Gerade ein Vergleich der von Schmidt gebrachten Beispiele zeigt dies vortrefflich: Wenn der Stänkerer noch so sehr seine feste Absicht bekundet hat, in einer Stunde einen Gast anzugreifen, so ist damit noch nicht gesagt, daß er es ganz bestimmt tun wird. Denn es können in dieser Situation hundert verschiedene Dinge dazwischen kommen, die ihm die Lust dazu im letzten Augenblick nehmen. Es kann etwa unvermutet ein Schutzmann in die Stube treten, der Stänkerer selbst kann bis dahin sinnlos betrunken unter dem Tisch liegen oder es kann ihm übel werden u. dgl. m. Vernünftigerweise kann man also gar nicht sagen, der Angriff sei mit Sicherheit in einer Stunde zu erwarten. Anders dagegen im Falle eines von der medizinischen Wissenschaft schon zur Genüge erforschten biologischen Prozesses, der sich nach bestimmten den Ärzten bekannten Gesetzen abspielt. Hier kann man allerdings bereits viele Monate vorher sagen, was geschehen wird: Man kann es mit ungefähr der gleichen Wahrscheinlichkeit voraussagen wie den Verlauf einer bereits gründlich erforschten Krankheit, deren Bestehen bereits unzweifelhaft feststeht. Hier müßte tatsächlich ein Wunder geschehen, wenn die drohende Gefahr im Laufe der Zeit abgewandt werden sollte. In dem Falle des Stänkerers aber würde es keines Wunders bedürfen: Ein Schutzmann kann auch ohne ein solches in das Lokal treten und ebenso kann sich der Stänkerer auch ohne Eingreifen überirdischer Gewalten sinnlos betrinken usw. Das Merkmal der Gegenwärtigkeit der Gefahr stellt sich also als ein minderwertiger Ersatz für die Erfassung einer der vier Wahrscheinlichkeiten dar, welche für den rechtlichen Wert einer Handlung bedeutsam sind, die ein Gut retten und gleichzeitig ein anderes vernichten soll. Es ist in Wahrheit wieder einer jener Fälle, in welchen ein Indiz an Stelle dessen gesetzt wird, was es indiziert, und dies zeigt sich gerade darin deutlich, daß man das Indiz in denjenigen Fällen, in welchen es nicht stimmt (z. B. bei der Schwangerschaftsunterbrechung) auflösen und durch das Indiziete ersetzen muß, um zu dem gewünschten Resultat zu gelangen. Unsere Darlegungen, welche die Natur dieses Merkmals enthüllt haben, zeigen aber auch, wie verfehlt es ist, dieses Merkmal aus dem allgemeinen Rechtsgefühl abzuleiten und wie sehr man auf diese Weise danebengreifen kann.

Die bisher entwickelten Momente, das heißt der Wert der in Betracht kommenden konkreten Erfolge unter Berücksichtigung der Einwilligung einerseits, die Wahrscheinlichkeit, mit welcher diese Erfolge zu erwarten sind, unter Berücksichtigung der Gefahr, in der sich die in Betracht kommenden Güter befinden, anderseits, liefern aber auch die Gesamtheit alles dessen, worauf es wirklich ankommt. Die strafausschließende Wirkung liegt in dem Mangel des Unrechts begründet, und dieser liegt dann vor, wenn unter Berücksichtigung der angeführten Momente der positive Wert der Handlung größer ist als der Unwert, wenn die Handlung mit einem Wort mehr Positives als Negatives erwarten läßt. Der Grund der Straflosigkeit liegt also durchaus auf dem Gebiet des Unrechts, nicht auf dem Gebiet der Schuld. Nun kennt die herrschende Lehre aber keinerlei Übergänge zwischen den Fällen, in welchen das Unrecht infolge Vorliegens von Notstand ausgeschlossen ist und solchen Fällen, in welchen das tatbestandliche Unrecht des verwirklichten Delikts voll zur Geltung kommt. Es wurde oben darauf hingewiesen, daß der Grund hiefür in der Funktion der ausschließlichen Bewertung liegt, welche man sowohl dem Typus als auch dem Kontratypus zuschreibt. In Wahrheit gibt es aber eine ununterbrochene Kette von Übergängen zwischen dem extrem negativen Fall, in welchem eine Handlung bloß das tatbestandsmäßige Unrecht darstellt, und dem extrem positiven Fall, in welchem sie bloß solches Unrecht verhütet, Fälle, welche alle dadurch gekennzeichnet sind, daß die Handlung sowohl Positives als auch Negatives erwarten läßt: Je nach dem, ob das Negative mehr oder minder überwiegt, ist die Handlung dann mehr oder minder Unrecht, je nach dem, ob das Positive mehr oder minder überwiegt, ist die Handlung dann mehr oder minder rechtlich wertbetont. Diese Erkenntnis folgt zwingend aus der Erkenntnis des Wesens des Unrechts, sie läßt sich durch keinerlei Zweckmäßigkeitserwägungen hinwegtäuschen. Und diese Erkenntnis ist so einfach, daß jeder Laie sie zu erfassen vermag: Wenn A einen Menschen tötet, so begeht er ein gewisses Unrecht; wenn er aber durch die gleiche Handlung einen anderen Menschen davor bewahrt, ein Krüppel zu werden, so versteht jeder Laie, daß das Unrecht dieser Tat nicht mehr so groß ist, wie das der ersten, weil sie eben doch auch etwas Gutes geschaffen hat; wenn A aber gar durch diese Handlung, durch die er einen Menschen tötet, hundert andere vor dem sicheren Untergang rettet, so wird kein Laie begreifen, daß man hier auch nur an Unrecht und Strafbarkeit denken könne; an diese Möglichkeit zu denken bleibt vielmehr dem Juristen und der herrschenden Lehre vorbehalten, die unter Umständen (siehe unten) ihre liebe Not haben wird, den A freizukriegen, statt ihn zum Tode zu verurteilen.

Da der Grund für den mangelnden rechtlichen Unwert der Handlung in den Fällen des sogenannten rechtfertigenden Notstandes ausschließlich in dem Gedanken gefunden werden kann, daß eine Handlung nicht Unrecht sein kann, welche mehr sozial Positives als Negatives zu schaffen verspricht, so ergibt sich daraus eigentlich ganz von selbst, daß es sich hier gar nicht mehr um einen Notstand handelt: Der Grund für die Straffreiheit liegt ja in allem anderen, nur nicht in der Not dessen, der die Handlung vornimmt. Der rechtfertigende Notstand ist also gar kein Notstand, er segelt somit unter falscher Flagge. Es scheint eigentlich unbegreiflich, daß man nicht sofort nach Anerkennung der Gedankengänge Merkels diesen Schluß gezogen hat, daß man nicht sogleich erkannt hat, daß es sich hier um einen Unrechtsausschließungsgrund eigener Art handelt, zu dessen Entdeckung man zwar vom Ausgangspunkt des Notstandes aus gelangt war, der aber selbst mit dem Notstand nicht das mindeste mehr zu tun hat. Diese Erkenntnis wurde aber durch die oberflächliche Methodik der wissenschaftlichen Arbeit verhindert: als Untergruppe des Notstandes hatte man diese Fälle kennengelernt, und so behielten sie Titel und Charakter des Notstandes und man mühte sich nicht erst sehr damit ab, zu untersuchen, ob denn nicht etwa derselbe Grund der Straflosigkeit auch bei solchen Fällen denkbar wäre, die unmöglich Notstand darstellen können. Erst Sauer[1]) war es vorbehalten, zu erkennen, daß es sich bei den Grundgedanken des rechtfertigenden Notstandes um einen allgemeingültigen Grundsatz handle, wie übrigens auch Sauer der erste war, der die Bedeutung der Wahrscheinlichkeit für das Unrecht erkannte[2]). Aber auch Sauer blieb noch insofern auf halbem Wege stehen, als er nicht alle nötigen Konsequenzen aus seiner Erkenntnis für den Aufbau des gesamten Strafrechtssystems zog[3]); insbesondere hat er nicht mit der nötigen Deutlichkeit zu erkennen gegeben, daß der rechtfertigende Notstand gar kein Notstand ist und daß sein Grundgedanke auch zur Straflosigkeit in einer ganzen Reihe von anderen Fällen führen muß, wie dies später auseinandergesetzt werden wird.

Die herrschende Lehre ist aber tatsächlich weit von der Erkenntnis entfernt, daß der rechtfertigende Notstand durchaus kein Notstand ist. Und so schmückt sie ihn denn mit einem Merkmal aus, welches ihm nur zukäme, falls er wirklich ein Notstand wäre, da es deutlich auf die Not Bezug hat. Es ist dies das Merkmal, wonach die drohende Gefahr in keiner anderen Weise abwendbar sein dürfe als eben durch die Beeinträchtigung des beschädigten oder vernichteten Gutes. Dieses Merkmal hat tatsächlich mit den Grundgedanken der Güterabwägung nichts mehr zu tun; ebensowenig hat es aber auch mit der Qualifikation einer Handlung als Recht oder Unrecht etwas zu tun. Wie soll eine Handlung, welche deshalb nicht Unrecht ist, weil sie mehr Positives als Negatives schafft, dadurch zum Unrecht werden, daß die Gefahr auch auf andere Weise hätte beseitigt werden können? Umgekehrt vermag ja doch selbst nach der herrschenden Lehre eine Handlung, die mehr Negatives als Positives schafft, nicht etwa dadurch gerechtfertigt zu werden, daß nur auf diese Weise eine Gefahr abwendbar ist; vielmehr vermag dieser Umstand die Handlung bloß zu entschuldigen oder straflos zu machen. Es läge also bestenfalls ein dem entschuldigenden Notstand zugehöriges Merkmal vor, mit dem allgemeinen Rechtfertigungsgrund, der auch die Straflosigkeit gewisser Kollisionsfälle herbeizuführen vermag, hat dieses Merkmal aber nicht das mindeste zu schaffen. Dennoch wird

---

[1]) Vgl. „Grundlagen des Strafrechts", 276 ff., 330 ff.

[2]) a. a. O., S. 276 f.

[3]) Daran wurde er allerdings durch den unmöglichen Ausgangspunkt behindert: Er geht vom geltenden Gesetz aus und hält die Fiktion aufrecht, dieses könne sich nicht selbst widersprechen. Vgl. a. a. O., S. 327.

es keine leichte Arbeit sein, es auszumerzen, und zwar deshalb, weil allem Anschein nach das Rechtsgefühl für die herrschende Lehre spricht; und ein anderes Argument als das Rechtsgefühl vermag ja die herrschende Lehre selten zu bieten, und wenn sie eines zu bieten vermag, so legt man ihm bei weitem keinen solchen Wert bei wie dem Rechtsgefühl. Es entspräche eben unseren Kulturanschauungen, daß jemand, wenn ihm schon das Recht zugestanden wird, „ausnahmsweise", infolge der Not, ein sonst geschütztes Gut zu beeinträchtigen, er doch wenigstens die Pflicht habe, so wenig Schaden als möglich zuzufügen; das eben soll durch die Wendung „nicht anders abwendbar" ausgedrückt werden, obwohl sie in ihrer Unklarheit auch Mißdeutungen nahelegt. Da das Rechtsgefühl aber etwas sehr Dehnbares ist, da man mit Hilfe dieses Arguments auch gegenteilige Lösungen stützen kann, so mag hier einmal die Probe aufs Exempel gemacht und gezeigt werden, daß das Rechtsgefühl, wenn man nur ein entsprechendes Beispiel findet, auch das genaue Gegenteil des Grundsatzes der herrschenden Lehre zu sanktionieren vermag. Man nehme folgendes Beispiel: A geht durch die Straßen der Stadt spazieren. Da bemerkt er in einer ebenerdig gelegenen Wohnung dichten Rauch und als er näher hinblickt, erkennt er, daß ein Säugling in dieser Wohnung liegt und offenbar in Erstickungsgefahr ist. A schlägt nun eines der Fenster ein, holt das Kind heraus und rettet ihm dadurch das Leben. Es stellt sich aber nun heraus, daß die Wohnungstür gar nicht abgeschlossen war, so daß A auch durch die Tür hätte eindringen können, ohne fremdes Eigentum zu beschädigen, und es möge angenommen werden, daß A dies sogar wußte; er habe aber aus irgendwelchen Gründen den Weg durch das Fenster vorgezogen. Oder aber: Die Wohnungstür sei zwar abgeschlossen gewesen, neben der Wohnung habe sich aber eine Wachstube oder ein Schlosser befunden, so daß es A leicht möglich gewesen wäre, die Öffnung der Wohnung durch einen Nachschlüssel zu erlangen und auf diese Weise ohne Zerstörung des Fensters das Kind zu retten. In den geschilderten Fällen hätte der A also auch auf andere Weise die Rettung des Kindes vornehmen können; daher war die Gefahr in allen Fällen auf andere Weise abwendbar, dem A kommt daher nach herrschender Lehre rechtfertigender Notstand nicht zustatten und er wird als Dank für seine Lebensrettung der vorsätzlichen Sachbeschädigung schuldig erkannt und zu einigen Monaten Gefängnis verurteilt. Entspricht dieses Ergebnis dem Rechtsgefühl? Entspricht es den Kulturanschauungen des deutschen Volkes oder wie die Schlagwörter alle heißen, mit welchen man unhaltbare Meinungen stützen zu können glaubt? Tatsächlich ist dieses Resultat auch durchaus unrichtig, so unrichtig wie der Grundsatz der herrschenden Lehre, als dessen Konsequenz es sich ergibt. A hat durch seine Handlung mehr Positives als Negatives geschaffen, daher ist seine Handlung durchaus positiv zu werten und als solche kann sie nie Unrecht sein und daher auch niemals bestraft werden. Die Tatsache, daß A eine noch wertvollere, noch mehr positiv zu wertende Handlung hätte setzen können, kann doch nie und nimmer bewirken, daß die tatsächlich vorgenommene gleichfalls wertvolle Handlung ihren Wert verliert und zu einer unwertbetonten wird. Hätte A überhaupt nicht gehandelt, so wäre der Schaden unvergleichlich größer gewesen, nämlich der Tod des Kindes; dann aber wäre A straflos gewesen, denn er war ja in keiner Weise verpflichtet, eine Rettungshandlung vorzunehmen. Nun ist es aber doch wohl ein innerer Widerspruch, den A dafür zu bestrafen, daß er bewirkt hat, daß an Stelle eines bedeutend größeren Übels, das bei seiner Untätigkeit, die ihm niemand hätte zum Vorwurf machen können, entstanden wäre, ein bedeutend geringeres Übel getreten ist. Die herrschende Lehre vertritt ja die Ansicht, daß wegen Unterlassung der Verhinderung eines Unglücks nur derjenige zur Verantwortung gezogen werden kann, dem eine besondere Pflicht zur Verhinderung obliegt, da es nicht anginge, wenn man jeden einzelnen Staatsbürger verpflichtete, überall rettend einzugreifen, wo er es vermag. Daher ist derjenige straflos, der einen anderen ertrinken läßt, obwohl er ihn retten könnte, oder er wird zumindestens nicht wegen Tötung bestraft. Bei der Behandlung der Notstandsfälle hat die herrschende Lehre aber auf diesen Grundsatz wieder vergessen; diese Notstandsfälle behandelt sie praktisch genau nach dem gegenteiligen Grundsatz: der A wird dafür bestraft, weil er unterlassen hat, mehr Gutes zu schaffen als er hätte schaffen können! Hier zeigt sich wieder die Fehlerhaftigkeit, die der kasuistisch-gefühlsmäßigen Entscheidung und der prinzipiellen Prinzipienlosigkeit anhaftet: Auf Schritt und Tritt muß sie sich selbst widersprechen, ohne sich dessen bewußt zu werden. Die Entscheidung des obigen Beispiels müßte aber auch vom systematischen Standpunkt aus anders ausfallen, wenn A nicht Privatmann, sondern etwa Schutzmann wäre. Denn in diesem Falle wäre er zur Rettung des Kindes verpflichtet, sie könnte daher bei ihm nicht als positive Handlung gewertet werden; vielmehr wäre die Unterlassung der Rettung, welche für den Privatmann A eine indifferente Unterlassung gewesen wäre, für ihn eine in hohem Grade negativ gewertete

Unterlassung. Die Unterlassung kann eben einer wirklichen Handlung nur insoweit gleichgesetzt werden, als vom sozialen und damit vom rechtlichen Standpunkt aus positives Tun gefordert war. Dies ist aber beim Schutzmann der Fall, denn zu dessen Aufgabenkreis gehört es ja, bei Unglücksfällen helfend einzugreifen; die Rettung von Gütern, wo immer eine solche in Betracht kommt, gehört geradezu zu seiner sozialen Funktion.

Ich habe durch die Auswahl der obigen Beispiele das Rechtsgefühl ad absurdum geführt. Ich habe nämlich bei der Auswahl des Beispiels bewußt denjenigen Fehler begangen, den die Strafrechtswissenschaft sonst immer unbewußt begeht: Ich habe als Beispiel nur einen Fall einer bestimmten Gruppe innerhalb derjenigen Fälle ausgewählt, welche dem zu beweisenden Gebiet angehören, jener Gruppe nämlich, wo jemand Notstand zugunsten eines anderen übt. Nur für diese Gruppe läßt sich nämlich tatsächlich das gefühlsmäßige Argument ohne weiteres aufrecht erhalten. Da aber für diese Gruppe in den obigen Darlegungen auch der Beweis der systematischen Richtigkeit der Lösung erbracht wurde, so wird selbst eine andere gefühlsmäßige Entscheidung nicht ausreichen, in den anderen Gruppen von Fällen eine andere Lösung anzunehmen. Diese andere Gruppe von Fällen ist dadurch gekennzeichnet, daß jemand Notstand zu eigenen Gunsten übt. Um sein eigenes Haus vor dem Feuer zu retten, beschädigt A das Haus des Nachbarn in erheblichem Maße, obwohl er sein Eigentum auch ohne Beschädigung des Nachbarhauses, freilich durch bedeutend größere Mühe, hätte retten können. Hier neigt sich nun das Rechtsgefühl zweifellos zuungunsten des A. Untersuchen wir aber die Handlung des A systematisch auf ihren rechtlichen Wert, so finden wir wieder, daß sie mehr Nutzen als Schaden gestiftet hat. Freilich, ein gewisser Unterschied zu den obigen Fällen liegt auch für die wissenschaftliche Betrachtung vor und es will mir scheinen, als ob eine dunkle Ahnung dieses Unterschiedes für die verschiedene gefühlsmäßige Bewertung ausschlaggebend gewesen wäre. Wenn nämlich A sein Eigentum rettet, so kann seine Handlung in dieser Richtung nur so viel an positivem Wert erhalten, als der Wert des geretteten Gutes an sich darstellt, und das ist nicht etwa das genaue Gegenstück zum Unwert der Vernichtung dieses Gutes. Der Unwert der Vernichtung einer Sache setzt sich nämlich wieder aus den oben berührten zwei Komponenten zusammen: Zunächst wird dadurch das Interesse der Allgemeinheit an der Erhaltung des Sachvermögens betroffen, weiters aber auch das Interesse des einzelnen an der Erhaltung seines Eigentums. Rettet nun ein

Außenstehender das Eigentum des A, so stellt diese Rettung an positivem Wert allerdings das genaue Gegenstück zur Vernichtung dar, da die Handlung sowohl dem direkten Allgemeininteresse als auch dem indirekten Interesse dient, welches dahin geht, daß der Wille des einzelnen respektiert werde. Wenn dagegen A sein Eigentum rettet, so kann ihm die Tatsache, daß er dadurch zugleich seinem Willen zur Geltung verhilft, nicht als etwas Positives zugerechnet werden, denn das indirekte Interesse der Allgemeinheit geht dahin, daß der Wille des einzelnen von anderen respektiert werde, nicht aber von ihm selbst. Bei der Abwägung der Erfolge in dem angeführten Beispiel steht also auf der einen Seite bloß der objektive Wert des Hauses des A, auf der anderen Seite dagegen der objektive Wert der Sache des B und das Interesse des B an der Respektierung seines Willens, sein Eigentum unversehrt zu erhalten. Dadurch kann nun allerdings bewirkt werden, daß die Handlung des A schon dann Unrecht wird, wenn der objektive Wert des geretteten den objektiven Wert des geopferten Gutes ein wenig übersteigt. Hier findet sich meines Erachtens auch die Erklärung dafür, warum die überwiegende Meinung ebenso wie die Formulierungen der Entwürfe einen erheblichen Wertunterschied zwischen gerettetem und geopfertem Gut verlangt: Man denkt dabei eben immer an die Fälle des Notstands zur Rettung eigener Sachen. Wenn nun aber in unserem obigen Beispiel die gefühlsmäßige Einstellung so sehr deutlich gegen den A gerichtet ist, so hängt dies noch mit einem weiteren sehr verbreiteten Fehler zusammen, der darin besteht, daß man entgegen den Grundgedanken der heutigen sozialen Gemeinschaften und vielfach sogar entgegen dem Wortlaut und Sinn der Verfassung dem Eigentümer schrankenlose Gewalt über seine Sache zuerkennt, daß man übersieht, daß jeder Sachwert für die Allgemeinheit auch von unmittelbarem Interesse ist, da die Vernichtung jeder einem einzelnen gehörigen Sache gleichzeitig auch die soziale Gemeinschaft als solche betrifft. Dieser Fehler hat ja auch zu der Irrlehre geführt, daß bei Sachbeschädigungen die Einwilligung des Verletzten das Unrecht auszuschließen vermöge, während es in Wahrheit dadurch bloß gemindert werden kann. Infolge dieser Irrlehre ist man aber geneigt, in obigem Beispiel den objektiven Wert der Rettung der Sache des A überhaupt mit Null anzusetzen, so daß dann natürlich auf jeden Fall ein Unrechtsgehalt der Handlung des A herauskommen muß.

Es wird also daran festzuhalten sein, daß es auch dann, wenn es sich um Notstandshandlungen im eigenen Interesse handelt, keine Voraussetzung für den Ausschluß des Unrechts darstellt, daß die Gefahr nicht anders abwendbar sei. Vielmehr ist auch in diesen Fällen unabhängig von der Frage, ob eine andere Lösung möglich gewesen wäre oder nicht, lediglich zu untersuchen, ob die tatsächliche Lösung bei Abwägung aller bedeutsamen Momente einen negativen, einen indifferenten oder einen positiven Wert der Handlung ergibt. So ist zum Beispiel auch der einem berühmten Schulbeispiel nachgebildete Fall zu entscheiden, in welchem jemand in Ertrinkungsgefahr schwebt und sich dadurch rettet, daß er sich an einem wertvollen Teppich anklammert, der von einem Balkon herabhängt, und ihn dadurch beschädigt; auch wenn neben dem Teppich ein Strick herabhängt, wird der Täter dadurch nicht der Sachbeschädigung schuldig. Denn der objektive Wert eines Menschenlebens überwiegt wohl noch immer den Wert des Teppichs samt dem Interesse des Eigentümers an der Unversehrtheit des Teppichs. Ob der Täter nicht etwa zivilrechtlich haftbar gemacht werden kann, ist damit noch nicht entschieden, denn daß die Schadenersatzpflicht bloß an rechtswidrige Handlungen geknüpft werden könne, ist keineswegs ein über alle Zweifel erhabener Grundsatz der herrschenden Lehre. Ebenso wären aber auch die gerade in der heutigen Zeit so überaus häufigen kleinen Diebstähle aus Not zu behandeln. Es kommt heute sehr oft vor, daß jemand, der buchstäblich vor dem Verhungern steht, eine Kleinigkeit stiehlt, um sich vor dem Hungertod zu bewahren. Die österreichischen Gerichte weigern sich in solchen Fällen, Notstand anzunehmen; die einen mit der unmöglichen, vom Obersten Gerichtshof erfundenen Begründung, der Notstand setze eine von außen herantretende Notlage voraus, der Hunger aber sei etwas Internes[1]); die meisten freilich mit der etwas vernünftigeren Begründung, Notstand könne deshalb nicht angenommen werden, weil die Gefahr auch anders abwendbar gewesen sei, nämlich durch das geringere Übel des Bettelns (und tatsächlich haben viele Bezirksgerichte Bettler, welche aus Hunger bettelten, wegen Notstands freigesprochen). Wenn der Mann aber nun ganz einfach nicht betteln kann, weil sich der letzte Rest von Selbstbewußtsein, den ihm die Not noch übrig gelassen hat, dagegen sträubt, soll er dann lieber zugrundegehen? Entspricht es wirklich dem Rechtsgefühl, daß ein Menschenleben weniger wert ist als ein Stück Brot zusammen mit dem Interesse des Eigentümers, das Brot selber aufzuessen?

---

[1]) Der O. G. H. verfiel darauf, um den Homosexuellen nicht etwa Notstand zubilligen zu müssen.

Es kann somit als erwiesen gelten, daß das Merkmal, die Gefahr dürfe nicht anders abwendbar sein, in allen Fällen des sogenannten rechtfertigenden Notstandes nichts zu suchen hat. Wir haben jedoch oben dargetan, daß die Erkenntnis, die unrechtsausschließende Wirkung aller dieser Fälle liege in dem Gedanken, daß eine Handlung nicht Unrecht sein könne, wenn sie mehr Positives als Negatives schafft, zugleich beweist, daß man es richtigerweise hier gar nicht mit einem Notstand zu tun habe. Tatsächlich ist nicht nur die Unabwendbarkeit der Gefahr als Voraussetzung für den Ausschluß des Unrechts abzulehnen, sondern sogar die Gefahr selbst ist keinerlei begriffsnotwendiges Merkmal jener Fälle, in welchen der negative Gehalt einer Handlung durch den positiven aufgewogen wird. Gilt ganz allgemein der Satz, daß eine Handlung, welche mehr Positives als Negatives schafft, eben deshalb nicht Unrecht sein könne, dann ergibt sich daraus doch von selbst, daß diese Handlung auch dann erlaubt sein müsse, wenn die Situation zu ihrer Vornahme in keiner Weise drängte. Es ist somit keineswegs nötig, daß etwa der positive Gehalt der Handlung durch die Rettung eines schon gefährdeten Gutes zustandekommt. Vielmehr kann dieser positive Gehalt auch einfach durch die Schaffung neuer sozialer Werte erreicht werden, und wenn bei dieser Gelegenheit gleichzeitig auch Negatives geschaffen wird, zum Beispiel eine Gefahr für dieses oder jenes Gut, so bleibt die Handlung dennoch so lange positiv und rechtlich wertvoll, als der Nutzen, den sie erwarten läßt, den Schaden übersteigt, wobei natürlich stets wieder die Wahrscheinlichkeit des Nutzens sowie diejenige des Schadens mitzuberücksichtigen ist. Ich sehe schon den Sturm der Entrüstung, den diese Meinung bei der herrschenden Lehre auslösen wird. Wie, so wird man fragen, es soll also künftig jedem Menschen erlaubt sein, Rechtsgüter eines anderen, ja selbst des Staates, nach Belieben zu vernichten, wenn er nur gleichzeitig einen entsprechend großen Nutzen schafft? Dagegen empört sich ja das Rechtsgefühl, das ist das Ende von Ruhe und Ordnung, der Beginn der Anarchie! Noch dazu bei den Konsequenzen, die diese Lehre gerade nach der Meinung ihres Urhebers auf subjektivem Gebiet haben müßte! Könnte sich doch dann jeder Mensch dadurch von aller Schuld reinigen, daß er erklärte, er sei der Meinung gewesen, seine verbrecherische Handlung werde nebenbei auch einen unverhältnismäßig großen Nutzen schaffen! Jeder Mörder wird sich künftig auf diese Weise ausreden können, und was heute die österreichischen Geschworenen tun, das wird künftig kraft Gesetzes der Richter selber tun müssen! Ehe ich mich auf die

Widerlegung all dieser bestimmt zu erwartenden Einwände einlasse, will ich zunächst den Nachweis führen, daß die herrschende Lehre stillschweigend in einer ganzen Reihe von Fällen von der Richtigkeit obigen Grundsatzes schon de lege lata ausgeht und ausgehen muß. Ist etwa der Betrieb einer Eisenbahn nicht mit Gefahren für fremdes Eigentum, insbesondere aber auch für das Leben von Menschen verbunden? Gilt nicht das gleiche auch für den Betrieb von Automobilen und in noch höherem Ausmaß von Flugzeugen? Warum ließ man nicht die ganze Polizei ausrücken, um den Start des „Grafen Zeppelin", der so viele Menschenleben in Gefahr brachte, zu verhindern? Warum kommandierte man vielmehr im Gegenteil alle Behörden zur Unterstützung eines Unternehmens, das mit einer Gefahr für viele Menschen verbunden war? Zwang etwa irgendeine Not zu diesem gewagten Unternehmen? Sollten etwa die Fahrgäste einer drohenden Seuche oder Überschwemmung entführt werden? Keineswegs. Die Passagiere hätten ebensogut zu Hause bleiben können, nichts nötigte sie zur Fahrt. Warum also war diese Fahrt nicht Unrecht, sondern vielmehr das Gegenteil? Einfach deshalb, weil der Vorteil, den diese Fahrt Deutschland bringen würde, den negativen Gehalt der Gefährdung vieler Menschenleben bei weitem aufwog. Und weil eine Handlung, welche mehr Positives als Negatives schafft, auch dann rechtlich positiv zu werten ist, wenn nichts zu ihrer Vornahme drängt. Es wäre ja auch recht seltsam, wollte man Werte zu schaffen verbieten. Genau durch die gleiche Erwägung läßt sich auch der positive Wert von Unternehmungen, wie es Eisenbahnen, Automobile usw. sind, ohne Schwierigkeit beweisen. Wer sich also nicht damit begnügt, die Erlaubtheit aller dieser Unternehmungen damit zu begründen, daß sie eben unseren Kulturanschauungen entspreche, der wird gar kein anderes Prinzip finden können, aus welchem sich diese Erlaubtheit ableiten ließe, als eben das oben geschilderte. Ist also die herrschende Lehre auch weit davon entfernt, das Prinzip als solches erkannt oder gar anerkannt zu haben, so handelt sie doch bereits in einer ganzen Reihe von Einzelfällen nach diesem Prinzip.

Was nun die oben erwähnten Einwendungen anbelangt, so steht es mit ihnen wie mit allen Einwänden, die gegen neue Lehren vorgebracht werden: Sie stellen in Wahrheit nur den Versuch dar, am Bisherigen festzuhalten, sie sind ein Ausfluß des Prinzips der Trägheit, das sich auch in der Wissenschaft oft so unangenehm bemerkbar macht; bei näherer Prüfung zeigen sie sich aber sämtlich als nicht durchschlagend. Zunächst bedeutet die Anerkennung des P r i n z i p s, daß eine Handlung, die mehr Positives als Negatives schafft, auf jeden Fall rechtlich wertbetont ist, noch nicht, daß die Entscheidung darüber, ob dies der Fall ist, stets dem einzelnen Staatsbürger überlassen bleiben muß. Vielmehr wird in allen schwierigen Fällen dieser Art womöglich das Gesetz im vorhinein die Entscheidung allgemeingültig zu fällen haben, wo dies aber nicht angeht, wird es der staatlichen Behörde, der Verwaltungsbehörde, überlassen bleiben müssen, Positives und Negatives abzuwägen, noch ehe die Handlung unternommen wird. Es steht somit dem Staat frei zu bestimmen, daß jeder, der die Absicht hat, Handlungen vorzunehmen, die zwar großen Nutzen versprechen, aber auch mit Gefahren verbunden sind, die Entscheidung der Behörde darüber einholt; unterläßt er dies, dann wird er wegen dieses Ungehorsams bestraft[1]). Ergibt sich jedoch bei nachträglicher Prüfung ex ante, daß die Handlung hätte erlaubt werden müssen, dann darf derjenige, der sie vorgenommen hat, eben nur wegen seines Ungehorsams, nicht aber wegen der Vornahme der Handlung selbst bestraft werden. Ein Strafbedürfnis in dieser Richtung besteht auch tatsächlich nicht. Man braucht auch keineswegs zu befürchten, daß sich durch Anerkennung dieses Prinzips die Fälle häufen könnten, in welchen etwa ein Mensch straflos getötet werden könnte oder wo doch die Tötung eines Menschen nur als Ungehorsamsdelikt bestraft werden könnte. Die Fälle, in welchen die Möglichkeit des Todes eines Menschen durch den Wert eines positiven Erfolgs ausgeglichen werden könnte, sind tatsächlich äußerst selten. Ich kann mir kaum einen Fall vorstellen, in welchem etwa eine Handlung, die mit Sicherheit den Tod eines Menschen als Erfolg erwarten läßt, deshalb nicht Unrecht wäre, weil sie einen entsprechend starken positiven Erfolg wirtschaftlicher Natur erwarten ließ. Was nun gar den Einwand betrifft, daß sich auf diese Weise zumindest jeder von der Schuld befreien könnte, indem er vorgibt, er sei der Meinung gewesen, die von ihm beabsichtigte Tötung werde gleichzeitig den oder jenen besonders wichtigen positiven Erfolg herbeiführen, so erinnere ich daran, daß ein

---

[1]) Über die Natur des Unrechts bei reinen Ungehorsamsdelikten wird in einem späteren Buch zu sprechen sein. Hier nur so viel: Es gibt ursprüngliches und abgeleitetes Unrecht; letzteres ist es nur infolge des ersteren. Auf diese Weise ergibt sich eine Art Güterskala, so daß die Gutsqualität des einen Gutes von derjenigen eines anderen abhängig ist. Das Unrecht der Ungehorsamsdelikte steht auf der höchsten Stufe dieser Skala. Es ist ein Unrecht eigener Art, qualitativ verschieden von dem Unrecht, welches die verbotene Handlung herbeiführt.

ähnlicher Einwand noch vor kurzem auch gegen die Berücksichtigung des Bewußtseins der Rechtswidrigkeit erhoben wurde. Wird man aber auch jedem Täter, welcher dergleichen vorgibt, glauben? Ich kann mit ruhigem Gewissen sagen, daß in 99 von 100 Fällen der Beweis nicht schwer fallen wird, der Täter habe sehr genau gewußt, daß seine Tat nichts oder nicht viel Positives schaffen werde. Es will mir also scheinen, als ob sich ein wirklich durchschlagender Einwand gegen den oben dargelegten Grundsatz nicht erheben ließe.

Es zeigt sich also, daß der Grundgedanke, welcher in den Fällen des sogenannten rechtfertigenden Notstandes zur Erkenntnis des Mangels des Unrechts führt, keineswegs aus dem Ideenkreis des Notstandes stammt, sondern vielmehr einen Unrechtsausschließungsgrund ganz allgemeiner Natur darstellt. Aber ich möchte sogar noch weiter gehen und behaupten, daß es sich nicht um e i n e n Unrechtsausschließungsgrund neben vielen anderen, sondern geradezu um d e n Unrechtsausschließungsgrund schlechtweg handelt. Mit Ausnahme ganz weniger Fälle, in welchen bei Verwirklichung des Tatbestandes der Mangel des Unrechts in dem Mangel einer im besonderen Tatbestand nicht ausdrücklich genannten aber zu ergänzenden Modalität liegt, lassen sich alle jene Fälle, in welchen trotz Tatbestandsmäßigkeit einer Tat deren Rechtswidrigkeit fehlt, auf den oben dargelegten Grundgedanken zurückführen, daß eine Handlung, welche Negatives schafft, dann nicht Unrecht ist, wenn sie gleichzeitig mindestens ebenso viel Positives schafft. Dieser allgemeine Rechtfertigungsgrund erklärt also gleichzeitig auch den Ausschluß des Unrechts in manchen Notstandsfällen. Diese Fälle des sogenannten rechtfertigenden Notstandes stellen innerhalb dieses allgemeinen Unrechtsausschließungsgrundes bloß eine spezielle Gruppe dar, gekennzeichnet eben durch das Merkmal der Güterkollision. Aber dieses Merkmal hat tatsächlich keinen Einfluß auf die Frage des Unrechts der Handlung: das Prinzip ist genau das gleiche, ob Kollision vorliegt oder nicht. Die Kollision allein ist aber auch noch gar nicht dasjenige Merkmal, welches aus der großen Gruppe des allgemeinen Unrechtsausschließungsgrundes die Notstandsfälle als solche erkenntlich macht: Vielmehr läßt sich das gleiche Merkmal auch bei anderen Unrechtsausschließungsgründen, welche auf demselben Prinzip beruhen, nachweisen, so z. B. gleich bei der dem Notstand nächst verwandten Notwehr. Auch bei ihr liegt der Grund der Straffreiheit nicht in der Not des Täters, sondern darin, daß man mehr Gutes als Böses schafft, indem mit der Verletzung des Angreifers gleichzeitig zwei positive Erfolge, derjenige der Rettung des angegriffenen Guts und der ideelle Erfolg „Wahrung des Rechts gegenüber dem Unrecht“ verbunden ist. Auch hier handelt es sich um Güterkollision, insofern entweder ein Gut des Angegriffenen oder ein Gut des Angreifers Schaden leiden muß. Der Unterschied gegenüber den Fällen des sogenannten rechtfertigenden Notstandes liegt bloß darin, daß es sich bei der Notwehr stets um einen unrechtmäßigen Angriff handelt, was eben bewirkt, daß dessen Abwehr außer den materiellen Erfolgen auch den erwähnten ideellen Erfolg herbeiführt. Da der Grund der Rechtfertigung also keineswegs in der Tatsache der Kollision gefunden werden kann, diese vielmehr für die Frage des Unrechts gleichgültig ist, so bestünde keinerlei Grund, die Kollisionsfälle theoretisch-systematisch aus den übrigen Fällen, in welchen sich das Grundprinzip auswirkt, als spezielle Gruppe auszuscheiden. Wenn sich eine solche Hervorhebung trotzdem empfiehlt, so liegt der Grund hiefür nicht in den primären Konsequenzen, sondern in den sekundären, welche sich auf die Herbeiführung der Kollisionslage selbst beziehen.

Das Wesen der Kollision besteht in einer Situation, kraft welcher notwendig wenigstens ein Gut zugrunde gehen muß. Wer in eine solche Situation in der Weise eingreift, daß er bewirkt, daß an Stelle des wertvolleren das weniger wertvolle Gut zugrunde geht, handelt gemäß dem oben entwickelten Prinzip allerdings niemals unrechtmäßig. Damit ist aber noch nichts über die Handlung desjenigen gesagt, der etwa grundlos eine solche Kollision herbeiführt, der also aus einer unproblematischen Lage eben jene unangenehme und notwendig für mindestens ein Gut verderbliche Situation schafft.

Die herrschende Lehre hat, ihrer Gewohnheit zu kasuistisch-gefühlsmäßiger Entscheidung getreu, aus diesem umfassenden Problem nur zwei Spezialfälle herausgehoben, die ihr gerade zufällig unterkamen, und diese schlecht und recht „den herrschenden Kulturanschauungen gemäß“ zu entscheiden getrachtet. Daß dabei die Problemstellung selbst verfehlt wurde, daß man die Fragen stets von der verkehrten Seite anpackte, darf nicht wundernehmen. Der erste dieser beiden Spezialfälle ist unter dem Namen des „selbstverschuldeten Notstands“ allgemein bekannt. Schon die Bezeichnung des Falles ist irreführend. Es handelt sich hier genau so wie auch sonst primär gar nicht um die Verschuldung, sondern um die Herbeiführung eines bestimmten Zustandes. Erst wenn feststeht, daß jemand eine Notstandslage herbeigeführt hat, könnte die Frage nach dem Verschulden überhaupt aufgeworfen werden. Weiters kann von Schuld im technischen Sinn gerade in diesem Fall absolut keine Rede sein. Echte Strafrechtsschuld setzt ja tatbestandsmäßiges Unrecht als Bezugsobjekt voraus. Nun kann man de lege lata schon darüber streiten, ob die Herbeiführung der Notstandslage als Unrecht aufgefaßt werden kann; tatbestandsmäßiges Unrecht ist es aber doch wohl auf keinen Fall. Weiters betrachtet die herrschende Lehre nicht etwa jene Herbeiführung eines Notstands zusammen mit ihrer subjektiven Widerspiegelung als eine Tat für sich, sondern es kommt ihr lediglich darauf an, welche Wirkung die „Selbstverschuldung" auf die Strafbarkeit des Notstandstäters selbst ausübt. Dabei sind die Meinungen de lege ferenda bekanntlich geteilt: Während das Rechtsgefühl der einen dahin geht, daß selbstverschuldeter Notstand nicht von Strafe befreien könne, verlangt das Rechtsgefühl der anderen, daß die strafbefreiende Wirkung der Notstandshandlung auch dann eintrete, wenn der Notstand verschuldet sei, während eine dritte Gruppe, der sich der Entwurf angeschlossen hat, in völliger Ratlosigkeit die Entscheidung auf den Richter abwälzen will, dessen Rechtsgefühl im Einzelfalle schon das Richtige treffen werde. Im allgemeinen kann gesagt werden, daß in bezug auf den sogenannten rechtfertigenden Notstand die überwiegende Meinung dahin geht, daß die selbstverschuldete Notstandslage den Rechtfertigungsgrund nicht ausschließe. Dieser Ansicht ist z. B. E. Schmidt, der ja den rechtfertigenden Notstand als ein Problem der Rechtsergänzung auffaßt, was für ihn soviel bedeutet, als daß hier dem Rechtsgefühl vollständig freier Spielraum gelassen ist. Nun scheint es mir allerdings geradezu unverständlich, warum ein Rechtfertigungsgrund deshalb verlorengehen sollte, weil die Situation, welche ihn begründet, von demjenigen herbeigeführt wurde, dem er zugute kommt. Gerade wenn man den Urgrund des Unrechtsausschlusses in den Fällen des sogenannten rechtfertigenden Notstands in dem Satz erkennt, daß eine Handlung, die mehr Gutes als Böses schafft, nicht Unrecht sein könne, wird auf den ersten Blick klar, daß diese Handlung auch dadurch nicht Unrecht werden kann, daß die Kollisionslage von demjenigen herbeigeführt wurde, der die Handlung vornimmt. Was noch zur Erörterung steht, das ist allein das Unrecht und die Strafbarkeit der die Notstandssituation herbeiführenden Handlung; gerade dieses Problem wurde aber von der herrschenden Lehre nicht aufgeworfen.

Der zweite spezielle Fall, der freilich viel seltener behandelt wurde, und daher weniger bekannt ist, ist derjenige der selbst herbeigeführten Notwehrlage. A reizt den B zum Angriff gegen sich und erschlägt ihn dann in Notwehr. Genau genommen wird aus diesen Fällen selbst wieder nur ein Spezialfall behandelt, derjenige nämlich, in welchem A den B bereits in der Absicht reizt, ihn in Notwehr zu töten. Für das kasuistisch-gefühlsmäßige Vorgehen der herrschenden Lehre ist dies wieder recht charakteristisch: Man hebt den einen Sonderfall heraus, weil hier rein gefühlsmäßig das Strafbedürfnis am bedeutendsten ist. Schon diese Auswahl bedingt eigentlich die gleichfalls rein gefühlsmäßige Lösung de lege ferenda, die dahin geht, in diesem Fall den A als Mörder zu bestrafen. Oetker[1]), der sich noch die meiste Mühe genommen hat, die gefühlsmäßige Entscheidung wissenschaftlich zu begründen, scheint an eine Analogie zur mittelbaren Täterschaft zu denken. Dieser Weg ist von vornherein vom strafrechtssystematischen Standpunkt aus unmöglich, da die mittelbare Täterschaft als solche, wie ich in meinem „Aufbau des Strafrechtssystems"[2]) nachgewiesen habe, eine arge Systemwidrigkeit darstellt. Aber selbst wenn der Begriff der mittelbaren Täterschaft nicht so unhaltbar wäre wie er tatsächlich ist, so wäre es doch jedenfalls seine Ausdehnung auf Fälle, in welchen die unmittelbare Ausführungshandlung nicht rechtswidrig ist[3]). Es handelt sich bei Oetkers Versuch wieder um den oben erwähnten Fehler der herrschenden Lehre, die Notwehr (oder den Notstand) als solche umzudeuten mit Rücksicht auf eine vorhergehende Handlung, während tatsächlich nur diese vorhergehende Handlung selbst irgendwie problematisch sein kann. Die Abstellung auf die Figur der mittelbaren Täterschaft stellt allerdings in dieser Richtung insofern den Anfang einer Einkehr dar, als ja in allen Fällen der mittelbaren Täterschaft der rechtliche Wertakzent von der wirklichen Ausführungshandlung auf deren Veranlassung verschoben wird.

Will man nun die zwei von der herrschenden Lehre schon erkannten Teilprobleme systematisch richtig lösen, so muß man dabei methodisch richtig auf die Gesamtheit der Fälle abstellen, als deren Spezialfälle sich die obigen zwei Beispiele darstellen, das heißt, man muß das Problem so formulieren, wie es oben

[1]) Vgl. V. D. A. II., S. 271 f.

[2]) Vgl. S. 143 ff.

[3]) Eine solche Ausdehnung findet sich neuestens auch bei E. Schmidt, Frank-Festschrift II, S. 106 ff. In den von Schmidt angeführten Fällen dieser Art ist aber eine Bestrafung, sei es als Täter, sei es als Anstifter des betreffenden Delikts systematisch tatsächlich ganz unmöglich. Es handelt sich eben wieder um rein gefühlsmäßig begründete Ansichten, die irgendwie wissenschaftlich begreiflich gemacht werden sollen, was stets ein vergeblicher Versuch ist.

formuliert wurde: Wie ist eine Handlung zu beurteilen, deren Erfolg die Schaffung einer Kollisionslage ist. Dabei ist zunächst vollkommen davon abgesehen, ob derjenige, welcher diese Handlung vornimmt, identisch ist mit demjenigen, der die Kollision durch Vernichtung eines der beiden Güter und dadurch bewirkte Rettung des andern löst. Im Augenblick der Vornahme der Handlung, um deren Bewertung es sich handelt, kann diese Frage ja auch noch gar nicht entschieden werden. Da nun eine Kollisionslage begriffsmäßig eine solche ist, in welcher wenigstens ein Gut zugrunde gehen muß, so scheint es mir über jeden Zweifel erhaben, daß derjenige, der eine solche Lage herbeiführt, zumindest die Vernichtung des geringerwertigen Gutes veranlaßt hat. Dies ist das Minimum dessen, was demjenigen zur Last gelegt werden kann, der eine Kollisionslage herbeiführt. Voraussetzung hiefür, daß ihm nur dieses Minimum zugerechnet werden kann, ist aber, daß es von vornherein feststeht, daß die herbeigeführte Kollisionslage nur durch die Vernichtung des minderwertigen Gutes gelöst werden wird. Diese Voraussetzung kann entweder dann zutreffen, wenn der Täter selbst die Absicht hat, die von ihm herbeigeführte Kollision in dieser Weise zu lösen und gleichzeitig nach den konkreten Umständen des Falles mit Sicherheit damit gerechnet werden kann, daß er die Fähigkeit hiezu besitzt, oder auch dann, wenn nach der konkreten Sachlage mit Sicherheit damit gerechnet werden kann, daß ein anderer die Kollision auf diese Weise lösen wird oder daß die Lösung etwa durch ein Naturereignis zustande kommen werde. Alle diese möglichen Fälle stehen sich für die Beurteilung der Herbeiführung der Kollisionslage vollständig gleich. Das Unrecht der Herbeiführung dieser Lage ist in solchen Fällen das der Veranlassung der Vernichtung des betreffenden Gutes. Ob dieses Unrecht nun strafbar sein soll, hängt von der Entscheidung einer weiteren Frage ab, nämlich davon, wem das betreffende der Vernichtung bestimmte Gut gehört. Ist es ein fremdes Gut, das heißt gehört es jemand anderem als demjenigen, der die Kollision herbeigeführt hat, dann wird der Täter genau so bestraft wie der Veranlasser der Vernichtung eines solchen Gutes. Anders jedoch, wenn das der Vernichtung bestimmte Gut dem Täter selbst gehört. In diesem Falle kann ja aus der Tatsache, daß er eine Situation herbeiführt, in welcher dieses Gut zugrunde gehen muß, geschlossen werden, daß er mit dessen Vernichtung einverstanden ist. Daher kann der Unrechtsgehalt der Tat nur den objektiven Gutswert umfassen. Es wird somit darauf ankommen, ob die Vernichtung dieses Gutes mit Einwilligung des Gutsträgers überhaupt Unrecht ist und wenn ja, ob es ein solches Unrecht ist, das bestraft wird.

Nehmen wir nunmehr den gegenteiligen Fall an: Die Kollisionslage sei derart, daß mit Sicherheit die Vernichtung des höherwertigen Gutes zu erwarten sei. In diesem Fall wird der Veranlasser der Kollisionslage grundsätzlich als Veranlasser der Vernichtung des höherwertigen Gutes anzusehen und danach zu behandeln sein. Doch ist innerhalb dieses Falles eine Untergruppe zu unterscheiden, welche, den allgemeinen Grundsätzen entsprechend, eine andere Behandlung erfordert. Wenn nämlich die Kollisionslage dadurch gelöst wird, daß der Veranlasser dieser Lage selbst eingreift und das höherwertige Gut vernichtet, dann kann ihm die gleiche Tat natürlich nicht doppelt zugerechnet werden. Es ist damit aber noch nicht gesagt, daß er notwendigerweise nur wegen Täterschaft der Vernichtung des höherwertigen Gutes zu bestrafen sei. Die Vernichtung dieses höherwertigen Gutes in der Kollisionslage bewirkt ja, daß ihr nicht der volle Unrechtsgehalt zukommt, welchen sie außerhalb der Kollisionslage hätte, da ja die Vernichtung dieses höherwertigen Gutes gleichzeitig mit der Rettung eines minderwertigen verbunden ist. Der Unrechtsgehalt dieser Tat besteht daher (wenn man von dem Wahrscheinlichkeitsgrad der Vernichtung und Errettung absieht) nur in der Differenz zwischen dem Wert der beiden Güter. Für den Unrechtsgehalt der Veranlassungshandlung jedoch kommt derjenige der Vernichtung des höherwertigen Gutes in Betracht, denn diese Handlung stellt ja noch keinerlei Rettung eines anderen Gutes dar. Es liegt demnach eine Teilkonkurrenz zwischen Täter- und Veranlassungshandlung vor, welche dahin zu regeln ist, daß die an Unrechtsgehalt schwerere Handlung zur Grundlage zu nehmen ist. Fälle solcher Teilkonkurrenzen sind ja auf Grund der heutigen Gesetze sehr häufig. Man denke nur an das Verhältnis zwischen vollendeter Gefährdung und Versuch der gleichartigen Verletzung usw. Ausdrücklicher Erwähnung bedarf ferner noch ein weiterer Unterfall dieser Gruppe: Der Fall nämlich, wo der Veranlasser der Kollisionslage gleichzeitig der Träger des der Vernichtung bestimmten Gutes ist. In diesem Falle darf, unsern obigen Ausführungen entsprechend, nur der objektive Wert des Gutes angesetzt werden. Auf diese Weise kann sich ergeben, daß die Vernichtung des objektiv höherwertigen Gutes tatsächlich einen geringeren negativen Wert aufweist als die Rettung des objektiv minderwertigen Gutes positiven Wert.

Die beiden bisher geschilderten extremen Fälle, wo von vornherein bei Herbeiführung der Kollisionslage bereits feststeht, in welcher Weise diese Kollision gelöst wird, werden praktisch sehr selten vorkommen. Sie wurden nur deshalb herausgehoben, weil sich an diesen Grenzfällen das leitende Prinzip am besten dartun läßt. In Wirklichkeit wird es fast immer mehr oder minder ungewiß sein, welches der beiden in Betracht kommenden Güter gerettet, welches vernichtet werden wird. Hält man sich aber die prinzipielle Behandlung der oben auseinandergesetzten Grenzfälle vor Augen, so kann auch die Entscheidung der dazwischenliegenden Fälle keinerlei Schwierigkeiten bereiten. Ist es ungewiß, welches der beiden in Kollision geratenden Güter zugrunde gehen wird, so handelt es sich einfach um einen Fall alternativer Veranlassung, der den Fällen alternativer Tathandlungen vollständig gleichsteht. Solche alternative Handlungen sind, wie schon oben erwähnt, ganz gewöhnliche Konkurrenzfälle. Die herrschende Lehre hat dies bisher nur deshalb übersehen, weil sie der Wahrscheinlichkeit, mit welcher ein Erfolg aus einer Handlung zu erwarten ist, im allgemeinen keine Bedeutung für die Schwere des Unrechts beimißt.

Es hat sich also gezeigt, daß der Grund der Rechtfertigung in allen Fällen des sogenannten rechtfertigenden Notstandes keineswegs in der Not des Täters liegt, daß es sich hier vielmehr um einen ganz allgemeinen Unrechtsausschließungsgrund handelt. Die notwendige Folge für die Gesetzgebung müßte sein, daß der Begriff des rechtfertigenden Notstandes aus dem Gesetz überhaupt zu verschwinden hätte. An seine Stelle kann (muß aber nicht) eine Vorschrift treten, welche den oben entwickelten allgemeinen Unrechtsausschließungsgrund in klarer Weise formuliert. Eine solche Vorschrift ist aber gleichfalls entbehrlich, wenn die Grundideen des Strafrechts den das Recht anwendenden Organen zur Genüge bekannt sind. Denn eine solche Vorschrift würde ja genau genommen nur Selbstverständliches sagen, etwas, was sich logisch aus dem Sinngehalt des Rechtes ableiten läßt. Ebenso steht es mit der Behandlung der Fälle der Veranlassung einer Kollisionslage im Gesetz. Ein konsequent systematisch aufgebautes Gesetz bedürfte gar keiner eigenen Vorschrift darüber, da sie sich aus den Grundprinzipien ganz von selbst ergeben müßte. Es ist ja gerade der große Vorteil eines streng systematisch aufgebauten Gesetzes, daß es die Hälfte verschweigen kann, ohne lückenhaft zu werden, während bei den heutigen kasuistisch-gefühlsmäßigen Methoden der Gesetzgebung das kleinste Übersehen eine nicht auszufüllende Lücke schafft.

3. Der entschuldigende Notstand.

Innerhalb eines objektiven Systems steht jedem Unrechtsausschließungsgrund notwendig ein Entschuldigungsgrund gegenüber, der dann vorliegt, wenn die Voraussetzungen des Unrechtsausschlusses irrtümlich-schuldlos angenommen werden. Der dem oben besprochenen allgemeinen Unrechtsausschließungsgrund entsprechende Entschuldigungsgrund wäre offenbar dahin zu formulieren, daß derjenige schuldlos ist, welcher infolge eines nicht auf Fahrlässigkeit beruhenden Irrtums zu Unrecht annimmt, seine Handlung schaffe mehr Nutzen als Schaden. Der Grund dieses Irrtums kann darin liegen, daß der Täter den Wert eines oder aller Erfolge unrichtig einschätzt und auf diese Weise zu einer unrichtigen Wertung der Gesamttat gelangt. Es ist klar, daß es sich in diesen Fällen um einen Irrtum in bezug auf den Unrechtsgehalt der Tat, also um einen Rechtsirrtum, handelt. Der Irrtum kann aber auch dadurch zustande kommen, daß der Täter die tatsächlichen Merkmale seiner Tat nicht richtig erfaßt: Er übersieht etwa einen negativen Erfolg oder nimmt zu Unrecht einen positiven an oder er irrt sich über die Größe der Wahrscheinlichkeit, mit welcher jeder der beiden Erfolge zu erwarten ist. In diesen Fällen handelt es sich um einen Tatsachenirrtum. Soweit nun die geschilderten Irrtümer in Kollisionsfällen vorliegen, spricht man von Putativnotstand oder Putativnotwehr, wobei die einen darunter nur die Fälle des Tatsachenirrtums, die anderen aber auch die Fälle des Rechtsirrtums verstehen wollen. So wenig aber auf der objektiven Seite die Kollisionsfälle eine Besonderheit in bezug auf den Grund der Rechtfertigung darstellen, so wenig stellen auf der subjektiven Seite Putativnotstand und Putativnotwehr Besonderheiten gegenüber dem allgemeinen Grundsatz dar, daß derjenige straflos ist, der infolge entschuldigenden Irrtums seine Handlung für nicht unrecht hält. Zwischen den beiden extremen Fällen, in welchen der Täter entweder den objektiven Sachverhalt ganz richtig erfaßt und bewertet oder ihn so sehr verkennt oder falsch bewertet, daß er Unrecht für Recht ansieht, liegt eine Reihe möglicher Mittelfälle, von welchen die herrschende Lehre infolge ihrer unrichtigen Auffassung und Einteilung der Tatschuldformen nur einen herauszuheben vermag, nämlich denjenigen, in welchem der Irrtum auf Fahrlässigkeit beruht. Der Täter hätte bei Anwendung der nötigen Aufmerksamkeit erkennen können und sollen, daß seine Tat Unrecht ist. Dabei handelt es sich in der einen Gruppe von Fällen um sogenannte Rechtsfahrlässigkeit, in der anderen Gruppe um Tatsachenfahrlässigkeit, analog den in Betracht kommenden

Irrtümern. Es ist aber auch möglich und wird praktisch sogar ziemlich häufig vorkommen, daß der Täter darüber im Zweifel ist, sowohl welche Erfolge und mit welcher Wahrscheinlichkeit sie aus seiner Handlung zu erwarten sind als auch welcher rechtliche Wert diesen Erfolgen zukommt. Es handelt sich hier um die Fälle der wissentlichen Begehung, welche von der herrschenden Lehre zwischen dolus eventualis und bewußte Fahrlässigkeit aufgeteilt werden. Nach den Ausführungen im II. Teil dieser Arbeit kann die Behandlung dieser Fälle keinerlei Schwierigkeiten bereiten. Es kommt darauf an, mit welcher Wahrscheinlichkeit der Täter annahm, daß seine Tat Unrecht ist, und ferner (Kombination der Wissentlichkeit mit Fahrlässigkeit), ob er bei Anwendung der nötigen Sorgfalt diese Wahrscheinlichkeit hätte höher einschätzen sollen und um wieviel höher er sie hätte einschätzen sollen.

Wenn aber die herrschende Lehre vom entschuldigenden Notstand spricht, so meint sie dabei keineswegs das subjektive Gegenstück zum sogenannten rechtfertigenden Notstand, das sie ja als Putativnotstand bezeichnet und methodisch richtig nach den Irrtumsregeln behandelt, so daß also in diesen Fällen nicht wegen Notstands, sondern wegen Irrtums freigesprochen wird. In denjenigen Fällen jedoch, welche heute als bloß entschuldigender oder bloß strafbefreiender Notstand dem rechtfertigenden gegenübergestellt werden, ist die Sachlage in der Regel die, daß der Täter, obwohl er ganz richtig erkennt, daß das gerettete Gut weniger wert ist als das geopferte, schuldlos und daher straflos sein soll. Da nun kein Zweifel darüber bestehen kann, daß eine Handlung, welche mehr Negatives als Positives erwarten läßt, objektiv Unrecht sein muß, so ist klar, daß der Grund des Ausschlusses der Schuld hier unmöglich primär auf dem Gebiet des objektiven Unrechts gelegen sein kann, daß er vielmehr auf der subjektiven Seite der Schuld gefunden werden muß. Nun läßt sich aber ein ganz allgemeiner Satz in dieser Richtung aus nichts ableiten: Man kann schlechtweg nicht behaupten, daß immer oder doch wenigstens wenn das Überwiegen des Negativen über das Positive nicht allzu groß ist, die Vornahme einer solchen Handlung zwar unrechtmäßig, aber nicht schuldhaft sei. Höchstens die Straflosigkeit ließe sich systematisch für die Grenzfälle erklären: Ist nämlich dadurch, daß die tatbestandsmäßige Handlung noch einen weiteren positiven Erfolg erwarten läßt, der Unrechtsgehalt zwar nicht bis auf Null, aber doch nahe dem Nullpunkt gesunken, dann kann, obwohl bei richtiger Erkenntnis der Sachlage Schuld angenommen werden muß, immerhin infolge der besonderen Geringfügigkeit der Kategorie der Vergeltung der strafrechtliche Bekämpfungswert der Handlung so sehr sinken, daß eine Bekämpfung durch das Mittel der Strafe nicht mehr angebracht erscheint. Diese Argumentation würde aber tatsächlich nur für die äußersten Grenzfälle zutreffen, in welchen der Unrechtsgehalt sehr gering ist. In allen übrigen Fällen läßt sich ein Entschuldigungsgrund nur unter weiteren einschränkenden Voraussetzungen aus den Grundideen des Strafrechts herleiten. Wenn nämlich das gerettete geringerwertige Gut entweder dem Täter selbst oder jemandem gehört, der dem Täter sehr nahesteht, dann ließe sich unter Umständen ein Entschuldigungsgrund annehmen, der letzten Endes in dem Motiv der Tat beruht. Wenn nämlich jemand sein eigenes Gut auf Kosten eines höherwertigen fremden rettet, so geschieht dies meist deshalb, weil er eben seine eigenen Güter grundsätzlich höher wertet, es ist also ein gewisser Egoismus, der in dieser Tat zum Ausdruck kommt. Nun ist der Egoismus, wenn er sich nur innerhalb bescheidener Grenzen hält, keineswegs ein sozial negativ zu bewertendes Motiv, sondern eher das Gegenteil. Ich habe bereits in meinem Aufbau des Strafrechtssystems darauf hingewiesen, daß der Staat allen Grund hat, einen gewissen Egoismus bei seinen Staatsbürgern zu wünschen, da dieser typischerweise zu durchaus sozialnützlichen Handlungen Anlaß gibt. Freilich gehört der Egoismus zu jenen Motiven, welche im Falle einer gewissen Intensität sich aus positiven in stark negative verwandeln können. Ein übernormaler Egoismus ist mindestens ebenso sozialschädlich wie ein normaler nützlich. Es ist nun klar, daß der Egoismus, der in der Rettung des eigenen minderwertigen auf Kosten eines fremden höherwertigen Gutes zum Ausdruck kommt, um so größer sein wird, je größer der Wertunterschied der beiden Güter ist. Überschreitet dieser Wertunterschied eine gewisse Grenze, dann wird nicht mehr das positive Motiv des gesunden Egoismus vorliegen, sondern das negative des übernormalen Egoismus. Natürlich kann es sich auch hier nicht um scharfe Grenzen handeln: Vielmehr gehen die Fälle, in welchen man noch von positivem Egoismus sprechen kann, über die Mittelfälle des indifferenten Motivs allmählich in die Fälle des negativen Motivs über.

Die Fälle, wo jemand das Gut einer ihm nahestehenden Person auf Kosten eines fremden höherwertigen Gutes rettet, sind denjenigen, in welchen er sein eigenes Gut rettet, nicht ohne weiteres gleichzustellen. Zwar kann es sich auch hier um Egoismus handeln: Wenn etwa jemand das Gut seines Vaters oder seines Erbonkels rettet, weil er einst selbst Eigentümer dieses Gutes zu werden hofft oder weil er sich dadurch die Zuneigung des betreffenden und damit entsprechende Vorteile zu sichern gedenkt. Es kann sich aber auch um durchaus altruistische Motive handeln, wie die selbstlose Liebe zu nahen Angehörigen. In letzterem Falle nun liegt ein Motiv vor, das unabhängig von seiner Intensität jedenfalls positiv zu werten ist, weil aus ihm typischerweise sozialnützliche Handlungen entstehen. Die Folge davon wäre nun, daß selbst bei größerem Wertunterschied zwischen gerettetem und vernichtetem Gut das Motiv die Kraft haben könnte, vollkommen entschuldigend zu wirken oder doch wenigstens zu einer bedeutsamen Strafmilderung zu führen, während in den Fällen rein egoistischen Motivs deshalb eine Strafmilderung nicht eintreten kann, weil dieses Motiv bei entsprechender Intensität sich aus einem positiven in ein negatves verwandelt. Die herrschende Lehre stellt daher zu Unrecht beide Fälle vollständig gleich. Immerhin muß anerkannt werden, daß das Merkmal des nahen Angehörigen, das beim rechtfertigenden Notstand ebenso wie bei jedem anderen Rechtfertigungsgrund ganz sinnlos wäre, hier auf einmal seinen guten Sinn gewinnt. Allerdings wird auch dieses Merkmal gelegentlich, z. B. vom deutschen Reichsstrafgesetzbuch, infolge einer rechtstechnischen Unvollkommenheit wieder teilweise entwertet. Was ein naher Angehöriger ist, das wird im Gesetz taxativ aufgezählt. So ist zwar die Ehegattin und die Verlobte eine nahe Angehörige, nicht aber die Geliebte, zwar der Bruder, nicht aber der Freund usw. Dadurch wird wieder eine gesetzliche Präsumption geschaffen. Nicht verkannt werden darf freilich, daß sich in diese taxative Aufzählung immerhin ein gewisser Sinn hineindeuten ließe: Mit Rücksicht darauf, daß zwar die Familie, nicht aber die Freundschaft oder die freie Liebe eine wichtige Funktion im soziologischen Aufbau des Staates hat, ließe sich immerhin die Meinung vertreten, daß eben nur die Liebe zu Familienangehörigen als sozial so positives Motiv angesehen werden dürfe, daß es imstande sei, entschuldigend zu wirken.

Nun darf aber nicht verkannt werden, daß selbst dann, wenn die Straflosigkeit an die Tatsache gebunden ist, daß das gerettete Gut dem Täter oder einer ihm nahestehenden Person gehört, in dieser Regelung noch immer eine gewisse gesetzliche Präsumption läge. Es wurde ja oben dargetan, daß zwar in der großen Mehrzahl der Fälle, wenn jemand das eigene Gut auf Kosten eines höherwertigen fremden rettet, das Motiv Egoismus sein wird; keineswegs ist dies aber notwendig der Fall. Es kann sich etwa ereignen, daß A, der dem B schon lange irgendeinen Schaden zufügen wollte, die Notstandssituation mit Freuden benützt, um das Gut des B zur Rettung seines eigenen zu zerstören; wäre ihm der B nicht so verhaßt, so hätte er ruhig sein eigenes Gut zugrunde gehen lassen. In diesem Fall ist kein Grund zur Privilegierung vorhanden, da es ja auch an dem positiv zu wertenden Motiv fehlt. Gewiß werden solche Fälle nur selten vorkommen; ein wirklich einwandfreies Gesetz muß aber auch die richtige Entscheidung der seltensten Fälle ermöglichen. Die einzige systematisch einwandfreie Regelung bestünde daher darin, die Straflosigkeit an das Vorhandensein des Motivs, welches ja tatsächlich ausschlaggenbend ist, zu knüpfen. Nur auf diese Weise könnte man sich von allen Präsumptionen vollkommen freihalten.

Es zeigt sich also, daß der tiefere Grund für die Straflosigkeit in allen denjenigen Fällen wo die herrschende Lehre entschuldigenden Notstand annimmt, in der positiven Qualität des Motivs zu suchen ist, das den Täter zu seiner Tat getrieben hat. Das bedeutet zweierlei: Zunächst ist damit gesagt, daß diese sogenannten Notstandsfälle keinerlei Besonderheiten darstellen, sondern sich in ihnen lediglich die ganz allgemeine Regel, deren Gültigkeit ich schon in meinem „Aufbau des Strafrechtssystems" nachzuweisen bemüht war, bestätigt, wonach das positive Motiv imstande ist, den Vergeltungswert einer unrechtmäßigen Handlung so sehr herabzudrücken, daß Strafbarkeit nicht am Platz erscheint. Die Fälle des sogenannten entschuldigenden Notstands sind von der ganzen Gruppe, für welche diese Regel zutrifft, nur dadurch differenziert, daß es sich um ganz bestimmte positive Motive, nämlich einerseits um den „gesunden Egoismus", anderseits um die „Liebe zu nahen Angehörigen" handelt. Weiters ergibt sich aber auch aus dieser Erkenntnis, daß die schuldausschließende oder doch wenigstens unter das durch Strafe zu bekämpfende Maß herabmindernde Wirkung auch in den Fällen des sogenannten entschuldigenden Notstands nicht durch die Not des Täters begründet ist. Denn genau das gleiche Motiv, das in den bisher berücksichtigten echten Kollisionsfällen wirksam wird, kann auch dazu führen, daß ohne Not eine Handlung vorgenommen wird, welche zwar mehr negativen als positiven Gehalt aufweist, aber trotzdem vorgenommen wird, weil der positive Gehalt einen Nutzen für denjenigen darstellt, der die Handlung vornimmt oder für jemanden, der dem Täter nahesteht. Es wäre nun absolut nicht einzusehen, warum in diesen Fällen genau das gleiche Motiv nicht auch genau die gleichen Wirkungen hervorrufen sollte wie in den echten Kollisionsfällen. Mit der Erkenntnis, daß nicht die Not das entscheidende Moment darstellt, ist aber auch gleichzeitig die Einsicht in die Bedeutung eines anderen Merkmals gewonnen, welches die herrschende Lehre beim entschuldigenden Notstand womöglich noch zäher festhalten möchte als beim rechtfertigenden: Das Merkmal nämlich, daß die Gefahr nicht anders abwendbar sein dürfe. Da soeben dargetan wurde, daß auch außerhalb der Kollisionsfälle, also auch wenn von Gefahr keine Rede sein kann, der gleiche Grundgedanke der schuldmindernden oder schuldausschließenden Wirkung des Motivs zur Geltung kommen muß, so ist damit schon gezeigt, daß auch das Nicht-anders-abwendbar-sein der Gefahr nicht zum Wesen des entschuldigenden Notstands gehören kann, da nicht einmal die Gefahr selbst Voraussetzung des Entschuldigungsgrundes ist. Untersuchen wir aber dieses Merkmal der herrschenden Lehre des näheren, so erweist sich unschwer, daß es sich hier wieder um ein Sympton handelt, also um eine gesetzliche Präsumption, welcher gleichsam die Aufgabe zukommt, als Regulativ eines anderen Symptoms zu wirken und diejenigen Fälle auszuscheiden, welche etwa trotz jenes anderen Merkmals noch unrichtig behandelt werden müßten. Schon die Proportionalität der Güter ist ja ein Merkmal, das bewirken soll, daß nur Fälle, in welchen wirklich ein positives Motiv vorliegt, in welchen der Egoismus ein bestimmtes, nämlich das noch positiv zu wertende Maß nicht überschreitet, straflos gelassen werden. Trotz des Erfordernisses der Proportionalität könnte es aber vorkommen, daß der Täter nicht aus dem vermuteten positiven Motiv handelt: Er hätte etwa die seinem Gut drohende Gefahr auch ohne Verletzung eines fremden Gutes abwenden können; weil er aber dem Träger jenes Gutes schaden wollte, wählte er lieber jenen anderen Weg. Durch das Merkmal des Nicht-anders-abwendbar-seins werden aber nun solche Fälle aus dem Notstandbegriff ausgeschieden und bleiben daher weiter strafbar. Freilich wird auch hiedurch wieder nur ein Teil der Fälle ausgeschieden, für welche die Präsumption des positiven Motivs nicht zutrifft: Denn es ist ja immerhin möglich, daß der Täter, obwohl die Gefahr nicht anders abwendbar war, im konkreten Fall nur aus Haß gegen einen anderen die Notstandshandlung vorgenommen hat.

Mit der Feststellung, daß die Not tatsächlich nicht das entscheidende Merkmal der Straflosigkeit darstellen kann, ist aber noch keineswegs gesagt, daß dieser Umstand für die rechtliche Bewertung gänzlich irrelevant sei. Vielmehr ist stets zu beachten, welche Wirkungen diese Notlage im konkreten Fall auf den gesamten Motivationsprozeß auszuüben vermochte:

Es kann sein, daß der Täter infolge der Bestürzung, in welche er durch die Notlage geraten ist, in einen Zustand stark herabgesetzter Zurechnungsfähigkeit gerät, so daß er die Fähigkeit, das Unrecht seiner Tat einzusehen und dieser Einsicht gemäß zu handeln, nicht mehr in dem gleichen Maße besitzt wie sonst; in diesem Falle vermag die Herabsetzung der Zurechnungsfähigkeitskomponente die Schuld bedeutend zu mindern. Es ist aber auch möglich, daß der Täter infolge der Gemütserregung, in welche er durch die Notlage geraten ist, Handlungen vornimmt, welche seinem Gesamtcharakter widersprechen, so daß die Persönlichkeitskomponente in hohem Maße herabgesetzt sein kann. Aber alle diese Wirkungen können auch durch andere Ursachen als durch Notlage ausgelöst werden: Die heftige Gemütserregung etwa ebensogut durch eine vorangegangene schwere Kränkung, die Herabsetzung der Einsicht durch einen von außen veranlaßten Zornesausbruch und dergleichen mehr. Es besteht daher gar kein Grund, gerade diejenigen Fälle herauszuheben, in welchen diese Wirkungen durch eine Kollisionslage zustande gekommen sind; ja, diese Heraushebung würde vielmehr einen Verstoß gegen die Systematik bedeuten: Es ist durchaus nicht einzusehen, warum etwa heftige Gemütserregung in der Kollisionslage so sehr berücksichtigt werden soll, der durch eine schwere Kränkung hervorgerufene gleiche Affekt dagegen wieder nicht. In einem systematisch aufgebauten Strafgesetz, welches ja die volle Berücksichtigung der Zurechnungsfähigkeits- und Persönlichkeitskomponente in jedem Einzelfalle erfordert, würde eine solche ausdrückliche Hervorhebung gerade der Kollisionsfälle nur Verwirrung zu stiften geeignet sein. Ihre Behandlung ergibt sich ja zur Genüge aus den allgemeinen Prinzipien eines solchen Strafrechts.

Kann man für die Fälle des rechtfertigenden Notstands heute bereits behaupten, daß die überwiegende Meinung die rechtfertigende Wirkung nicht ausschließt, wenn die Kollisionslage „selbstverschuldet" ist, so gilt bezüglich des entschuldigenden Notstands (vielleicht mit Rücksicht auf seine Regelung im Reichsstrafgesetzbuch) wohl auch de lege ferenda das Gegenteil. Man will durchaus nicht zugeben, daß auch derjenige entschuldigt werden könne, der die Kollisionslage selbst herbeigeführt hat. Nun ist nach unseren aus Anlaß des gleichen Merkmals beim rechtfertigenden Notstand vorgebrachten Ausführungen klar, daß es sich offenbar auch beim entschuldigenden Notstand wieder um eine gefühlsmäßige Verschiebung der Betrachtungsweise handelt, indem an Stelle der die Kollision veranlassenden Handlung die die Kollision lösende Handlung ins Auge gefaßt wird. Der methodisch richtige Vorgang ist auch hier wieder der, die eine Kollision herbeiführende Handlung für sich allein zu betrachten und zu bewerten. Diese Veranlassungshandlung kann Unrecht, kann schuldhaft und sogar strafbar sein: Damit ist aber noch absolut nichts über die Strafbarkeit der die Kollision lösenden Handlung gesagt. Diese wird vielmehr, wenn nur die oben entwickelten Voraussetzungen hiefür vorliegen, selbst dann straflos bleiben müssen, wenn der Täter wegen Veranlassung der Kollision bestraft werden kann. Es liegen eben zwei verschiedene voneinander getrennt zu beurteilende Handlungen vor, welche nicht miteinander verwechselt werden dürfen. Für die Beurteilung der die Kollision herbeiführenden Handlung gelten aber selbstverständlich hier ganz die gleichen Regeln, welche oben aus Anlaß der Behandlung des rechtfertigenden Notstands entwickelt worden sind: denn die Frage, wie die Kollision tatsächlich gelöst wird, ist für die Beurteilung der sie herbeiführenden Handlung bedeutungslos.

Es zeigt sich also, daß auch diejenigen Fälle, welche die herrschende Lehre unter der Bezeichnung des entschuldigenden Notstands zusammenzufassen gewöhnt ist, keine durch irgendein systematisch bedeutsames Merkmal ausgezeichnete Gruppe darstellt. Vielmehr sind die Kriterien, welche von der herrschenden Lehre verlangt werden, entweder unhaltbar oder aber sie stellen sich als Symptome für bestimmte systematisch richtige Merkmale dar und wären daher in einem systematisch aufgebauten Gesetz durch eben jene richtigen Merkmale, auf welche es tatsächlich ankommt, zu ersetzen.

Die herrschende Lehre begeht aber tatsächlich noch einen viel schlimmeren Fehler als die Ersetzung dessen, worauf es ankommt, durch Symptome, welche das Vorliegen des entscheidenden Merkmals vermuten lassen: sie objektiviert auch noch diese Symptome und gelangt so zu einer vom systematischen Standpunkt aus unhaltbaren Unterschiedung zwischen echtem Notstand und Putativnotstand auch auf dem Gebiete des entschuldigenden Notstands. Da es in den Notstandsfällen sowie in der ganzen Gruppe von Fällen, der sie angehören, auf das Motiv ankommt und dieses Motiv selbstverständlich nur mit der Vorstellung des Täters vom Sachverhalt und dessen Bewertung, niemals aber mit dem wirklichen Sachverhalt und der objektiven Bewertung in Beziehung stehen kann, so ergibt sich daraus zwingend, daß es in allen Fällen des entschuldigenden Notstands immer nur auf die Vorstellung des Täters, nicht aber auf die Tatsachen ankommt. Wenn man also zum Beispiel schon auf die Notlage abstellt, so dürfte nicht deren wirkliches Vorhandensein, sondern lediglich die Vorstellung des Täters davon, daß sie vorhanden ist, entscheidend sein; verlangt man eine gewisse Proportionalität zwischen den in Betracht kommenden Gütern, so könnte wieder nicht die objektive Proportionalität, sondern ganz allein die Proportionalität nach der Vorstellung des Täters bedeutsam sein. Die herrschende Lehre aber, ebenso wie die Gesetze und Entwürfe, stellt auf den objektiven Sachverhalt ab. Was der tiefere Grund dieses Fehlers ist, läßt sich schwer mit Sicherheit feststellen. Vielleicht war es die unbewußte Analogie zu den Deliktstypen des besonderen Teiles, bei welchen ja auch der objektive Typus die Grundlage des subjektiven bildet. Diese Objektivierung würde nun eine ganz gewaltige Steigerung der in den Notstandsmerkmalen selbst liegenden Präsumptionen darstellen, wenn sie nicht durch die Figur des Putativnotstands wieder abgeschwächt würde. Nimmt der Täter irrtümlich jene Merkmale an, dann liegt nach der herrschenden Lehre Putativnotstand vor, der nach den allgemeinen Irrtumsregeln den Täter gleichfalls entschuldigen kann; der scheinbar praktisch bedeutungslose Unterschied liegt also darin, daß im Falle eines echten entschuldigenden Notstands wegen Notstands freigesprochen wird, im Falle des Putativnotstands aber wegen Irrtums. Die Analogie zur Behandlung der Deliktstypen des besonderen Teils wird hier augenfällig. Der gewaltige Unterschied liegt nur darin, daß bei den Deliktstypen die objektiven Merkmale Unrechtsmerkmale sind, während es sich beim Notstand um die Schuld indizierende Merkmale handelt, welche überhaupt nur in ihrer subjektiven Widerspiegelung Bedeutung erlangen können. Der oben erwähnte Unterschied im Grund des Freispruches bei echtem und bei Putativnotstand ist aber nur scheinbar praktisch bedeutungslos. Dies zeigt sich recht deutlich im Entwurf 1927. Es zeigte sich nämlich dort, daß durch die Definition des Irrtums in den §§ 17 und 20 der Fall des Putativnotstands nicht mitinbegriffen wäre, wenn man etwa darauf abstellte, daß der Irrtum den Täter das Unrecht seiner Tat nicht erkennen ließ. Dies ist selbstverständlich, weil eben diese Irrtumsformel voraussetzt, daß das, worüber geirrt wird, ein zum Unrecht gehöriges Merkmal ist, was bei den Notstandsmerkmalen eben nicht zutrifft. Und so vermochte sich denn der Entwurf nicht anders zu helfen, als indem er erklärte, daß auch derjenige Irrtum entschuldigen solle, der den Täter einen Sachverhalt annehmen ließ, bei dessen Vorliegen er nicht strafbar wäre. Daß diese Wendung einzig und allein auf den Putativnotstand in den Fällen des bloß entschuldigenden Notstands gemünzt sei davon war ich von Anfang an überzeugt, und tatsächlich hat Kadečka dies unumwunden zugegeben. Nun haben die Verfasser des Entwurfs aber leider dabei übersehen, daß diese Formel auch auf andere Fälle paßt, in welchen die Entscheidung in dieser Richtung sowohl den Intentionen der Entwurfverfasser selbst widerspricht als auch juristisch-systematisch absolut nicht gerechtfertigt werden kann: Jeder Irrtum über eine Strafbarkeitsbedingung würde nämlich auf diese Weise Straflosigkeit herbeiführen. Es ist ein Verdienst Rittlers, auf diese Tatsachen aufmerksam gemacht zu haben[1]). Die Verkennung der Identität des sogenannten echten entschuldigenden Notstands mit dem Putativnotstand führt also zu einer Vorschrift, deren Folgen die unrichtige Entscheidung einer ganzen Reihe weiterer Fälle sind. Hier zeigt sich deutlich die Unfruchtbarkeit einer Methode, welche die systematischen Fehler, statt ihrem Grund nachzuspüren, dadurch beseitigen möchte, daß sie ihre Konsequenzen aus der Welt schafft: Ein Fehler wird beseitigt und hundert andere entstehen dadurch.

Es scheint somit erwiesen, daß der Notstandsbegriff der herrschenden Lehre systematich unhaltbar ist. Der rechtfertigende Notstand wird dadurch überflüssig, daß diese Fälle schon vermöge des allgemeinen Rechtfertigungsgrundes, als dessen Spezialfälle sie sich darstellen, nicht Unrecht und somit nicht strafbar sein können; der entschuldigende Notstand wird überflüssig, sobald ein Gesetz die Schwere der Schuld nach der von mir in meinem „Aufbau des Strafrechtssystems" näher begründeten und im II. Teil dieses Buches skizzierten Schuldkomponentenlehre bestimmt: Denn danach muß die erweiterte Tatkomponente, die Persönlichkeitskomponente mit Einschluß des Motivs und die Zurechnungsfähigkeitskomponente in jedem konkreten Fall ihrer konkreten Schwere nach volle Berücksichtigung finden. Aus dem künftigen, streng systematisch aufgebauten Strafgesetz wird daher auch der Notstandsbegriff zu verschwinden haben. Es ist dies wieder ein alteingesessener strafrechtlicher Begriff, der durch die Strafrechtssystematik ausgeschieden wird. Er wird wohl nicht der letzte sein. Eine wirkliche Reform wird erst dann möglich sein, wenn man sich von der heute üblichen Methode, rein gefühlsmäßig-kasuistisch Gesetze aufzubauen, losmachen wird.

---

[1]) Vgl. Frank-Festschrift, II. Band, S. 1 ff.

VII. Von der Einwilligung des Verletzten.

Über das Problem der Einwilligung des Verletzten im allgemeinen sowie über die Bedeutung der Einwilligung bei den einzelnen Delikten im besonderen und über die Erfordernisse des Willens des Einwilligenden gibt es bereits zahlreiche Literatur. Obwohl sich darin manche wertvolle Gedanken finden, leiden doch alle diese Untersuchungen an der Unzulänglichkeit der Methode und konnten daher niemals zu einem befriedigenden Ergebnis führen. Den Ausgangspunkt bildet gerade für die neueren Untersuchungen[1]) über dieses Problem wieder das geltende Gesetz, und auch soweit es sich um Betrachtungen de lege ferenda handelt, geht man von der Regelung der Frage de lege lata aus und untersucht rein gefühlsmäßig-kasuistisch, ob die gleiche Regelung de lege ferenda den Kulturanschauungen entspreche. Da aber nun das geltende Gesetz in dieser Frage ebenso wie in vielen anderen auf Grund der kasuistisch-gefühlsmäßigen Methode eine unklare, in sich widerspruchsvolle Stellungnahme zeigt, so ist klar, daß man von dieser Grundlage ausgehend nicht viel weiter kommen konnte. Gerade das Problem der Einwilligung des Verletzten zeigt deutlich die Unfruchtbarkeit der üblichen vom geltenden Gesetz ausgehenden Methode und die Verderblichkeit des Irrtums, der in dem Glauben liegt, das Gesetz könne nicht in sich widerspruchsvoll sein. Da regelt etwa das deutsche Strafgesetz die Einwilligung ausdrücklich bei der Tötung. Bei der Körperverletzung findet sich aber keinerlei gesetzliche Bestimmung. Nun kann doch gar nicht bezweifelt werden, daß in dieser Frage der Analogieschluß genau so möglich ist wie der Umkehrschluß. In ersterem Falle schließt man etwa folgendermaßen: Beim schwersten Verbrechen, der Tötung, legt das Gesetz der Einwilligung die Wirkung bei, die Strafbarkeit in großem Ausmaß herabzusetzen; folglich muß man annehmen, daß die Einwilligung bei den weit minderschweren, aber qualitativ ähnlichen Delikten der Körperverletzung die Strafbarkeit vollständig ausschließe. In letzterem Falle schließt man: Da das Gesetz der Einwilligung bei der Tötung ausdrücklich Bedeutung verleiht, so stellt die dort angeordnete Strafmilderung eine Ausnahmebestimmung dar; bei der Körperverletzung findet sich keine solche, daher ist volle Strafbarkeit am Platze. Wer wirklich nur vom geltenden Gesetz ausgeht, kann

---

[1]) Vgl. für viele die Abhandlung von Honig, Einwilligung des Verletzten.

mit gleichem Recht den einen wie den andern Schluß ziehen; so ist es kein Wunder, daß tatsächlich beides geschehen ist und sich daraus ein nicht endenwollendes „Problem" ergab[1]). Zur Lösung des wirklichen Problems, nämlich welche Rolle die Einwilligung im Strafrechtssystem und in einem systematich aufgebauten Strafgesetz zu spielen hätte, vermag diese ganze ungeheure Literatur nichts beizutragen. Da das geltende Gesetz keinen einheitlichen Gesichtspunkt erkennen läßt, so konnte auch die übliche Methode, die vom geltenden Gesetz ausgeht, um Probleme de lege ferenda zu lösen, zu keinem solchen gelangen. Daher ist es begreiflich, daß ein Blick in die Entwürfe zeigt, daß dort dieselbe Grundsatzlosigkeit herrscht wie in den geltenden Gesetzen. Die einzige Änderung, welche die neueren Entwürfe gegenüber dem geltenden Gesetz enthalten, ist die, daß sie (wieder in durchaus gefühlsmäßig-kasuistischer Weise) in einzelnen besonders bestrittenen Fällen eine rein gefühlsmäßige Lösung vorschlagen, nur um das Problem, das nutzlos schon so viel Energie verzehrt hat, endlich loszuwerden. So findet sich etwa bei der Körperverletzung im Entwurf 1927 die an die Vorschläge Honigs und Graf zu Dohnas anschließende Lösung, daß eine Körperverletzung mit Einwilligung dann rechtswidrig sein solle, wenn sie trotz der Einwilligung gegen die guten Sitten verstoße. Vom strafrechtssystematischen Standpunkt aus ist diese Lösung durchaus unannehmbar. Denn erstens ist eine Körperletzung mit Einwilligung auch dann nicht einer solchen ohne Einwilligung gleichzustellen, wenn sie gegen die guten Sitten verstößt; denn erstere verletzt jedenfalls nicht das Interesse des Einzelnen an der Unversehrtheit seines Körpers. Zweitens aber wird mit dem Merkmal „gute Sitten" ein äußerst dehnbarer Begriff in das Strafrecht eingeführt, der schon im Privatrecht, aus dem er entnommen ist, nicht über jeden Tadel erhaben ist, im Strafrecht aber zur Vernichtung der Rechtssicherheit führen muß, was um so schwerer empfunden werden muß, weil mit seiner Hilfe wieder einer jener „aut-aut"-Fälle geschaffen wird, welche die Starrheit und damit die Ungerechtigkeit der geltenden Gesetze und der Entwürfe zur Folge haben. Und drittens sind die guten Sitten ein Begriff, der geradezu danach schreit, im individualethischen Sinn verstanden zu werden, womit wieder ein systemwidriger Gedanke in das sozialethisch orientierte Strafrecht eingeführt wird. Bei der

[1]) Literaturnachweise zu diesem Problem finden sich bei Honig, a. a. O., wo sie eine ganze Seite in Kleindruck füllen. Frank, Strafgesetz, 18. Aufl., S. 141, erklärt dagegen ganz richtig, daß aus dem geltenden Gesetz beide Schlüsse gezogen werden können.

eigenmächtigen Heilbehandlung (§ 281) wird dann plötzlich die Frage der mutmaßlichen Einwilligung erörtert, die in den übrigen Fällen nicht erwähnt wird, obwohl sie dort natürlich genau so auftritt. Bei der Tötung wieder soll die bloße Einwilligung überhaupt keine Wirkung haben, notwendig ist vielmehr das Verlangen des Opfers. Wer also einen anderen mit Einwilligung, aber ohne Verlangen tötet, ist ein gemeiner Mörder! Man kann sich kaum eine kasuistischere und somit unmöglichere Lösung der Fragen denken, als diejenige im Entwurf 1927.

Zeigt sich nun schon in bezug auf die grundlegende Frage, welche Rolle die Einwilligung überhaupt im Strafrechtssystem spielen kann, eine völlige Hilflosigkeit der Theorie, welche zu einer gänzlich grundsatzlosen, in sich selbst widerspruchsvollen Regelung im Entwurf geführt hat, so wird die Sache noch viel schlimmer, wenn man sich der speziellen Frage zuwendet, wie denn eigentlich der Wille des Einwilligenden beschaffen sein müsse, damit er diejenige Wirkung äußern könne, welche man ihm bei den einzelnen Delikten zubilligt. Die einzige Theorie, welche methodisch richtig an die Frage herantritt, nämlich die Rechtsgeschäftstheorie Zitelmanns, vermochte sich nicht durchzusetzen, da sie inhaltlich unrichtig war: Es geht in der Tat nicht an, in der Einwilligung eines Menschen in seine Tötung ein Rechtsgeschäft zu erblicken, so wenig als die Tötung selbst als Rechtsgeschäft angesehen werden kann. Da die übliche Methode aber eine verfehlte war, so darf das endgültige Resultat nicht wundernehmen, das darin besteht, daß man bei jedem einzelnen Delikt die Voraussetzungen für die Gültigkeit der Einwilligung verschieden bestimmen könne und solle. So unmöglich dieses Ergebnis vom systematischen Standpunkt aus ist, so wenig es wissenschaftlich befriedigen sollte, so läßt sich doch nicht leugnen, daß die übliche Arbeitsmethode geradezu notwendig dazu führen mußte.

Konnte nun aber die herrschende Lehre zu keinem fruchtbaren Prinzip de lege ferenda gelangen, so sollte man doch eigentlich vermuten, daß sie wenigstens de lege lata die Fälle, in welchen tatsächlich Einwilligung vorhanden ist, diese aber aus irgendwelchen Gründen juristisch als nicht vorhanden angesehen wird, restlos aufgeklärt hätte. Aber selbst dies ist nicht der Fall. Die ganze Kraft der Wissenschaft wird nämlich nur darauf konzentriert, unklare Gesetzesstellen klar zu machen; wo sich aber der Gesetzgeber in klarer Weise ausgedrückt hat, da hält man es offenbar für eine überflüssige, zeitraubende, praktisch nutzlose Arbeit, über den Sinn dieser Vorschrift nachzudenken, sich zu fragen, warum denn diese Bestimmung gerade so und nicht anders lautet. Freilich, unmittelbaren praktischen Nutzen kann eine Untersuchung darüber, warum etwa die Einwilligung einer Geisteskranken als Nichteinwilligung gewertet wird, nicht bringen; denn das Gesetz hat mit einer jeden Zweifel ausschließenden Klarheit bestimmt, daß derjenige unrecht und strafbar handle, der mit einer Geisteskranken den Beischlaf vollzieht, auch wenn diese einwilligt. Die Untersuchung über den tieferen Grund dieser Vorschrift könnte aber de lege ferenda immerhin einigen Nutzen bringen: Denn entweder zeigt sich, daß dieser Grund nicht stichhältig ist oder daß dieser Grund zu Recht besteht und daher verallgemeinert werden kann. Aber tiefergehende Untersuchungen dieser Art sind kaum zu finden. Und so darf es nicht wundernehmen, wenn sämtliche Fälle, in welchen Einwilligung tatsächlich vorhanden ist, juristisch aber nicht beachtet wird, unter ein und dieselbe Kategorie gebracht werden, unter die Kategorie der „Freiheit des Willens". Der Wille des Kindes und des Unmündigen, der Wille des Geisteskranken, der Wille desjenigen, der einer Bedrohung nachgibt, der Wille des in einer Zwangs- oder Notlage befindlichen Bewucherten, alle diese sind „unfrei" und deshalb nicht beachtlich. Wer erinnert sich da nicht an längst vergangene Zeiten auf dem Gebiet der Vorsatzlehre. Auch dort wurden lange Zeit sämtliche Fälle, in welchen zwar Vorsatz in rein psychologischem Sinn vorlag, trotzdem aber von schuldhaftem Vorsatz nicht die Rede sein konnte, mit dieser einen Kategorie erledigt: Sowohl das Kind als auch der Geisteskranke und der in Notstand Befindliche handelten nach dieser Lehre deshalb nicht schuldhaft, weil ihr Wille unfrei war. Seither hat sich in der Vorsatzlehre manches geändert und gebessert: Man hat erkannt, daß Vorsatz in psychologischem Sinn und schuldhafter Vorsatz nicht dasselbe sind, daß Zurechnungsunfähigkeit und Notstand zwei verschiedene Dinge sind, daß auch der Grund der Zurechnungsunfähigkeit bei Kindern und bei Geisteskranken nicht der gleiche ist. Die offen indeterministische Auffassung, welche allein den Satz von der Unfreiheit des Willens ermöglichte, wurde allmählich von einer deterministischen verdrängt, man bemüht sich bereits seit Jahren, die ganze Schuldlehre deterministisch zu rechtfertigen. Nur an der Lehre von der Einwilligung des Verletzten, vom Willen des Einwilligenden, ist diese ganze Entwicklung spurlos vorübergegangen. Und doch drängt sich die Analogie zwischen dem Vorsatz des Täters und dem Vorsatz des in die Verletzung Einwilligenden geradezu auf. Nur der üblichen Methode, die gewohnt ist, alles als Einzelproblem anzusehen und isoliert zu betrachten, konnte diese Analogie entgehen.

Die erste Frage, welche bei dem Problem der Einwilligung aufzuwerfen ist, ist die nach der Stellung der Einwilligung im System. Es ist zu untersuchen, ob und auf welchem Wege die Einwilligung auf die Höhe der Strafe einzuwirken vermag. Entsprechend den fünf für die Strafhöhe bedeutsamen Kategorien gliedert sich diese Frage sofort weiter dahin, ob die Einwilligung innerhalb der Kategorie der Vergeltung oder innerhalb einer anderen Kategorie Einfluß gewinnen kann. Es ist nun unschwer zu erkennen, daß die primäre Bedeutung der Einwilligung offenbar innerhalb der Kategorie der Vergeltung liegt. Ist dies aber der Fall, dann geht die weitere Frage dahin, ob diese Bedeutung auf der ersten oder auf der zweiten Stufe dieser Kategorie, auf dem Gebiet des Unrechts oder erst der Schuld liegt. Auch in dieser Richtung fällt die Entscheidung nicht schwer. Selbst ohne in das Wesen des Strafrechts tief einzudringen, vermag man auf den ersten Blick zu sagen, daß die Einwilligung für das Unrecht der Tat von Wichtigkeit ist. Wollte man ihr nur für die Schuld Bedeutung beimessen, so würde man sogleich erkennen, daß etwa der Grund für den geringen Schuldgehalt eines auf Tötung mit Einwilligung gerichteten Vorsatzes wieder nur darin gefunden werden kann, daß eben die Tötung mit Einwilligung keinen so schweren sozialschädlichen Gehalt aufweist wie die Tötung ohne Einwilligung, die geringere Schuld also bloß sekundärer Natur, eine Folge des geringeren Unrechts ist. Daß die Einwilligung auf die Schwere des Unrechts einwirkt, das ergibt sich aber auch, wenn man vom Wesen und Zweck des Strafrechts selbst ausgeht. Die Aufgabe des Strafrechts ist der erhöhte Schutz gewisser Güter oder Interessen. Nur insofern die soziale Gemeinschaft ein Interesse an dem Unterbleiben gewisser Taten hat, können diese als Unrecht angesehen werden. An dem Unterbleiben mancher Taten hat die Allgemeinheit aber ein unmittelbares direktes Interesse, weil diese Taten, ohne zunächst ein bestimmtes Einzelinteresse zu verletzen, direkt gegen das Wohl der Allgemeinheit gerichtet sind. Insoweit es sich um solche direkte Verletzungen von Allgemeininteressen handelt, ist die Einwilligung des Verletzten überhaupt undenkbar: Sie widerspräche dem Wesen des Staates, der auf Erhaltung und Förderung, nicht aber auf Vernichtung oder Schädigung seiner selbst gerichtet ist. Wollte der Staat eine Tat, die er als für sich schädlich erkennt, zulassen, dann würde er sich selbst negieren, sich selbst die Existenzberechtigung ganz oder teilweise absprechen.

Anders dort, wo es sich primär um den Schutz von Einzelinteressen handelt. Zwar kann auch hier die Allgemeinheit ein unmittelbares Interesse besitzen, insofern ihr etwa daran liegt, daß das Gut, dessen Träger der einzelne ist, unversehrt bleibe, weil damit auch eine Steigerung der Macht oder des Vermögens der Allgemeinheit verbunden ist. Immer hat sie aber in diesen Fällen auch ein indirektes mittelbares Interesse, eben auf dem Umweg über das Interesse des Einzelnen selbst: Denn es liegt im Interesse der Allgemeinheit, daß die Machtbefugnisse, welche von ihr dem einzelnen Staatsbürger eingeräumt werden, von den übrigen respektiert werden, da nur auf diese Weise ein geordnetes Zusammenleben aller möglich ist. Es ist nun klar, daß in dieser Richtung die Einwilligung Bedeutung erlangen muß: Fällt das Interesse des Einzelnen weg, will er selbst in seiner Machtsphäre nicht mehr geschützt werden, dann entfällt damit auch das mittelbare Interesse der Allgemeinheit und der sozialschädliche Gehalt der Tat wird dadurch entsprechend verringert. Überall dort, wo es sich primär um den Schutz der Machtbefugnisse des Einzelnen handelt, erlangt somit die Einwilligung Bedeutung für das Ausmaß des Unrechts. Damit ist nicht gesagt, daß die Einwilligung in allen diesen Fällen notwendig das Unrecht ausschließen oder auch nur soweit vermindern müsse, daß der strafrechtliche Bekämpfungswert unter die Untergrenze der Strafbarkeit herabsinke: Vermindert aber wird das Unrecht doch in jedem solchen Falle durch die Einwilligung, und das Ausmaß dieser Verminderung hängt eben davon ab, wie groß das noch übrigbleibende direkte Interesse der Allgemeinheit an der Unversehrtheit des betreffenden Gutes ist.

Damit ist die allgemeine Stellung der Einwilligung im Strafrechtssystem gekennzeichnet. Die nächste Frage ist nun die, in welchem Stadium des Aufbaues des Strafgesetzes der Gesetzgeber auf die Einwilligung Bedacht zu nehmen hat. Es scheint mir nun zunächst klar zu sein, daß dies nicht vor der von mir so genannten Vorvertypung der Fall sein kann. Ehe eine solche erfolgt ist, fehlt es ja noch an allen Anhaltspunkten, da nur die unübersehbare Fülle qualitativ und quantitativ verschiedenen Unrechts vorliegt. Die Vorvertypung muß also zunächst ohne jede Berücksichtigung der Einwilligung vonstatten gehen, sie muß erst die Urtypen schaffen. Ist aber diese unbedingt nötige Vorarbeit bereits getan, dann ist auch schon der Augenblick für die Berücksichtigung der Einwilligung gekommen. Das Moment der Einwilligung bildet nämlich eines der wichtigsten Kriterien, mit deren Hilfe aus den Urtypen die endgültigen

Typen gebildet werden. Nehmen wir etwa als Beispiel die Urtypen der Tötung und der Freiheitsberaubung. Geht man systematisch richtig vor, so ergibt sich als erste Frage, aus welchem Grund die Tötung Unrecht ist, wo die zu schützenden Interessen liegen. Dann zeigt sich sogleich, daß es sich hier einerseits um das unmittelbare Interesse der Allgemeinheit an dem Leben jedes einzelnen Menschen handelt, anderseits aber auch um den Schutz des Interesses, welches jeder einzelne an seinem Leben besitzt. Daraus ergibt sich weiters ganz von selbst, daß durch die Einwilligung des Getöteten die Schutzbedürftigkeit des Einzelinteresses wegfällt, so daß nur mehr das direkte Interesse der Allgemeinheit übrig bleibt; folglich vermag die Einwilligung das Unrecht bedeutend herabzusetzen; daher darf die Tötung mit Einwilligung nicht unter einen Typus mit der Tötung ohne Einwilligung gebracht werden. Es zeigt sich also die Notwendigkeit, bei der endgültigen Typenbildung zwei voneinander verschiedene Typen, die Tötung ohne und die Tötung mit Einwilligung, zu bilden. Es wird sich dann im Laufe der weiteren Untersuchung zeigen, daß auch der Häufigkeitswert dieser beiden Tötungstypen ein verschiedener ist, so daß schon um dessentwillen beide voneinander getrennt werden müßten. Wie steht es aber nun mit der Freiheitsberaubung? Hier erhält man auf die analogen Fragen nicht die gleiche klare Antwort wie bei der Tötung. Es wird nicht geleugnet werden können, daß an dem Unterbleiben längerer Freiheitsberaubungen die Allgemeinheit auch ein unmittelbares Interesse besitzt. Denn ein Mensch, der seiner Freiheit beraubt ist, kann der sozialen Gemeinschaft ebensowenig nützen wie ein Toter; seine Arbeitskraft, seine Energie ist für die Allgemeinheit verloren. Je länger die Freiheitsberaubung dauert, desto mehr wird das Interesse der Allgemeinheit beeinträchtigt. Es zeigt sich also, daß länger andauernde Freiheitsberaubungen auch direkt die Allgemeinheit beeinträchtigen. Dies ist tatsächlich schon in den geltenden Gesetzen zum Teile richtig erkannt, aber freilich nur in der üblichen kasuistischen Weise berücksichtigt worden: Die Behandlung eines Menschen als Sklaven ist z. B. nach österreichischem Recht ein Verbrechen, bei welchem die Einwilligung das Unrecht nicht auszuschließen vermag. Ganz kurze Freiheitsberaubungen aber lassen das Interesse der Allgemeinheit unberührt. Wer kurze Zeit, etwa nur wenige Stunden verhindert ist, sozialnützlich tätig zu sein, veranlaßt dadurch noch keinen Schaden für die Allgemeinheit; denn kein Mensch ist ununterbrochen tätig, jeder ruht von Zeit zu Zeit. Es liegt nun der Einwand nahe, daß auch eine ganz kurze Freiheitsberaubung die

Allgemeinheit direkt schädigen könne, wenn das Opfer dadurch verhindert wird, eine besonders wichtige Tätigkeit zu entfalten. Wer etwa einen Lokomotivführer hindert, im entscheidenden Augenblick die Bremse zu ziehen, der schädigt doch dadurch nicht nur diesen. Dabei würde man aber übersehen, daß in solchen Fällen der über die vorhandene Freiheitsberaubung selbst hinausreichende Unrechtsgehalt ihrer weiteren Wirkungen das entscheidende Moment darstellt und daß diese weiteren Wirkungen eben schon als solche zugerechnet werden können. Es müßte in dem obigen Beispiel je nach der Sachlage entweder die Gefährdung von Menschenleben oder von Vermögen in Betracht kommen, lauter Dinge, welche schon durch eigene Unrechtstypen zur Genüge erfaßt sind. Soweit es sich also um die Freiheitsberaubung an sich handelt, wird man ohne weiteres den Satz rechtfertigen können, daß eine Freiheitsberaubung von mehr als wenigen Stunden die Allgemeinheit direkt tangiert, so daß also hier die Einwilligung das Unrecht nicht auszuschließen, sondern nur zu vermindern vermag, während bei einer kürzeren Freiheitsentziehung es sich lediglich um den Schutz der Willenssphäre des Einzelnen handelt, so daß hier durch die Einwilligung das Unrecht vollständig ausgeschlossen wird. Die Folge dieser Erkenntnis ist aber, daß man bei systematisch richtigem Aufbau des Gesetzes gezwungen sein wird, zwei verschiedene Typen der Freiheitsberaubung, kurze und langandauernde, zu bilden. Bei der kurzen schließt die Einwilligung das Unrecht ohne weiteres aus, bei der langen nicht. Ob es sich nun als notwendig erweist, innerhalb der langen Freiheitsentziehung abermals zwei Typen zu unterscheiden, hängt davon ab, ob man den strafrechtlichen Bekämpfungswert der langandauernden Freiheitsentziehung mit Einwilligung für über die untere Strafbarkeitsgrenze hinausreichend ansieht, eine Frage, welche ich trotz des geringeren Häufigkeitswertes mit Rücksicht auf das große Interesse der Allgemeinheit bei sehr lang andauernden Freiheitsentziehungen bejahen möchte[1]). Daß dadurch dem Täter zu hart mitgespielt werde, ist nicht zu befürchten, da es ja in einem systematisch aufgebauten Gesetz möglich ist, die Strafe dem konkreten Fall anzupassen. Da das Ausmaß des Interesses der

---

[1]) Ich höre schon den Einwand: „Wie umfangreich müßte sich da der besondere Teil gestalten!" Demgegenüber verweise ich auf die ungeheure und zum Teil ganz sinnlose Kasuistik des Entwurfs 1927 bei den Diebstahlsfällen. Außerdem ist mit der Feststellung, daß mehrere Typen notwendig sind, noch nicht gesagt, daß diese notwendig im besonderen Teil aufscheinen müssen. Denn das ist eine gesetzestechnische Frage, während es sich hier um rechtstechnische Fragen handelt.

Allgemeinheit mit der Zeitdauer der Freiheitsentziehung ständig zunimmt, so ergibt sich daraus, daß die Einwilligung um so weniger unrechtsmindernde Kraft besitzen wird, je länger die Freiheitsberaubung dauert, um welche es sich handelt.

Eine ganz analoge Fragestellung ergibt sich, wenn wir etwa den Urtypus der Vermögensschädigung betrachten. Fragt man sich hier nach dem Grad des Unrechts, so zeigt sich sogleich die Notwendigkeit einer Unterteilung dieses Urtypus: Eine Vermögensschädigung ist für die Allgemeinheit offenbar grundsätzlich dann von unmittelbarem Interesse, wenn sie sich nicht in einer Vermögensverschiebung erschöpft, sondern gleichzeitig eine Vermögensvernichtung darstellt. Denn jede Vermögensvernichtung schädigt, wie schon früher dargetan, auch das Gesamtvermögen. Es wird daher in bezug auf die Einwilligung von vornherein zwischen Vermögensverschiebungs- und Vermögenszerstörungstypen zu unterscheiden sein. Bei ersteren vermag die Einwilligung das Unrecht auszuschließen, bei letzteren dagegen nur zu vermindern. Daraus ergibt sich die Notwendigkeit, niemals Vermögensverschiebungs- und Vermögenszerstörungstypen zusammenzufassen. Bei den Vermögenszerstörungstypen kämen also wieder je zwei Typen in Betracht, einer ohne und einer mit Einwilligung des Verletzten. Es fragt sich aber wieder, ob die Vermögenszerstörung mit Einwilligung des Verletzten einen über die untere Strafbarkeitsgrenze hinausgehenden strafrechtlichen Bekämpfungswert aufweist. Ich glaube, daß der Fall ähnlich wie bei der Freiheitsberaubung liegt. Je größer der Vermögenswert, desto größer das direkte Interesse der Allgemeinheit an seiner Erhaltung. Anderseits wird der Häufigkeitswert eines solchen Typus sehr gering sein, da erfahrungsgemäß die Menschen in die Zerstörung wertvoller Sachen selten einwilligen. Immerhin glaube ich, daß wenigstens dann, wenn es sich nicht nur um materielle, sondern auch um ideelle Werte handelt, strafrechtliche Bekämpfung durchaus am Platze wäre. Wenn es sich also z. B. um die Zerstörung von Sachen von künstlerischem oder wissenschaftlichem Wert handelt, dann wird Bestrafung ihrer Zerstörung oder Beschädigung selbst mit Einwilligung des Eigentümers (ebenso wie die Beschädigung oder Zerstörung durch den Eigentümer selbst) durchaus am Platze sein. Der Entwurf 1927, ganz in liberaler Ideologie befangen, übersieht dies vollständig, obwohl er einen eigenen Paragraphen aufstellt, um die Sachbeschädigung an solchen besonders wertvollen Sachen strenger als die gewöhnliche Sachbeschädigung zu bestrafen. Hätten sich die Redaktoren des Entwurfs die naheliegende Frage vorgelegt, was denn eigentlich den tieferen Grund der rein gefühlsmäßig vorgenommenen Strafschärfung bilden könnte, so hätten sie wohl auf den Gedanken kommen müssen, daß er nur in dem direkten Interesse der Allgemeinheit an der Unversehrtheit solcher Sachen liegen könne, was bei einigem Nachdenken zur Erkenntnis geführt hätte, daß es notwendig sei, auch die Beschädigung solcher Sachen mit Einwilligung des Eigentümers oder durch den Eigentümer selbst unter Strafe zu stellen. Aber die Scheu der heutigen Gesetzgeber vor der Frage „Warum?" hinderte auch in diesem Falle eine wirkliche Reform.

Die angeführten Beispiele zeigen bereits zur Genüge die Methode. Vor und nicht nach der endgültigen Vertypung ist die Bedeutung der Einwilligung zu untersuchen, denn gerade ihr Einfluß auf die Schwere des Unrechts kann zur Bildung bestimmter Typen Anlaß geben. Es ist einer der wichtigsten Fehler der herrschenden Lehre auf dem Gebiet des Einwilligungsproblems, daß sie dies übersieht. Sie tritt an dieses Problem erst nach fertiger endgültiger Typenbildung heran und behandelt es infolgedessen eigentlich auch de lege ferenda wie ein Problem de lege lata. Die nächstliegende Folge dieses Fehlers ist, daß es nunmehr tatsächlich unmöglich geworden ist, einen einheitlichen Gesichtspunkt für die Bedeutung der Einwilligung zu gewinnen: Denn dessen Bedeutung und Auswirkung liegt ja gerade vor der Typenbildung und wenn in diesem Stadium darauf keine Rücksicht genommen wurde, kommen eben Typen zustande, die zumindestens in dieser Richtung unbrauchbar und vielfach einander widersprechend sind. Die weitere Konsequenz ist aber, daß auch bei ein und demselben fertigen Typus die Frage der Einwilligung nicht einheitlich entschieden werden kann, wenn die Entscheidung gleichzeitig systematisch richtig sein soll. Das fühlt die herrschende Lehre gelegentlich selbst und so tauchen manchmal gänzlich unfruchtbare Streitfragen auf, wie etwa diejenige, ob und welche Wirkungen die Einwilligung bei der Freiheitsberaubung haben soll. Da nur ein einziger Typus der Freiheitsberaubung gebildet wurde, ist die Frage schlechthin unlösbar: Denn bei einem Teil der Freiheitsberaubungen hat die Einwilligung unrechtsausschließende Wirkung, bei einem anderen Teil dagegen nicht, und diese Erkenntnis führt eben in einem systematisch aufgebauten Gesetz zu einer Zweiteilung der Typen. Besteht aber nur ein einziger Typus der Freiheitsberaubung, dann können sich die einen mit gleichem Recht darauf berufen, daß es doch nicht angehe, der Einwilligung die rechtfertigende Wirkung abzusprechen, da doch häufig der Staat kein unmittelbares Interesse an der Freiheit des

Einzelnen habe, wie die anderen darauf, daß es nicht angehe, der Einwilligung unrechts- und strafausschließende Wirkung beizulegen, weil häufig auch ein direktes Interesse der Allgemeinheit an der Freiheit des Einzelnen bestehe. Der letzte Ausweg aus solchen Streitfragen ist dann immer die Resignation, die das Problem, welches von der Theorie nicht bemeistert werden konnte, auf den Richter abwälzt, in der Hoffnung, dieser werde schon im Einzelfall gefühlsmäßig das Richtige treffen. Aber ein solcher Ausweg ist nicht nur das Einbekenntnis der eigenen Unfähigkeit, er ist auch geradezu unfair: Denn er bedeutet gleichzeitig eine Abwälzung der Verantwortlichkeit. Wenn der Richter nun dieselbe Aufgabe, der die Theorie sich nicht gewachsen zeigte, gleichfalls nicht bewältigen kann, dann belastet der Staatsbürger den Richter mit dem Vorwurf, der dem Theoretiker und dem Gesetzgeber gebührte. Ähnlich wie bei der Freiheitsberaubung steht es auch bei der Körperverletzung. Es gibt zweifellos Fälle, und zwar diejenigen, welche sich de lege lata als leichte Körperverletzungen darstellen, in welchen ein direktes staatliches Interesse kaum nachzuweisen sein dürfte, so daß der Einwilligung vollständige Wirkung zuerkannt werden müßte. Aber dieser Umstand hätte vor der endgültigen Typenbildung berücksichtigt werden müssen und hätte vielleicht dazu führen können, diese Fälle als tätliche Mißhandlungen den Ehrenbeleidigungen gleichzustellen. Sind die endgültigen Typen gebildet, dann besteht keine Möglichkeit mehr, dieser Erkenntnis gerecht zu werden. Daß gelegentlich ein ganz richtiges Gefühl für die Bedeutung der Einwilligung besteht, zeigt die Tatsache, daß manchmal schon de lege lata zwischen leichter und schwerer (samt gefährlicher) Körperverletzung unterschieden und bei der ersteren der Einwilligung Bedeutung zugeschrieben wird. Dabei übersieht man freilich, daß unter die leichte Körperverletzung nach dem Reichsstrafgesetzbuch auch ziemlich schwere Verletzungen fallen können.

Es muß also unbedingt daran festgehalten werden: Ist einmal die endgültige Typenbildung erfolgt, dann wäre es ein vergebliches Bemühen, nach einem einheitlichen Grundsatz zu suchen, der die Bedeutung der Einwilligung klarzulegen vermöchte oder gar etwa nach einer Regel, welche im allgemeinen Teil des Gesetzes zu stehen hätte und für jeden in Betracht kommenden Fall die richtige Entscheidung an die Hand gäbe.

Die nächste Frage ist die nach der Beschaffenheit des Willens des Einwilligenden. Wenn man die Frage so stellt, wie beschaffen der „Wille“ des Einwilligenden sein müsse, macht man sich genau genommen schon einer unrichtigen Problemstellung schuldig, indem man in die Frage bereits einen Teil der Antwort hineinlegt. Es ist damit nämlich schon von vornherein gesagt, daß die Beziehung des Opfers zur Tat in einem psychischen Akt bestehen müsse, den wir als „Willen“ bezeichnen. Die weitere Folge sind dann Scheinprobleme, wie dasjenige, ob sich der Wille auf die Handlung oder auf den Erfolg oder auf beides beziehen müsse u. dgl. Genau der gleiche Fehler in der Problemstellung hat in der Vorsatzlehre viel Verwirrung gestiftet und zu einem nicht endenwollenden Streit um das Wesen des Vorsatzes geführt, der die Strafrechtswissenschaft wenig förderte, dafür aber von wichtigeren Fragen ablenkte. Es ist durchaus nicht von vornherein sicher, daß die Beziehung des Opfers zur Tat ein Wille sein müsse, obwohl das Wort „Einwilligung“ dazu verleitet. Denn es steht auch keineswegs von Anfang an fest, daß dieses Wort die richtige Bezeichnung für das ist, worauf es wirklich ankommt, und nicht etwa nur eine vulgäre, ungenaue und daher irreführende Ausdrucksweise. Als feststehend kann vielmehr zunächst nur angenommen werden, daß durch eine bestimmte Relation zwischen Opfer und Tat das Interesse, welches das Opfer gewöhnlich an dem Unterbleiben dieser Tat hat, zum Wegfall kommt. Nunmehr ist erst zu untersuchen, welcher Art diese Relation sein kann. Da steht nun weiters gleichfalls fest, daß diese Relation eine psychische sein muß, denn nur eine solche vermag ein geistiges Band zwischen einem äußeren Geschehen und einem Menschen herzustellen. Ist man einmal so weit, dann drängt sich ganz von selbst die Analogie zur Schuld auf. Besteht doch auch die Schuld zunächst in einer psychischen Relation eines Menschen zur Tat; der Unterschied besteht auf den ersten Blick nur darin, daß es sich bei der Schuld um die psychische Beziehung des Täters zur Tat handelt, bei der sogenannten Einwilligung aber um die psychische Beziehung des Opfers zur Tat. Nun darf man sich aber durch diese naheliegende Analogie nicht etwa verleiten lassen, beide Erscheinungen von vornherein vollständig gleich zu werten und gleich zu behandeln. Dabei würde man nämlich ganz übersehen, daß die Voraussetzungen einer psychischen Relation zur Tat bei der Schuld eine ganz andere Funktion zu erfüllen haben als bei der Einwilligung. Bei der Schuld stellt die psychische Relation die notwendige Verbindungslinie zwischen Tat und Täter dar, die Brücke, welche von der objektiven Sozialschädlichkeit zur subjektiven Sozialwidrigkeit eines Menschen führt. Sie ist als psychisches, im weiteren Sinn selbst schon der Täterpersönlichkeit angehöriges Phänomen damit gleichzeitig ein Ausschnitt, ein Teil der subjektiven Sozialwidrigkeit selbst. Aber sie ist nur ein Teil dieser subjektiven Sozialwidrigkeit, zu welcher auch die gesamte Persönlichkeitskomponente gehört. Bei der Einwilligung dagegen hat die psychische Beziehung eine andere Funktion: Hier soll sie dartun, daß dem Opfer an der Erhaltung eines Gutes nichts gelegen ist, daß sein sonst vorhandenes Interesse wegfällt. Dabei interessiert uns jedoch keineswegs, ob diese einmalige psychische Beziehung aus dem oder jenem Motiv entsteht, ob sie mehr oder minder tief in der Gesamtpersönlichkeit verankert ist oder nicht. Ob der Betreffende eine dauernde Neigung besitzt, sein Eigentum zugunsten anderer aufzugeben oder ob er sich nur einmal aus Mitleid dazu bewegen ließ, das kann juristisch nicht interessieren. Denn hier handelt es sich nicht um die Prüfung der Persönlichkeit, sondern allein um die Frage des Bestehens oder Nichtbestehens des Interesses im Augenblick, wo die Handlung vorgenommen wird. Das bedeutet somit, daß bei der Einwilligung eine Persönlichkeitskomponente überhaupt nicht in Betracht kommt.

Es fragt sich nun weiter, ob die Voraussetzung für die Anerkennung der psychischen Beziehung, welche wir bei der Schuld als Zurechnungsfähigkeit bezeichnet haben, auch im Falle der Einwilligung Platz zu greifen habe. Die Zurechnungsfähigkeit als Schuldvoraussetzung wurde damit gerechtfertigt, daß die Schuld ihrem Wesen nach den Vorwurf subjektiver Sozialwidrigkeit darstelle und daß nur denjenigen gegenüber dieser Vorwurf angebracht erscheint, welche als sozialnützliche Glieder der Gemeinschaft gedacht werden können. Daraus ergab sich die grundsätzliche Richtigkeit der Formel, durch welche die Entwürfe seit dem österreichischen Vorentwurf 1909 ziemlich übereinstimmend die Voraussetzungen der Zurechnungsfähigkeit bestimmen, als die Fähigkeit, das Unrecht der Tat einzusehen und dieser Einsicht gemäß zu handeln. Es ist nun klar, daß die Zurechnungsfähigkeit als Voraussetzung für die Beachtlichkeit der Einwilligung nicht in der gleichen Weise begründet werden kann. Denn hier kann es sich nicht darum handeln, ob der Einwilligende als sozialnützliches Glied der Gemeinschaft gedacht werden kann, da ja das, was er tut, soweit es sich nur um den Verzicht auf sein Interesse handelt, absolut nichts sozialschädliches ist. Es kann sich ferner auch nicht darum handeln, ob der Betreffende die Fähigkeit besitzt, bei seinem Handeln Recht und Unrecht zu unterscheiden, denn das was er geschehen läßt ist eben sozial indifferent[1]). Die bedenkenlose analoge Anwendung des Zurechnungsunfähigkeitsgedankens auf die Einwilligung zeigt sich also als theoretisch durchaus nicht begründet. Damit ist aber natürlich noch nicht gesagt, daß auch die Einwilligung jedes Geisteskranken Bedeutung beanspruchen könne. Wohl aber wird der Begriff der Zurechnungsunfähigkeit für die Frage der Einwilligung anders begründet werden müssen und daher auch andere Merkmale aufweisen als die Zurechnungsunfähigkeit in ihrer Eigenschaft als Schuldunfähigkeit. Es handelt sich ja bei der Einwilligung um den Verzicht auf die Integrität eines Guts, um den Verzicht auf ein Interesse. Einen solchen Verzicht werden wir aber nur bei demjenigen anerkennen, der kraft seiner gesamten psychischen Konstitution imstande ist, die Bedeutung eines solchen Verzichtes einzusehen, der also die Fähigkeit besitzt, seine eigenen Interessen wahrzunehmen, zwischen dem, was ihm nützlich und dem, was ihm schädlich ist, zu unterscheiden, und die weitere Fähigkeit, seiner Einsicht gemäß zu handeln. Es kommt also darauf an, ob der Betreffende bei seinem Handeln das für i h n, nicht für die Allgemeinheit, Nützliche und Schädliche zu unterscheiden vermag. Die Voraussetzungen der Zurechnungsfähigkeit sind hier also andere als wenn es gilt, die Schuldfähigkeit zu prüfen. Ob die Fälle, in welchen die Zurechnungsfähigkeit im Sinne einer Schuldvoraussetzung gegeben, im Sinne einer Vorraussetzung für die Wirksamkeit der Einwilligung dagegen nicht gegeben ist, oder umgekehrt, häufig sind oder nicht, kommt dabei theoretisch überhaupt nicht in Betracht. Es genügt vielmehr, daß die Möglichkeit des Vorkommens solcher Fälle gegeben ist und diese wird in Anbetracht der verschiedenen Voraussetzungen nicht geleugnet werden können. Ich kann mir übrigens ganz gut Menschen vorstellen, denen zwar jedes Empfinden dafür, was sozialnützlich oder sozialschädlich ist, abgeht, die aber sehr genau wissen, was für sie selbst von Vorteil oder von Nachteil ist. Ebenso wie auf dem Gebiet der Zurechnungsfähigkeit als Schuldvoraussetzung ist es auch hier möglich, außer den psychologischen Fähigkeiten noch bestimmte biologische Gründe für den Mangel dieser Fähigkeiten zu fordern.

Wir sehen also, wie weit grundsätzlich die Analogie zwischen Schuld und Einwilligung reicht. Während es bei

---

[1]) Über die naheliegende Einwendung, die Einwilligung könne gleichzeitig schuldhaft sein, wenn es sich um die Einwilligung in die Verletzung eines Gutes handle, an dem die Allgemeinheit unmittelbares Interesse hat, wird später zu sprechen sein.

der Schuld drei Komponenten gibt, Zurechnungsfähigkeits-, Tat- und Persönlichkeitskomponente, kommen bei der Einwilligung nur deren zwei in Betracht: Zurechnungsfähigkeits- und Tatkomponente, wobei jedoch die erstere inhaltlich nicht die gleiche ist wie bei der Schuld.

Es soll nun zunächst die Zurechnungsfähigkeitskomponente des näheren geprüft werden. Bei der Zurechnungsfähigkeit als Schuldvoraussetzung hat sich die herrschende Lehre nach langen Kämpfen zur Anerkennung der Fälle der verminderten Zurechnungsfähigkeit durchgerungen. Obwohl auch diese Kategorie nach der üblichen rechtstechnischen Methode wieder mit starren Grenzen versehen wurde, so bedeutet dies doch die Anerkennung von Mittelfällen zwischen voller Zurechnungsfähigkeit und Zurechnungsunfähigkeit. Die Strafrechtssystematik hat diesen Gedanken konsequent zu Ende gedacht, indem sie eine ununterbrochene Kette von Mittelfällen zwischen den beiden Extremen zuläßt. Der tiefere Grund hiefür liegt darin, daß eben die Fähigkeiten, welche die Zurechnungsfähigkeit bilden, in größerem oder geringerem Ausmaß vorhanden sein können. Legt man sich nun die gleiche Frage nach der Abstufbarkeit auch in bezug auf diejenigen Fähigkeiten vor, welche die Zurechnungsfähigkeit auf dem Gebiet der Einwilligung begründen, so ergibt sich unschwer die vollkommene Analogie zu dem gleichen Problem in der Schuldlehre. Genau so wie die Fähigkeit, das Unrecht seines Handelns zu erkennen und demgemäß zu handeln, in größerem oder geringerem Maß vorhanden sein kann, genau so ist auch die Fähigkeit, den eigenen Nutzen vom Schaden zu unterscheiden und nach dieser Erkenntnis zu handeln, unumschränkt abstufbar. Wieder führt von dem obersten Extrem, dem vollkommenen Vorliegen dieser Fähigkeiten, eine ununterbrochene Kette von Mittelfällen bis herab zum untersten Extrem, dem vollkommenen Mangel dieser Fähigkeiten. Ich halte es nun für eine unbedingte Konsequenz dieser Tatsache, daß auch die Bedeutung der Einwilligung um so höher zu bewerten, ihre unrechtsmindernde Kraft desto stärker ist, in je höherem Maße diese Fähigkeiten vorhanden sind. Alles weitere ergibt sich nun auf Grund zwingenden Analogieschlusses aus der Schuldlehre. Dort ist die volle Zurechnungsfähigkeit Voraussetzung für die volle Schuld; nur der voll Zurechnungsfähige kann sich das Höchstmaß des Vorwurfes zuziehen, der wegen Verübung des von ihm verübten Unrechts überhaupt zulässig ist. Je mehr die Schuldfähigkeit sinkt, desto geringer wird das Maß der möglichen Schuldschwere. Hier ist die volle Zurechnungsfähigkeit Voraussetzung für die volle Auswirkung der Einwilligung auf die Herabminderung oder den Ausschluß des Unrechts. In dem Maße als die Zurechnungsfähigkeit sinkt, in dem Maße sinkt die Möglichkeit einer entsprechenden unrechtsmindernden Wirkung der Einwilligung. Die Einwilligung des vermindert Zurechnungsfähigen, dessen Fähigkeiten gerade in der Mitte zwischen den beiden Extremen stehen, kann daher von vornherein im besten Falle nur die Hälfte der unrechtsmindernden Kraft aufweisen, wie die Einwilligung des Vollzurechnungsfähigen. Vermochte also etwa diese das Unrecht der Tat vollkommen auszuschließen, so vermag die Einwilligung des vermindert Zurechnungsfähigen das Unrecht der gleichen Tat lediglich zu mindern und um so weniger zu mindern, je stärker die Verminderung der Zurechnungsfähigkeit ist.

Die Neuheit des Gedankens darf nicht an seiner Richtigkeit zweifeln lassen. Lange Zeit hindurch hat sich die Strafrechtswissenschaft gegen die Anerkennung der verminderten Zurechnungsfähigkeit gewehrt; der Gedanke war zu neu, verstieß zu sehr gegen das „aut-aut"-Prinzip der herrschenden Lehre. Aber je mehr man sich in das Problem vertiefte, desto mehr erkannte man, daß die Fälle, in welchen die Annahme voller Zurechnungsfähigkeit ebenso unrichtig wäre wie die Annahme voller Zurechnungsunfähigkeit zahlreicher sind als diejenigen, auf welche eines der beiden Extreme paßt; und die praktische Erfahrung erzwang so allmählich die Anerkennung des theoretisch Richtigen. Heute möchte wohl niemand mehr die Bestimmungen über die verminderte Zurechnnungsfähigkeit in den modernen Gesetzen und Entwürfen missen. Es ist seltsam, daß die herrschende Lehre noch nicht auf das analoge Problem bei der Einwilligung gekommen ist, obwohl es sich z. B. bei dem Verbrechen der Vollziehung des Beischlafes an einer Zurechnungsunfähigen geradezu aufdrängt. Wie soll man wirklich künftig den Fall behandeln, in welchem jemand mit einer vermindert Zurechnungsfähigen den Beischlaf vollzieht, noch dazu auf Grund eines Gesetzes, das bei der Schuld die verminderte Zurechnungsfähigkeit berücksichtigt? Zurechnungsunfähig ist die Betreffende nicht, daher kommt die Strafdrohung, so wie sie sich gegenwärtig in den Entwürfen befindet, nicht zur Anwendung. Die vollständige Straflosigkeit ist aber ebensowenig angebracht, und sollte gerade denjenigen unangenehm sein, die sich so gern auf das Rechtsgefühl berufen. Jeder Psychiater wird bestätigen, daß es zahlreiche Fälle gibt, in welchen von Zurechnungsunfähigkeit nicht die Rede sein kann, trotzdem aber ein Schutzbedürfnis besteht. So leiden

z. B. Morphiumsüchtige im Stadium der Entziehung an einer sehr gesteigerten libido sexualis. Auch durchaus anständige Frauen sind in diesem Zustand bereit, sich dem Nächstbesten in die Arme zu werfen. Ähnlich ist es bei Manisch-depressiven im sogenannten hypomanischen Zustand; in diesem Zustand können sie kaum mehr als zurechnungsunfähig bezeichnet werden, da sie meist sogar imstande sind, ihrem Beruf nachzugehen. Soll ein Mann, der diesen Zustand ausnützt, straflos bleiben? Dies geht ebensowenig an, wie wenn man ihn einem Menschen gleichsetzt, der eine vollständig zurechnungsunfähige Frau zum Beischlaf mißbraucht. Die für die Einwilligung in Betracht kommende Zurechnungsfähigkeit ist eben nicht ausgeschlossen, aber doch in hohem Grade gemindert, die moralischen Hemmungen sind infolge der gesteigerten Begierde zwar nicht vollkommen ausgeschaltet, aber bedeutend herabgesetzt. Aber nicht nur bei diesem einen Verbrechen wird das Problem aktuell. Auch bei der Tötung kann sich eine ähnliche Sachlage ergeben. Man denke daran, daß jemand in leicht depressivem Zustand, in welchem er noch nicht als zurechnungsunfähig angesehen werden kann, in seine Tötung einwilligt. Solche Menschen werden tatsächlich die Einwilligung hiezu weit leichter geben als Vollzurechnungsfähige, aber doch wieder weit schwerer als gänzlich Zurechnungsunfähige, etwa im Zustand einer wirklich schweren Melancholie befindliche Menschen. Wieder erscheint als einzige dem Wesen des Falles angemessene Lösung die Berücksichtigung der verminderten Zurechnungsfähigkeit auch auf dem Gebiet der Einwilligung. Ich glaube durch diese wenigen Beispiele dargetan zu haben, daß die Forderung nach Anerkennung von Mittelfällen zwischen dem Extrem der vollen Zurechnungsfähigkeit und der vollständigen Zurechnungsunfähigkeit bei der Einwilligung des Verletzten nicht eine doktrinäre lebensfremde Ansicht ist, sondern im Gegenteil ganz allein den von den Gefühlsjuristen immer wieder herangezogenen praktischen Anforderungen der Rechtspflege gerecht zu werden vermag, wie ja überhaupt das systematisch Richtige in den weitaus meisten Fällen gleichzeitig auch das allein praktisch brauchbare ist.

Wenn nun auch die herrschende Lehre zwischen Zurechnungsunfähigkeit auf dem Gebiet der Schuld und auf dem Gebiet der Einwilligung keinerlei Unterschied macht, so gelangt der tatsächlich bestehende Unterschied doch gelegentlich in ganz seltenen Fällen rein gefühlsmäßig zum Durchbruch. So gibt es in den geltenden Gesetzen einen Fall des Wuchers, bei welchem die Nichtberücksichtigung der Einwilligung offenbar darauf zurückgeht, daß der in das Wuchergeschäft Einwilligende nicht zurechnungsfähig in dem Sinne ist, wie es bei der Einwilligung in Betracht kommt. Es ist dies der Fall, wo der Bewucherte aus Unerfahrenheit das Geschäft abschließt. „Unerfahrenheit" kann hier doch wohl nur die Bedeutung haben, daß der Betreffende wirtschaftlich unerfahren ist, daß er etwa infolge von Weltfremdheit oder Jugendlichkeit nicht imstande ist, bei Geschäften wirtschaftlicher Natur seinen eigenen Vorteil wahrzunehmen. Unerfahren ist er also dann, wenn er das ihm Nützliche von dem ihm Schädlichen nicht zu unterscheiden vermag. Mit diesen Worten haben wir aber eben den Begriff der Zurechnungsunfähigkeit auf dem Gebiet der Einwilligung definiert. Es ist nun ganz klar, daß der Unerfahrene keineswegs zurechnungsunfähig im Sinne dieses Begriffs in der Schuldlehre sein braucht. Begeht er etwa einen Diebstahl, so wird er gewiß nicht wegen Zurechnungsunfähigkeit freigesprochen werden können. Es zeigt sich also, daß beim Wucher das systematisch Richtige sich wieder einmal rein gefühlsmäßig-kasuistisch durchzusetzen vermochte.

Bei dem gleichen Delikt des Wuchers findet sich aber auch ein Fall, wo sich die sonst von der herrschenden Lehre und den Gesetzen auf dem Gebiet der Einwilligung nicht berücksichtigte verminderte Zurechnungsfähigkeit eingeschlichen hat. Es heißt dort[1]), daß Wucher auch vorliege bei Ausnutzung der Verstandesschwäche. Verstandesschwäche braucht nicht mit Zurechnungsunfähigkeit gleichbedeutend zu sein; sie stellt vielmehr häufig nur jenen Fall dar, der nach den Entwürfen als verminderte Zurechnungsfähigkeit angesehen würde. Es entspricht auch durchaus der üblichen Auslegung jener Gesetzesstelle, daß Verstandesschwäche weniger bedeute als Zurechnungsunfähigkeit. Diese Gesetzesstelle zeigt daher tatsächlich den Durchbruch eines systematisch richtigen Gedankens, wenn seine Richtigkeit auch dadurch etwas leidet, daß hier wieder der Unterschied zwischen der Zurechnungsfähigkeit bei der Schuld und bei der Einwilligung nicht klar zutage tritt.

Soweit es sich um durch jugendliches Alter begründete Zurechnungsunfähigkeit auf dem Gebiet der Einwilligung handelt, haben zwar die geltenden Gesetze die bloße Verminderung der Zurechnungsfähigkeit nicht anerkannt, wohl aber finden sich hier in der herrschenden Lehre de lege ferenda bereits Vorschläge, welche dem systematisch Richtigen ziemlich

---

[1]) Österreichisches Recht: Vgl. §§ 1 und 2 der kaiserl. Verordnung vom 12. Oktober 1914, RGBl. 275.

nahekommen. So wird z. B. von Honig rein gefühlsmäßig verlangt, daß bei Jugendlichen (zwischen 14 und 18 Jahren) der Richter im Einzelfall zu prüfen hätte, ob sie über die nötige Einsicht verfügen, damit ihre Einwilligung als wirksam erscheinen könne. Zwar scheint Honig als Ergebnis dieser Prüfung wieder nur ein „aut-aut" für möglich zu halten, also entweder der Jugendliche ist vollständig fähig einzuwilligen oder seine Einwilligung kommt überhaupt nicht in Betracht. Immerhin ist damit schon ein Fortschritt erzielt, denn nunmehr liegt die Analogie zur Behandlung der Zurechnungsfähigkeit Jugendlicher bei der Schuldfrage zum Greifen nahe; und dort wird man nach dem heutigen Stand der Wissenschaft nicht mehr daran zweifeln können, daß die Prüfung auch ergeben kann, es liege ein Mittelfall, ein Fall verminderter Zurechnungsfähigkeit vor und es sei dementsprechend die Strafe nach Maßgabe der Verminderung zu mildern, nicht aber vollständig auszuschließen. Von hier bis zur Anerkennung der beschränkten Wirksamkeit der Einwilligung scheint mir nur mehr ein Schritt zu sein.

So wie auf dem Gebiet der Schuldlehre das Ausmaß der Zurechnungsfähgkeit lediglich das Maß der möglichen Schuld begrenzt, ohne über das im konkreten Fall tatsächlich vorliegende Ausmaß endgültigen Aufschluß zu geben, so vermag auch die Zurechnungsfähigkeitskomponente auf dem Gebiet der Einwilligung lediglich das Maß der möglichen Unrechtsminderung anzugeben, während deren tatsächliche konkrete Größe durch die Tatkomponente bestimmt wird. Die Feststellung, daß ein in die Verletzung Einwilligender voll zurechnungsfähig ist, bedeutet daher bloß, daß seine Einwilligung möglicherweise das Unrecht in dem und dem Grad mindert, nicht aber, daß dies notwendig im konkreten Fall tatsächlich so sein muß.

Da es sich bei der Einwilligung ganz analog wie bei den Schuldformen um eine psychische Beziehung eines Menschen zur Tat (wenn auch zur Tat eines anderen) handelt, so kommen wieder die beiden oben bei den Schuldformen erwähnten Kategorien in Betracht, die intellektuelle und die emotionale. Wieder wird man die intellektuelle Kategorie als die primäre und unentbehrliche bezeichnen müssen. War sie bei den Schuldformen notwendig, weil nur durch sie der Zusammenhang der Tat mit dem Täter hergestellt werden konnte, weil nur durch sie der Täter die Tat als eigene, den Erfolg als durch seine Tätigkeit herbeizuführenden erkennen konnte, so ist sie hier nötig, weil nur auf diese Weise der Zusammenhang zwischen der Handlung des Täters und dem in der Person oder wenigstens im Güterkreise des Einwilligenden zustandegekommenen Erfolg hergestellt werden kann. Die Formen, in welchen diese intellektuelle Beziehung zwischen Tat und Opfer auftreten kann, sind aber zunächst wieder die gleichen wie bei den Schuldformen. Das Opfer kann wieder mit Sicherheit voraussehen, daß die Handlung zum Erfolg führen wird, es kann dies nur für möglich oder überhaupt für ausgeschlossen halten. Sieht der zu Verletzende den Erfolg mit Sicherheit voraus, dann wird sich die Einwilligung voll auswirken. Denn nur dann kann man meines Erachtens wirklich von einem vollständigen Verzicht auf das Interesse, um das es sich handelt, sprechen. Anders dagegen wenn er den Eintritt des Erfolges nur für möglich hält. In diesem Fall liegt tatsächlich ein vollständiger Verzicht auf das in Betracht kommende Gut oder Interesse nicht mehr vor: Denn es bleibt nach Ansicht des Einwilligenden eben doch mehr oder minder dem Zufall überlassen, ob der Erfolg eintritt. Und genau so wie man selbst um so mehr geneigt ist, eine Handlung zu unternehmen, die mit einer gewissen Gefahr für ein Gut verbunden ist, je geringer diese Gefahr ist, genau so wird man auch die Handlung eines anderen um so eher zulassen, je geringer die Wahrscheinlichkeit ist, daß sie eines unserer Güter beeinträchtige. Das, worein in solchen Fällen tatsächlich „eingewilligt" wird, ist lediglich ein bestimmter Grad von Gefährdung des betreffenden Gutes. Wenn also eine Handlung tatsächlich (objektiv betrachtet) mit Sicherheit die Vernichtung des betreffenden Gutes erwarten läßt, das Opfer aber diese Vernichtung bloß für möglich hält und die Wahrscheinlichkeit etwa mit 40% einschätzt, so kann von einer vollständigen Einwilligung nicht die Rede sein. Genau so unrichtig wäre es aber auch, in das gegenteilige Extrem zu verfallen und das Unrecht dieser Handlung so zu werten, als ob sie ohne Einwilligung vorgenommen worden wäre. Die Wahrheit liegt vielmehr in der Mitte: der Unrechtsgehalt dieser Handlung, soweit er sich auf die Verletzung des Einzelinteresses erstreckt, ist vielmehr derjenige einer Handlung, welche mit 60% Wahrscheinlichkeit die Vernichtung dieses Gutes erwarten läßt; denn für die restlichen 40% ist der Täter durch die Einwilligung gedeckt. Ganz analog wird in denjenigen Fällen vorzugehen sein, in welchen die objektive Wahrscheinlichkeit größer ist als diejenige, mit welcher das Opfer rechnet. Der Unrechtsgehalt der Handlung, insoweit es sich um die Verletzung des Einzelinteresses handelt, entspricht dann stets der Differenz zwischen der objektiven und der vom Opfer angenommenen Wahrscheinlichkeit. Man kann demnach den allgemeingültigen Satz aufstellen, daß sich die Einwilligung immer dann voll auswirkt, wenn sich die objektive Wahrscheinlichkeit des Erfolgseintrittes mit der Wahrscheinlichkeit nach Ansicht des Opfers deckt oder wenn die letztere größer ist als die erstere. Damit ist auch schon gesagt, daß die Einwilligung in dem Augenblick jede Wirkung verliert, in welchem das Opfer die Möglichkeit, der Erfolg könne eintreten, mit Null bewertet. Da die herrschende Lehre das Maß der Wahrscheinlichkeit mit welcher ein Erfolg zu erwarten steht, schon bei den Schuldformen nicht in seiner Bedeutung zu würdigen vermag, so ist es begreiflich, daß das analoge Problem auch bei der Einwilligung nicht beachtet wurde. Weniger begreiflich ist, daß der herrschenden Lehre scheinbar jene soeben besprochenen Mittelfälle, in welchen das Maß der Wahrscheinlichkeit nach Ansicht des Opfers von dem objektiven Ausmaß abweicht, überhaupt entgangen zu sein scheinen. Denn daß solche Fälle vorkommen und daß sie sogar recht zahlreich sind, kann wohl nicht bezweifelt werden. Die herrschende Lehre mußte sich ja mit der gleichen Frage auf dem Gebiet der Schuldformen doch auseinandersetzen, wenn sie es auch in unrichtiger Weise tat: So kam man ja zum Begriff des dolus eventualis, dem die unlösbare Aufgabe zufällt, das Gebiet der Fälle, in welchen der Täter die Tatverwirklichung nur für möglich hält, zwischen Vorsatz und Fahrlässigkeit aufzuteilen. Eigentlich hätte man den Begriff des dolus eventualis analog auf die Einwilligung anwenden müssen. Das Ergebnis wäre dann, daß man stets, wenn das Opfer die Verletzung seines Gutes nur für möglich hält, wieder fragen müßte, wie es sich dazu verhalten hätte, wenn es sie bestimmt vorausgewußt hätte; hätte es auch dann in die Handlung eingewilligt, dann müßte die Einwilligung als vollgültig angesehen werden, wenn nicht, dann wäre sie ungültig. Daß bei der Einwilligung trotz der naheliegenden Analogie eine derartige Frage meines Wissens noch nicht aufgeworfen wurde, zeigt wieder so recht die Unzulänglichkeit der üblichen Methode: Ein Problem nur auf dem engeren Gebiet zu prüfen, auf welchem es auftaucht, ohne sich mit der Frage zu beschweren, ob das gleiche oder ein ähnliches Problem auch auf anderen Teilgebieten zu untersuchen wäre.

Die bisherigen Untersuchungen zeigten die Bedeutung des Ausmaßes der Wahrscheinlichkeit, mit welcher das Opfer die Verletzung seines Gutes aus der Handlung des Täters erwartet, für den Unrechtsgehalt der Handlung. Wie steht es aber nun mit dem Erfolg selbst? Ist auch dessen Unrechtsgehalt dadurch gedeckt, daß derjenige der Handlung aufgehoben wurde oder ist er in dem gleichen Ausmaß gemindert, wie derjenige der

Handlung? Die Frage ist recht einfach zu beantworten, wenn es sich um ein reines Handlungsstrafrecht handelt, bei welchem der Erfolg überhaupt jeder Eigenbedeutung entbehrt; demzufolge hätte auch der tatsächliche Eintritt des Erfolges auf die Bewertung der Einwilligung ebensowenig Einfluß wie auf die Bewertung der Schuldform. Anders dagegen, wenn es sich um ein Erfolgsstrafrecht handelt, bei welchem neben der Handlung auch der Erfolg für das Unrecht der Tat in Betracht kommt. Auch in diesem Fall wird die Analogie zu den Schuldformen den richtigen Weg weisen. Ich habe bereits in meinem „Aufbau des Strafrechtssystems“ auseinandergesetzt, daß, soweit die intellektuelle Kategorie in Betracht kommt, eine verschiedene psychische Einstellung zur Handlung und zum Erfolg unmöglich ist, und zwar deshalb, weil ja die Handlung gerade in bezug auf den Erfolg bewertet wird: Die Aussage, eine Handlung lasse mit so und so viel Wahrscheinlichkeit den Eintritt des Erfolges erwarten, enthält ja gleichzeitig die Einstellung zum Erfolg. Es wird daher das gleiche für den „Willen“ des Einwilligenden zu gelten haben. Auch hier wird, soweit die intellektuelle Kategorie in Betracht kommt, zwischen Handlung und Erfolg nicht unterschieden werden dürfen: Insoweit das Unrecht der Handlung also durch die Voraussicht ihrer Wirkung auf Seiten des Opfers herabgemindert oder ausgeschlossen ist, insoweit wird das gleiche auch für das selbständige Unrecht des Erfolges zu gelten haben.

Es wurde bisher gezeigt, daß sich zu den Schuldformen des Vorsatzes und der Wissentlichkeit das genaue Analogon auf dem Gebiet der Einwilligung findet. Nun gibt es aber bei den Schuldformen außerdem noch zwei Fälle, die keine wirkliche intellektuelle Relation zur Tat darstellen, sondern lediglich einen Fall, in welchem der tatsächliche Mangel einer solchen Beziehung deren Vorhandensein gleichgestellt wird. Es sind dies die Fälle der Fahrlässigkeit. Es fragt sich nun, ob auch hiezu ein Analogon auf dem Gebiet der Einwilligung zu finden ist. Zur Beantwortung dieser Frage ist es nötig, sich den Grund zu vergegenwärtigen, warum wir Schuld auch dann annehmen, wenn der Täter tatsächlich die Verwirklichung der Tat für möglich hielt oder überhaupt nicht daran gedacht hat. Dieser Grund ist gemäß unseren Ausführungen im II. Teil darin zu finden, daß bei bestimmter Konstellation der konkreten Umstände von dem Täter erwartet werden konnte, daß er mit einer bestimmten Wahrscheinlichkeit der Tatverwirklichung rechnet. Der Grund für diese Erwartung aber ist wieder darin zu finden, daß von jedem Menschen, der innerhalb einer sozialen Gemeinschaft lebt, gefordert werden kann, daß er nach Maßgabe seiner persönlichen Fähigkeiten bei seinem Tun und Lassen die Interessen seiner Mitmenschen entsprechend berücksichtigt. Ist man sich über diese Ratio des Schuldcharakters der bewußten und der unbewußten Fahrlässigkeit im klaren, dann fällt es nicht schwer, die analoge Frage bei der Einwilligung zu beantworten. In unseren heutigen nicht rein kollektivistisch aufgebauten sozialen Gemeinschaften kann eine Berücksichtigung der eigenen Interessen nicht als soziale Pflicht erscheinen, es kann also vom sozialen und somit vom rechtlichen Standpunkt aus nicht erwartet werden, daß jemand bei all seinem Tun und Lassen, also auch bei der Einwilligung in die Handlung eines anderen, erwägt, inwieweit diese seinen Interessen schädlich sein könnte. Wenn also das Opfer die Möglichkeit, die Handlung des Täters werde sein Interesse verletzen, tatsächlich mit Null bewertet, so liegt Einwilligung auch dann nicht vor, wenn das Opfer bei sorgfältiger Prüfung der Sachlage zu einem anderen Ergebnis gekommen wäre; ebenso, wenn das Opfer überhaupt nicht an die Möglichkeit einer Verletzung seiner Interessen durch die Handlung des Täters gedacht hat, aber nach den konkreten Umständen hätte daran denken können. In all diesen Fällen ist das Unrecht der Täterhandlung so zu bewerten, wie wenn sie ohne Einwilligung zustandekommt. Es sei jedoch nochmals betont, daß diese Nichtberücksichtigung der Fahrlässigkeit in eigener Sache für das Unrecht der Täterhandlung bloß aus dem gegenwärtigen Aufbau der sozialen Gemeinschaften heraus begründet wird.

So wie auf dem Gebiet der Schuldformen die intellektuelle Kategorie die primäre ist und die emotionale bloß sekundär als Regulativ der ersteren in Betracht kommt, so auch auf dem analogen Gebiet der Einwilligung. Nur infolge der kasuistisch-gefühlsmäßigen Methode konnte es der herrschenden Lehre entgehen, daß es auch hier Fälle gibt, welche der Absicht bei den Schuldformen entsprechen, ja daß sie selbst rein gefühlsmäßig solche Fälle besonders heraushebt und ihnen über die gewöhnliche Einwilligung hinausreichende Wirkungen zuschreibt. Für die strafrechtssystematische Forschung kann aber kein Zweifel bestehen, daß auf dem Gebiet der emotionalen Kategorie die gleichen Stufen in Betracht kommen wie bei den Schuldformen. Man wird also auch hier unterscheiden müssen, ob die Tat des Täters dem Einwilligenden erwünscht, gleichgültig oder unerwünscht ist. Wieder reicht eine ununterbrochene Kette von Mittelfällen von der Obergrenze über die Mittelstufe der Gleichgültigkeit bis herab zum höchstmöglichen Unerwünschtsein, bei dem die Einwilligung überhaupt noch erteilt wird; denn es ist klar, daß es auch hier, genau so wie auf dem Gebiet der Schuldformen, für die Kategorie des Unerwünschtseins Grenzen gibt: Überschreitet das Maß der Unlustbetonung diese Grenzen, dann wird die Einwilligung eben nicht mehr erteilt, das heißt genauer, der endgültige Willensentschluß zur Zustimmung kommt nicht mehr zustande. Je wünschenswerter die Tatverwirklichung ist, desto größer die Unrechtsmindernde Kraft der Einwilligung, je unerwünschter, desto geringer. Wie groß man nun den Wert der emotionalen Kategorie im Vergleich zur intellektuellen anzusetzen hat, hängt von der Lösung der gleichen Frage bei den Schuldformen ab. Systematisch wesentlich ist nur, daß es natürlich wieder nicht angeht, etwa diese Frage bei den einzelnen Delikten verschieden zu entscheiden. Auch die Frage, welches Maß von Lustbetonung nötig ist, um eine geringere Intensität der intellektuellen Kategorie auszugleichen und etwa der Einwilligung volle Wirksamkeit zu verleihen, hängt von der Lösung des analogen Problems bei den Schuldformen ab.

So wie bei den Schuldformen die gefühlsmäßige Einstellung in bezug auf die Handlung selbst (die Gefährdung) eine andere sein kann wie in bezug auf den Erfolg, so gilt das gleiche auch für die Einwilligung. Ja es wird sogar ziemlich häufig der Fall sein. Dem Einwilligenden ist etwa die Gefahr selbst in hohem Maße lustbetont, er freut sich darüber, daß er in Gefahr kommt; der schließlich daraus entstehende Erfolg aber ist ihm so unlustbetont wie nur irgend möglich. Es muß daher in jedem einzelnen Falle untersucht werden, ob die emotionale Einstellung zur Handlung und zum Erfolg wirklich die gleiche ist. Ist dies nicht der Fall, dann kann es sich innerhalb eines Erfolgsstrafrechts allerdings ergeben, daß das Unrecht der Handlung in höherem Maße herabgemindert wird als das Unrecht des Erfolges. Ist allerdings die Herabminderung des Unrechts der Handlungs so stark, daß deren Rechtswidrigkeit ausgeschlossen wird, dann vermag die Tatsache des Erfolgseintritts an sich keine Bedeutung zu beanspruchen, es ist daher müßig, dessen Unrechtsgehalt zu untersuchen. Bleibt die Handlung aber trotz voller Auswirkung der Einwilligung noch Unrecht, dann besteht auch die Möglichkeit, das größere Unrecht des Erfolgs, der durch die Einwilligung nicht in dem gleichen Maße getroffen wird wie die Handlung, zu berücksichtigen. Man denke etwa an den Fall, daß ein Kunstschütze, der sich in einem Zirkus produziert, einen Mann aus dem Publikum gegen Versprechen einer Belohnung dazu bewegt, die Münze zu halten, welche er ihm aus der Hand schießen will. Der Betreffende willigt natürlich in die Gefahr ein, er sieht voraus, daß eine gewisse Möglichkeit besteht, seine Hand werde getroffen werden; die Gefahr selbst ist ihm vielleicht gleichgültig, vielleicht sogar erwünscht, weil sie ihm Gelegenheit gibt, seinen Mut zu erweisen; der Erfolg aber, die Verletzung seiner Hand, ist ihm natürlich in hohem Maße unerwünscht. Nun kann meines Erachtens die Einwilligung in die Handlung deren Unrecht hier nicht vollständig ausschließen, da immerhin noch ein gewisses direktes Interesse der Allgemeinheit an der Hintanhaltung einer so schweren Verletzung besteht; tritt also nun der Erfolg tatsächlich ein, der dem Opfer durchaus unerwünscht ist, in bezug auf welchen seine Einwilligung daher von vornherein nicht die gleiche Kraft aufweist wie in bezug auf die Handlung, so kann diese Tatsache für sich allein schon genügen, den Unrechtsgehalt über die untere Strafbarkeitsgrenze zu erhöhen. Das ist keinesfalls eine Erfolgshaftung im üblichen Sinne: Der Kunstschütze kennt ja den Sachverhalt ganz genau, er weiß auch, daß die Verletzung dem anderen sehr unerwünscht ist.

Obwohl die herrschende Lehre von einer systematischen Durchdringung des Einwilligungsproblems weit entfernt ist, hat sie doch ganz ähnlich wie auf dem Gebiet der Zurechnungsfähigkeitskomponente der Einwilligung auch auf demjenigen der Tatkomponente gelegentlich, freilich ganz vereinzelt, den Gedanken verwirklicht, welcher einem systematischen Aufbau entspricht, wenn er verallgemeinert wird. So gibt es schon in den geltenden Rechten einen recht bemerkenswerten Fall, der sich am ungezwungensten als fahrlässige Einwilligung (Einwilligung ohne an die Folgen der Tat zu denken) erklären läßt und in welchem die Einwilligung ausdrücklich als wirkungslos erklärt wird. Es ist dies ein Fall des Wuchers, der Fall nämlich, in welchem der Bewucherte aus Leichtsinn das Wuchergeschäft abschließt. Dieser Leichtsinn wird von der Gesetzesauslegung mit Recht als Unwissenheit der Folgen u. dgl. definiert. Wer aus Leichtsinn ein Wuchergeschäft abschließt, denkt eben nicht daran, wie schwer ihn die Gegenleistung treffen wird, er konzentriert alle seine Gedanken auf den momentanen Vorteil. Ich halte diesen Fall für einen echten Fahrlässigkeitsfall; denn jeder Mensch, wenn er nur in eigenen Angelegenheiten die nötige Sorgfalt anwendet, könnte sich über die Folgen eines Wuchergeschäftes klar werden, falls er überhaupt zurechnungsfähig im Sinne dieses Begriffes bei der Einwilligung ist. Natürlich darf man nicht, selbst wenn man der Erklärung dieses Wucherfalles als fahrlässiger Einwilligung zustimmt, darin einen Anhaltspunkt für die grundsätzliche Stellungnahme des geltenden Rechts erblicken; dieses hat zu diesem Problem eben nicht grundsätzlich Stellung genommen, was sich sofort zeigt, wenn man bedenkt, daß auch aus dieser Vorschrift der Analogieschluß genau so angebracht erscheint wie der Umkehrschluß.

Einen zweiten wichtigen Fall, in welchem gleichfalls ein systematischer Gedanke rein gefühlsmäßig zum Durchbruch kommt, stellt die Tötung auf Verlangen des geltenden deutschen Gesetzes und des Entwurfs dar. „Verlangen" bedeutet mehr als bloße Einwilligung und soll auch nach den Intentionen der Gesetzesredaktoren mehr bedeuten. Wo aber liegt vom systematischen Standpunkt aus dieses „Mehr"? Es ist unschwer zu erkennen, daß das Verlangen ein zwar nicht untrügliches aber immerhin ziemlich sicheres Indiz für die Lustbetonung der Handlung und insbesondere auch des Erfolges darstellt. Wem sein eigener Tod nur gleichgültig ist, der wird vielleicht in seine Tötung einwilligen, verlangen wird er sie aber wohl kaum. Wer seine eigene Tötung verlangt, dem ist sie fast immer erwünscht. Es liegt hier meines Erachtens der einzige Fall vor, wo bereits im geltenden Recht die emotionale Kategorie auch bei der Einwilligung, freilich wieder in der rechtstechnisch unvollkommenen Form einer Präsumption, berücksichtigt worden ist. Es kann wohl auch kein Zweifel darüber bestehen, daß diese Berücksichtigung in einem von Gedanken unbeschwerten Rechtsgefühl ihren letzten Grund findet. Mord erscheint auf den ersten Blick als das schwerste denkbare Verbrechen. Wer daher hier mildern will, der muß schon sehr achtgeben, daß er die Grenzen der möglichen Milderung nicht zu weit steckt; bloße Einwilligung kann man hier demnach nicht genügen lassen; vielleicht hat der Täter das Opfer solange überredet, bis es zustimmte; dann ist er eigentlich ja doch ein ganz verruchter Mörder; also fordern wir mehr zur Milderung der Strafe: das Opfer muß die eigene Tötung verlangen; damit ist gesagt, daß es selbst die Initiative ergreifen muß, die Möglichkeit, daß jemand, der dem Opfer so lange zusetzt, bis es schließlich einwilligt, gleichfalls der milderen Bestrafung unterfällt, ist damit ausgeschlossen. Das ungefähr mag der Gedankengang oder besser vielleicht der „Gefühlsgang" der Gesetzesredaktoren gewesen sein. Bei anderen minderschweren Verbrechen empfindet man nicht jene Überängstlichkeit vor der Milderung der Strafe, daher kam man dort nicht auf die Idee, mehr als die Einwilligung zu verlangen. Würde es denn nicht auch recht komisch anmuten, wenn man etwa die Straflosigkeit einer Operation von dem Verlangen des

Patienten abhängig machte? Gewiß! Die herrschende Lehre übersieht dabei nur, daß die zur Verhütung bedeutend schwereren Übels notwendige Operation auch ohne Einwilligung nicht Unrecht sein kann, daß aber bei einer nicht notwendigen Operation (z. B. aus kosmetischen Gründen), deren Erfolg sehr unbestimmt ist, das ausdrückliche Verlangen des Patienten, sein Wunsch, sich der Gefahr auszusetzen, manchmal ausschlaggebende Wirkung haben kann; was die Praxis übrigens rein gefühlsmäßig zugibt[1]). Wir finden also auf dem Gebiet der Einwilligung bei der herrschenden Lehre den gleichen Zustand wie auf so viel anderen Gebieten: Gelegentlich setzt sich bei irgendeinem Einzelproblem ein systematischer Gedanke durch, aber die kasuistisch-gefühlsmäßige Methode verhindert dessen Verallgemeinerung und damit die konsequente Durchführung des Systems.

Da die herrschende Lehre die Wahrscheinlichkeit, mit welcher der Erfolg einerseits objektiv, anderseits nach Meinung des Einwilligenden zu erwarten steht, überhaupt nicht berücksichtigt, so mußte ihr auch eine Frage entgehen, welche sich vom Standpunkt der hier vertretenen Auffassung aufdrängt: Wie dann, wenn der Täter das Opfer über den Grad der Wahrscheinlichkeit, mit welcher der Erfolg zu erwarten ist, täuscht, so daß dieses in der Meinung, es handle sich um eine weniger gefährliche Handlung als es tatsächlich der Fall ist, seine Zustimmung erteilt. Die herrschende Lehre würde vermutlich, wenn ihr ein derartiger Fall vorkäme, sehr rasch mit der Entscheidung bei der Hand sein, daß hier eben die Einwilligung nicht gelte, da sie durch Betrug erschlichen sei. Das wäre eine rein gefühlsmäßige und unrichtige Entscheidung. Denn zunächst kann nach unseren obigen Darlegungen nicht bezweifelt werden, daß die Einwilligung auch in einem solchen Fall insoweit Wirkungen zu äußern vermag, als sich die vom Einwilligenden angenommene und die objektive Wahrscheinlichkeit decken; es wäre daher verfehlt, dem Täter den ganzen an der objektiven Wahrscheinlichkeit orientierten Unrechtsgehalt der Handlung zuzurechnen. Nur das Plus, um welches die objektive Wahrscheinlichkeit die vom Täter angenommene übersteigt, erscheint durch die Einwilligung nicht gedeckt, dieses Plus also fällt dem Täter zur Last. Nun werden die Gefühlstheoretiker sofort

[1]) Ein leider nicht bis zum O. G. H. gelangtes Urteil eines Wiener Landesgerichtes stellte tatsächlich in einem ähnlichen kritischen Fall darauf ab, ob die Patientin bloß in die vom Arzt nahegelegte Operation eingewilligt oder ob sie diese geradezu verlangt habe. Das Gesetz selbst gab für diesen Unterschied allerdings keine Handhabe.

einwenden, daß auf diese Weise der Besonderheit des Falles noch nicht Rechnung getragen werde; denn auch wenn das Opfer ohne vom Täter getäuscht worden zu sein die Wahrscheinlichkeit zu gering einschätzt, ergibt sich die gleiche Sachlage; die Täuschung werde also auf diese Weise überhaupt nicht berücksichtigt. Dies ist richtig. Aber für die Frage der Einwilligung und ihrer Wirksamkeit ist es tatsächlich vollständig gleichgültig, ob der Täter das Opfer getäuscht hat oder nicht. Nur die übliche Methode, die nicht nur gefühlsmäßig entscheidet, sondern auch gefühlsmäßig trennt und verbindet, kann hier einen nicht bestehenden Zusammenhang konstruieren, ähnlich wie sie ja auch beim selbstverschuldeten Notstand an Stelle der die Kollision herbeiführenden Handlung die Notstandshandlung selbst bewertet. Damit soll aber noch nicht gesagt sein, daß das Vorgehen des Täters überhaupt nicht rechtlich oder selbst strafrechtlich erfaßbar sei. Aber das Unrecht seiner Tat liegt tatsächlich nicht in der Täuschung, sondern darin, daß er eine Selbstgefährdung veranlaßt. Dies wird sofort klar, wenn man an den analogen Fall bei der Tötung denkt. A veranlaßt den B, einen angeblich ungeladenen, in Wahrheit aber geladenen Revolver gegen sich abzudrücken; B tut dies und tötet sich auf diese Weise. Dieser Fall, den die herrschende Lehre überhaupt nicht lösen könnte, wenn sie nicht glücklicherweise den Begriff der mittelbaren Täterschaft hätte, ist vom Standpunkt der Strafrechtssystematik aus sehr leicht zu lösen. Es liegt nicht etwa Veranlassung zum Selbstmord vor, wie man bei oberflächlicher Betrachtung annehmen könnte: Denn was den Selbstmord von der gewöhnlichen Tötung unterscheidet, die Einwilligung des Opfers in den Tod, fehlt hier. Daher ist die Tat an Unrechtsgehalt einer Tötung gleich, sie ist juristisch eine Tötung und man kann sie als Selbsttötung bezeichnen, wenn man den faktischen (juristisch bedeutungslosen) Unterschied gegenüber der Tötung eines anderen herausheben will. A haftet daher wegen Veranlassung einer Tötung genau so, wie wenn er den B veranlaßt hätte, den C zu töten. In diesem Falle zeigt sich nun deutlich, daß das Unrecht nicht in der Täuschung liegt, sondern in der dadurch bewirkten Selbsttötung; die Täuschung ist lediglich ein Mittel hiezu. Wenn nun A den B über die gefährliche Beschaffenheit einer Handlung täuscht, so daß sich B gegen seinen Willen einer schweren Gefahr aussetzt, so muß die Entscheidung ganz analog ausfallen: A ist Veranlasser einer Selbstgefährdung, welche in bezug auf Unrechtsgehalt der Gefährdung eines anderen vollständig gleichsteht. Daraus ergibt sich ganz von selbst die Lösung dieses Problems bei der Einwilligung: Insoweit sich objektive und vom Opfer angenommene Wahrscheinlichkeit nicht decken, liegt auf Seite des Täters Veranlassung einer Selbstgefährdung vor; das Ausmaß der Gefahr entspricht der Differenz zwischen objektiver und vom Opfer infolge der Täuschung durch den Täter angenommener Wahrscheinlichkeit. Ist daher diese Differenz groß genug, dann wird der Täter wegen Veranlassung einer Gefährdung zu bestrafen sein.

Auf dem Gebiet der Schuldformen wurde zwischen reiner und erweiterter Tatkomponente unterschieden. Es fragt sich nun, ob die gleiche Unterscheidung auch auf dem Gebiet der Einwilligung Platz zu greifen habe oder genauer, ob die erweiterte Tatkomponente hier überhaupt in Betracht komme. Wieder läßt sich die Frage nur lösen, wenn man auf den Grund zurückgeht, aus welchem auf dem Gebiet der Schuldlehre sich die Berücksichtigung der sogenannten erweiterten Tatkomponente als nötig erweist. Dieser Grund liegt aber primär auf objektivem Gebiet. Da die Tatbestände abstrakte Unrechtstypen sind, so deckt sich der tatsächliche Unrechtsgehalt einer Handlung nur dann mit dem typenmäßigen, wenn die Handlung keine anderen sozial und somit rechtlich bedeutsamen Merkmale aufweist als diejenigen, welche Tatbestandsmerkmalen entsprechen. Um also den tatsächlichen Unrechtsgehalt der Handlung im konkreten Fall voll erfassen zu können, ist es nötig, über den Typus hinauszugehen und auch alle sonstigen sozial bedeutsamen Momente mit zu berücksichtigen; die Unterscheidung zwischen typenmäßigem und tatsächlichem Unrechtsgehalt führt aber sekundär auf dem Gebiet der subjektiven Widerspiegelung der Tat zur analogen Zweiteilung: Dem typenmäßigen Unrechtsgehalt entspricht die reine Tatkomponente, den übrigen sozial bedeutsamen Merkmalen entspricht die erweiterte Tatkomponente. Diese ist somit nötig, um den gesamten konkreten Unrechts- und Schuldgehalt der Tat erfassen zu können. Damit ist aber auch schon gesagt, daß sie bei der Frage der Einwilligung nicht in Betracht kommen kann. Denn bei der Einwilligung interessiert uns ja tatsächlich nur ein kleiner Ausschnitt der Gesamttat, die Verletzung des Einzelinteresses des Einwilligenden und daher auch nur ein kleiner Ausschnitt aus der Psyche des Einwilligenden, nämlich seine Stellungnahme zu gerade dieser Verletzung. Alles übrige ist für die Frage der Einwilligung und ihrer Wirksamkeit vollständig gleichgültig; ist es juristisch nach irgendeiner anderen Richtung hin bedeutsam, dann wird es schon seiner Bedeutung gemäß durch entsprechende andere Vorschriften erfaßt werden; für die Einwilligung selbst aber hat es keine Bedeutung. Somit gibt es auf dem Gebiet der Einwilligung keinerlei Analogon zur erweiterten Tatkomponente auf dem Gebiet der Schuld.

Gerade dem systematischen Denken scheint sich jedoch ein Widerspruch gegen diese Feststellung geradezu aufzudrängen. Haben wir bei den Fällen, welche die herrschende Lehre als Notstand bezeichnet, nicht gesehen, daß ihre Bedeutung zum Teil auf dem Gebiet der erweiterten Tatkomponente liegt? Und gibt es nun nicht zahlreiche Fälle, in welchen der Wille des Einwilligenden eben deshalb als ungültig angesehen wird, weil sich der Einwilligende in einer notstandsähnlichen Lage oder geradezu in Notstand befindet? Man denke nur etwa an die Erpressung oder an die Nötigung! Wie sind solche Fälle zu erklären, wenn nicht mit Hilfe der erweiterten Tatkomponente? Die herrschende Lehre freilich hat es sich recht einfach gemacht: Bei der Erpressung ist der Wille eben unfrei und daher gilt er nichts; andere machen es sich noch einfacher und erklären, die Erpressung bestehe ja gerade in einer Beugung des Willens, von einem wirklichen Willen könne daher gar nicht die Rede sein. In dieser Beziehung sahen die Römer allerdings weit klarer: „Coactus tamen voluit", erklärten sie sehr mit Recht und stellten daher den Fall des Zwanges dem Fall des Mangels eines Willens nicht gleich. Wenn A dem B den Revolver an die Brust setzt und ihm zuruft: „Geld oder Leben" und B nun tatsächlich seine Brieftasche hingibt oder sich nehmen läßt, willigt B tatsächlich in die Vermögensminderung zugunsten des A ein. Es wäre ein Fiktion, wollte man diese tatsächlich vorhandene Einwilligung hinwegargumentieren. Ja noch mehr: Diese Einwilligung ist sogar eine sehr wirksame: Die intellektuelle Kategorie ist in der Form des Wissens vorhanden, nur in bezug auf die emotionale liegt freilich ein gewisser Mangel vor, denn der Verlust der Brieftasche ist dem B natürlich denkbar unerwünscht. Aber dieses Unlustgefühl allein vermag die Wirksamkeit der Einwilligung nur in verhältnismäßig geringem Maße herabzusetzen, keinesfalls aber vollständig auszuschließen, wie es das Rechtsgefühl gern möchte. Wenn daher A diese Brieftasche an sich nimmt, so kann man unmöglich sagen, er nehme sie gegen oder auch nur ohne den Willen des B. Diese Wegnahme ist daher auch nicht oder nur in ganz geringem Maße Unrecht. Das mag absurd klingen. Aber der Grund dafür liegt darin, daß durch die übliche Methode die Fähigkeit der Abstraktion in hohem Maße verlorengegangen ist. So ist man nicht mehr imstande, sich die Situation, in welcher die Einwilligung zur Wegnahme der Brieftasche erfolgt, isoliert vorzustellen, losgelöst von der Art und Weise, wie diese Situation herbeigeführt wurde. Man stellt daher diese Art der Herbeiführung der Situation immer gleich mit vor und verwechselt, ganz analog wie beim Notstand, auch hier wieder einmal die Herbeiführung einer Kollisionslage mit deren Lösung. Denn auch in allen Fällen der Erpressung, der räuberischen Erpressung usw. handelt es sich um eine Kollisionslage. Der Unterschied gegenüber anderen Kollisionsfällen liegt bloß darin, daß es sich hier um die Kollision zweier Güter desselben Gutsträgers handelt, in unserem obigen Beispiel um das Leben und das Vermögen desselben Menschen. Genau so wie eine Kollision zweier Güter sonst durchaus im Sinne der sozialen Gemeinschaft gelöst wird, wenn dasjenige Gut, an welchem sie geringeres Interesse besitzt, zugunsten desjenigen, an dem sie höheres Interesse hat, geopfert wird, genau so wird auch diese Kollision durchaus im Sinne des Gutsträgers und zu seinem Nutzen gelöst, wenn das geringere Gut, das Vermögen, zugunsten des wertvolleren, des Lebens, geopfert wird. Ist die Situation also tatsächlich so, daß notwendig eines von beiden Gütern zugrunde gehen muß, so ist es das Vernünftigste, was der Bedrohte tun kann, wenn er das Geld opfert; seine Einwilligung ist daher, wenn man sich nur die Situation als gegeben vorstellt, so gültig wie nur möglich. Denn diese Handlung, welche die Brieftasche opfert, entspricht genau so seinem Interesse wie es dem Interesse der Allgemeinheit entspricht, das geringere Gut zu opfern, um das wertvollere zu retten. Es wurde oben gezeigt, daß die Lösung einer Kollision in diesem Sinn niemals Unrecht sein kann, auch dann nicht, wenn die Kollision von demjenigen vorsätzlich herbeigeführt wurde, der nunmehr sein eigenes Gut auf Kosten eines fremden rettet, daß aber wohl die Möglichkeit besteht, ihn wegen der Herbeiführung der Kollisionslage selbst haftbar zu machen. Genau das gleiche gilt für die hier zu erörternden Fälle: Das Unrecht des Banditen besteht nicht darin, daß er die schon bestehende Kollisionslage in einer für den Betroffenen noch günstigen Weise lösen läßt, sondern darin, daß er die Kollisionslage herbeiführt. Er ist also genau so zu behandeln wie jeder andere, der eine Kollisionslage herbeiführt, ganz analog unseren Ausführungen im vorhergehenden Teil. Es bedarf also keineswegs der Berücksichtigung der erweiterten Tatkomponente, um diese Fälle zu erklären.

Mit den bisherigen Ausführungen erscheint noch immer ein Fall nicht geklärt, in welchem man die Strafbarkeit de lege ferenda nicht missen möchte: Es ist dies jener Fall des Wuchers, wo der Wucherer die Notlage (Zwangslage) des Opfers ausnützt. Es ist zunächst klar, daß auch hier eine Kollisionslage gegeben ist. Der Bewucherte, der infolge der Notlage oder Zwangslage in das Geschäft einwilligt, das ihm eine unverhältnismäßige Gegenleistung auferlegt, tut dies ja, weil er sonst Nachteile schwererer Natur zu befürchten hat. Daher nimmt er lieber das geringere Übel in Kauf und schließt ein Geschäft ab, das ihn schwer benachteiligt. Die Situation ist also ganz ähnlich derjenigen, in welcher sich das Opfer befindet, welchem der Räuber den Revolver an die Brust setzt. Nur kann man in diesem Fall den Wucherer nicht wegen Herbeiführung der Kollisionslage verantwortlich machen: Denn tatsächlich hat er sie ja meist nicht herbeigeführt. Er nützt sie bloß aus, um sich so viel Vorteil als möglich herauszuschlagen. Nun ist dies zwar eine ausgesprochene Gemeinheit und daher hat es die übliche Gefühlsjurisprudenz nicht schwer, die Strafbarkeit zu begründen. Besieht man sich aber das Problem vom streng systematischen Standpunkt, dann ist unschwer zu erkennen, daß das Vorgehen des Wucherers zwar moralisch äußerst verwerflich, nicht aber ohne weiteres als Unrecht erkennbar ist. Geht man zunächst von dem Fall aus, daß durch das Wuchergeschäft dem Bewucherten tatsächlich geholfen wird, das heißt daß es für den Bewucherten noch die beste Lösung der Kollisionslage darstellt, dann hat der Wucherer immerhin geholfen, einen größeren Nachteil abzuwenden, der ohne sein Eingreifen eingetreten wäre. Die Situation ist also ganz analog derjenigen, welche oben beim Notstand besprochen wurde, wo ein Nothelfer zwar das drohende Übel abwendet, dabei aber selbst mehr Schaden anrichtet als unbedingt nötig gewesen wäre. Genau so wie der Nothelfer nicht bestraft werden kann, wenn ohne sein Eingreifen ein noch größeres Unglück geschehen wäre und er nicht verpflichtet war, es zu hindern, genau so wenig kann man in dem obigen Fall den Wucherer dafür bestrafen, daß er sich aus der Notlage des anderen einen möglichst großen Vorteil herausgeholt hat, wenn nur der Schaden, den er dem Bewucherten zugefügt hat, immer noch geringer ist, als derjenige, der ohne sein Eingreifen entstanden wäre; denn auch der Wucherer ist durch nichts verpflichtet zu helfen. Es will also scheinen, als ob die Bestrafung dessen, der auf obige Weise sich die Notlage eines anderen zunutze macht, nicht möglich wäre. Hier muß aber zunächst erwogen werden, ob die oben zugrunde gelegte Lage wirklich in allen Wucherfällen dieser Art zutrifft; ob der Wucherer tatsächlich dem anderen hilft, ihn vor größerem Nachteil bewahrt, ob die in der Gegenleistung liegende Schädigung nicht tatsächlich rein objektiv betrachtet schwerer wiegt als der Schaden, welcher dem Bewucherten ohne das Wuchergeschäft droht. Es mag nämlich sehr häufig vorkommen, daß das Opfer die Größe des nahe bevorstehenden Nachteils ebenso wie dessen Wahrscheinlichkeit überschätzt, die Größe des erst viel später eintretenden Nachteils, der in der Gegenleistung besteht, dagegen unterschätzt. In einem solchen Falle würde dann der Wert der Einwilligung an sich bedeutend herabgesetzt, wenn nicht gar ausgeschlossen werden. Aber diese Erklärung trifft doch immer nur einen Teil der Fälle. Für den Rest läßt sich vom systematischen Standpunkt aus eine Erklärung überhaupt nicht finden, solange man die einzelnen Fälle isoliert betrachtet. Nun zeigt aber die Erfahrung, daß es meist nicht bei einem Wuchergeschäft bleibt, selbst wenn dadurch dem Bewucherten tatsächlich momentan geholfen wird. Durch die hohen Zinsen, die er später zahlen muß, gerät er dann meist in eine neue Kollisionslage, aus welcher ihn wieder nur ein weiteres Wuchergeschäft zu befreien vermag, und das Ende ist meist der vollständige finanzielle Zusammenbruch desjenigen, der dem Wucherer in die Hände fällt. Nun wurde aber bereits oben darauf hingewiesen, daß der Staat zwar grundsätzlich an Vermögensverschiebungen kein direktes Interesse hat, daß jedoch diese Interesselosigkeit dann aufhört, wenn die Vermögensverschiebung die vollständige Verarmung zur Folge haben kann: Denn dann fällt der Betreffende entweder der Armenversorgung zur Last oder er geht betteln, kurz er ist als sozialnützliches Mitglied der Gesellschaft kaum mehr denkbar. Genau so wie der Staat aus diesem Grunde die Ausbeutung des Schwächeren bei Arbeitsverträgen hintanzuhalten sucht, genau so hat er auch Interesse daran, zu verhüten, daß jemand durch Wucher zugrunde gerichtet wird. Wenn also schon der Einzelfall eines Wuchers bestraft wird, so geschieht dies deshalb, weil damit bereits die Gefahr des schließlichen finanziellen Zusammenbruchs des Opfers verbunden ist. Es handelt sich hier also eigentlich um ein abstraktes Gefährdungsdelikt; mit einem solchen ist aber stets eine gewisse Präsumption verbunden. So wenig erfreulich solche Präsumptionen sind, so gibt es doch, wie bereits oben zugegeben wurde, gewisse Fälle, in welchen sie sich nur sehr schwer auflösen lassen, wenn auch diese Fälle sehr selten sind. Ein solcher besonders schwer aufzulösender Fall dürfte hier vorliegen. Man müßte den Richter mit der Prüfung betrauen, ob im Einzelfall wirklich eine Gefahr für die finanzielle Existenz des Bewucherten durch das einmalige Wuchergeschäft bereits eingeleitet wurde. Ich sehe die Auflösung der Präsumption in dieser Weise zwar nicht für unmöglich an, würde mich aber heute noch nicht getrauen, sie gesetzlich durchzuführen; dazu bedürfte es erst eines juristisch besser geschulten Richterstandes.

Der hier vorliegende Fall ist einem anderen ähnlich, der sich bei der Bekämpfung der Rauschgiftseuche findet. Wenn A dem B einmal ein Rauschgift überläßt, so ist diese einmalige Tat, isoliert betrachtet, gleichfalls kein Unrecht; sie ist es nur insofern, als sie gleichzeitig die Gefahr mit sich bringt, den B zu einem Giftsüchtigen zu machen; und um dieser Gefahr willen wird z. B. im österreichischen Recht bereits die einmalige Verabreichung eines Rauschgiftes bestraft. Freilich ließe sich meines Erachtens in diesem Fall die Präsumption bedeutend leichter auflösen als beim Wucher.

Es wurde oben gezeigt, daß die Einwilligung nur dann und nur insoweit das Unrecht vollständig auszuschließen vermöge, als kein direktes Interesse der Allgemeinheit an der Hintanhaltung der betreffenden Güterverletzung besteht. Liegt jedoch ein solches direktes Interesse vor, dann vermag die Einwilligung das Unrecht bloß herabzusetzen, und diese Herabminderung braucht keineswegs so weitgehend zu sein, daß dadurch der Vergeltungswert der Tat so gering wird, daß Strafe nicht mehr am Platze ist. Nun läßt sich nicht leugnen, daß der Einwilligende selbst als Teilnehmer an dem Unrecht erscheint, welches die Tat trotz der Einwilligung darstellt. Die herrschende Lehre hat nun allerdings den Satz aufgestellt, das Opfer könne niemals mitschuldig werden. Woher sie freilich diesen Satz nimmt, vermochte ich noch nicht zu entdecken; aus den strafrechtlichen Grundprinzipien läßt er sich jedenfalls nicht ableiten. Vermutlich handelt es sich auch hier wieder um eine rein gefühlsmäßig aufgestellte Regel, die jeder juristischen Begründung entbehrt. Vom systematischen Standpunkt aus läßt sich nicht leugnen, daß der Einwilligende in solchen Fällen entweder eine Veranlassung oder doch eine Ermöglichung oder Unterstützung der Tat des Täters begeht. Da die Tötung mit Einwilligung unrecht ist, so handelt auch derjenige unrecht, der eine solche Tat veranlaßt, und dabei ist es gleichgültig, ob er mit demjenigen, der getötet werden soll, identisch ist oder nicht. Das Unrecht einer solchen Veranlassung ist ungefähr das gleiche wie das Unrecht eines Selbstmordes; es unterscheidet sich nur um jenen geringen Grad, um welchen das Unrecht der Veranlassung geringer ist als dasjenige der Haupttat. Nun läßt sich zwar die Straflosigkeit des Selbstmordes und demgemäß auch die Straflosigkeit der Aufforderung zur eigenen Tötung de lege lata dadurch erklären, daß der Gesetzgeber in solchen Fällen den Mangel an Schuld präsumiert. De lege ferenda aber reicht dieser Gedankengang nicht aus, wenn man alle vermeidbaren Präsumptionen ablehnt. Der einzige systematisch unbedingt stichhältige Grund für eine generelle Strafloslassung sowohl der Selbstbeschädigung als auch der Teilnahme des Verletzten selbst an einer trotz Einwilligung unrechtmäßigen Verletzung könnte nur darin gefunden werden, daß auch der Häufigkeitswert einer solchen Tat so gering ist, daß auch ihr strafrechtlicher Bekämpfungswert unter die Strafbarkeitsgrenze sinkt. Dieses Argument mag man nun noch beim Selbstmord und bei der Selbstbeschädigung hingehen lassen; bei der Teilnahme des Verletzten an sciner eigenen Verletzung kann es aber nicht zutreffen: Denn diese Teilnahme ist naturgemäß nicht häufiger als die Haupttat selbst; und wenn man daher die Haupttat bestraft, dann darf man die Teilnahme daran nicht straflos lassen. Wohl spricht vieles dafür, daß jemand, der in seine eigene Tötung oder Verletzung einwilligt, wichtige und schwerwiegende Beweggründe dazu haben wird, daß die Persönlichkeitskomponente seiner Schuld entsprechend gering ausfallen wird, so daß durch die dadurch bewirkte weitere Schuldminderung tatsächlich der strafrechtliche Bekämpfungswert unter die Strafbarkeitsgrenze sinken wird. Aber dies mag in der Mehrzahl der Fälle zutreffen, notwendig ist es keineswegs. Daher kann die systematisch richtige Lösung der Frage de lege ferenda nur dahin gehen, daß die Bestrafung solcher Fälle der Teilnahme an eigener Verletzung grundsätzlich ermöglicht, der Richter aber gleichzeitig angewiesen wird, zu prüfen, ob nicht etwa aus Gründen, welche in der erweiterten Tatkomponente oder in der Persönlichkeitskomponente liegen, im konkreten Fall Strafbarkeit nicht am Platze erscheint.

Da die Bedeutung der Einwilligung primär auf dem Gebiet des Unrechts liegt, so ist damit auch schon gesagt, daß ihre unrechtsmindernde Wirkung eine objektive, von dem Wissen des Täters unabhängige ist. Glaubt etwa der Täter ohne Einwilligung zu handeln, während tatsächlich eine vollgültige das Unrecht ausschließende Einwilligung vorliegt, so handelt es sich um ein strafloses Putativdelikt. Glaubt der Täter ohne Einwilligung zu handeln, während in Wahrheit eine das Unrecht mindernde Einwilligung vorliegt, so liegt in bezug auf dieses Plus an Unrecht ein Putativdelikt vor, das heißt dem Täter kann nur die Differenz zwischen dem Unrecht der ohne Einwilligung verübten Tat und dem Unrecht der mit Einwilligung verübten Tat zugerechnet werden. Das ist vom Standpunkt unseres Systems aus eigentlich selbstverständlich und bedürfte kaum einer besonderen Erwähnung, wenn nicht auch in bezug auf diese Frage in der herrschenden Lehre eine grenzenlose Verwirrung zu finden wäre. Bezeichnend dafür ist der von Honig gefundene Ausweg, die Frage, ob die Einwilligung zur Kenntnis des Täters gelangt sein müsse, lasse sich überhaupt nicht allgemeingültig entscheiden, sie müsse bei jedem einzelnen Delikt (und womöglich noch in jedem konkreten Fall) gesondert untersucht und entschieden werden. Diese Ansicht läßt die völlige Grundsatzlosigkeit der kasuistisch-gefühlsmäßigen Methode klar ans Licht treten.

Was nun die Einwilligung in gesetzestechnischer Hinsicht anbelangt, so läßt sich diese Frage wirklich nicht allgemeingültig lösen. Es ist ja oben (II. Teil) gezeigt worden, daß die Gesetzestechnik auf die tatsächlichen Verhältnisse Rücksicht zu nehmen hat, daß der Gesetzgeber vieles nicht ausdrücklich zu sagen braucht, wenn er voraussetzen kann, daß auch ohne besondere Vorschrift der Sinn des Gesetzes durch die das Gesetz anwendenden Organe richtig erfaßt wird. Bei einem wirklich ideal vorgebildeten Juristenstand wird die Darlegung der Grundsätze, nach welchen die Wirksamkeit der Einwilligung sich zu richten hat, im allgemeinen Teil vollständig genügen; in der heutigen Zeit dagegen wird es sich als unbedingt nötig erweisen, im besonderen Teil die Einwilligung zu wiederholten Malen ausdrücklich zu erwähnen, so daß dann die grundsätzliche Vorschrift des allgemeinen Teils den Vorbehalt einer besonderen Regelung im besonderen Teil enthalten müßte. Es braucht kaum erwähnt zu werden, daß es sich bei der speziellen Hervorhebung der Einwilligung im besonderen Teil stets nur um „gesetzestechnische Ausnahmen" handeln würde, welche keineswegs Ausnahmen vom System bedeuten würden.

Kolibri 360 GmbH
Ferdinand-Jühlke-Straße 7
99095 Erfurt, Deutschland
produktsicherheit@kolibri360.de